Dagmar Oberlies, Simone Holler, Margrit Brückner
Aktualisiert von Susanne Dern und Eva-Maria Müller-Krah

Ratgeberin: Recht

Für Frauen, die sich trennen wollen,
und für Mitarbeiterinnen in
Frauenhäusern und Beratungsstellen

© 2002 **Fachhochschulverlag**
DER VERLAG FÜR ANGEWANDTE WISSENSCHAFTEN

Dagmar Oberlies, Simone Holler, Margrit Brückner
Aktualisiert von Susanne Dern und Eva-Maria Müller-Krah
Ratgeberin: Recht
Für Frauen, die sich trennen wollen,
und für Mitarbeiterinnen in Frauenhäusern
und Beratungsstellen

Band 52
3. Auflage
Stand: 1. August 2002
ISBN 3-931297-88-8

Satz:
Andreas Bauer, Michael Becker, Sven Oefner, Monika Weiland

Druck und Bindung:
Elektra, 65527 Niedernhausen

Preis:
Das Buch kostet 12,– €
(einschließlich Versandkosten).

Bestellungen:
Fachhochschulverlag
Kleiststraße 31
60318 Frankfurt am Main

Telefon: (0 69) 15 33 – 28 20
Telefax: (0 69) 15 33 – 28 40
bestellung@fhverlag.de
www.fhverlag.de

INHALT

VORWORT ZUR 3. AUFLAGE

Die dritte – vollständig aktualisierte – Auflage der »Ratgeberin: Recht« nimmt zahlreiche Gesetzesänderungen auf, die in den letzten zweieinhalb Jahren seit Erscheinen der zweiten Auflage verabschiedet wurden. Insbesondere wird das zum 1. Januar 2002 in Kraft getretene Gewaltschutzgesetz in dem neuen Kapitel »Gewaltschutz/Häusliche Gewalt« ausführlich dargestellt. Es ersetzt das frühere Stichwort »Schutzanordnungen«. Erläuterungen zu »eingetragenen Lebenspartnerschaften« finden Sie sowohl in einem eigenen Stichwort als auch integriert in die bereits bestehenden Themenschwerpunkte. Ebenfalls eingearbeitet wurden u. a. die »Elternzeit«, die den Erziehungsurlaub ersetzt, und die Änderungen hinsichtlich des Erziehungsgeldes. Auch die Neuerungen in den Bereichen Arbeit und Arbeitslosigkeit wurden berücksichtigt. Schließlich werden bei dieser Überarbeitung schon die wesentlichen Regelungen des neuen Aufenthaltsgesetzes dargestellt, das zum 1. Januar 2003 in Kraft treten und dann das bisherige Ausländerrecht reformieren soll – wenn es nicht vorher vom Bundesverfassungsgericht gestoppt wird.

Darüber hinaus wurde die »Ratgeberin: Recht« insbesondere bezüglich der Euro-Beträge – wie z. B. die Sozialhilferegelsätze, die Unterhaltssätze der Düsseldorfer Tabelle, alle Beiträge und Freibeträge – und im Adressenteil auf den neuesten Stand gebracht.

Die umfassende Aktualisierung der »Ratgeberin: Recht« ist der Detailarbeit wie der Sachkunde von Rechtsanwältin Susanne Dern und Dipl.-Sozialarbeiterin Eva-Maria Müller-Krah (beide Frankfurt am Main) zu verdanken. Unterstützt wurden sie dabei von Rechtsanwältin Malin Bode (Bochum). Ohne sie alle hätten die – inzwischen treuen – Nutzerinnen der »Ratgeberin: Recht« sicherlich noch lange auf eine Neuauflage warten müssen. In Anbetracht der vielen wichtigen Änderungen im letzten Jahr hätte dies die – sowieso schon schwierige – Arbeit der Frauenhäuser und Frauenberatungsstellen, die sich in ihrer alltäglichen Beratungsarbeit auf die »Ratgeberin: Recht« stützen, noch schwerer gemacht. Deshalb sind wir froh, dass durch den Beitrag von Susanne Dern und Eva-Maria Müller-Krah die 3. Auflage – so schnell und so umfassend – möglich geworden ist. Ihnen unser herzlicher Dank

Die Herausgeberinnen

VORWORT ZUR 2. AUFLAGE

Gut eineinhalb Jahre nach der 1. Auflage nun die 2. Auflage der »Ratgeberin: Recht«, nicht nur, weil sich seither rechtlich einiges geändert hat, sondern auch, weil die 1. Auflage bis auf das letzte Buch verkauft ist. Dieser Erfolg ermutigt uns, auf dem begonnenen Weg fortzufahren.

Die 2. Auflage ist auf den neuesten Stand gebracht. Das betrifft z.B. das Kindergeld, die geringfügigen Beschäftigungen, die Sozialhilferegelsätze, die Düsseldorfer Tabelle usw.

(...)

Zum Schluss möchten wir nochmals die Bitte aus der 1. Auflage wiederholen: Teilen Sie uns mit, wenn Sie ein Stichwort vermissen oder ein Problem, das in Ihrem Arbeitsalltag wichtig ist, nicht angesprochen ist! Wir überarbeiten die »Ratgeberin« fortlaufend und greifen dabei gerne Ihre Anregungen auf.

Wer sich nicht nur durch Lesen bilden möchte, hat zudem noch die Möglichkeit, an einer der beruflichen Weiterbildungen teilzunehmen, die begleitend zum Buch von der Fachhochschule Frankfurt am Main angeboten werden (s. Seite 234).

Danken möchte ich den RezensentInnen der 1. Auflage: Ihr Lob hat uns gefreut, und ihre Kritik hat uns geholfen, die »Ratgeberin« (noch) besser zu machen. Dank gilt auch meiner Kollegin Sibylla Flügge, von deren fachlicher Kenntnis des »neuen« Kindschaftsrechts die »Ratgeberin« in ihrer 2. Auflage profitiert.

Frankfurt am Main
im Januar 2000

Dagmar Oberlies

VORWORT ZUR 1. AUFLAGE

Liebe Leserinnen!

Wir freuen uns, dass Sie unsere »Ratgeberin: Recht« in der Hand halten – so hat sich unsere Arbeit gelohnt.

Die »Ratgeberin: Recht« geht auf einen Leitfaden für Frauen zurück, der vor über fünfzehn Jahren geschrieben wurde, um Frauen, die sich von ihren (gewalttätigen) Männern trennen wollten, eine erste Orientierung Im Gewirr von rechtlichen Ansprüchen und erforderlichen bürokratischen Schritten zu ermöglichen. Inzwischen brauchen nicht nur von Gewalt betroffene Frauen, sondern auch die Mitarbeiterinnen in Frauenhäusern und Beratungsstellen eine solche Orientierungshilfe im Labyrinth sich ständig ändernder gesetzlicher Regelungen.

Wir haben deshalb den Spagat gewagt, sowohl den betroffenen Frauen praktische Hilfe anzubieten als auch den Mitarbeiterinnen einen qualifizierten Überblick über die für ihre Arbeit wichtigen Rechtsgebiete zu geben. Wir hoffen, dass uns das gelungen ist, und erwarten gern Ihre Kritik, Anregungen, Änderungsvorschläge, um sie bei der nächsten Auflage zu berücksichtigen.

30 Stichworte

Für die »Ratgeberin: Recht« haben wir 30 Stichworte bearbeitet: Von »Anwaltlicher Hilfe« über »Arbeitslosigkeit«, »Kinder«, »Krankenversicherung«, »Migrantinnen«, »Nichteheliche Lebensgemeinschaften«, »Rente«, »Scheidung«, »Schutzanordnungen«, »Sorgerecht«, »Sozialhilfe«, »Steuern«, »Strafanzeige«, »Trennung«, »Unterhalt«, »Versorgungsausgleich«, »Wohngeld« bis »Zugewinn«. Über das Griffregister sind sie leicht auffindbar, so dass Sie die Möglichkeit haben, sich schnell und übersichtlich über alle neuen gesetzlichen Regelungen zu informieren.

Auf aktuellem Stand

Wir haben alle absehbaren Rechtsentwicklungen eingearbeitet, die »Ratgeberin: Recht« ist auf aktuellem Stand: Juli 1998. So erfahren Sie alles Wesentliche zum neuen Kindschaftsrecht und zum gerade verabschiedeten Kindesunterhaltsgesetz. Wir haben die Rechtsänderungen durch das SGB III im Bereich der Arbeitsförderung und der Erteilung von Arbeitsgenehmigungen sowie die Neuregelung vieler Straftatbestände im Bereich sexueller Gewalt berücksichtigt.

Neu für Fachkräfte

Neu ist, dass wir der Broschüre – vor allem für die mit dem Thema befassten Fachkräfte – die wichtigsten gesetzlichen Regelungen aus den Bereichen »Anwalts- und Gerichtskosten«, »Arbeits- und Arbeitslosenrecht«, »Familien- und Jugendhilferecht«, »Sozialleistungsrecht«, »Strafrecht und Opferentschädigung« beigefügt haben.

Das ermöglicht Ihnen, sich die einzelnen Regelungen, die wir im Text nur kursorisch darstellen konnten, genauer nachzulesen. Wir hoffen, dass diese Hilfe die alltägliche Arbeit erleichtert.

Gesetze haben eine sehr kurze »Verfallszeit«: ständig ändert sich etwas. Vor allem für Fachkräfte, die Frauen beraten, ist es deshalb wichtig, in der Tagespresse die geplanten Rechtsänderungen zu verfolgen. Zusätzlich empfiehlt sich die laufend aktualisierte Gesetzessammlung für Sozialberufe des Fachhochschulverlages.*

Für Frauen, die sich trennen wollen

Frauen, die sich trennen wollen, wollen wir mit diesem Leitfaden eine Übersicht geben, wie, wo, wann, was und mit welcher Konsequenz im Falle einer Trennung/Scheidung zu tun ist. Wir haben uns bemüht, die notwendigen bürokratischen Verfahren möglichst einfach und verständlich darzustellen, damit Sie Ihre Rechte wahrnehmen können und wissen, was auf Sie zukommt. Wir hoffen, dass Ihnen das Sicherheit im Umgang mit Behörden und Gerichten gibt. Dennoch sollten Sie sich nicht scheuen, professionelle Hilfe in Anspruch zu nehmen. Unterschiedliche Hilfestellungen erhalten Sie bei Beratungsstellen, Anwältinnen, Therapeutinnen; Zufluchtsmöglichkeiten für Sie und Ihre Kinder gibt es in Frauenhäusern.

Hinweiszeichen

Adressen

Wir haben versucht, die »Ratgeberin: Recht« durch Hinweiszeichen sowie Randüberschriften übersichtlich zu gestalten, so dass Sie schnell finden können, was Sie suchen. Speziell für Frauen, die Zuflucht in einem Frauenhaus suchen, haben wir im Anhang die Adressen und Telefonnummern aller autonomen Frauenhäuser abgedruckt (von den verbandlichen Frauenhäusern haben wir Kontaktadressen angegeben).
Die »Ratgeberin: Recht« geht auf viele Vorarbeiten zurück: Die Idee stammt aus einer Zusammenarbeit zwischen dem autonomen Frauenhaus Frankfurt am Main und dem Theorie-Praxis-

---

* »Gesetze für Sozialberufe«, 1.984 Seiten, 25,– € (inkl. Versandkosten); Bezug: Fachhochschulverlag, Kleiststraße 31, 60318 Frankfurt Tel.: (0 69) 15 33–28 20 Fax: (0 69) 15 33–28 40; E-Mail: bestellung@fhverlag.de

Schwerpunkt »Frauenarbeit« des Fachbereichs Sozialarbeit an der Fachhochschule Frankfurt am Main. Der erste Leitfaden erschien 1980 unter dem Namen »Leitfaden für Frauen in Frauenhäusern«.

Die letzte Überarbeitung des Leitfadens wurde 1985 vom Frankfurter »Infoladen für Frauen« geleistet, einem Projekt, das aus dem Frauenschwerpunkt hervorgegangen war und Beratung für misshandelte Frauen anbot. Die finanzielle Hinterlassenschaft dieses Projektes (dessen Aufgaben heute vom Autonomen Frauenhaus wahrgenommen werden) hat die Überarbeitung der vorliegenden Broschüre möglich gemacht.

Viele Mütter – und noch mehr Tanten

Die aktuelle »Ratgeberin: Recht« hat viele Mütter – und noch mehr Tanten: Außer den Autorinnen haben an der Ausarbeitung der Stichworte auch Studentinnen des Schwerpunktes Frauenarbeit an der Fachhochschule Frankfurt am Main mitgewirkt.

Fachkundige Hilfe haben wir uns bei den Rechtsanwältinnen Luise Gantzer (Frankfurt am Main), Malin Bode und Jutta Kassing (beide Bochum), Angelika Schröder (Darmstadt) und bei Sabine Heinke (Bremen) geholt. Ihnen allen danken wir.

Zum Schluss noch ein Hinweis: In der Broschüre verwenden wir überwiegend weibliche Berufsbezeichnungen. Wir gehen davon aus, dass im Bereich »Gewalt gegen Frauen« mehrheitlich Frauen tätig sind – und wollen unsere Wertschätzung und die Anerkennung dieser Realität auch sprachlich zum Ausdruck bringen.

Frankfurt am Main
im Juli 1998

Dagmar Oberlies
Simone Holler
Margrit Brückner

ABKÜRZUNGS- UND SYMBOLVERZEICHNIS

BGB	Bürgerliches Gesetzbuch
BSHG	Bundessozialhilfegesetz
GewSchG	Gewaltschutzgesetz
HSOG	Hessisches Gesetz über die öffentliche Sicherheit und Ordnung
KJHG	Kinder- und Jugendhilfegesetz
LPartG	Lebenspartnerschaftsgesetz
PKH	Prozesskostenhilfe
SGB	Sozialgesetzbuch
StGB	Strafgesetzbuch

☞ Verweis auf andere Stichworte im Leitfaden

☝ Erklärungen im selben Stichwort oben

☟ Erklärungen im selben Stichwort unten

▦ Berechnungsbeispiele

➲ Weitere Informationen

§ Gesetzliche Regelungen

🌍 Informationen speziell für Migrantinnen

📖 Literaturhinweise

💣 Hier ist Vorsicht geboten

✍ Unbedingt schriftlich festhalten

🕐 Bitte Fristen beachten

ANWALTLICHE HILFE[*]

Um Ihre Rechte durchzusetzen, empfiehlt es sich, Beratung einzuholen und ggfs. die Hilfe einer Anwältin in Anspruch zu nehmen. Manchmal sieht das Gesetz sogar zwingend vor, dass Sie nur mit einer Anwältin vor Gericht erscheinen dürfen (sogenannter Anwaltszwang), dazu gehören in der Regel die Scheidungsverfahren ☞. Auch wenn anwaltliche Vertretung nicht zwingend vorgeschrieben ist, wie beispielsweise bei der Regelung der Trennungsfolgen: Sorge- und Besuchsrecht für die Kinder ☞, Unterhalt während des Getrenntlebens ☞, Hausratsverteilung usw. ☞, ist sie doch häufig ratsam.

Anwaltszwang

anwaltliche Vertretung häufig ratsam

Ein gutes Beispiel ist der Unterhalt ☞: wenn er zu gering berechnet wurde, kann nicht rückwirkend mehr verlangt werden; es kommt also auf die richtige Berechnung an – und die ist oft sehr schwierig. Es empfiehlt sich deshalb, frühzeitig eine Anwältin einzuschalten. Aber: nicht alle Anwältinnen können alles gleich gut, sie sind spezialisiert. Deshalb ist es wichtig, die richtige Anwältin für Ihr Problem zu suchen und zu finden.

Hilfreich ist ein von der feministischen Rechtszeitschrift STREIT herausgegebenes Rechtsanwältinnenverzeichnis (www.streit-fem.de), das Anwältinnen nicht nur nach ihrem Kanzleisitz, sondern auch nach ihren Tätigkeitsschwerpunkten auflistet. Ein vergleichbares Verzeichnis gibt es auch vom Deutschen Juristinnenbund e. V., Anklamer Str. 38, 10115 Berlin.

Gut ist auch, vorher z. B. bei der Frauenbeauftragten Ihrer Gemeinde, bei einer Frauenberatungsstelle oder einem Frauenhaus anzurufen, um zu erfahren, mit wem diese zusammenarbeiten. Die Angst vor den Kosten einer anwaltlichen Vertretung muss kein Argument sein, denn möglicherweise können Sie Beratungs- oder Prozesskostenhilfe oder Prozesskostenvorschuss ℘ in Anspruch nehmen.

Vorsicht mit Anwaltswechseln! Die Gebühren können doppelt anfallen.

Falls Ihr Einkommen gering ist, können Sie sich für wenig Geld
- anwaltlich beraten lassen (℘ Beratungshilfe) und
- auch in einem Prozess von einer Anwältin kostengünstig vertreten lassen (℘ Prozesskostenhilfe).

Voraussetzung ist, dass Ihr Einkommen unterhalb bestimmter Einkommensgrenzen ℘ liegt.

---

[*] Die für dieses Stichwort relevanten gesetzlichen Regelungen finden Sie unter: Beratungshilfegesetz, S. 213, Prozesskostenhilfe (Zivilprozessordnung), S. 214; Bürgerliches Gesetzbuch (§ 1361), S. 178

Auch Migrantinnen haben Anspruch auf Prozesskosten- und Beratungshilfe.

Beratungs-hilfe

Beratungshilfe wird gewährt:

- im Zivilrecht: z. B. in Mietsachen, bei Scheidung, Unterhalts- und Scheidungssachen und auch im Arbeitsrecht;
- im Verwaltungsrecht: dazu gehören die Sozialhilfe und die Jugendhilfe, das Ausländerrecht oder auch das Wohngeld;
- im Sozialrecht: damit ist vor allem das Sozialversicherungsrecht gemeint, also Kranken-, Arbeitslosen- und Rentenversicherung sowie
- (eingeschränkt) im Strafrecht.

Beratungshilfe ist nicht nur Beratung, sondern – außer in Strafsachen – auch Vertretung, das heißt, dass die Anwältin für Sie auch mit Behörden, Ehemännern oder anderen Anwälten verhandeln kann.

Antragstellung

Beratungshilfe muss beantragt werden, entweder:

- bei der sogenannten Rechtsantragsstelle des Amtsgerichts (dort wird Ihnen dann ein »Berechtigungsschein« ausgehändigt, den Sie bei Ihrer Anwältin vorlegen müssen) oder
- direkt über die Anwältin, von der Sie beraten werden wollen.

Für den Antrag benötigen Sie Unterlagen, aus denen sich Ihre Einkommensverhältnisse ergeben.

Prozess-kostenhilfe

Prozesskostenhilfe, also die Übernahme Ihrer Gerichts- und Anwaltsgebühren, gibt es:

- in Zivilverfahren (☞ Gerichte): bei allen Familienstreitigkeiten, und im Arbeitsrecht,
- in Verwaltungsverfahren und Sozialgerichtsverfahren (☞ Gerichte) sowie
- für sogenannte Nebenklagevertretungen (☞ Strafanzeige), also wenn Sie sich als Betroffene an einem Strafverfahren gegen den Täter beteiligen wollen.

Antragstellung

Der Antrag auf Prozesskostenhilfe wird durch Ihre Anwältin gestellt. Sie braucht von Ihnen jedoch Unterlagen um Ihre Einkommensverhältnisse festzustellen.

Das Gericht

- überprüft Ihr Einkommen ,
- legt eventuell Raten fest bzw. wie Sie Ihre Prozesskosten zurückzahlen müssen,
- schätzt die Erfolgsaussichten des angestrebten Prozesses ein, denn für aussichtslose Prozesse will der Staat kein Geld ausgeben.

A

Einkommens-grenzen

Maßgeblich ist das sogenannte »bereinigte Nettoeinkommen« (☞ Sozialhilfe), also Ihr Einkommen nach Abzug von

- Steuern
- Sozialversicherungsbeiträgen
- anderen notwendigen Versicherungen
- Werbungskosten, z. B. Fahrtkosten zur Arbeit, Arbeitsmittel
- Kosten der Wohnung
- Berufstätige können noch einen Mehrbedarf von bis zu 50% des sozialhilferechtlichen Regelsatzes abziehen.

Kosten

Vom Restbetrag werden weitere Pauschalsätze für Sie selbst und andere unterhaltsberechtigte Personen abgezogen. Wenn Ihnen nach Abzug dieser Beträge weniger als

- 360 € für Sie selbst,
- plus 360 € für einen im gleichen Haushalt lebenden Ehepartner, der kein eigenes Einkommen hat,
- plus 253 € für jede weitere Person, die Sie versorgen oder an die Sie Unterhalt zahlen,

bleiben, kostet die Beratung gerade mal 10 €, die Prozessvertretung ist kostenlos. Liegen Sie über diesem Betrag, besteht immer noch die Möglichkeit, die Prozesskosten in Raten zurückzuzahlen . Sozialhilfeempfängerinnen liegen immer unter der maßgeblichen Einkommensgrenze.

Die Beträge werden jeweils zum 1. Juli eines Jahres neu festgesetzt.

 Achtung: Wenn Sie den Prozess verlieren, können Kosten auf Sie zukommen – die der anderen Seite nämlich. Bei der Scheidung gibt es aber – *rechtlich* – keine Gewinnerinnen und Verlierer, weil nur ein Zustand (Ehe) beendet wird.

Auch wenn Ihr Einkommen über der Einkommensgrenze liegt, lohnt sich ein Antrag auf Prozesskostenhilfe: Meist führt er dazu, dass Ihnen Prozesskostenhilfe auf der Basis monatlicher Raten gewährt wird (insgesamt nie mehr als 48). Die Raten werden je nach Höhe Ihres Einkommens anhand einer speziellen Tabelle festgesetzt.

Sollten sich Ihre finanziellen Verhältnisse verschlechtern, können Sie bei Gericht um geringere Raten bitten.

 Im Falle einer Verbesserung Ihrer Einkommensverhältnisse kann aber auch das Gericht innerhalb von vier Jahren nach Abschluss des Prozesses nachträglich Raten festsetzen oder festgesetzte Raten erhöhen.

Prozesskos-tenvorschuss

Wichtig zu wissen: möglicherweise muss Ihr Mann – im Rahmen seiner Unterhaltsverpflichtung – für die Kosten eines Rechtsstreites (einschließlich Ihrer Scheidungskosten) aufkommen und sogar einen entsprechenden Vorschuss leisten, wenn Sie selbst nicht in der Lage sind, die Kosten zu tragen. Dies kann Ihre Anwältin überprüfen.

**Rechtsschutz-
versicherung:**
Welche Versi-
cherung ge-
gen welches
Risiko?

Wenn Sie eine Rechtsschutzversicherung haben, müssen Sie nicht selbst für die Kosten eines Rechtsstreites aufkommen. Prüfen Sie deshalb, ob Sie eine Familienrechtsschutzversicherung haben (gibt es auch für nichtverheiratete Paare) – oder über Ihre Gewerkschaft rechtsschutzversichert sind.

Wie bei allen Versicherungen müssen Sie auch bei der Rechtsschutzversicherung genau darauf achten, gegen welches Risiko Sie versichert sind (nur Verkehrsrechtsschutz oder auch Vertragsrechtsschutz). In manchen Rechtsbereichen werden nur Beratungen übernommen (wie z. B. bei Ehescheidungen), in anderen auch die Vertretung vor Gericht.

 Bei Scheidungsverfahren gibt es noch eine weitere Besonderheit: Wenn Sie eine Familienrechtsschutzversicherung haben, die auf den Namen Ihres Mannes abgeschlossen wurde, werden nur seine Kosten übernommen. Oft ist es aber möglich, dass Sie sich trotzdem – auf Kosten der Rechtschutzversicherung – zunächst einmal beraten lassen.

Fragen Sie vorher Ihren Versicherungsvertreter oder Ihre Anwältin, ob die Kosten übernommen werden können.

**Berechnung
der Anwalts-
gebühren**
Streitwert

Die Gebühren der Anwältinnen werden nicht nach Stunden, sondern nach dem »Wert« des Gegenstandes bemessen, um den gestritten wird (z. B. der Höhe der Unterhaltsforderung). Weiter ist maßgeblich, welche einzelnen Tätigkeiten die Anwältin erbracht hat (z. B. nur Beratung oder auch Prozessvertretung). Die Gebührenrahmen sind für die einzelnen Tätigkeiten gesetzlich festgelegt, die Höhe der Gebühren bezogen auf den jeweiligen »Streitwert« ergeben sich aus einer Gebührentabelle. In umfangreichen Strafverfahren ist es üblich geworden, eine Honorarvereinbarung (z. B. ein Tages- oder Stundenhonorar) abzuschließen. Inzwischen kommen Honorarvereinbarungen z. B. auch in schwierigen Sorgerechtsverfahren vor.

 Am besten erkundigen Sie sich über die voraussichtlichen Kosten und die Möglichkeit, Prozesskostenhilfe zu beantragen, bevor Sie die anwaltliche Vollmacht unterschreiben.

ARBEIT, ARBEIT, ARBEIT[*]

… gemeint ist hier (ausreichend) bezahlte Arbeit; unbezahlte Arbeit (Hausarbeit, Kinderbetreuung) haben Sie vermutlich – wie die meisten Frauen – genug.

Erwerbsarbeit
Rückkehr in
den Beruf:
Arbeitssuche

Viele Frauen wollen oder müssen nach einer Trennung von ihrem Mann wieder eine Arbeit suchen. Das ist bei der derzeitigen Arbeitsmarktlage, vor allem bei dem hohen Anteil arbeitsloser Frauen, nicht leicht. Vorteile haben Sie, wenn Sie bereits eine Berufsausbildung haben, schwieriger ist es, wenn Sie keine Ausbildung vorzuweisen haben.

Bei der Arbeitssuche hilft Ihnen das Arbeitsamt: Es bietet eine Berufsberatung und eine Arbeitsvermittlung; ergänzend kann es eine Reihe von finanziellen Unterstützungen leisten (☞ Arbeitslosigkeit).

Wenn Sie nur vorübergehend Unterhalt ☞ von Ihrem Mann bekommen bis Sie wieder eine Arbeit gefunden haben, müssen Sie mehr tun als sich beim Arbeitsamt arbeitssuchend zu melden; dann müssen Sie sich zumindest auf in Betracht kommende Anzeigen in der Zeitung bewerben und ggfs. zusätzlich von sich aus Firmen anschreiben und sich bewerben (☞ Unterhalt).

**Hilfe vom
Arbeitsamt**

Oft sind Sie aber nach einer Trennung in der schwierigen Lage, dass Sie – familienbedingt – Ihre Berufstätigkeit unterbrochen oder auf eine Ausbildung ganz verzichtet haben.

Auch in diesem Fall sollten Sie sich an das Arbeitsamt wenden. Es kann Eingliederungszuschüsse gewähren sowie Trainings-, Aus- und Weiterbildungsmaßnahmen fördern, um Ihre Chancen auf dem Arbeitsmarkt zu verbessern (☞ Arbeitslosigkeit).

**Hilfe durch die
Sozialämter**

Auch im Rahmen der Sozialhilfe ☞ werden immer mehr Anstrengungen unternommen, Menschen wieder in Arbeit zu vermitteln und ihnen so zu helfen, selbst für sich zu sorgen. Welche Hilfen angeboten werden, ist örtlich sehr verschieden. Grundsätzlich müssen sich auch Menschen, die Sozialhilfe beziehen, selbst um Arbeit bemühen. Das gilt allerdings nur, soweit dadurch nicht die Erziehung der Kinder gefährdet wird. Das könnte der Fall sein, wenn Ihr Kind (eines Ihrer Kinder) jünger als drei Jahre ist, danach hat es Anspruch auf einen Kindergar-

---

[*] Die für dieses Stichwort relevanten gesetzlichen Regelungen finden Sie unter: Bürgerliches Gesetzbuch, S. 155; Arbeitsförderung (SGB III, S. 155); Arbeitszeitgesetz, S. 154; Entgeltfortzahlungsgesetz, S. 158; Kündigungsschutzgesetz, S. 161; Mutterschutzgesetz, S. 162; Prostitutionsgesetz, S. 166; Beschäftigtenschutzgesetz, S. 157

tenplatz (dass es diesen auch wirklich bekommt, dabei sollen die Sozialämter helfen).

Haben Sie die Möglichkeit, Arbeit zu bekommen, dann kann das Sozialamt Ihrem Arbeitgeber und – für ein halbes Jahr – (auch) Ihnen selbst einen Zuschuss zahlen. Zudem hat das Sozialamt auch selbst die Verpflichtung, Arbeitsgelegenheiten zu schaffen. Wenn Sie in einer solchen Maßnahme beschäftigt sind, wird entweder ein reguläres Arbeitsverhältnis begründet, in dem Sie nicht nur Lohn bekommen, sondern auch kranken- und rentenversichert sind, oder Sie erhalten – zusätzlich zur Hilfe zum Lebensunterhalt (☞ Sozialhilfe) – eine »angemessene« Entschädigung (in diesem Fall sind Sie aber nicht sozialversichert).

Abschluss von Arbeitsverträgen

Wenn Sie Glück haben und einen Arbeitsplatz finden, dann sind Sie in der vielleicht ungewohnten Lage, einen Arbeitsvertrag abschließen zu müssen.

Sie sollten sich angewöhnen, Verträge genau durchzulesen und sich im Zweifel alles erklären zu lassen, was Sie nicht verstehen. In einem Arbeitsvertrag sollte geregelt sein:

- die Dauer des Arbeitsverhältnisses (befristet/unbefristet), evtl. die Länge der Probezeit;
- die Höhe des Lohnes, Urlaubs- und Weihnachtsgelds;
- die Art der Arbeit und der genaue Arbeitsplatz;
- die Arbeitszeit und der Urlaub.

Zudem sollten Sie nachfragen, ob ergänzend ein Tarifvertrag gilt, und sich diesen sofort besorgen, weil darin oft noch einige Besonderheiten geregelt sind.

Manchmal werden Sie vor dem Abschluss eines Arbeitsvertrages gefragt, ob Sie schwanger sind (oder in absehbarer Zeit schwanger werden wollen). Solche Fragen sind unzulässig, weil sie nur Frauen gestellt werden können und deshalb diskriminierend sind (denn sie haben nur das eine Ziel, Sie dann nicht einzustellen). Sie müssen diese Frage deshalb nicht beantworten, sogar die Unwahrheit kann Ihnen nicht angelastet werden.

Arbeitsverhältnisse
Geringfügige Beschäftigung

Einige Arbeitsverhältnisse, die fast ausschließlich von Frauen ausgeübt werden, weisen Besonderheiten auf.

Als geringfügig gelten Beschäftigungen mit einer (regelmäßigen) Arbeitszeit von max. 15 Stunden/Woche und einem (regelmäßigen) Einkommen von bis zu 325 €/Monat. Wer diese Grenzen überschreitet – egal, ob mit mehreren geringfügigen Beschäftigungen oder mit einer Hauptbeschäftigung und einer geringfügigen Nebenbeschäftigung –, ist sozialversicherungs- und grundsätzlich steuerpflichtig. Wer dagegen wirklich nur einen 325-€-Job hat, für den gelten Sonderregelungen: Zwar müssen Sie selbst auch weiterhin keine Beiträge in die Sozial-

A

versicherung entrichten, aber Ihr Arbeitgeber ist jetzt verpflichtet, zusätzlich zu Ihrem Lohn 12% Ihres Arbeitsentgeltes in die Rentenversicherung und 10% an die Krankenversicherung zu zahlen. Ansprüche aus der Krankenversicherung ☞ haben Sie aber weiterhin nur, wenn Sie über Ihren Mann mitversichert sind. Rentenansprüche erwerben Sie, wenn Sie nicht freiwillig zuzahlen, nur eingeschränkt (☞ Rente).

Andererseits gilt aber auch für geringfügige Beschäftigungsverhältnisse das normale Arbeitsrecht, das heißt: Im Krankheitsfalle gibt es Lohnfortzahlung (korrekt: Entgeltfortzahlung), es gilt das Kündigungsschutzgesetz, sie haben Anspruch auf bezahlten Urlaub usw.

Teilzeitarbeit

Viele Frauen wollen, solange Sie kleine Kinder betreuen, nur Teilzeit arbeiten. Sie haben einen gesetzlichen Anspruch auf Teilzeitarbeit, wenn Ihr Arbeitsverhältnis seit mehr als sechs Monaten besteht, Ihr Arbeitgeber in der Regel mehr als 15 Beschäftigte (ohne Auszubildende) hat und keine betrieblichen Gründe (z.B. erhebliche Beeinträchtigungen des Arbeitsablaufes oder der Sicherheit im Betrieb oder unverhältnismäßig hohe Kosten) dagegen sprechen. Der Anspruch besteht unabhängig von Ihrer Position im Unternehmen, also auch für Mitarbeiterinnen in höheren und leitenden Positionen. Wenn Sie Ihre Arbeitszeit verringern wollen, müssen Sie dies mindestens drei Monate vorher ankündigen. Für den Umfang der Reduzierung gibt es keine gesetzlichen Vorgaben wie Ober- oder Untergrenzen. Arbeitnehmerinnen, die im Anschluss an die Elternzeit Teilzeitarbeit leisten wollen, können dies ebenfalls drei Monate vorher beantragen, wenn die genannten Voraussetzungen vorliegen, da das Arbeitsverhältnis während der Elternzeit fortbesteht. (Auch während der Elternzeit besteht unter bestimmten Voraussetzungen ein Anspruch auf Teilzeitbeschäftigung ☞ Erziehungsgeld/Elternzeit.)

Ihr Arbeitgeber muss Ihnen spätestens einen Monat vor dem gewünschten Teilzeitbeginn schriftlich mitteilen, ob er der Verringerung der Arbeitszeit zustimmt. Unterlässt er dies und lehnt Ihre Teilzeitarbeit auch nicht ausdrücklich ab, gilt die Genehmigung automatisch als erteilt. Gegen die Ablehnung eines Teilzeitwunsches ist eine Klage vor dem zuständigen Arbeitsgericht (☞ Gerichte) möglich. Eine erneute Verringerung der Arbeitszeit kommt erst nach Ablauf von zwei Jahren in Betracht. Ihr Arbeitgeber darf Sie als Teilzeitarbeitnehmerin nicht ohne (sachlichen) Grund schlechter behandeln als vergleichbare Vollzeitarbeitnehmer und -arbeitnehmerinnen. Wenn Sie Ihre Arbeitszeit wieder verlängern möchten, muss Ihr Arbeitgeber Sie bei der Besetzung entsprechender freier Stellen (bei gleicher Eignung) bevorzugt behandeln.

Wenn Sie nicht ausschließlich geringfügig beschäftigt sind, haben Sie Anspruch auf die Leistungen der Sozialversicherungen. Ein Problem ergibt sich dort, wo die Leistungen einkommensabhängig erbracht werden – wie in der Renten- und Arbeitslosenversicherung. Hier gilt: Wer wenig verdient (und deshalb wenig eingezahlt) hat, bekommt auch wenig.

Im Alter oder bei Arbeitslosigkeit können deshalb teilzeitarbeitende Frauen leicht unter eine Grenze rutschen, die ein existenzsicherndes Einkommen garantiert. Dann sind Sie u. U. darauf angewiesen, ergänzend Sozialhilfe ☞ zu beantragen.

Prostitution

Seit 1.1.2002 können auch Prostituierte ihre Tätigkeit in einem sozialversicherungspflichtigen Beschäftigungsverhältnis ausüben. Sie erhalten Zugang zu den Leistungen der gesetzlichen Krankenversicherung, der Renten- und Arbeitslosenversicherung und damit z. B. auch einen Anspruch auf Umschulung und Wiedereingliederung in den »normalen« Arbeitsmarkt. Bordellbetreiber machen sich nicht mehr wegen Förderung der Prostitution strafbar und können daher die bei ihnen beschäftigten Prostituierten zur Sozialversicherung anmelden, ohne sich automatisch der Strafverfolgung auszusetzen (Ausbeutung von Prostituierten u. Ä. bleibt aber selbstverständlich weiterhin strafbar). Das Beschäftigungsverhältnis unterscheidet sich von anderen abhängigen Beschäftigungen unter anderem dadurch, dass der Arbeitgeber oder die Arbeitgeberin nur eingeschränkte Weisungsrechte hat (die Prostituierte kann insbesondere ihre Kunden und die Art ihrer sexuellen Dienstleistungen frei wählen). Außerdem gibt es für Prostituierte keine Kündigungsfristen. Daneben besteht natürlich auch die Möglichkeit einer freiberuflichen Tätigkeit. Das Entgelt für die Leistung kann nun im Streitfall gerichtlich eingeklagt werden. Für Freier begründet dies aber keinen Anspruch auf Vornahme bestimmter sexueller Handlungen. Sie können auch keine Ansprüche wegen angeblich »schlechter Leistungen« gegenüber der Prostituierten geltend machen.

Arbeitsplatzprobleme:
Aufgabe des Arbeitsplatzes

Wenn Sie – auch nach einer Trennung – Gewalttätigkeiten Ihres Mannes befürchten, kann es manchmal erforderlich werden, den Wohnort zu wechseln und sogar den Arbeitsplatz aufzugeben. Ein solcher Schritt will gut geplant sein.

Wenn Sie selbst kündigen, kann Ihnen unter Umständen eine Sperrzeit vom Arbeitsamt auferlegt werden (☞ Arbeitslosig-

A

keit). Deshalb sollten Sie versuchen, Ihre Lage mit Ihrem Arbeitgeber zu besprechen und eine Lösung suchen, die Ihnen nicht schadet.

⟳ In diesem Fall empfiehlt es sich auch, sich vorher anwaltlichen Rat ☞ zu holen.

Kündigung des Arbeitsplatzes

Bei der derzeitigen Arbeitsmarktlage besteht aber auch die Gefahr, dass Sie Ihren Arbeitsplatz verlieren. Wenn Sie – seit mehr als sechs Monaten – in einem Betrieb mit mehr als fünf Beschäftigten arbeiten (Teilzeitkräfte zählen nur anteilig, Azubis gar nicht), gilt für Sie das Kündigungsschutzgesetz. Kündigungen sind dann unzulässig, wenn sie sozial ungerechtfertigt sind. Mögliche Kündigungsgründe sind:

- Gründe, die in Ihrer Person liegen, z. B. häufige oder längere Krankheiten;
- Gründe, die in Ihrem Verhalten liegen, z. B. Alkoholkonsum, Diebstahl, schlechte Leistungen, unentschuldigtes Fehlen oder häufiges Zuspätkommen, unkollegiales Verhalten, aber meist nur, wenn Sie vorher abgemahnt worden sind;
- betriebsbedingte Gründe, also vor allem, wenn der Betrieb in finanzielle Schwierigkeiten geraten ist; aber auch dann muss Ihr Arbeitgeber genau darlegen, warum gerade Ihr Arbeitsplatz wegfallen soll, und dass es keine anderen Möglichkeiten gibt (z. B. Kurzarbeit oder eine andere »Sozialauswahl«).

Unabhängig davon, ob für Sie das Kündigungsschutzgesetz Anwendung findet, gelten – abhängig von der Beschäftigungsdauer – gesetzliche oder tarifvertragliche Kündigungsfristen. Ohne Frist kann ein Arbeitsverhältnis nur aus »wichtigem Grund« gekündigt werden, das heißt, wenn es unmöglich ist, die Kündigungsfrist abzuwarten. Gibt es in Ihrem Betrieb einen Betriebsrat (bei Behörden: Personalrat) muss er vor der Kündigung angehört werden, sonst ist die Kündigung unwirksam. Außerhalb des Kündigungsschutzgesetzes besitzen Sie während Ihrer Schwangerschaft und weitere vier Monate nach der Geburt Kündigungsschutz (☞ Schwangerschaften und Geburten). Darüber hinaus kann eine Kündigung im Fall grober Diskriminierung unwirksam sein.

🕐 Halten Sie eine Kündigung für ungerechtfertigt, müssen Sie unbedingt innerhalb von drei Wochen Klage beim Arbeitsgericht einreichen, sonst ist die Kündigung wirksam.

Wenn Sie gekündigt worden sind, sollten Sie sich umgehend beraten lassen, um keine folgenschweren Fehler zu machen.

⟳ Weitere Informationen bekommen Sie, falls Sie Mitglied sind, bei Ihrer Gewerkschaft, sonst bei den Fachanwältinnen für Arbeitsrecht (☞ Anwaltliche Hilfe).

(Sexuelle) Belästigung am Arbeitsplatz

Seit 1994 gibt es ein spezielles Gesetz zum Schutz vor sexueller Belästigung am Arbeitsplatz.

Es definiert sexuelle Belästigung als »vorsätzliches, sexuell bestimmtes Verhalten, das die Würde von Beschäftigten am Arbeitsplatz verletzt.« Als Beispiele nennt das Gesetz: strafbare Handlungen, aber auch sonstige sexuelle Handlungen (oder die Aufforderung dazu), Berührungen, Bemerkungen und das Zeigen pornografischer Darstellungen. Das Gesetz stellt klar, dass solche Handlungen nicht nur strafbar sein können, sondern arbeitsvertragliche bzw. Dienstpflichten verletzen. Deshalb kann (und muss) der Arbeitgeber gegen solches Verhalten arbeitsrechtlich, das heißt durch Abmahnungen, Versetzungen bis hin zu Kündigungen vorgehen, wenn sich eine betroffene Frau beschwert. Umgekehrt dürfen der Frau keine Nachteile entstehen. Regt sich Ihr Arbeitgeber oder Vorgesetzter nicht, um die Belästigung zu unterbinden, dürfen Sie bei Vorliegen bestimmter Voraussetzungen sogar die Arbeit einstellen, ohne dass Ihnen Ihr Einkommen verlorengeht.

Familie und Beruf

Wenn Sie neben der Familie auch berufstätig sind, stellt sich oft die Frage, wie beides »unter einen Hut« gebracht werden kann. Eine wichtige Errungenschaft ist sicher der Rechtsanspruch auf einen Kindergartenplatz (☞ Kinder), der, wenn auch oft nur vormittags, die Kinderbetreuung sicherstellt. Auch der Anspruch auf (bezahlte) Freistellung von bis zu zehn Tagen pro Kind und Jahr (Alleinerziehende bis zu 20 Tagen, maximal aber höchstens 25 Tage im Jahr) bei einer Erkrankung ihres Kindes schafft für viele Frauen im Alltag einige Erleichterung – Voraussetzung ist allerdings, dass Sie selbst krankenversichert sind; geringfügig Beschäftigte ♪ profitieren allerdings auch hier nicht. Schließlich mag auch noch die – mit dem Erziehungsurlaub ☞ verbundene – Arbeitsplatzgarantie und die Berücksichtigung der Kindererziehungszeiten bei der Rente ☞ die Vereinbarkeit von Familie und Beruf erleichtern.

Schwieriger wird es oft dann, wenn Frauen nicht nur vorübergehend, sondern ganz auf eine eigene Berufstätigkeit verzichtet haben oder im Vertrauen darauf, dass sie versorgt sind, nur einer geringfügigen Beschäftigung nachgegangen sind. Solche Frauen verspüren die mit dem Verzicht auf eigenes Einkommen verbundene Abhängigkeit manchmal erst, wenn es zu einer Scheidung ☞ kommt. Dann können Sie gezwungen sein, eine existenzsichernde Erwerbstätigkeit aufzunehmen (☞ Unterhalt) oder sie stellen fest, dass Ihre Rentenansprüche (☞ Versorgungsausgleich) für den Ernstfall des Alters nicht ausreichen. Sie sollten deshalb in jedem Fall bei einer Berufsunter-

A

brechung oder -aufgabe überlegen, ob eine freiwillige (Weiter-) Versicherung in der Rentenversicherung ☞ sinnvoll und möglich ist.

➲ Die BfA (Bundesversicherungsanstalt für Angestellte) und die LVA (Landesversicherungsanstalten) beraten Sie gern, auch über das Internet unter folgenden Adressen: www.bfa.de und www.lva.de

ARBEITSLOSIGKEIT[*]

Hilfe vom Arbeitsamt

Vom Arbeitsamt können Sie, wenn Sie arbeitslos werden (aber auch, wenn Sie Angst haben müssen, arbeitslos zu werden) oder wenn Sie, z. B. nach einer Trennung und Scheidung erstmals Arbeit suchen, Hilfestellung erwarten: Das Arbeitsamt

- berät und hilft bei der Stellensuche,
- fördert Trainingsmaßnahmen, (berufliche) Aus- und Weiterbildungen und gewährt verschiedene finanzielle Unterstützungen.

§ Ausdrücklich heißt es im Gesetz (SGB III – Arbeitsförderung),

- dass die aktive Arbeitsförderung der Durchsetzung der Gleichberechtigung, insbesondere der Beseitigung bestehender Nachteile, dienen soll,
- dass Frauen entsprechend ihrem Anteil an den Arbeitslosen gefördert werden sollen und
- dass die Leistungen so gestaltet sein sollen, dass sie die Lebensverhältnisse von Menschen berücksichtigen, die Kinder betreuen und erziehen.

Beratung und Vermittlung

Die Beratungs- und Vermittlungstätigkeit des Arbeitsamtes steht allen offen, die Arbeit suchen, also auch denen, die z. B. als geringfügig Beschäftigte keine Beiträge zur Arbeitslosenversicherung gezahlt haben. Die Beratung umfasst Auskunft und Rat zur Berufswahl, zu Möglichkeiten der beruflichen Bildung, der Arbeitsplatzsuche und der finanziellen Förderung. Darüber hinaus muss das Arbeitsamt allen auch eine konkrete Arbeitsvermittlung und Hilfen bei der Bewerbung anbieten. Wenn Sie arbeitslos sind (und Beiträge gezahlt haben), können für Sie auch Bewerbungs- und sogar Reisekosten übernommen werden.

Verbesserung der Chancen auf dem Arbeitsmarkt:

Eine Reihe von Leistungen der Arbeitsämter sollen Arbeitslosen oder von Arbeitslosigkeit Bedrohten helfen, ihre Chancen auf dem Arbeitsmarkt zu verbessern. Gefördert werden können Trainingsmaßnahmen sowie (berufliche) Erstausbildungen und Weiterbildungen. Die Förderung besteht z. B. in der Übernahme der Kosten für die Maßnahme (einschließlich Fahrtkosten und Unterbringung), der Weiterzahlung der Arbeitslosenunterstützung oder der Zahlung von Berufsausbildungsbeihilfe bzw. Unterhaltsgeld.

---

[*] Die für dieses Stichwort relevanten gesetzlichen Regelungen finden Sie unter: Arbeitsförderung (SGB III), S. 151; Allgemeine Vorschriften (SGB I), S. 216

A

**Nur für
Versicherte**

Diese Leistungen werden – mit Ausnahme der Ausbildungsbeihilfen – nur für Versicherte angeboten. Kinderbetreuungskosten können bis zur Höhe von 130,– € pro Monat und Kind übernommen werden. Einige (finanzielle) Hilfestellungen sollen den Abschluss von Arbeitsverträgen erleichtern. Dazu gehören – auf der Seite der Arbeitslosen – die sogenannten »Mobilitätshilfen« wie Geld für Arbeitskleidung und -geräte oder auch Fahrtkosten zur Arbeitsstelle, Umzugskosten usw., auf der Seite der Arbeitgeber vor allem die Eingliederungszuschüsse z. B. für die Dauer der Einarbeitungszeit oder für Menschen, die nur schwer vermittelt werden können.

**Job-Aqtiv-
Gesetz**

Ältere Arbeitslose können jetzt durch Eingliederungszuschüsse gefördert werden, wenn sie über 50 Jahre alt sind, da die bisherige Altersgrenze von 55 Jahren durch das Job-Aqtiv-Gesetz herabgesetzt wurde. Gleichzeitig ist bei mehreren Arbeitsförderungsmaßnahmen die Voraussetzung einer Mindestdauer der Arbeitslosigkeit entfallen.

**Für
Berufsrück-
kehrerinnen**

Vor allem Berufsrückkehrerinnen, in der gesetzlichen Definition Frauen, die ihre Erwerbstätigkeit wegen der Betreuung und Erziehung von aufsichtsbedürftigen Kindern oder der Betreuung pflegebedürftiger Angehöriger unterbrochen haben und in angemessener Zeit danach in die Erwerbstätigkeit zurückkehren wollen, können den Einarbeitungszuschuss in Anspruch nehmen. Anders als die Mobilitätshilfen werden Eingliederungszuschüsse auch für Arbeitnehmerinnen gewährt, die vor der Rückkehr in den Beruf keine Beiträge gezahlt haben, wichtig ist nur, dass sie ohne den Zuschuss auf dem Arbeitsmarkt keine Chance hätten. Berufsrückkehrerinnen können bereits durch Arbeitsbeschaffungsmaßnahmen gefördert werden, wenn sie vor der Unterbrechung der Erwerbstätigkeit mindestens zwölf Monate versicherungspflichtig beschäftigt waren.

Fast alle diese Leistungen setzen voraus, dass Sie die erforderlichen Mittel nicht selbst aufbringen können. Keinen Anspruch haben Sie z. B., wenn die Kosten durch einen Ihnen zustehenden Ausbildungsunterhalt (☞ Unterhalt) gedeckt wären. Wenn Sie keine berufliche, sondern eine schulische Ausbildung anstreben, greift nicht das Arbeitsförderungsrecht, sondern das Bundesausbildungsförderungsgesetz (BAföG).

➲ Auskunft erteilt in diesem Fall das Amt für Ausbildungsförderung und das Studentenwerk.

**Arbeitslosen-
unterstützung**

Auch weiterhin (und – traurigerweise – zunehmend) wird die Auszahlung von Arbeitslosengeld und Arbeitslosenhilfe zu den wichtigsten Aufgaben der Arbeitsämter gehören.

Anspruch auf Arbeitslosengeld oder -hilfe haben Sie nur, wenn Sie in den letzten drei Jahren mindestens zwölf Monate versicherungspflichtig beschäftigt waren, also nicht bei 325-€-Jobs. Die Dreijahresfrist kann durch Kindererziehungszeiten ausgedehnt werden.

Antragstellung Zur Antragstellung müssen Sie persönlich beim Arbeitsamt erscheinen, eine schriftliche Meldung reicht nicht. Sie kann frühestens zwei Monate vor dem (vermuteten) Eintritt der Arbeitslosigkeit erfolgen.

 Arbeitslosengeld (und Arbeitslosenhilfe) werden frühestens ab dem Tag gezahlt, an dem Sie persönlich beim Arbeitsamt den Antrag gestellt haben.

Fehlende Unterlagen können Sie nachreichen, sie sind kein Grund, Sie wegzuschicken. Zuständig ist das Arbeitsamt, in dessen Bezirk Sie am ersten Tag Ihrer Arbeitslosigkeit wohnen. Wenn Sie den Antrag stellen, sollten Sie schon ein Konto haben, auf das das Geld überwiesen werden kann. Zudem sollten Sie möglichst bald Ihren Sozialversicherungsausweis beim Arbeitsamt hinterlegen. Damit der Antrag endgültig bearbeitet werden kann, benötigt das Arbeitsamt folgende Unterlagen:

- Personalausweis/Pass
- Arbeitspapiere, mindestens Lohnsteuerkarte, Arbeitsbescheinigung Ihres Arbeitgebers und Sozialversicherungsausweis
- den letzten Bewilligungsbescheid (falls Sie schon einmal Arbeitslosengeld oder Arbeitslosenhilfe bezogen haben)
- Ihre Kontonummer.

 Achten Sie darauf, dass Ihr Antrag mit dem Tagesstempel versehen wird.

Arbeitslosengeld Das Arbeitslosengeld beträgt 60% des maßgeblichen Nettolohns 🔖; haben Sie Kinder, steigt das Arbeitslosengeld auf 67% des Nettolohns. Anspruch auf Arbeitslosengeld haben Sie, wenn Sie
- sich – persönlich(!) – beim Arbeitsamt arbeitslos gemeldet haben,
- arbeitslos und verfügbar sind und eine – versicherungspflichtige – Beschäftigung suchen und
- Beiträge zur Arbeitslosenversicherung gezahlt und die Anwartschaftszeiten erfüllt haben.

Arbeitslos, aber Arbeit suchend Arbeitslosigkeit meint, dass Sie gerade nicht in einem Beschäftigungsverhältnis stehen und – tatsächlich – eine (versicherungspflichtige) Beschäftigung suchen. Allerdings hindert es die Arbeitslosigkeit nicht, wenn Sie geringfügig, also unter der 325-€-Grenze beschäftigt sind.

Als beschäftigungssuchend gelten Sie nur, wenn Sie

- alle Möglichkeiten nutzen, um eine Arbeit zu finden und
- dem Arbeitsamt für die Vermittlung zur Verfügung stehen, das heißt, täglich erreichbar sind (Ausnahme: Krankheit, Urlaub).

Verfügbarkeit

Die Anforderungen an die Verfügbarkeit sind genau definiert:

- Sie müssen bereit sein, eine (zumutbare) sozialversicherungspflichtige Beschäftigung unter den üblichen Bedingungen anzunehmen, wobei es möglich ist, z. B. aus familiären Gründen, nur eine bestimmte Dauer und Verteilung der Arbeitszeit oder nur Teilzeitarbeit oder – wenn Sie vor der Arbeitslosigkeit Heimarbeiterin waren – nur Heimarbeit zu suchen.
- Zudem müssen Sie – zeitnah (!) – Vorschlägen des Arbeitsamtes zur beruflichen Eingliederung nachkommen und an entsprechenden Maßnahmen teilnehmen.

Nicht zumutbar sind Beschäftigungen, die erheblich (mehr als 20% bis 30%) niedriger bezahlt sind als das für das Arbeitslosengeld maßgebliche Einkommen ☞. Die Verfügbarkeit entfällt nicht, wenn Sie (bis zu sechs Wochen) krankgeschrieben oder (bis zu drei Wochen) in Urlaub sind. Auch wenn Sie Ihre Kinder betreuen, steht dies der Verfügbarkeit nicht entgegen: Sie müssen nur für den Fall der Arbeitsvermittlung eine Betreuungsmöglichkeit nachweisen können. Wenn Ihr Kind über drei Jahre alt ist, hat es seit einiger Zeit einen gesetzlichen Anspruch auf einen Kindergartenplatz (☞ Kinder); Sie können aber auch Betreuungsgemeinschaften mit anderen – arbeitslosen – Eltern bilden oder Verwandte einschalten.

Probleme gibt es meist erst dann, wenn Sie eine Arbeit aufgeben oder eine angebotene Arbeit ablehnen, weil die Kinderbetreuung nicht sichergestellt ist.

Höhe und Dauer des Arbeitslosengeldbezuges: Bemessungsentgelt

Die Höhe des Arbeitslosengeldes richtet sich danach, was Sie vorher verdient haben (sogenanntes Bemessungsentgelt); die maximale Bezugsdauer nach Ihren Beschäftigungszeiten in den letzten sieben Jahren und nach Ihrem Alter.

Ausgangspunkt ist Ihr früheres (durchschnittliches) sozialversicherungspflichtiges Einkommen, vermindert um eine Steuerpauschale (entsprechend der Lohnsteuerklasse) und die Sozialversicherungsbeiträge. Maßgeblich sind die Gehaltsabrechnungen der letzten 52 Wochen. Bei »Härtefällen«, also wenn es grob ungerecht wäre, nur das letzte Jahr zu betrachten, können Sie beantragen, dass die letzten zwei Jahre zugrunde gelegt werden.

Haben Sie in den letzten drei Jahren mindestens sechs Monate am Stück Vollzeit gearbeitet, danach aber die Arbeitszeit auf weniger als 80% (und mehr als fünf Stunden in der Woche) reduziert, ist das Einkommen aus der Vollzeitbeschäftigung maßgeblich. Etwas anderes gilt, wenn Sie zukünftig nur für eine Teilzeitarbeit zur Verfügung stehen, dann wird nur der anteilige Lohn zugrundegelegt.

Haben Sie in den letzten drei Jahren schon einmal Arbeitslosengeld oder Arbeitslosenhilfe bezogen, wird (mindestens) das damals zugrundegelegte Einkommen auch dem neuen Antrag zugrunde gelegt. Sie können sich also, auch wenn Sie zwischendurch schlechterbezahlt arbeiten, dadurch nicht schlechterstellen.

Das Bemessungsentgelt, das Grundlage Ihres Arbeitslosengeldanspruches ist, wird jährlich angepasst.

⮐ Aus der sogenannten Leistungstabelle, die im Arbeitsamt aushängt und jährlich neu erstellt wird, können Sie die Höhe Ihrer Arbeitslosenbezüge ersehen.

Bezugsdauer
Die maximale Bezugsdauer beträgt, grob gesagt, die Hälfte Ihrer versicherungspflichtigen Beschäftigungszeit; mehr als ein Jahr aber nur dann, wenn Sie – zum Zeitpunkt des Eintritts der Arbeitslosigkeit – älter als 45 Jahre waren.

Sperrzeiten
Das Gesetz sieht vor, dass Arbeitslosengeld unter bestimmten Umständen zwölf Wochen lang (in Härtefällen nur sechs Wochen) nicht ausgezahlt wird (Sperrzeit), und zwar dann, wenn

- Sie das Arbeitsverhältnis selbst gelöst oder Anlass zur Kündigung gegeben haben,
- Sie eine angebotene Beschäftigung nicht annehmen, das Zustandekommen eines Vorstellungsgesprächs verhindern oder sich weigern, an einer Trainings- oder Eingliederungsmaßnahme, einer Aus- oder Weiterbildung teilzunehmen oder eine solche Maßnahme abbrechen *und*
- Sie keinen wichtigen Grund für Ihr Verhalten haben.

Außer bei der Kündigung müssen Sie aber vom Arbeitsamt darüber belehrt worden sein, welche Folgen Ihr Verhalten haben kann. Eine Kündigung wegen häufiger Krankheit oder wegen Rationalisierung innerhalb des Betriebes zieht keine Sperrzeit nach sich – nur die verhaltensbedingte Kündigung ♪.

Eine Herabsetzung der Sperrzeit können Sie verlangen, wenn die Dauer der Sperrzeit im Verhältnis zum Anlass besonders hart erscheint. Können Sie für Ihr Verhalten wichtige Gründe geltend machen, so entfällt die Sperrzeit. Wichtige Gründe für eine Kündigung (oder auch einen »einverständlichen« Aufhebungsvertrag) sind z. B., wenn:

■ für die Arbeit kein Geld mehr bezahlt wird,

■ ein gesetzwidriges Verhalten von Ihnen verlangt wird.

Ob eine Kündigung wegen eines Wohnungswechsels zum Schutz vor ehelicher Gewalt als »wichtiger Grund« anerkannt wird, sollten Sie mit Ihrem Arbeitsamt klären, am besten bevor Sie kündigen oder der Aufhebung des Arbeitsverhältnisses zustimmen.

Gegen die Verhängung einer Sperrzeit können Sie innerhalb eines Monats Widerspruch einlegen.

Arbeitslosenhilfe

Arbeitslosenhilfe gibt es:

■ im Anschluss an den Bezug von Arbeitslosengeld oder

■ wenn Sie innerhalb des letzten Jahres mindestens einen Tag Arbeitslosengeld bezogen haben.

Die Arbeitslosenhilfe beträgt 53% des maßgeblichen Einkommens, wenn Sie – mindestens – ein Kind haben 57%. Sie wird in der Regel für ein Jahr bewilligt und – nach erneuter Prüfung der Voraussetzungen – verlängert. Arbeitslosenhilfe wird im wesentlichen unter den gleichen Voraussetzungen gewährt wie Arbeitslosengeld: Sie müssen arbeitslos, verfügbar und – persönlich – arbeitslos gemeldet sein. Hinzukommen muss aber, dass Sie keinen Anspruch auf Arbeitslosengeld haben und bedürftig sind.

Bedürftigkeit

Bedürftig sind Sie nur, soweit Sie Ihren Lebensunterhalt nicht auf andere Weise als durch Arbeitslosenhilfe bestreiten oder bestreiten können – vor allem aus eigenem Einkommen und Vermögen und (in begrenztem Umfang) dem Ihres nicht getrennt lebenden Ehemannes oder Partners oder Ihrer Lebenspartnerin. Bekommen Sie z. B. Unterhalt von Ihrem getrennt lebenden Ehemann, so haben Sie ein Einkommen und sind nur dann »bedürftig«, wenn der Unterhalt unter dem für die Arbeitslosenhilfe maßgeblichen Einkommen liegt. Leben Sie mit einem Mann oder einer Lebenspartnerin zusammen, so wird ihr/sein Einkommen berücksichtigt, soweit es den steuerlichen Grundfreibetrag übersteigt. Ist der Mann oder die Lebenspartnerin, mit dem/der Sie zusammenleben, vermögend, kann es auch deshalb an Ihrer Bedürftigkeit fehlen. Bei der Bestimmung der Arbeitslosenhilfe gelten bestimmte Sozialleistungen nicht als Einkommen, sonst aber fast alles.

Anrechnungsfrei ist eigenes Vermögen und das Ihres nicht getrennt lebenden Ehemannes oder Partners oder Ihrer Lebenspartnerin in Höhe von je 520 € pro vollendetem Lebensjahr (bis zu höchstens 33.800 € pro Person). Wenn Sie Vermögen zur Alterssicherung bilden, wird dieses nicht berücksichtigt. Daneben bleibt Ihnen ein Vermögensfreibetrag von mindestens 4.100 €

erhalten. Das von Ihnen bewohnte Eigenheim oder der benötigte PKW sind ebenfalls nicht anzurechnen.

⮡ Da es speziell bei der Anrechnung von Einkommen und Vermögen Ausnahmen und Sonderregelungen gibt, empfehlen wir, die sehr ausführliche Information im »Leitfaden für Arbeitslose« zu befragen oder sich an eine Beratungsgruppe für Arbeitslose zu wenden.

Kranken-, Renten- und Pflegeversicherung

Wenn Sie arbeitslos werden, besteht zunächst für einen Monat sogenannter nachgehender Krankenversicherungsschutz. Wird Ihnen Arbeitslosengeld oder Arbeitslosenhilfe bewilligt, werden auch die Beiträge zur Kranken-, Renten- und Pflegeversicherung vom Arbeitsamt übernommen.

Widerspruch und Klage

Über Ihren Antrag auf Arbeitslosengeld oder Arbeitslosenhilfe wird vom Arbeitsamt schriftlich entschieden.

🕐 Sind Sie mit dem Bescheid nicht einverstanden, können Sie innerhalb eines Monats nach Zugang Widerspruch beim Arbeitsamt einlegen.

✎ Der Widerspruch muss schriftlich erfolgen oder beim Arbeitsamt zur Niederschrift aufgenommen werden.

Das Widerspruchsverfahren ist kostenlos. Der Widerspruch gibt dem Arbeitsamt die Möglichkeit, seinen Bescheid zu überprüfen und selbst zu korrigieren. Der Widerspruch muss folgende Angaben enthalten:

- Name, Anschrift, Datum,
- Stammnummer,
- Datum und Aktenzeichen des Bescheids, gegen den Widerspruch eingelegt wird,
- Begründung des Widerspruchs und
- Unterschrift.

Falls dem Widerspruch nicht oder nur teilweise entsprochen wird, können Sie Klage beim Sozialgericht (☞ Gerichte) erheben.

🕐 Dies muss innerhalb eines Monats nach Zugang des Widerspruchsbescheids geschehen. Dieser Rechtsweg ist gerichtskostenfrei; für Anwaltskosten kann Prozesskostenhilfe beantragt werden (☞ Anwaltliche Hilfe).

📖 Ausführliche Informationen zum Thema Arbeitslosigkeit finden Sie im jährlich aktualisierten »Leitfaden für Arbeitslose«, 19. Aufl. (2002), 592 Seiten; Preis: 11 € (inkl. Versandkosten).
Fachhochschulverlag, Kleiststraße 31, 60318 Frankfurt
Telefon (0 69) 15 33–28 20
Telefax (0 69) 15 33–28 40
E-Mail: bestellung@fhverlag.de (www.fhverlag.de)

ERZIEHUNGSGELD/ELTERNZEIT

E

**Erziehungs-
geld**

Wenn Sie ein Kind erziehen, das nach dem 31.12.2000 geboren wurde,[*] können Sie während der ersten zwei Lebensjahre Ihres Kindes Erziehungsgeld in Anspruch nehmen. Das Erziehungsgeld beträgt z. Zt. 307 € monatlich. Voraussetzung ist, dass Sie sorgeberechtigt sind und mit dem Kind in einem Haushalt leben.

Sie können sich auch für das sogenannte Budget entscheiden. Das Erziehungsgeld beträgt dann bis zu 460 €, der Anspruch endet aber nach dem ersten Lebensjahr des Kindes. In der Regel ist die Gesamtsumme bei zweijährigem Bezug des Regelbetrages allerdings höher als die des Budgets. Falls Sie das Budget wählen, können Sie diese Entscheidung nur im besonderen Härtefall, wenn sich ihre persönlichen Verhältnisse erheblich geändert haben, einmal nachträglich ändern.

**Einkommens-
abhängig**

Sie können Erziehungsgeld auch dann bekommen, wenn Sie Sozialhilfe, BaföG oder Unterhalt beziehen oder bis zu 30 Stunden arbeiten. Allerdings darf Ihr voraussichtliches Jahreseinkommen nicht mehr als 38.350 € (bei Verheirateten 51.130 €) betragen, sonst entfällt das Erziehungsgeld ganz. Bezieherinnen von Arbeitslosengeld oder –hilfe können daneben Erziehungsgeld in Anspruch nehmen, wenn der Bemessung der Entgeltersatzleistung eine Beschäftigung mit einer wöchentlichen Arbeitszeit von höchstens 30 Stunden zugrunde liegt. Außerdem müssen Sie den Vermittlungsbemühungen des Arbeitsamtes für eine Teilzeitbeschäftigung von mindestens 15 Wochenstunden zur Verfügung stehen. Das Mutterschaftsgeld (☞ Schwangerschaften und Geburten) wird teilweise auf das Erziehungsgeld angerechnet. Ab dem 7. Monat wird das Erziehungsgeld reduziert, wenn das Einkommen bestimmte Grenzen überschreitet. Eine Entscheidung für das Budget ist daher nur möglich, wenn der Anspruch auf Erziehungsgeld unter Berücksichtigung der Einkommensgrenzen auch über die ersten sechs Lebensmonate des Kindes hinaus besteht.

⇒ Von den Ausnahmen gibt es aber weitere Ausnahmen; deshalb empfiehlt es sich, dass Sie, selbst wenn Sie mehr als 30 Stunden arbeiten oder entsprechend Arbeitslosengeld beziehen, bei der zuständigen Erziehungsgeldstelle und beim Arbeitsamt Erkundigungen einholen.

---

[*] Für die vorher gültigen Regelungen siehe »Ratgeberin: Recht«, 2. Aufl., bzw. Broschüre »Erziehungsgeld, Erziehungsurlaub« des Bundesfamilienministeriums.

Antragstellung

Das Erziehungsgeld muss schriftlich für jeweils ein Lebensjahr des Kindes beantragt werden. Stellen Sie Ihren Antrag rechtzeitig, denn Erziehungsgeld wird nur sechs Monate rückwirkend gezahlt.

➲ Zuständig sind in den meisten Bundesländern die Versorgungsämter oder die Jugendämter. Antragsformulare gibt es bei den Erziehungsgeldstellen, aber auch bei vielen Gemeindeverwaltungen, bei Ihrer Krankenkasse oder in Krankenhäusern mit Entbindungstationen.

Auch Migrantinnen, die eine Aufenthaltsberechtigung oder –erlaubnis besitzen, haben Anspruch auf Erziehungsgeld, ebenso anerkannte Asylberechtigte und Flüchtlinge.

In einigen Bundesländern gibt es zusätzliche finanzielle Hilfen z. B. in Form eines Landeserziehungsgeldes oder eines einmaligen Familiengeldes.

Sozial-
versicherung

Waren Sie vor der Geburt Ihres Kindes in einer gesetzlichen Krankenkasse pflichtversichert, bleiben Sie auch während des Bezugs von Erziehungsgeld beitragsfrei weiterversichert. Die Beitragsfreiheit gilt aber nur für das Erziehungsgeld, sie erstreckt sich nicht auf weitere beitragspflichtige Einnahmen, z. B. aus einer Teilzeitbeschäftigung über der Geringfügigkeitsgrenze. Die Möglichkeit, die Erziehungszeit im Rahmen der Arbeitslosenversicherung als beitragspflichtige Beschäftigung zu werten, ist seit 1.4.1997 leider weggefallen.

Ab dem 1.1.2003 wird die Erziehungszeit in die Anwartschaftszeit einbezogen, wenn dadurch eine versicherungspflichtige Beschäftigung oder der Bezug einer Entgeltersatzleistung unterbrochen wurde.

Elternzeit

Wenn Ihr Kind nach dem 31.12.2000 geboren wurde, gelten für Sie nicht mehr die Regelungen zum Erziehungsurlaub. Sie können stattdessen bis zu drei Jahre Elternzeit in Anspruch nehmen. Wie der Erziehungsurlaub ist die Elternzeit eine Arbeitsbefreiung (ohne Lohnfortzahlung) mit Kündigungsschutz. Der Beginn kann frei gewählt werden, d. h. die Elternzeit muss nicht unbedingt an die Geburt oder den Mutterschutz anschließen. Sie endet spätestens am 3. Geburtstag des Kindes, sofern nicht ein Teilabschnitt auf eine spätere Zeit übertragen wurde Übertragung.

E

Antragstellung Die Elternzeit muss spätestens acht Wochen vor Beginn bei Ihrem Arbeitgeber schriftlich angemeldet werden. Wenn sie direkt an die Geburt (Vater) oder das Ende der Mutterschutzfristen (Mutter) anschließen soll, reicht aber auch eine Anmeldung sechs Wochen vorher aus.

Gleichzeitig müssen Sie verbindlich mitteilen, für welche Zeiträume innerhalb von zwei Jahren Sie Elternzeit beanspruchen wollen. Eine Verlängerung oder vorzeitige Beendigung der Elternzeit innerhalb dieses Zeitraumes ist danach nur möglich, wenn der Arbeitgeber einverstanden ist. Wenn Sie die darüber hinausgehende Elternzeit auch noch in Anspruch nehmen wollen, müssen Sie das Ihrem Arbeitgeber spätestens acht Wochen vor Ablauf der zwei Jahre mitteilen.

Übertragung Sie können mit Zustimmung Ihres Arbeitgebers einen Anteil der Elternzeit von bis zu zwölf Monaten auf die Zeit zwischen dem 3. und 8. Geburtstag Ihres Kindes übertragen.

Bei einem Arbeitgeberwechsel ist der neue Arbeitgeber nicht an die erteilte Zustimmung des alten Arbeitgebers gebunden.

Mehrere Personen, die mit dem Kind in einem Haushalt leben und überwiegend für dessen Erziehung sorgen, können sich bei der Elternzeit nicht nur abwechseln, sondern können diese ganz (d.h. über die gesamten drei Jahre, nicht etwa nur 1 $^1/_2$ Jahre) oder zeitweise auch gemeinsam nehmen.

Während der Elternzeit genießen Sie Kündigungsschutz. Sie können – bei Ihrem Arbeitgeber und mit seiner Zustimmung auch bei einem anderen Arbeitgeber oder als Selbständige – bis zu 30 Stunden wöchentlich Teilzeitarbeit leisten. Wenn Sie in einem Unternehmen arbeiten, das mehr als 15 ArbeitnehmerInnen beschäftigt, haben Sie unter bestimmten Voraussetzungen (Arbeitsverhältnis besteht länger als sechs Monate, dem Anspruch stehen keine dringenden betrieblichen Gründe entgegen, Arbeitszeit soll auf 15 – 30 Stunden reduziert werden, Anspruch wird acht Wochen vorher mitgeteilt) einen Anspruch auf Teilzeitarbeit in der Elternzeit und im Anschluss auf Rückkehr zur vorherigen Arbeitszeit.

Die Erziehungsgeldstellen sind auch für die Beratung über die Bedingungen und Wirkungen der Elternzeit zuständig.

Beim Bundesministerium für Familie, Senioren, Frauen und Jugend (Broschürenstelle), 53107 Bonn (Internet: www.bmfsfj.de) erhalten Sie die ausführlichen Broschüren »Erziehungsgeld, Erziehungsurlaub« und »Erziehungsgeld, Elternzeit«.

FRAUENHÄUSER[*]

Jede Frau, die seelisch oder körperlich misshandelt wird, kann im Frauenhaus aufgenommen werden

Gewalt gegen Frauen ist keine Einzel- oder Randgruppenerscheinung in unserer Gesellschaft und nicht auf bestimmte Gesellschaftsschichten beschränkt. Wenn Männer gewalttätig werden, ist dies nicht die Schuld der Frauen. Eine misshandelte Frau muss keine Verantwortung für die Gewalttätigkeit übernehmen. Sie ist nicht die einzige Frau, die misshandelt wird, Frauenmisshandlung betrifft weltweit eine große Zahl Frauen.

Frauenhäuser sind in den siebziger Jahren aus Initiativgruppen der autonomen Frauenbewegung hervorgegangen, deren Ziel es war und ist, ein öffentliches Bewusstsein von der Gewalt gegen Frauen zu schaffen und gleichzeitig misshandelten Frauen und ihren Kindern Schutz und Unterkunft zu bieten. Jedes Jahr suchen nach Angaben der Bundesregierung etwa 40.000 Frauen und ihre Kinder in den mittlerweile ca. 400 Frauenhäusern Zuflucht vor ihren gewalttätigen Männern.

Sie können in einem Frauenhaus aufgenommen werden, wenn Sie unter der Gewalt in einer persönlichen Beziehung leiden. Zu Ihrem Schutz ist die Adresse geheim. Im Frauenhaus leben Sie gemeinsam mit anderen Frauen und deren Kindern. Männer haben keinen Zutritt.

Die Mitarbeiterinnen des Frauenhauses helfen Ihnen zunächst zu klären, wie Sie für sich und Ihre Kinder den Lebensunterhalt bestreiten können, denn Sie führen im Frauenhaus einen eigenen Haushalt. Wenn Sie kein eigenes Einkommen haben, können Sie Sozialhilfe ☞ beantragen. Sie müssen nicht aus finanziellen Gründen bei Ihrem misshandelnden Mann bleiben!

In Fragen des Unterhaltsanspruches (☞ Unterhalt), des Sorgerechtes ☞, der Anzeigenerstattung (☞ Polizei), Scheidung ☞ oder der Ausländergesetzgebung (☞ Migrantinnen/binationale Partnerschaften) arbeiten die Frauenhäuser mit spezialisierten Rechtsanwältinnen zusammen. Die Mitarbeiterinnen des Frauenhauses beraten Sie und begleiten Sie eventuell bei allen Schritten, die notwendig sind, eine neue Lebensperspektive zu entwickeln.

Die Bewohnerinnen des Frauenhauses helfen sich gegenseitig. Ansonsten führen alle Frauen ihr Leben so »normal« wie möglich selbständig weiter. Neben der persönlichen Beratung und

---

[*] Die für dieses Stichwort relevanten gesetzlichen Regelungen finden Sie unter: Bundessozialhilfegesetz (§§ 11 ff., 72), S. 227

Begleitung bieten die Mitarbeiterinnen Unterstützung für ein positives Zusammenleben der Frauen und Kinder im Frauenhaus.

Sie können sich direkt an ein Frauenhaus wenden.

F

Vergessen Sie nicht, vor Ihrem Schritt ins Frauenhaus alle wichtigen Unterlagen mitzunehmen (☞ Trennung).

Eine Liste der Frauenhäuser mit Telefonnummern finden Sie im Anhang (☞ Autonome Frauenhäuser – verbandliche Frauenhausträger). Notruf-Telefonnummern finden Sie auch im Telefonbuch oder im Internet: www.frauennotruf.de

GERICHTE[*]

Zivilgerichte

Zivilgericht ist der Oberbegriff für alle Gerichte, die Streitigkeiten unter Privaten (also ohne staatliche Beteiligung) entscheiden. Sie sind z. B. für Unterlassungsverfügungen gegen gewalttätige Männer (☞ Schutzanordnungen), Schadenersatzansprüche (☞ Wiedergutmachungen) u. Ä. zuständig. Im Zivilverfahren müssen Sie Beweis für die von Ihnen behaupteten Umstände antreten. Die Gerichte »ermitteln« im Zivilverfahren nicht von sich aus; sie geben allenfalls Hinweise. Wenn Sie einen erforderlichen Beweis nicht erbringen können, »verlieren« Sie den Prozess. In Eilverfahren (einstweilige Anordnungen/Verfügungen) reicht in der Regel die sogenannte »Glaubhaftmachung« aus, das heißt, was Sie (an Eides statt) versichern, muss nicht bewiesen werden, sondern nur wahrscheinlich sein.

Familiengerichte

Familiengericht nennt man bestimmte Abteilungen der Amtsgerichte/Zivilgerichte. Sie sind für Ehesachen und nun auch Lebenspartnerschaftssachen, das heißt vor allem für Trennungen bzw. Scheidungen und Aufhebung von eingetragenen Lebenspartnerschaften und alle damit zusammenhängenden Fragen zuständig (☞ Scheidung). Überwiegend sind sie auch für Schutzanordnungen und Wohnungszuweisungen bei häuslicher Gewalt (☞ Gewaltschutz/häusliche Gewalt) zuständig. Seit 1998 sind die Familiengerichte für alle Unterhaltsklagen ☞ und Sorgerechtsentscheidungen ☞ sowohl bei ehelichen als auch bei nichtehelichen Kindern zuständig.

Vormundschaftsgerichte

Wenn Maßnahmen zum Schutz von Kindern getroffen werden müssen, ist das Familiengericht zuständig. Das Vormundschaftsgericht – ebenfalls eine Abteilung der Amtsgerichte/Zivilgerichte – ist in seiner Zuständigkeit für Kindschaftssachen im Zuge der Reform des Kindschaftsrechts stark eingeschränkt worden.

In Kindschafts- und vielen Ehesachen gilt der sogenannte »Amtsermittlungsgrundsatz«, das heißt: Das Gericht »ermittelt«, z. B. durch Anhörungen, Gutachten o. Ä., ob ein Kind gefährdet ist. Es reicht aus, dass das Gericht auf eine solche Gefährdung aufmerksam gemacht wird; eines Antrages im strengen Sinn bedarf es nicht. Die Anregung geht oft vom Jugendamt aus, sie kann aber auch von Ihnen selbst kommen.

---

[*] Die für dieses Stichwort relevanten gesetzlichen Regelungen finden Sie unter: Gesetz über die freiwillige Gerichtsbarkeit, S. 207; Zivilprozessordnung, S. 197; Strafprozessordnung, S. 251

Strafgerichte

Strafgerichte sind dann zuständig, wenn Sie eine Strafanzeige ☞ erstattet haben und die Staatsanwaltschaft der Meinung ist, dass die Beweise ausreichen, um eine Anklage zu erheben. Das Strafverfahren folgt sehr strengen formalen Prinzipien, weil nicht »um jeden Preis« die Wahrheit erforscht werden soll. Einer der wichtigsten Grundsätze ist die sogenannte Unschuldsvermutung, die den Staat zwingt, den Nachweis der Schuld mit letzter Gewissheit (und ohne die formalen Regeln zu verletzen) zu erbringen. Während die Rechtsstellung der Angeklagten sehr ausgeprägt ist, ist die prozessuale Rolle der Zeuginnen, oft genug Opfer der Straftat, derzeit sehr im Fluss. Die Hilfe einer Anwältin kann hier sehr viele Spielräume eröffnen (☞ Strafanzeige, anwaltliche Hilfe).

Verwaltungsgerichte

Verwaltungsgerichte sind zuständig, wenn der Staat verklagt werden soll und nicht die Sozialgerichte ⚐ (oder in Steuersachen die Finanzgerichte) zuständig sind, also z. B. wenn Sie das Sozial- oder Jugendamt verklagen wollen. Das Besondere am verwaltungsgerichtlichen Verfahren ist, dass vor der eigentlichen Klage ein sogenanntes Widerspruchsverfahren durchgeführt werden muss, bei dem die Behörde Gelegenheit erhält, ihre Entscheidung zu überprüfen.

Sozialgerichte

Sozialgerichte sind besondere Verwaltungsgerichte. Sie sind zuständig, wenn ein Träger einer Sozialversicherung, also Arbeitslosen-, Kranken-, Pflege- und Rentenversicherung verklagt wird; nicht aber bei Klagen gegen den Sozialhilfeträger! Dafür sind die allgemeinen Verwaltungsgerichte ♩ zuständig.

Arbeitsgerichte

Arbeitsgerichte sind besondere Zivilgerichte, denen alle Klagen zwischen Arbeitnehmerinnen und Arbeitgebern oder Arbeitgeberinnen – z. B. Kündigungsschutzklagen, Klagen bezüglich der Lohnfortzahlung oder der Höhe des Lohnes – zugewiesen sind. Nicht zuständig sind sie bei Problemen mit dem Arbeitsamt (♩ Sozialgerichte).

🕑 Wichtig ist, dass für die Kündigungsschutzklage eine sehr kurze Frist (drei Wochen ab der Kündigung) läuft.

↪ Suchen Sie deshalb unbedingt gleich den Rat einer Anwältin (☞ Anwaltliche Hilfe) oder Ihrer Gewerkschaft.

Gerichtskosten

In manchen Gerichtszweigen, wie z. B. der Sozialgerichtsbarkeit, entstehen keine Gerichtsgebühren; aber auch in den anderen Gerichtszweigen liegen die Gerichtskosten deutlich unter den anwaltlichen Kosten (☞ Anwaltliche Hilfe).

🔢 Bei einem Streitwert von 2.500 € liegt die volle Gerichtsgebühr bei 81 €. (Vergleich: Die volle Anwaltsgebühr liegt bei 161 €.)

GEWALTSCHUTZ/HÄUSLICHE GEWALT *

Gewalt-schutz/ Häusliche Gewalt

Durch das Inkrafttreten des Gewaltschutzgesetzes am 1.1.2002 haben sich die Möglichkeiten im Fall häuslicher aber auch anderer Gewalt Schutz durch ein Zivilgericht (☞ Gerichte) zu erlangen, erheblich verbessert. Jede Frau, die von einer anderen Person bedroht, misshandelt, belästigt oder verletzt wird, kann Anordnungen zu ihrem Schutz beantragen. Außerdem gilt der Grundsatz: »Wer schlägt, muss gehen; das Opfer bleibt in der Wohnung.«

Wohnungs-wegweisung oder Wohnungs-überlassung

Wenn Sie von einer Person körperlich misshandelt oder in Ihrer Freiheit beeinträchtigt (z. B. eingesperrt) werden, die mit Ihnen einen auf Dauer angelegten gemeinsamen Haushalt führt (z. B. Ihr Ehemann, Lebensgefährte, Ihre Lebenspartnerin, evtl. auch Verwandte), können Sie verlangen, dass Ihnen die gemeinsame Wohnung allein zur Nutzung überlassen wird (§ 2 GewSchG). Ein Anspruch kann allerdings ausgeschlossen sein, wenn weitere Verletzungen nicht zu erwarten sind. Der Täter muss dann aber beweisen, dass von ihm keine Gefahr mehr ausgeht, ein bloßes Versprechen, keine Gewalt mehr anzuwenden, reicht nicht aus. Selbst bei einem einzigen Vorfall ohne Wiederholungsgefahr muss Ihnen die Wohnung überlassen werden, wenn Ihnen wegen der Schwere der Tat (z. B. Tötungsversuch, Vergewaltigung) ein weiteres Zusammenleben nicht zuzumuten ist. Nur im absoluten Ausnahmefall können Belange des Täters gegen die Wohnungsüberlassung sprechen.

Drohung

Auch wenn Ihnen eine Körper- oder Freiheitsverletzung oder eine Tötung »nur« angedroht wurde, besitzen Sie einen Anspruch auf Wohnungsüberlassung. In diesem Fall muss die Überlassung der Wohnung aber zur Vermeidung einer unbilligen Härte erforderlich sein. Hier kann z. B. den Ausschlag geben, dass die Entwicklung Ihrer Kinder beim Verbleib des Täters in der Wohnung stark gefährdet wäre.

Befristung der Überlassung

Wenn der Täter gemeinsam mit Ihnen Mitmieter oder Miteigentümer der Wohnung ist, wird die Nutzungsdauer befristet. Ist er allein Mieter oder Eigentümer der Wohnung, muss die Überlassung auf höchstens sechs Monate befristet werden.

---

* Die für dieses Stichwort relevanten gesetzlichen Regelungen finden Sie unter Gewaltschutzgesetz, S. 195, § 253, § 823, § 1004, S. 264, § 1361 b, S. 179, § 1666, 1666 a BGB, S. 189, § 14 LPartG, S. 193

Konnten Sie in dieser Zeit keinen anderen angemessenen Ersatzwohnraum finden, kommt eine Verlängerung der Überlassung um höchstens weitere sechs Monate in Betracht. Sollten Sie Alleineigentümerin oder Alleinmieterin der Wohnung sein, ist aber keine Befristung nötig.

Frist

Sie müssen den Täter innerhalb von drei Monaten nach der Tat schriftlich zur Überlassung der Wohnung auffordern.
Das Gesetz billigt Ihnen lediglich diese kurze Frist zu, in der Sie entscheiden müssen, ob Sie die Wohnung beanspruchen wollen. Sie verlieren Ihren Anspruch innerhalb dieser drei Monate nicht, wenn Sie zunächst aus der Wohnung geflüchtet sind und beispielsweise im Frauenhaus oder bei Verwandten wohnen. Es ist nämlich nicht Voraussetzung, dass Sie im Zeitpunkt der Antragstellung noch in der Wohnung leben.
Sie müssen die Aufforderung an Ihren Mann beweisen. Lassen Sie das Schreiben durch Ihre Anwältin zustellen oder senden Sie zumindest ein Einschreiben, dessen Inhalt jemand bezeugen kann. (Wenn Sie innerhalb der drei Monate einen Antrag bei Gericht stellen, ist natürlich keine weitere schriftliche Aufforderung mehr nötig.)

Wurde Ihnen die Wohnung überlassen, ist der Täter verpflichtet, nichts zu unternehmen, was die Nutzung der Wohnung durch Sie beeinträchtigen könnte. Er darf z. B. nicht den Mietvertrag kündigen. Im Einzelfall steht dem Täter eine gewisse Vergütung für die Wohnungsnutzung zu.

Wenn es sich bei dem Täter um Ihren Ehemann handelt und Sie sich mit ihm in der gemeinsamen Wohnung nicht mehr sicher fühlen, können Sie weiterhin unabhängig von den Regelungen des Gewaltschutzgesetzes die Ansprüche auf Wohnungsüberlassung zwischen Ehegatten (§ 1361 b BGB) bzw. der entsprechenden Norm für Lebenspartnerinnen (§ 14 LPartG) beim Familiengericht geltend machen. Ein Antrag auf Wohnungsüberlassung kann nach diesen Vorschriften auch auf andere schwerwiegende Gründe gestützt werden (z. B. schwere, wiederholte Beleidigungen, Alkoholmissbrauch, Kindeswohlgefährdung (☞ Wohnung). Es müssen nicht immer Gewalttaten oder Misshandlungen vorliegen.

Schutz-anordnungen

Neben einer Wohnungsüberlassung können auch andere Maßnahmen notwendig sein, um Sie vor Gewalt zu schützen.
Wenn Sie von jemand anderem misshandelt, verletzt oder bedroht werden, können Sie dieser Person durch das Gericht alle

Verhaltensweisen, die Sie in Ihrer körperlichen Unversehrtheit, Gesundheit oder Freiheit beeinträchtigen, verbieten lassen. Dies gilt auch für unzumutbare Belästigungen wie z. B. Telefonterror, permanentes Zusenden von SMS oder E-Mails, wiederholte Nachstellungen oder ständiges Auflauern oder Auftauchen in Ihrer Nähe. Sie müssen dann aber der betreffenden Person ausdrücklich erklärt haben, dass dies gegen Ihren Willen geschieht.

Für Ihren Anspruch auf Unterlassen ist es nicht erforderlich, dass Sie in irgendeiner näheren Beziehung zu dieser Person stehen, geschweige denn mit ihr zusammenleben. Sie können sich beispielsweise auch gegen Ihren Nachbarn, den Postboten, Tankwart oder eine andere außenstehende Person wehren. Wenn Sie allerdings den Mann nicht kennen, der Sie belästigt, können Sie keinen Antrag bei Gericht stellen. Stattdessen sollten Sie Strafanzeige ☞ gegen Unbekannt stellen.

Dem Täter kann unter anderem untersagt werden,
- Ihre Wohnung zu betreten oder sich Ihrer Wohnung bis auf einen bestimmten Umkreis zu nähern,
- sich an Orten aufzuhalten, an denen Sie sich regelmäßig aufhalten (Arbeitsplatz, Kindergarten oder Schule Ihrer Kinder, Supermarkt, Freizeiteinrichtungen u. Ä., das kann auch für die Wege dorthin gelten),
- Kontakt zu Ihnen aufzunehmen (das betrifft jede Form der Kontaktaufnahme, gleichgültig ob über Telefon, Fax, Briefe, E-Mails, SMS oder mit anderen Mitteln),
- Zusammentreffen mit Ihnen herbeizuführen.
  Falls der Täter Sie danach zufällig doch trifft, ist er dazu verpflichtet, sich unverzüglich zu entfernen.

Das Gericht kann grundsätzlich auch jede andere Anordnung treffen, die im Einzelfall zu Ihrem Schutz erforderlich ist. Die Schutzanordnungen sollten sich nicht auf einen bestimmten Bereich beschränken, sondern möglichst so umfassend ausgestaltet werden, dass sie Ihrer Gefährdungssitutation in jeder Hinsicht Rechnung tragen. Schutzanordnungen können auch dann festgesetzt werden, wenn der Täter sich mit dem Hinweis zu entschuldigen versucht, dass er die Tat oder Drohung unter Alkoholeinfluss begangen habe. Alle Maßnahmen werden in der Regel befristet, wenn es notwendig ist, kann aber eine Verlängerung der Frist beantragt werden.

G

Zuständiges Gericht / Verfahren

Ein Antrag auf Wohnungsüberlassung oder andere Schutzanordnungen ist in der Regel beim Amtsgericht zu stellen. In den meisten Fällen sind innerhalb der Amtsgerichte die familiengerichtlichen Abteilungen zuständig, nämlich dann, wenn die Parteien einen auf Dauer angelegten Haushalt führen oder in den letzten sechs Monaten vor Antragstellung geführt haben. In allen anderen Fällen sind (je nach Streitwert) die Zivilabteilungen der Amts- und Landgerichte zuständig. (☞ Gerichte)

Sie können den Antrag auf Wohnungszuweisung unabhängig von den allgemeinen Zuständigkeitsregelungen auch bei dem Gericht stellen, in dessen Bezirk die gemeinsame Wohnung liegt. Für Schutzanordnungen ist auch das Gericht örtlich zuständig, in dessen Bezirk die Handlung des Täters (z. B. die Misshandlung oder Bedrohung) stattgefunden hat.

Sie können eine Anwältin beauftragen oder den Antrag selbst bei Gericht stellen, da kein Anwaltszwang (abgesehen vom absoluten Ausnahmefall der Zuständigkeit des Landgerichts) herrscht. Hierzu reicht es aus, wenn Sie beim jeweiligen Gericht die Rechtsantragstelle aufsuchen und dort Ihren Anspruch mündlich darlegen. Die Rechtsantragsstelle kann den Antrag dann der zuständigen Gerichtsabteilung zuleiten.

Einstweilige Anordnung

Eine schnelle Zuweisung der Wohnung oder dringend erforderliche Schutzanordnungen können Sie im Wege eines Eilverfahrens, der sog. einstweiligen Anordnung (bzw. einstweiligen Verfügung) erlangen.

Antrag

Der Antrag sollte bestimmte Gefahrenbereiche, die Ihnen bereits bekannt sind möglichst konkret bezeichnen, um dem Täter klare, überprüfbare Grenzen zu stecken, z. B. die Misshandlungen, Bedrohungen künftig zu unterlassen oder ein Verbot,

- Ihre Wohnung (konkrete Adresse) zu betreten,
- sich an Ihrer Arbeitsstelle, dem Kindergarten aufzuhalten,
- Ihnen SMS, Briefe, Faxe, E-Mails zu schicken.

Daneben sollte die Anordnung aber auch so gestaltet werden, dass sie auch Gefährdungssituationen umfasst, die Sie bisher noch nicht konkret absehen können. Allgemeinere Formulierungen (z. B. ein Verbot sich Ihnen zu »nähern« oder mit Ihnen »Kontakt aufzunehmen«) schützen davor, bestimmte Einzelfälle außer Acht zu lassen und gewährleisten möglichst umfassenden Schutz.

Schließlich muss der Antrag die Person, gegen die vorgegangen werden soll, mit Namen und Anschrift nennen.

Voraussetzung für den Erfolg des gerichtlichen Antrags ist, dass die Angaben, die den Erlass der Eilentscheidung rechtfertigen, glaubhaft gemacht werden. Die Angaben müssen nicht endgültig bewiesen werden, der Nachweis der Wahrscheinlichkeit reicht aus. Dieser Nachweis kann durch eine eidesstattliche Versicherung der betroffenen Frau selbst oder auch anderer Zeugen und Zeuginnen, durch ärztliche Atteste, Fotos u. Ä. erfolgen. Die eidesstattlichen Versicherungen müssen Ort und Zeitpunkt genau bezeichnen und eine genaue Beschreibung des Vorfalls enthalten. Da Polizeibeamte verpflichtet sind, ihren Einsatz bei häuslicher Gewalt genau zu protokollieren, können Sie diese Berichte ebenfalls vor Gericht als Beweismittel verwenden.

Im günstigsten Fall – wenn alle erforderlichen Erklärungen und Nachweise vorliegen und die Eilbedürftigkeit glaubhaft gemacht wird – kann das Gericht bereits innerhalb eines Tages entscheiden, gegebenenfalls sogar ohne mündliche Verhandlung und ohne Sie oder den Mann noch einmal anzuhören. Dabei muss es sich aber um gravierendere Fälle handeln, die ein Zuwarten ausschließen.

Vollstreckung /Zuwiderhandlung

Das Gericht kann bestimmen, dass die Anordnung bereits vollzogen werden kann, bevor sie dem Mann, gegen den sie sich richtet, zugestellt wurde. Der Gerichtsvollzieher kann diesen dann – notfalls mit Gewalt und Hilfe der Polizei – aus der Wohnung entfernen. Sollte der Mann in die Wohnung zurückkehren, kommt auch ein mehrmaliger Einsatz des Gerichtsvollziehers in Betracht.

Verstößt der Mann gegen eine Anordnung, z. B. gegen ein Näherungsverbot oder nimmt er verbotenerweise mit Ihnen Kontakt auf, kann gegen ihn das im Beschluss bereits angedrohte Zwangsgeld bis zu 250.000 € festgesetzt werden. Hilft auch das nicht, kann gegen ihn Zwangshaft bis zu sechs Monaten ausgesprochen werden.

Strafbarkeit

Wenn Ihr Mann gegen bestimmte vollstreckbare Anordnungen des Gerichtes nach dem Gewaltschutzgesetz verstößt, zum Beispiel entgegen der Gerichtsentscheidung Ihre Wohnung betritt oder Ihnen an Ihrem Arbeitsplatz auflauert, macht er sich strafbar. Ihm droht dann eine Geldstrafe oder sogar eine Freiheitsstrafe. Zögern Sie also in diesen Fällen nicht, die Polizei ☞ zu

Hilfe zu rufen. Diese muss dann von Amts wegen tätig werden. Sie können in diesen Fällen auch Strafanzeige ☞ erstatten.

Schadenser-
satz und
Schmerzens-
geld
Sind Sie von Ihrem (oder einem anderen) Mann verletzt worden, haben Sie die Möglichkeit, den Ersatz des konkreten Schadens (z. B. den Wert von beschädigten Kleidungsstücken oder Gegenständen, Kosten einer Behandlung oder Therapie, Verdienstausfall) und Schmerzensgeld zu verlangen.

G

Sie sollten sich von einer Anwältin beraten lassen oder sie sogar beauftragen, um Hilfestellung bei den beizubringenden Beweismitteln, nötigen Begleitmaßnahmen oder der Vollstreckung zu erhalten. Aufgrund der Neueinführung des Gewaltschutzgesetzes besitzen die Gerichte noch kaum Erfahrungen mit diesen Regelungen. Daher empfiehlt es sich, eine auf Familienrecht spezialisierte Anwältin einzuschalten. Wenn Sie nur über geringe Einkünfte verfügen, können Sie in der Regel Prozesskostenhilfe erhalten (☞ Anwaltliche Hilfe).

Schutz von
Kindern
Das Gesetz gibt dem Familiengericht (☞ Gerichte) die Möglichkeit, alle Maßnahmen zu ergreifen, die zum Schutz von Kindern nötig sind und die die Eltern nicht selbst ergreifen können (oder wollen). Theoretisch können wir alle das Familiengericht informieren, wenn ein Kind Schutz braucht; meist führt der Weg aber über das Jugendamt ☞, das auch selbst über Möglichkeiten verfügt, den Kindern zu helfen ☞.
Das Gericht kann Anordnungen gegen alle Personen erlassen, die dem Kind Schaden zufügen, z. B. gegen einen oder beide Elternteile, aber auch gegen einen Nachbarn, Lehrkräfte, Pfarrer usw. Es gibt die Möglichkeit, ein Umgangs- und Kontaktverbot (sogenannte »go-order«) auszusprechen. Wird gegen das Verbot verstoßen, wird ein Zwangsgeld fällig. Geht die Gefährdung von den Eltern aus, kann ihnen das Aufenthaltsbestimmungs- oder das Sorgerecht ☞ entzogen und das Kind anderweitig sicher untergebracht werden.
Häusliche Gewalt gegen Kinder kann auch einen Anspruch auf Wohnungsüberlassung begründen. Sowohl der sorgeberechtigte Vater als auch Ihr Lebensgefährte, zweiter Ehemann, Mitbewohner können aus der Wohnung gewiesen werden, wenn sie gegenüber Ihrem Kind gewalttätig werden. Das stellt § 1666 a BGB klar, der im Jahr 2002 durch das Kinderrechteverbesserungsgesetz geändert wurde.

Inobhutnah-
me durch das
Jugendamt
Das Jugendamt ☞ kann, vor allem wenn schnell gehandelt werden muss, auch eine vorläufige Unterbringung bei einer geeigneten Pflegeperson anordnen – und zwar dann, wenn das Kind selbst darum bittet oder wenn »Gefahr im Verzug« ist.

Entzug des Sorgerechts

Wenn Ihr Ehemann (oder auch der sorgeberechtigte Vater eines nichtehelichen Kindes ☞ Sorgerecht) Ihrem Kind einen körperlichen oder seelischen Schaden zufügt, z. B. durch Schläge oder sexuelle Übergriffe, haben Sie die Möglichkeit, ihn vom Sorgerecht ☞ an dem gemeinsamen Kind ausschließen zu lassen. Gleichzeitig kann auch sein Umgangsrecht ☞ eingeschränkt oder sogar ganz ausgeschlossen werden. Bei einem Verdacht auf sexuellen Missbrauch kommt z. B. in Betracht, dass der Vater das Kind nur noch unter Aufsicht sehen kann (sogenannter begleiteter Umgang). Meist erfolgt eine solche Entscheidung im Zusammenhang mit einer Trennung/Scheidung der Eltern; sie ist aber auch unabhängig davon – z. B. auf Antrag des Jugendamtes – möglich. Maßstab der Entscheidung ist das Kindeswohl: Dieses ist jedenfalls dann in Gefahr, wenn die Gesundheit Ihres Kindes gefährdet ist, unter Umständen aber auch schon dann, wenn seine kindliche Entwicklung beeinträchtigt ist. Die Gefahr muss so konkret sein, dass sich eine Beeinträchtigung des Kindeswohls mit ziemlicher Sicherheit voraussehen lässt. Ob das der Fall ist, ermittelt das Gericht ☞ von Amts wegen, das heißt: In diesem Fall muss sich das Gericht selbst ein Bild machen, z. B. indem es Sie und das Kind anhört, das Jugendamt einschaltet oder ein Gutachten in Auftrag gibt.

 Bitte wägen Sie für sich das Risiko ab, was es bedeuten kann, in der gemeinsamen Wohnung zu bleiben: Müssen Sie Angst haben, dass sich Ihr Mann evtl. gewaltsam Zutritt verschafft? Dann gehen Sie lieber vorübergehend in ein Frauenhaus ☞.

 Für die Nutzungsbefugnis der in Deutschland liegenden Ehewohnung und damit zusammenhängende Näherungs- und Kontaktverbote wird deutsches Recht angewendet. Auch Migrantinnen, die von einem deutschen oder ausländischen Mann misshandelt oder bedroht werden, können Schutzanordnungen und Wohnungsüberlassungen nach dem GewSchG beanspruchen.

Was tun bei akuter Gewalt?

Checkliste für die akute Situation

Wenn Ihr Ehemann oder Lebenspartner Sie akut misshandelt oder schlägt, sollten Sie sobald wie möglich die Polizei alarmieren. Versuchen Sie, den Beamten bereits am Telefon die wesentlichen Informationen über die Situation mitzuteilen:

- Welche Verletzungen hat er Ihnen zugefügt?
- Ist Ihr Mann bewaffnet?
- Steht er unter Drogen- oder Alkoholeinfluss?
- Befinden sich noch andere Personen, insbesondere Kinder, in der Wohnung?

Wenn die Polizei eintrifft, bestehen Sie darauf, dass
- der gesamte Einsatz ausführlich dokumentiert wird (hierzu ist die Polizei verpflichtet);
- Sie getrennt von Ihrem Mann befragt werden;
- berichten Sie auch von früheren Vorfällen.

In gravierenden Fällen kann die Polizei Ihren Mann vorläufig festnehmen und bis zu 48 Stunden (teilweise länger) auch festhalten.

Unabhängig davon kann die Polizei einen mehrtägigen Platzverweis (in Hessen z. B. bis zu 14 Tagen) aussprechen und ein Kontaktverbot anordnen, wenn dies zu Ihrem Schutz nötig ist. (☞ Polizei/Strafanzeige)

Ihr Mann muss bei einem Platzverweis die Wohnung unverzüglich verlassen und darf innerhalb der gesetzten Frist grundsätzlich auch nicht zurückkehren.

Achten Sie in Ihrem eigenen Interesse darauf, dass Ihr Mann noch Gelegenheit hat, die nötigsten persönlichen Gegenstände (Kleidung, Pflegemittel, Bargeld, Ausweis, Führerschein, Arbeitsmittel u. Ä., nicht aber Möbel oder gar Wertsachen!) mitzunehmen. Er soll keinerlei Veranlassung erhalten, noch einmal in die Wohnung zurückzukehren. Nur wenn er dringend nachträglich einen Gegenstand benötigt, müssen Sie ihn noch einmal in die Wohnung lassen – aber nur nach vorheriger Absprache und in Begleitung der Polizei.

Ihr Mann muss alle Wohnungsschlüssel, auf die er Zugriff hat, der Polizei in Verwahrung geben. (Denken Sie auch an Ersatzschlüssel, die bei Nachbarn oder Freunden deponiert wurden!) Verweigert Ihr Mann die Herausgabe, ist eine Durchsuchung und auch Gewaltanwendung durch die Polizei zulässig.

Während des Platzverweises bleiben Ihnen einige Tage Zeit, um Ihre Angelegenheiten zu regeln und die nächsten Schritte zu überdenken.
- Gehen Sie zum Arzt und lassen sich Ihre Verletzungen attestieren.
- Nutzen Sie diese Zeit um wichtige Dokumente für den Fall der Trennung zu sammeln (Ausweise, Versicherungsscheine, Arbeitspapiere, Gehaltsbescheinigungen, Sparbücher).
- Lassen Sie sich anwaltlich beraten.
- Entscheiden Sie, ob Sie sofort einen Antrag auf Wohnungszuweisung stellen oder lieber erst einmal in ein Frauenhaus ziehen.

- Stellen Sie eine Liste auf, an welchen Orten (Bushaltestelle, Schule, Supermarkt) Sie sich regelmäßig aufhalten, um entsprechende Betretungsverbote bei Gericht zu erwirken.

Hat das Gericht Ihnen die Wohnung zugewiesen und ein Betretungsverbot ausgesprochen, zögern Sie bei einer Zuwiderhandlung Ihres Mannes nicht, die Polizei einzuschalten und Strafanzeige zu stellen.

Weitere Informationen finden Sie in der Broschüre »Mehr Schutz bei häuslicher Gewalt – Informationen zum neuen Gewaltschutzgesetz« des Bundesministeriums für Familie, Senioren, Frauen und Jugend, 53107 Bonn (www.bmfsfj.de). Ein Musterantrag zu Schutzanordnungen und zu Wohnungszuweisungen ist in Heft 2/2002 der Zeitschrift STREIT veröffentlicht.

HAUSRAT[*]

Was ist Hausrat?

Im Rahmen einer Scheidung oder der Auflösung einer Lebenspartnerschaft kann – auf Antrag – auch der Hausrat endgültig aufgeteilt werden. Als Hausrat bezeichnet man die Gegenstände, die für den gemeinsamen Haushalt benötigt wurden, also Möbel, Geschirr, Bett- und Tischwäsche usw. Hausrat sind nur die noch vorhandenen Gegenstände – allerdings auch dann, wenn sie inzwischen unbrauchbar sind. Persönliche Dinge, insbesondere Geschenke (auch geschenkte Haushaltsgegenstände!), Schmuck, Hobbygegenstände etc. gehören nicht zum Hausrat und dürfen auf jeden Fall von dem Ehepartner mitgenommen werden, dem sie gehören. Das gleiche gilt für diejenigen Gegenstände, die zur Berufsausübung benötigt werden.

H

Was dürfen Sie mitnehmen?

Wenn Sie sich entschlossen haben, die Trennung so zu vollziehen, dass Sie die Ehewohnung verlassen oder aufgeben, dürfen Sie das Notwendigste zur Gründung eines eigenen Haushaltes mitnehmen. Dabei kommt es nicht darauf an, wem die Gegenstände zur Zeit der Eheschließung gehörten. Obwohl Sie sie vorläufig für Ihre alleinige Nutzung mitnehmen können, bleiben diese Gegenstände bis zu der endgültigen Klärung bei der Scheidung, nämlich Eigentum desjenigen, der sie mit in die Ehe gebracht hat.

Darüber hinaus dürfen Sie all das mitnehmen, was Sie in die Ehe eingebracht haben und was daher Ihr Eigentum ist; es sei denn, der Ehemann benötigt gerade diese Haushaltsgegenstände dringend zur Führung seines Haushaltes, und Sie sind nicht darauf angewiesen.

Wenn Sie die Ehewohnung mit Ihren Kindern verlassen, dürfen Sie selbstverständlich die Kinderzimmereinrichtung und den Teil des Hausrates mitnehmen, den die Kinder benötigen. In diesem Fall können Sie sogar die Waschmaschine oder den Herd beanspruchen, weil Sie und die Kinder diese Dinge eher benötigen als ein alleinstehender Erwachsener.

Haben Sie im Gegensatz zu Ihrem Ehemann kein eigenes Einkommen und ist es Ihnen deshalb nicht möglich, in nächster Zeit Neuanschaffungen zu tätigen, haben Sie das Recht einen größeren Teil des Hausrates mitzunehmen.

---

[*] Die für dieses Stichwort relevanten gesetzlichen Regelungen finden Sie unter: Bürgerliches Gesetzbuch (§ 1361 a), S. 155; Hausratsverordnung, S. 206

Allerdings kann der Ehemann die monatliche Belastung (z. B. Kredite), die für ihn durch die Neuanschaffung von Hausratsgegenständen entsteht, als notwendige Ausgaben von seinem Einkommen absetzen – und damit indirekt Ihren Unterhalt verringern. Kann keine Einigung über die Verteilung des Hausrates erzielt werden, entscheidet auf Antrag das Familiengericht nach Billigkeits- und Zweckmäßigkeitsgesichtspunkten. Erst im Rahmen der Scheidung wird geklärt, wer welche Teile des Hausrates endgültig behält und auch die Eigentumsrechte an den Gegenständen erwirbt. Ein Ausgleich in Geld wird allerdings vom Gericht nicht zugesprochen.

Einstweilige Anordnung

Verlassen Sie die Ehewohnung ohne Hausratsgegenstände mitzunehmen, und weigert sich der Ehemann, diese herauszugeben, können Sie mit einem Eilantrag, der einstweiligen Anordnung, die Herausgabe von Gegenständen verlangen (☞ Gerichte).

 Es ist zu empfehlen, diesen Antrag möglichst schnell zu stellen, vor allem wenn die Gefahr besteht, dass der Ehemann den gemeinsamen Hausrat verkauft oder anders beiseite schafft.

Liste anfertigen!

Es empfiehlt sich – am besten vor dem Auszug – eine Liste aller Hausratsgegenstände – Zimmer für Zimmer – zu erstellen und zu jedem Gegenstand zu vermerken, ob er von einem Ehegatten in die Ehe eingebracht wurde und wenn ja, von welchem, – oder ob der Gegenstand während der Ehe erworben wurde. Wenn jedoch z. B. die von Ihnen vor der Ehe gekaufte Waschmaschine während der Ehe durch eine neue ersetzt wurde, ist diese neue Waschmaschine als von Ihnen in die Ehe eingebracht zu vermerken (Ersatz). Der während der Ehe gekaufte Hausrat ist nach Billigkeits- und Gerechtigkeitsgrundsätzen zu verteilen. Sie sollten also in der Inventarliste auch hinsichtlich dieser Gegenstände jeweils vermerken, wer sie behalten soll. Sofern Sie befürchten, dass Ihr Ehemann nach Ihrem Auszug behaupten wird, bestimmte Gegenstände habe es nicht (mehr) gegeben, empfiehlt es sich, die Inventarliste von Bekannten unterschreiben zu lassen, die sich genau vergewissert haben, dass die aufgelisteten Gegenstände bei Ihrem Auszug noch vorhanden waren bzw. bestätigen zu lassen, was Sie mitgenommen haben. Zusätzlich sollten Sie auf jeden Fall auch noch Fotos machen.

JUGENDAMT[*]

**Beratungs-
und Unterstüt-
zungsleistun-
gen für Kinder
und Eltern**

Das Jugendamt ist zu einer ganzen Reihe von Beratungs- und Unterstützungsleistungen verpflichtet. Wichtig sind z. B.

■ die Beratung für Kinder, die sich in allen Fragen an das Jugendamt wenden und sich – auch ohne Kenntnis ihrer Eltern – beraten lassen können,

■ die Erziehungsberatung, bei der allgemeine Fragen der Erziehung besprochen werden,

■ die Beratung bei familiären Konflikten und Krisen,

■ die Trennungs- und Scheidungsberatung – und auch die Beratung nach der Trennung,

■ die Beratung für Sorge- und Umgangsberechtigte, also Mütter und Väter.

Neben der Beratung hat das Jugendamt aber auch sehr konkrete Hilfestellung zu leisten, vor allem,

■ wenn der Vater des Kindes nicht feststeht bzw. (was häufiger vorkommt) seine Vaterschaft bestreitet und

■ wenn Ansprüche, vor allem Unterhaltsleistungen, geltend gemacht werden sollen.

Zahlt der Vater nicht, kann das Jugendamt mit einem Unterhaltsvorschuss ☞ in Vorlage treten und sich das Geld vom Vater zurückholen. Ist der Vater bereit zu zahlen, kann das Jugendamt zum Beispiel die Urkunde aufnehmen, durch die die Vaterschaft anerkannt wird und zusätzlich eine Urkunde ausstellen, die ausreicht, dem Vater – wenn nötig – den Gerichtsvollzieher ins Haus zu schicken, wenn er trotzdem nicht zahlt.

Wenn es in Ihrer Familie, z. B. infolge von Gewalttätigkeiten, auch Schwierigkeiten mit der Erziehung Ihrer Kinder gibt, haben Sie einen Anspruch auf bestimmte Hilfestellungen des Jugendamtes. Diese Hilfen können Ihnen nicht aufgezwungen werden (es sei denn, es besteht eine ernste Gefahr für ein Kind) – sie müssen die Hilfe wollen und Sie haben auch ein Mitspracherecht bei der Auswahl der Hilfe.

Hilfearten
Hilfe zur
Erziehung

Das Kinder- und Jugendhilfegesetz nennt als Hilfearten ausdrücklich:

■ Erziehungsberatung,

■ Erziehungsbeistandschaft,

---

[*]Die für dieses Stichwort relevanten gesetzlichen Regelungen finden sie unter: Kinder- und Jugendhilfegesetz, S. 209; Allgemeine Vorschriften (SGB I), S. 216; Bürgerliches Gesetzbuch (§ 1909), S. 191

- sozialpädagogische Familienhilfe,
- intensive sozialpädagogische Einzelbetreuung,
- und gegebenenfalls die Unterbringung in einer Tagesgruppe, bei einer Pflegefamilie oder in einem Heim.

Die Hilfe zur Erziehung umfasst auch pädagogische und therapeutische Leistungen.

Erziehungsberatung

Die Erziehungsberatung richtet sich an Eltern und Kinder und soll bei der Klärung familiärer Probleme helfen. Sie wird oft von freien Trägern der Wohlfahrtspflege – wie dem Diakonischen Werk, der Arbeiterwohlfahrt oder der Caritas angeboten.

Erziehungsbeistandschaft

Die Erziehungsbeistandschaft richtet sich vorrangig an die Kinder und Jugendlichen selbst und soll ihnen bei der Bewältigung ihrer typischen Entwicklungsprobleme helfen. In der Regel beschäftigen die Jugendämter eine Reihe solcher Helfer und Helferinnen.

Die sozialpädagogische Familienhilfe

Die sozialpädagogische Familienhilfe soll vor allem helfen, familiäre Alltagsprobleme zu lösen, z. B. dauernden Streit zwischen den Eltern. Sie soll aber auch Unterstützung beim Umgang mit Behörden geben. Sie wird meist – auf Initiative des Jugendamtes – durch gut ausgebildete Fachkräfte durchgeführt und richtet sich eher an Familien, denen längere Zeit Unterstützung angeboten werden soll.

Die sozialpädagogische Einzelbetreuung

Die sozialpädagogische Einzelbetreuung ist eine Einzelhilfe, die sich an Jugendliche mit Schwierigkeiten richtet, z. B. solche auf dem Weg in die Drogenabhängigkeit.

Die Unterbringung in einer Tagesgruppe, bei einer Pflegefamilie oder in einem Heim kann dann zum Tragen kommen, wenn Sie – nach einer Trennung – z. B. mit Beruf und Erziehung überfordert sind und sich Entlastung von einer Unterbringung in einer Tagesgruppe erhoffen oder wenn Sie – bis Sie beruflich und persönlich wieder Fuß gefasst haben – ganz ohne Kind leben möchten. Auch bei einer Unterbringung außerhalb der Familie soll der Kontakt zur Familie erhalten bleiben.

Maßnahmen zum Schutz des Kindes:
Inobhutnahme

Wenn eine Gefährdungslage für das Kind vorliegt, hat das Jugendamt das Recht (und die Pflicht), dem Kind zu helfen, ohne vorher die Eltern um Erlaubnis zu bitten. Dies kann durch eine »Inobhutnahme«, also die vorübergehende Unterbringung außerhalb der Familie geschehen. Die Erlaubnis der Eltern für diese Maßnahme muss aber in der Regel nachträglich eingeholt werden. Ist dies ausnahmsweise nicht sinnvoll, z. B. weil die Gefahr für das Kind von einem oder beiden Elternteilen ausgeht, dann muss das Jugendamt statt dessen einen Beschluss des Familiengerichts (☞ Gerichte) erwirken, der die Trennung des Kindes von der Familie erlaubt. Das Jugendamt selbst ist also nur zu einer kurzfristigen Maßnahme berechtigt. Zwei wichtige Fälle nennt das Gesetz, bei denen eine vorübergehende Unterbringung außerhalb der Familie – auch ohne Zustimmung der Eltern – erlaubt sein soll, nämlich

- wenn das Kind oder der Jugendliche darum bittet und
- wenn eine dringende Gefahr für das Kindeswohl besteht.

Sonstige Maßnahmen

Im Übrigen hat das Jugendamt immer, wenn eine Gefährdungslage für ein Kind sichtbar wird, der die Eltern nicht selbst abhelfen können (oder wollen), die Möglichkeit, die zum Schutz des Kindes erforderlichen Maßnahmen beim Familiengericht zu beantragen (☞ Gewaltschutz/Häusliche Gewalt). Dabei kommt z. B. auch die Wegweisung des gewalttätigen Mannes aus der gemeinsamen Wohnung in Betracht. So kann das Kind in seiner vertrauten Umgebung verbleiben.

§ Eine Möglichkeit, die im übrigen nicht nur dem Jugendamt sondern uns allen offensteht: Das Gericht muss nämlich »von Amts wegen«, also auch ohne besonderen Antrag, ermitteln, wenn es von einer Kindeswohlgefährdung erfährt (☞ Gerichte).

KINDER[*]

Schulpflichtige Kinder

Schulpflichtige Kinder, die durch einen Wohnungswechsel nicht mehr in die bisherige Schule gehen können, sollten sofort in der alten Schule abgemeldet und in der neuen Schule angemeldet werden. Für die Zeit des Übergangs, in der die Kinder eventuell nicht die Schule besuchen, ist die alte Schule zu benachrichtigen.

Kinderbetreuungsmöglichkeiten

Für Kinder im Kleinkindalter gibt es ganztägig geöffnete Einrichtungen der Stadt und der Kirchen, wie Kinderkrippen, sowie privat organisierte Krabbelstuben mit unterschiedlichen Öffnungszeiten. Für Kinder, die das dritte Lebensjahr vollendet haben, gibt es seit 1. Januar 1996 einen Rechtsanspruch auf einen Kindergartenplatz. Für schulpflichtige Kinder gibt es Einrichtungen wie Kinderhorte, Schularbeitszirkel, Schülerläden etc.

➲ Adressen können Sie bei Ihrem Jugendamt erfahren. Die Anmeldung der Kinder erfolgt in der jeweiligen Einrichtung. Da es oft lange Anmeldelisten gibt, besteht die Möglichkeit, einen Dringlichkeitsantrag beim Jugendamt zu stellen.

Pflegekinderstellen

Eine andere Form der Unterbringung von Kindern sind Pflegekinderstellen. Dies sind meist Familien (auch mit eigenen Kindern), die Kinder tagsüber, während der Woche oder auf Dauer in Pflege nehmen. Pflegestellen vermittelt das Jugendamt. Es besteht aber auch die Möglichkeit, selbst eine geeignete Person oder Familie zu suchen, die dann beim Jugendamt eine Pflegeerlaubnis beantragen muss.

(Teilweise) Kostenübernahme durch das Jugendamt

Für alle Kinderbetreuungsformen besteht die Möglichkeit einer Kostenübernahme durch das Jugendamt. Eine Kostenbeteiligung des Jugendamts ist abhängig von der Höhe des Einkommens sowie den monatlichen Belastungen. Für einen Teilbetrag (je nach Stadt verschieden) müssen Sie aber auf jeden Fall selbst aufkommen. Zu beachten ist dabei, dass das Jugendamt die Kosten der verschiedenen Einrichtungen nur dann übernimmt, wenn diese anerkannt sind.

---

[*] Die für dieses Stichwort relevanten gesetzlichen Regelungen finden sie unter: Kinder- und Jugendhilfegesetz, S. 209; Allgemeine Vorschriften (SGB I), S. 216

**Kinderkur/
-erholung**

Zu Ihrer Entlastung können Sie eine Kur für die Kinder beantragen. Dazu benötigen Sie die Bescheinigung eines Arztes, der die Kur bewilligt, wobei sowohl körperliche als auch seelische Krankheiten der Kinder als Gründe für eine Kur in Frage kommen.

➡ Bei Zustimmung der Krankenkasse, kann die Kur bei den verschiedenen Trägern, wie z. B. Müttergenesungswerk, AWO, Caritas, Diakonisches Werk usw. in die Wege geleitet werden. Beim zuständigen Sozialamt können Sie einen Antrag auf Kostenübernahme bzw. einen Zuschuss zur Kur stellen. Es besteht außerdem die Möglichkeit, für sich und die Kinder eine sogenannte Mutter-Kind-Kur zu beantragen. Seit 1. August 2002 übernehmen die Krankenkassen die vollen Kosten für die Mutter-Kind-Kuren.

➡ Eine andere Möglichkeit der Kindererholung sind sogenannte Ferienfreizeiten. Diese werden von freien Trägern und vom Jugendamt angeboten. Das Angebot ist beim jeweiligen Jugendamt zu erfragen.

K

Kindergeld

Das Kindergeld beträgt 154 € für jedes der ersten drei Kinder, 179 € für jedes weitere Kind. Dieser Betrag steht beiden Elternteilen je zur Hälfte zu. Kindergeld gibt es in der Regel für Kinder bis zum 18. Lebensjahr; ausnahmsweise auch länger, wenn ein Kind in Ausbildung oder arbeitslos ist, längstens bis zum 27. Lebensjahr. Die Eigeneinkünfte des Kindes dürfen derzeit 7.188 € im Jahr (Ausbildungslohn etc.) grundsätzlich nicht übersteigen.

Für behinderte Kinder wird Kindergeld über das 27. Lebensjahr hinaus ohne zeitliche Begrenzung gezahlt, wenn sie sich nicht selbst erhalten können und die Behinderung vor dem 27. Geburtstag eingetreten ist.

Auch Migrantinnen haben Anspruch auf Kindergeld, aber nur dann, wenn sie im Besitz einer Aufenthaltsberechtigung oder -erlaubnis sind. Daneben kommen noch weitere Sonderregelungen in Betracht, die einen Anspruch auf Kindergeld begründen können. Sie sollten daher auf jeden Fall einen Antrag stellen.

Kinderfreibetrag oder Kindergeld?

Wenn Sie steuerpflichtig sind, wird alternativ zum Kindergeld für jedes kindergeldberechtigte Kind ein steuerlicher Kinderfreibetrag sowie ein Freibetrag für die Betreuung und Erziehung oder Ausbildung berücksichtigt. Beide Freibeträge kommen aber nur zum Ansatz, wenn sie für Sie günstiger sind als das Kindergeld. Dies ist in der Regel nur bei höheren Einkommen (Alleinstehende mit mehr als 26.500 €, Ehepaare mit mehr als ca. 52.500 € Jahreseinkommen) der Fall. Das Finanzamt prüft bei der Veranlagung zur Einkommensteuer von sich aus, was für Sie vorteilhafter ist. Im Zweifelsfall wird Ihnen die Differenz zwischen dem gezahlten Kindergeld und der Steuerersparnis durch die Freibeträge als Steuererstattung zurückgezahlt.

Sie sollten darauf achten, dass die Freibeträge auch auf der Lohnsteuerkarte eingetragen werden. Während des laufenden Jahres müssen Sie dann zwar nicht weniger Lohnsteuer zahlen, aber die Freibeträge mindern die Höhe des Solidaritätszuschlags und der Kirchensteuer.

Den Antrag auf Kindergeld müssen Sie bei der Familienkasse des Arbeitsamtes stellen.

---

[*] Die für dieses Stichwort relevanten gesetzlichen Regelungen finden Sie unter: Bundeskindergeldgesetz, S. 223; Einkommensteuergesetz, S. 224

K

... nach der Trennung

Nach einer Trennung werden auch der Kinderfreibetrag und der Freibetrag für die Betreuung und Erziehung oder Ausbildung auf beide Elternteile aufgeteilt. Nur in seltenen Ausnahmen können Sie den Kinderfreibetrag nach einer Trennung ganz für sich in Anspruch nehmen, vor allem dann, wenn die Kinder bei Ihnen leben und der andere Elternteil keinen Unterhalt bezahlt. Bei minderjährigen Kindern kann der Elternteil, bei dem das Kind lebt, die Berücksichtigung des vollen Freibetrages für die Betreuung und Erziehung oder Ausbildung beantragen, wenn das Kind bei dem anderen Elternteil nicht gemeldet ist. Der Streit lohnt sich aber nur für Frauen, die relativ gut verdienen. Das Kindergeld bekommt dagegen immer der Elternteil, bei dem die Kinder leben. Das Kindergeld ist deshalb in der Regel für Frauen nach der Trennung die bessere Wahl. Zukünftig könnte es vermehrt zu der Konstellation kommen, dass das Kind auch nach der Trennung im Haushalt beider Elternteile lebt (☞ Sorgerecht). Dann müssen sich die Eltern einigen, wer das Kindergeld bekommen soll; können sie das nicht, entscheidet das Vormundschaftsgericht (☞ Gerichte).

Kinder-betreuungs-kosten

Zusätzlich zum Kindergeld bzw. den beiden Freibeträgen können Sie bei der Steuerfestsetzung für Kinder unter 14 Jahren und behinderte Kinder (ohne Altersbegrenzung) Betreuungskosten geltend machen (z. B. Tagesmütter, Unterbringung in Kindergärten oder –tagesstätten, Hausaufgabenhilfe), wenn diese aufgrund Ihrer Erwerbstätigkeit entstehen und 1.548 € (774 € bei Alleinerziehenden, falls der volle Freibetrag für die Betreuung und Erziehung oder Ausbildung bezogen wird 1.548 €) übersteigen. Pro Kind können dann maximal 1.500 € (750 €) abgesetzt werden.

➲ Weitere Informationen bei der Familienkasse des Arbeitsamtes oder im Merkblatt Kindergeld, Bundesministerium für Familie, Senioren, Frauen und Jugend 53107 Bonn, (Internetadresse: www.bmfsfj.de) oder Bundesanstalt für Arbeit, 90327 Nürnberg (www.arbeitsamt.de).

56

KRANKENVERSICHERUNG/KRANKENHILFE[*]

Wenn Sie erwerbstätig sind, dann sind Sie in aller Regel in der gesetzlichen Krankenversicherung pflichtversichert. Sie sehen das daran, dass Ihre Krankenkassenbeiträge jeden Monat von Ihrem Lohn abgezogen werden.

**Familien-
versicherung**

Wenn Sie verheiratet oder in einer eingetragenen Lebenspartnerschaft leben und nicht oder nur unterhalb der 325-€-Grenze erwerbstätig sind, dann sind Sie und Ihre Kinder in der (gesetzlichen) Krankenversicherung Ihres Mannes/Ihrer Partnerin – ohne Beiträge – mitversichert. In der privaten Krankenversicherung (eine solche haben in der Regel Selbstständige, Beamte und »Besserverdienende«) müssen für alle Familienmitglieder Beiträge gezahlt werden. Auch als »Mitversicherte« können Sie die Leistungen der gesetzlichen Krankenkasse in Anspruch nehmen, wie eine Selbstversicherte. Während der Trennungszeit besteht die Familienversicherung in der Regel fort; erst mit der Rechtskraft der Scheidung endet die Familienversicherung. Wollen Sie in der bisherigen Krankenkasse bleiben, müssen Sie innerhalb von drei Monaten nach der Scheidung einen Antrag auf (freiwillige) Weiterversicherung stellen.

**Versiche-
rungsbeiträge**

Nach einer Scheidung sind Sie selbst »beitragspflichtig«, können allerdings, wenn Sie Unterhalt von Ihrem Mann bekommen, die Krankenversicherungsbeiträge im Rahmen des Unterhalts ☞ geltend machen. Wenn Sie keinen Unterhalt, sondern Sozialhilfe ☞ beziehen, werden die Beiträge vom Sozialamt übernommen.

Krankenhilfe

Wenn alle Stricke reißen, bleibt Ihnen noch die Sicherheit, dass das Sozialamt – auch Nichtversicherten und Nicht-Sozialhilfeempfängerinnen – helfen muss, wenn Sie krank sind und sich eine medizinische Behandlung nicht leisten können (sogenannte Krankenhilfe).

**Mitversiche-
rung der
Kinder**

Auch Ihre Kinder sind, sofern sie nicht selbst pflichtversichert sind, bis zum 18. Lebensjahr, bei Arbeitslosigkeit sogar bis zum 23. Lebensjahr, und, wenn sie sich in einer Schul- und Berufsausbildung befinden, bis zum 25. Lebensjahr in der Familien-

---

[*] Die für dieses Stichwort relevanten gesetzlichen Regelungen finden sie unter: Gesetzliche Krankenversicherung (SGB V), S. 240; Sozialversicherung (SGB IV), S. 239; Allgemeine Vorschriften (SGB I), S. 216

versicherung mitversichert. Kinder mit schweren Behinderungen können sogar ein Leben lang »mitversichert« sein. Eine Ausnahme gilt, wenn nur Sie Mitglied der Krankenkasse sind und Ihr Mann relativ viel verdient. Sind beide Elternteile Mitglied der gesetzlichen Krankenkasse, können Sie wählen, bei welcher Ihrer Krankenkassen das Kind mitversichert sein soll.

K

LEBENSPARTNERSCHAFTEN [*]

Am 1. August 2001 trat das Lebenspartnerschaftsgesetz in Kraft. Mit diesem Gesetz soll gleichgeschlechtlichen Paaren die Möglichkeit eröffnet werden, ihrer Lebensgemeinschaft eine Verbindlichkeit zu geben, deren (*Rechts-*)Wirkung in vieler Hinsicht einer Ehe entspricht.

Zwei Frauen gehen eine Lebenspartnerschaft ein, wenn sie persönlich vor der zuständigen Behörde erklären, eine Partnerschaft auf Lebenszeit führen zu wollen. Je nach Bundesland ist eine andere Behörde zuständig (meist Standesämter oder Kreis- oder Stadtverwaltung, in Hessen der Gemeindevorstand/ Magistrat).

Eine wirksam eingetragene Lebenspartnerschaft begründet für die Partnerinnen umfangreiche Rechtsfolgen, die in weiten Teilen den eherechtlichen Regelungen nachgebildet sind: Die Partnerinnen können einen gemeinsamen Namen führen; die Lebenspartnerin gilt als Familienangehörige, sodass ihr z. B. ein Zeugnisverweigerungsrecht im Strafverfahren oder auch ein Auskunftsrecht gegenüber Ärzten zusteht. Das Erbrecht entspricht im Wesentlichen dem eines Ehegatten. Eine erleichterte Adoption wie bei Ehepaaren ist allerdings nicht möglich. Insbesondere im Renten- und Steuerrecht besteht derzeit noch keine Gleichstellung. Ein entsprechender Gesetzesentwurf, der u. a. auch Änderungen im Sozialhilfe- und Beamtenrecht umfasst, befindet sich noch im Gesetzgebungsverfahren.

Lebenspartnerinnen sind grundsätzlich gegenseitig zu Unterhaltszahlungen verpflichtet, wenn auch der Umfang der Unterhaltsansprüche hinter den ehelichen Regelungen zurückbleibt. Zwar sollen Lebenspartnerinnen ihr Leben gemeinsam planen und gestalten, von einer »Pflicht« zur häuslichen Gemeinschaft – wie bei Ehepaaren – geht das Gesetz aber nicht aus.

Das Lebenspartnerschaftsgesetz sieht bei Trennung und Aufhebung der Lebenspartnerschaft Regelungen bezüglich Unterhalt ☞, Wohnungs- und Hausratszuteilung ☞ vor. Wenn die Partnerinnen sich für eine Ausgleichsgemeinschaft entschieden haben, findet ein Überschussausgleich entsprechend dem ehelichen Zugewinn ☞ statt. Die Lebenspartnerinnen haben aber auch die Möglichkeit eine Gütertrennung o. Ä. vertraglich festzulegen. Ein Versorgungsausgleich ☞ ist gesetzlich nicht vorgesehen.

Aufhebung der Lebensgemeinschaft

Insbesondere bezüglich der Aufhebungsvoraussetzungen bestehen jedoch deutliche Unterschiede zum Eherecht: Im Gegensatz zur Ehescheidung ☞ hängt die Aufhebung der Lebenspartnerschaft nicht von der Zerrüttung, dem Scheitern der Partnerschaft, ab. Da eine intakte Lebenspartnerschaft nach dem Gesetz keine häusliche Gemeinschaft voraussetzt, kommt es auch nicht auf ein Getrenntleben der Partnerinnen an. Die Aufhebung der Lebenspartnerschaft setzt lediglich eine Erklärung des Trennungswillens und den Ablauf bestimmter Fristen voraus.

12-Monatsfrist

Die »einverständliche« Aufhebung setzt voraus, dass beide Lebenspartnerinnen persönlich erklären, die Lebenspartnerschaft in dieser formalen Form nicht fortsetzen zu wollen. Diese Erklärung müssen Sie selbst abgeben und durch einen Notar beurkunden lassen, eine Stellvertretung ist nicht möglich. Sie dürfen sie an keine Bedingungen oder Fristen knüpfen. Es ist nicht nötig, dass Sie hierzu gemeinsam vor dem Notar erscheinen, zwei getrennte Erklärungen reichen aus. Anders als bei der »streitigen« Trennung müssen die Erklärungen auch nicht der anderen Partnerin zugestellt werden. Um Probleme für den Fall zu vermeiden, dass Ihre Partnerin anders als Sie später doch an der Partnerschaft festhalten will, sollten Sie aber trotzdem die Zustellung veranlassen.

Mit der Beurkundung der zweiten Erklärung beginnt eine zwölfmonatige Frist. Nach deren Ablauf können Sie einen Antrag auf Aufhebung der Lebenspartnerschaft beim Familiengericht stellen. Bis zum Aufhebungsurteil durch das Gericht können die Erklärungen widerrufen werden. Widerruft nur eine Partnerin, müssen die Voraussetzungen einer »streitigen« Auflösung und damit vor allem der Ablauf der 36-monatigen Frist erfüllt werden.

Anders als bei der einverständlichen Ehescheidung müssen sich die Lebenspartnerinnen nicht über bestimmte Aufhebungsfolgen wie Unterhalt oder Hausratsteilung einig sein.

36-Monatsfrist

Wünscht nur eine Partnerin die Aufhebung, muss sie eine entsprechende notariell beurkundete Erklärung abgeben und diese durch den Gerichtsvollzieher an ihre Partnerin zustellen lassen. Ab der Zustellung läuft eine Frist von 36 Monaten, nach deren Ablauf die Aufhebung der Lebenspartnerschaft bei Gericht beantragt werden kann. Auch hier ist ein Widerruf möglich.

Anders als bei Eheleuten reicht die bloße Trennung der Lebenspartnerinnen nicht zur Ingangsetzung der Fristen aus. Da Sie oft nach der Trennung eine gewisse Überlegungzeit benötigen werden, bis Sie sich zur Beurkundung der Erklärung entschließen, können hier Verzögerungen entstehen. Eine Aufhebung vor Fristablauf steht Lebenspartnerinnen aber nur im Rahmen einer Härtefallregelung offen. Um diese Probleme zu vermeiden, sollten Sie bei Trennungsabsicht die Erklärung möglichst schnell abgeben – Sie können sie ja jederzeit widerrufen. Beachten Sie auch, dass bei einem gescheiterten Versöhnungsversuch mit erklärtem Widerruf die Frist wieder durch eine neue Erklärung in Gang gesetzt werden muss.

Vor Ablauf der Fristen

Vor Ablauf der Fristen kann die Lebenspartnerschaft auf Antrag aufgehoben werden, wenn für eine Partnerin aus Gründen, die in der Person der anderen Partnerin liegen, die Fortsetzung der Lebenspartnerschaft eine unzumutbare Härte darstellen würde. Eine solche Härte kann in der fortgesetzten Misshandlung oder Belästigung oder auch in starkem Alkoholmissbrauch der Partnerin liegen. Hierzu kann man sich an den für die Ehescheidung entwickelten Grundsätzen orientieren. Da den Lebenspartnerinnen anders als Ehegatten aber eine vorzeitige Beendigung durch den Nachweis des Scheiterns der Partnerschaft verwehrt wird, ist zu hoffen, dass die Rechtsprechung hier einen weniger strengen Maßstab als bei Scheidungen anlegen wird.

Aufhebungsfolgen

Im Zusammenhang mit der Aufhebung können auch
- der nachpartnerschaftliche Unterhalt ☞,
- der Überschussausgleich (☞ Zugewinn)
- sowie Wohnungs- ☞ und Hausratsaufteilung ☞

geregelt werden.

Verfahren

Der Antrag auf Aufhebung der Lebenspartnerschaft ist durch eine Anwältin beim örtlich zuständigen Familiengericht zu stellen. Die anwaltliche Vertretung, der Verfahrensablauf und die Kostenregelungen entsprechen grundsätzlich den Vorschriften in Ehesachen (☞ Scheidung).

 Da das Lebenspartnerschaftsgesetz noch nicht lange in Kraft ist und daher auch noch kaum Aufhebungsverfahren entschieden wurden, müssen sich die Gerichte erst auf das Gesetz einstellen und eine einheitliche Rechtsprechung entwickeln. Daher ist es besonders empfehlenswert, den Rat einer Anwältin einzuholen (☞ Anwaltliche Hilfe).

 Die kostenlose Broschüre »LSVD-Rechtsratgeber Eingetragene Lebenspartnerschaft« des Lesben- und Schwulenverbandes in Deutschland (LSVD) informiert Sie weitergehend über die Rechtsfolgen einer eingetragenen Lebenspartnerschaft. Sie kann über die örtlichen Geschäftstellen des LSVD oder über die Internetseite: www.lsvd.de bezogen werden, die auch aktualisierte Hinweise auf Literatur und Gerichtsentscheidungen enthält.

MIGRANTINNEN/BINATIONALE PARTNERSCHAFTEN[*]

**Ehesachen/
Lebenspart-
nerschaftssa-
chen mit Aus-
landsbezug**

Bei Scheidungssachen, die einen Auslandsbezug haben, weil einer oder beide Partner keine deutsche Staatsangehörigkeit haben, können verschiedene Fragen auftreten:

- Welches Gericht entscheidet über den Rechtsstreit?
- Welches Recht kommt zur Anwendung: deutsches oder Heimatrecht?
- Werden Entscheidungen der deutschen Gerichte im Heimatland bzw. der Heimatgerichte in Deutschland anerkannt?

Zuständigkeit
der deutschen
Gerichte

Grundsätzlich gilt, dass deutsche Gerichte immer dann entscheiden können, wenn:

- ein Ehegatte Deutscher ist (oder bei der Heirat war) *oder*
- beide Ehepartner in Deutschland leben;
- wenn nur ein Ehepartner in Deutschland lebt, sind in der Regel auch die deutschen Gerichte zuständig, es sei denn, es ist von vornherein klar, dass die Entscheidung von keinem der Heimatstaaten anerkannt wird.
- Wenn Ihre Lebenspartnerschaft in Deutschland registriert worden ist, können deutsche Gerichte unabhängig von Ihrer Staatsangehörigkeit und Ihrem Aufenthaltsort entscheiden.

M

Sie können wählen, ob Sie das Scheidungsverfahren in Deutschland oder in Ihrem Heimatland durchführen wollen. Wenn Sie es hier durchführen, muss in Ihrem Heimatland noch eine Anerkennung des Urteils stattfinden.

Deutsches
oder Heimat-
recht

Ob deutsches Recht oder das Recht des Heimatlandes bei einer Entscheidung anzuwenden ist, ist unterschiedlich – und hat oft sehr unterschiedliche Folgen für die Frau!

Migrantinnen sollten sich schon deshalb frühzeitig mit einer Anwältin in Verbindung setzten (☞ Anwaltliche Hilfe). Als eine grobe Regel können Sie sich merken, dass für die Regelungen während der Trennungszeit meist deutsches Recht zugrunde gelegt wird; danach kommt es darauf an. Für Regelungen, die die Kinder betreffen, gilt – zumindest, wenn die Kinder bei ihnen in Deutschland leben – deutsches Recht.

Keine Zweifel gibt es, wenn ein Ehepartner Deutscher ist: dann gilt deutsches Recht. Wenn beide Ehepartner die gleiche, andere Nationalität haben, wird bei den Ehesachen in der Regel von den deutschen Gerichten das Recht des Heimatstaates angewandt.

---

[*] Die für dieses Stichwort relevanten gesetzlichen Regelungen finden Sie unter: Zivilprozessordnung (§§ 606 a, 661), S. 197; Einführungsgesetz zum Bürgerlichen Gesetzbuch, S. 155; Haager Übereinkommen zum Unterhalt, S. 204; Haager Übereinkommen zum Sorgerecht, S. 205; Strafgesetzbuch (§ 235), S. 250

§   Die Grundsätze sind im »Internationalen Privatrecht« und in verschiedenen internationalen Abkommen zu finden. Vom Grundsatz der Anwendung des Heimatrechtes gibt es Ausnahmen. Die wichtigsten sind:

- Internationale Abkommen schreiben ausdrücklich die Anwendung deutschen Rechts vor, so z. B. für den Unterhaltsanspruch türkischer Frauen während bestehender Ehe (für den Unterhalt nach der Scheidung gilt aber türkisches Recht).
- Die Eheleute haben eine Vereinbarung getroffen, wonach die Ehe auf jeden Fall nach dem für die Frauen oft günstigeren deutschen Recht geschieden wird. Dies kann bereits bei der Heirat aber auch noch später vereinbart werden.
- Das Heimatrecht enthält Regelungen, die mit wesentlichen Grundsätzen des deutschen Rechts nicht vereinbar sind, insbesondere gegen Grundrechte verstoßen würden. Das wird ganz selten angenommen und von den Gerichten auch oft nicht einheitlich beurteilt: Positive Entscheidungen gibt es z. B. für eine Scheidung durch »Verstoßung« nach iranischem Recht.

In diesen Fällen wird deutsches Recht angewandt. Haben die Eheleute verschiedene Staatsangehörigkeiten, lebten aber während der (gesamten oder überwiegenden) Ehezeit in Deutschland, so ist die Scheidung ebenfalls in der Regel nach deutschem Recht durchzuführen.

Lebenspartnerschaft   Bei einer in Deutschland registrierten Lebenspartnerschaft richten sich die Voraussetzungen der Aufhebung unabhängig von Ihrer Staatsangehörigkeit nach deutschem Recht. Im Übrigen gelten die allgemeinen Grundsätze. Auch hier wird (z. B. beim Unterhalt) teilweise ergänzend zum ausländischen Recht auf deutsches Recht zurückgegriffen.

Anerkennung der Urteile   Grundsätzlich werden ausländische Urteile in Deutschland anerkannt, es sei denn, bei der Entscheidung wurden wichtige Grundsätze nicht beachtet, z. B. weil das Verfahren ohne Beteiligung der beklagten Partei stattgefunden hat oder weil das Urteil gegen Grundrechte verstößt. Schwieriger ist oft die Anerkennung deutscher Urteile im jeweiligen Heimatland.

Unterhalt   Der Unterhaltsanspruch für die Kinder richtet sich nach deutschem Recht. Voraussetzung dafür ist, dass der Mann weiterhin in der Bundesrepublik Deutschland lebt. Wenn die Kinder nicht mehr in der Bundesrepublik Deutschland leben, kann für diese trotzdem Unterhalt geltend gemacht werden.

Der Unterhalt für Sie selbst nach der Scheidung richtet sich meist nach ausländischem Recht. Danach können Sie auch Unterhalt für sich geltend machen, wenn die Ehe in der Bundesrepublik Deutschland geschieden wurde, Ihr Mann weiterhin hier lebt, Sie aber nach der Scheidung ins Ausland gehen. Bleiben Sie in Deutschland, kann allerdings bei der »Bedarfsbemessung«, also bei der Frage nach der Höhe des Unterhalts ☞, deutsches Recht Anwendung finden.

**Renten-
ansprüche**

Hat einer der Ehepartner in der Bundesrepublik Deutschland gearbeitet und dadurch Rentenansprüche erworben, kann bei einer Scheidung in Deutschland ein Antrag auf Versorgungsausgleich gestellt werden, auch wenn es dies nach den Bestimmungen des jeweiligen Heimatrechts nicht gibt (☞ Versorgungsausgleich). Dies gilt nicht für Lebenspartnerschaften.

**Kindes-
entführung**

Befürchten Sie, dass Ihr Mann während der Zeit des Getrenntlebens die Kinder ins Ausland entführt und wollen Sie dies verhindern, können Sie – mit einem Eilantrag – beim Familiengericht eine Übertragung des Aufenthaltsbestimmungsrechts oder des Sorgerechts für die Dauer des Getrenntlebens beantragen (☞ Sorgerecht). Haben Sie das Sorgerecht und bringt Ihr Mann die Kinder ohne Ihre Zustimmung ins Ausland, können Sie ihn wegen Kindesentführung anzeigen (☞ Strafanzeige) und die Rückführung der Kinder beantragen (Haager Übereinkommen, S. 204 f.).

M

**Eigenstän-
diges Aufent-
haltsrecht**

Schwierigkeiten kann es nach einer Scheidung oder der Aufhebung einer Lebenspartnerschaft mit Ihrem Aufenthaltsrecht (und dem Ihrer Kinder) geben, wenn Sie im Zuge des Familiennachzugs (das heißt: später als Ihr ausländischer Ehemann) nach Deutschland gekommen sind. Ist Ihnen eine Aufenthaltserlaubnis nach § 17 oder § 27a Ausländergesetz (AuslG) erteilt worden, so wird sie nach einer Trennung nur dann als eigenständiges Aufenthaltsrecht verlängert, wenn:

- die Ehe oder Lebenspartnerschaft seit mindestens zwei Jahren rechtmäßig (heißt: nicht nur auf der Grundlage einer »Duldung«) in Deutschland bestanden hat *oder*
- die Ehepartner zwar kürzere Zeit rechtmäßig in Deutschland zusammengelebt haben, es aber zur Vermeidung einer sogenannten »besonderen Härte« ☞ erforderlich erscheint, der Frau den weiteren Aufenthalt zu ermöglichen. Auf eingetragene Lebenspartnerschaften findet diese Härtefallregelung keine Anwendung (anders im ☞ Zuwanderungsgesetz).

Die Aufenthaltserlaubnis wird in der Regel zunächst für ein Jahr verlängert – und zwar selbst dann, wenn die Frau (wie in der Regel bei einem Aufenthalt im Frauenhaus) vorübergehend Sozialhilfe bezieht. Danach kann die Aufenthaltserlaubnis befristet und, wenn die Voraussetzungen vorliegen, auch unbefristet verlängert werden.

Sollte es wegen des Bezugs von Sozialhilfe Schwierigkeiten mit Ihrem Aufenthalt geben, sollten Sie sich sofort an Ihre Anwältin wenden.

Besondere Härte

Eine »besondere Härte« liegt immer dann vor, wenn der Frau bei der Rückkehr in ihr Heimatland größere Schwierigkeiten drohen als anderen Ausländern, die nach kurzer Aufenthaltsdauer Deutschland verlassen müssen; gemeint sind z. B. gesellschaftliche Nachteile für alleinstehende Frauen in islamischen Ländern. Daneben liegt auch eine besondere Härte vor, wenn besondere Umstände während der Ehe es für die Frau unzumutbar machen, weiterhin mit ihrem Mann zusammenzuleben. Die Begründung des Gesetzes nennt Fälle besonderer Härte:

- physische und psychische Misshandlungen durch den Ehemann,
- sexueller Missbrauch durch den Vater,
- besondere Betreuungsbedingungen für behinderte Kinder in Deutschland,
- die Gefahr einer Trennung von Mutter und Kindern bei einer Rückkehr,
- drohende Zwangsabtreibung im Heimatland.

Bei der Härtefallbeurteilung spielen Bindungen und Integration in Deutschland einerseits und die Situation bei der Rückkehr ins Heimatland andererseits eine ganz entscheidende Rolle. Wenn der Ehemann gewalttätig ist, können z. B. auch eine Wohnungszuweisung oder Schutzanordnungen nach dem Gewaltschutzgesetz (☞ Gewaltschutz/Häusliche Gewalt) als Nachweis einer besonderen Härte bei der Ausländerbehörde vorgelegt werden.

Bevor Sie die Scheidung einreichen oder die Aufhebung der Lebenspartnerschaft beantragen, sollten Sie auf jeden Fall klären, ob Sie auch danach ein Aufenthaltsrecht haben.

Wir raten allen betroffenen Frauen, sich mit der »iaf« (Verband binationaler Familien und Partnerschaften), Bundesgeschäftsstelle: Ludolfusstr. 2 – 4, 60487 Frankfurt am Main, Tel.: (0 69) 7 07 50 87 in Verbindung zu setzen oder anwaltliche Hilfe ☞ einzuholen.

Arbeitsgenehmigung

Nicht alle Menschen ohne deutschen Paß brauchen eine Genehmigung des Arbeitsamtes, wenn sie arbeiten wollen. Keine Genehmigung brauchen:

- Frauen aus einem Mitgliedstaat der EU,
- Frauen, die über eine unbefristete Aufenthaltserlaubnis oder eine Aufenthaltsberechtigung verfügen,
- Frauen aus Staaten, für die eine Ausnahmeregelung besteht.

Voraussetzung

Für die Erteilung einer Arbeitserlaubnis ist Voraussetzung, dass

- die Beschäftigung keine nachteiligen Folgen für den deutschen Arbeitsmarkt hat,
- Sie eine Aufenthaltsgenehmigung haben,
- keine deutschen (oder bevorrechtigte ausländische) Arbeitnehmerinnen/Arbeitnehmer für die Beschäftigung zur Verfügung stehen und
- Sie nicht zu ungünstigeren Bedingungen arbeiten als vergleichbare deutsche Arbeitskräfte.

Wenn es um eine erstmalige Beschäftigung geht, dann kann zusätzliche Bedingung sein, dass Sie vorher (bis zu fünf Jahren) erlaubt oder geduldet in Deutschland gelebt haben.

Bislang können Frauen, die im Zuge des Familiennachzugs nach Deutschland gekommen sind und seit mindestens einem Jahr – rechtmäßig oder geduldet – hier gelebt haben, in der Regel eine Arbeitserlaubnis erhalten, wenn sie nachweisen, dass ein bestimmter Betrieb sie für eine bestimmte Tätigkeit haben will. Die Arbeitserlaubnis wird in der Regel befristet erteilt und auf bestimmte Betriebe, Berufe oder Bezirke beschränkt.

Die (unbeschränkte) Arbeitsberechtigung gibt es nur noch für diejenigen, die eine Aufenthaltserlaubnis oder -befugnis haben und entweder seit mehr als fünf Jahren hier arbeiten oder sich seit mehr als sechs Jahren ununterbrochen hier aufhalten.

➲ Genaueres können Sie auch bei den Ausländerberatungsstellen und bei den jeweiligen Ausländerbehörden bzw. – wo es um die Erteilung einer Arbeitserlaubnis geht – beim Arbeitsamt nachfragen.

Sozialleistungen an Migrantinnen

Viele Sozialleistungen gibt es für Migrantinnen nur dann, wenn Sie im Besitz einer Aufenthaltsberechtigung oder Aufenthaltserlaubnis sind. Dazu gehören z. B. das Kindergeld ☞, das Erziehungsgeld ☞ und der Unterhaltsvorschuss (☞ Unterhalt). Bei der Sozialhilfe ☞ kommt es dagegen auf den tatsächlichen Aufenthalt, nicht den rechtlichen Aufenthaltsstatus, an; Ausnahme: Asylbewerberinnen, für die eine besondere gesetzliche Regelung, das Asylbewerberleistungsgesetz, gilt. Migrantinnen können nicht alle Leistungen der Sozialhilfe in Anspruch nehmen, sondern nur: Hilfe zum Lebensunterhalt (☞ Sozialhilfe), Krankenhilfe ☞, Hilfe für werdende Mütter und Hilfe zur Pflege.

➲ Im Einzelfall gibt es aber die Möglichkeit, dass das Sozialamt zusätzliche Leistungen zubilligt. Erkundigen Sie sich also ruhig bei Ihrem Sozialamt – dessen Mitarbeiter und Mitarbeiterinnen müssen Sie beraten.

Einbürgerung

Eine Einbürgerung kann beantragt werden, wenn sich eine Person seit acht Jahren (ununterbrochen und rechtmäßig) in Deutschland aufhält. Zeiten der Duldung zählen nicht mit. Ehefrauen können schon nach vier Jahren, Kinder unter 16 Jahren schon nach drei Jahren eingebürgert werden. In diesen Fällen sind auch Abstriche bei den Sprachkenntnissen möglich, wenn »die übrigen Familienangehörigen der deutschen Sprache hinreichend mächtig sind und die Einbürgerung der gesamten Familie wünschenswert erscheint« (VwV-AuslG) Die Einbürgerung kostet pro Person 255 €, ein Rabatt »aus Billigkeitsgründen« ist möglich.

Zuwanderungsgesetz

Am 1.1.2003 soll das Zuwanderungsgesetz in Kraft treten.[*] Das darin enthaltene Aufenthaltsgesetz regelt den Aufenthalt und Arbeitsmarktzugang von Migrantinnen.

Aufenthalt

Es wird dann (neben dem Visum) nur noch zwei Aufenthaltstitel geben: die unbefristete Niederlassungserlaubnis (entspricht der Aufenthaltsberechtigung und der unbefristeten Aufenthaltserlaubnis) und die befristete Aufenthaltserlaubnis (an Stelle der befristeten Aufenthaltserlaubnis, Aufenthaltsbewilligung, Aufenthaltsbefugnis), die zu unterschiedlichen Zwecken (u. a. Familiennachzug, Erwerbstätigkeit, aus humanitären Gründen) erteilt wird. Asylsuchende erhalten wie bisher eine Aufenthaltsgestattung für die Dauer des Asylverfahrens. Personen, denen bislang eine Duldung erteilt wurde, erhalten entweder eine Aufenthaltserlaubnis aus humanitären Gründen oder eine sogenannte »Bescheinigung« über die Aussetzung der Abschiebung. Die Vorschriften zum eigenständigen Aufenthaltsrecht entsprechen den derzeit geltenden Regelungen. Die Härtefallregelung findet dann auch auf Lebenspartnerschaften Anwendung.

Arbeitserlaubnis

Die Arbeitsgenehmigung wird in Zukunft zusammen mit dem Aufenthaltstitel von der Ausländerbehörde erteilt. Eine Erwerbstätigkeit darf nur ausgeübt werden, wenn der Aufenthaltstitel dies erlaubt. Einen Rechtsanspruch auf eine (unbeschränkte) Arbeitserlaubnis haben u. a. Personen mit einer Niederlassungserlaubnis, einer Aufenthaltserlaubnis zum Familiennachzug zu Deutschen und Asylberechtigte. Eine Aufenthaltserlaubnis zum Familiennachzug zu Ausländern berechtigt ohne Wartefrist zur Ausübung einer Erwerbstätig-

---

[*] Da gegen das Zustandekommen des Zuwanderungsgesetzes Klage beim Bundesverfassungsgericht eingereicht wurde, ist noch nicht sicher absehbar, ob bzw. in welcher Form das Zuwanderungsgesetz tatsächlich in Kraft treten wird.

keit, wenn auch der Ausländer, zu dem der Familiennachzug erfolgt, gesetzlich zur Ausübung einer Erwerbstätigkeit berechtigt ist, dies gilt ebenso für Lebenspartnerschaften. In den Fällen, in denen der Zugang zum Arbeitsmarkt nicht ausdrücklich gesetzlich bestimmt ist, kann eine Arbeitserlaubnis – wahrscheinlich unter ähnlichen Voraussetzungen wie bisher – im Ermessenswege erteilt werden.

Arbeitsgenehmigungen, die vor Inkrafttreten des Gesetzes erteilt wurden, gelten bis zum Ablauf ihrer Geltungsdauer weiter und werden in den Aufenthaltstitel nach neuem Recht übertragen.

**Sozial-
leistungen**

Auf Sozialleistungen sollen die Migrantinnen, die jetzt anspruchsberechtigt sind, auch weiterhin Anspruch haben. Leistungsberechtigt sind beim Kindergeld, Erziehungsgeld und Unterhaltsvorschuss grundsätzlich Migrantinnen mit Niederlassungserlaubnis oder mit Aufenthaltserlaubnis zum Familiennachzug zu Deutschen, zum Zweck der Erwerbstätigkeit oder als Asylberechtigte oder anerkannte Flüchtlinge sowie im Fall eines eigenständigen Aufenthaltsrechts. Bei der Sozialhilfe bleibt der tatsächliche Aufenthalt Voraussetzung, für Asylbewerberinnen gilt nach wie vor das Asylbewerberleistungsgesetz.

M

Einbürgerung

Die Bestimmungen zur Einbürgerung haben inhaltlich überwiegend ebenfalls weiter Gültigkeit. Der Mindestaufenthalt für das Entstehen eines Einbürgerungsanspruches kann bei erfolgreicher Teilnahme an einem Integrationskurs von acht auf sieben Jahre verkürzt werden.

NICHTEHELICHE LEBENSGEMEINSCHAFT[*]

Viele Informationen, die in diesem Leitfaden stehen, betreffen Frauen, die verheiratet sind und sich von ihrem Ehemann trennen wollen. Die Regelungen des Ehe- und Familienrechts gelten nicht, wenn Sie nicht miteinander verheiratet sind. Weder gibt es nach einer Trennung Unterhalt wie bei Verheirateten noch findet ein Zugewinnausgleich ☞, also ein Ausgleich des während des Zusammenlebens erworbenen Vermögens statt, noch haben Sie Anspruch auf die Rentenanwartschaften des Partners (☞ Versorgungsausgleich).

Notarielle Partnerschaftsverträge

Manchmal lassen sich aber – auf einem anderen rechtlichen Weg – durchaus vergleichbare Ergebnisse erzielen. Ein solcher Weg sind notarielle Verträge, die vieles von dem regeln können, was für Ehepaare im Familienrecht gesetzlich geregelt ist.

An den Abschluss eines notariellen Vertrages sollten Sie vor allem dann denken, wenn Sie in einer nichtehelichen Partnerschaft Kinder haben wollen und dafür – zeitweise – auf eine eigene Erwerbstätigkeit verzichten oder diese reduzieren wollen.

Auskünfte über die möglichen Inhalte solcher notariellen Verträge erteilen sowohl (Familienrechts-) Anwältinnen als auch Notarinnen, die auch die Formulierung und Beurkundung der Verträge übernehmen. Eine Liste von Notarinnen enthält das Rechtsanwältinnenverzeichnis der Zeitschrift STREIT (☞ Anwaltliche Hilfe).

Unterhalt

Als nichteheliche Partner haben Sie in der Regel keinerlei Unterhaltsansprüche gegeneinander, auch dann nicht, wenn die Lebensgemeinschaft aufgelöst wird – es sei denn, sie haben solche Ansprüche in einem Partnerschaftsvertrag vereinbart ♪. Eine Ausnahme bilden gesetzlich festgelegte Unterhaltsansprüche der Mutter eines nichtehelichen Kindes im Zusammenhang mit der Geburt des Kindes (☞ Unterhalt). Der Vater eines nichtehelichen Kindes muss auch für das Kind Unterhalt zahlen (☞ Unterhalt).

Aufteilung einer gemeinsamen Wohnung

Für die nichteheliche Lebensgemeinschaft besteht nach einer Trennung nicht die Möglichkeit, sich auf die für die Ehe geltenden Regelungen über die Aufteilung des Hausrates und die Zu-

---

[*] Die für dieses Stichwort relevanten gesetzlichen Regelungen finden Sie unter: Bürgerliches Gesetzbuch (§§ 1615 l, 1615 o, 1626 a – e, 1684 – 1687), S. 177 ff.

weisung der Ehewohnung zu berufen (es sei denn, sie hätten dies ausdrücklich vereinbart ✍).

Mietwohnung

Bei einer nichtehelichen Lebensgemeinschaft können sich nach einer Trennung verschiedene Fragen stellen:

- Wie komme ich, im Falle eines gemeinsamen Mietvertrages, aus dem Vertrag heraus? – bzw.
- Wie kann ich in der Wohnung bleiben, obwohl ich keinen Mietvertrag habe?

Im ersten Fall ergibt sich für Sie dann ein Problem, wenn Ihr Partner und der Vermieter einer Kündigung nicht zustimmen wollen, weil Sie dann u. U. weiter Miete zahlen müssten, ohne die Wohnung zu nutzen. Wenn sich eine einverständliche Lösung mit Ihrem Partner (und dem Vermieter) nicht erreichen lässt, können Sie Ihren Partner nur noch gerichtlich verpflichten lassen, einer Kündigung zuzustimmen (☞ Anwaltliche Hilfe).

Schwierigkeiten kann es auch dann geben, wenn Ihr Partner alleiniger Mieter der Wohnung ist, sie aber – im Einvernehmen mit Ihrem Partner – in der Wohnung bleiben wollen. Dem muss der Vermieter, anders als bei Eheleuten (☞ Wohnung), zustimmen; Praktisch wird dann ein geänderter Mietvertrag mit Ihnen als Mieterin abgeschlossen.

N

Sollten Sie von einem nichtehelichen Partner misshandelt oder bedroht werden und ihn deshalb aus der Wohnung haben wollen, kann Ihnen die Wohnung vom Gericht zur alleinigen Nutzung zugewiesen werden.

Gemeinsame Anschaffungen, gemeinsame Schulden

Oft sind beim Einzug in eine gemeinsame Wohnung auch gemeinsame Anschaffungen (z. B. Möbel), nicht selten Schulden gemacht worden. Das führt bei der Trennung oft zu Problemen – auch in rechtlicher Hinsicht, weil es keine ausdrücklichen gesetzlichen Regelungen gibt.

§ Die Gerichte wenden bei einer Trennung die für die Auflösung einer Gesellschaft geltenden Regeln an und nicht die Regelungen, die bei einer Trennung von Ehepaaren gelten. Für die Schulden gilt im Prinzip das, was auch für eheliche Schulden ☞ gilt: Sie haften nur, wenn Sie als Schuldnerin oder Bürgin unterschrieben haben.

Für Anschaffungen gilt: Es kommt darauf an, ob die Sache gemeinsam angeschafft und auch gemeinsam genutzt werden sollte oder ob sie einem Partner allein gehören und auch von ihm allein genutzt werden sollte. Bei gemeinsamen Anschaffungen können sich im Fall einer Trennung Ausgleichsansprüche ergeben.

➲ Wenn Sie sich mit Ihrem Partner nicht einigen können, sollten Sie unbedingt eine Anwältin aufsuchen, um prüfen zu lassen, ob Ihnen vielleicht ein Ausgleichsanspruch zusteht (☞ Anwaltliche Hilfe).

Nichteheliche Kinder:

Die elterliche Sorge für ein nichteheliches Kind steht bislang allein der Mutter zu.

§ Inzwischen ist es für unverheiratete Eltern aber möglich, in Form einer sogenannten»Sorgerechtserklärung« klarzustellen, dass sie die elterliche Sorge gemeinsam übernehmen wollen. Dieses gemeinsame Sorgerecht soll auch bei einer Trennung fortbestehen, es sei denn ein Elternteil beantragt, die elterliche Sorge auf ihn allein zu übertragen (☞ Sorgerecht).

Das gemeinsame Sorgerecht setzt also:

- eine ausdrückliche Erklärung und
- die Zustimmung der Mutter ebenso wie die des Vaters voraus.

Wird allerdings keine gemeinsame Sorgerechtserklärung abgegeben, bleibt es dabei, dass die Mutter weiterhin das alleinige Sorgerecht hat.

Beistandschaft

Die Regel, dass unverheirateten Müttern bei der Geburt automatisch eine Amtspflegschaft zur Seite gestellt wird, ist entfallen: Beistandschaften gibt es nur auf Wunsch der Mutter.

Ziele der Beistandschaft sind:

- die Feststellung der Vaterschaft und
- die Geltendmachung der Unterhaltsansprüche.

Beratung durch das Jugendamt

Das Kinder- und Jugendhilfegesetz (KJHG) stellt Müttern, die allein für ein Kind sorgen, eine Reihe von Beratungs- und Unterstützungsangeboten zur Seite, u. a. auch bei der Feststellung der Vaterschaft und der Geltendmachung von Unterhaltsansprüchen.

Vaterschaftsanerkennung bzw. -feststellung

Im Fall einer nichtehelichen Geburt muss sich ein Vater zu dem Kind »bekennen«; dies geschieht heute in der Regel freiwillig durch ein sogenanntes Vaterschaftsanerkenntnis, das vom Jugendamt, vom Standesamt oder einem Notar beurkundet wird. Wird das Vaterschaftsanerkenntnis beim Jugendamt protokolliert, so sorgt dieses in der Regel dafür, dass sich der Vater – in einer vollstreckbaren Urkunde – zur Übernahme des sogenannten Regelunterhaltes ℘ verpflichtet.

Findet sich freiwillig kein Vater, dann besteht noch die Möglichkeit, die Vaterschaft gerichtlich feststellen zu lassen, indem durch eine Abstammungsuntersuchung geklärt wird, wer (höchstwahrscheinlich) der Vater des Kindes ist. Bei dieser – für alle Beteiligten – unangenehmen Prozedur hilft ihnen das Jugendamt (℘ Beistandschaft).

Unterhalt

Auch für ein nichteheliches Kind besteht ein Unterhaltsanspruch (☞ Unterhalt).

Das Jugendamt kann über die Anerkennung der Vaterschaft und die Höhe des zu zahlenden Unterhalts eine Urkunde anfertigen, die – bei Nichtzahlung – auch eine Zwangsvollstreckung ermöglicht.

Erkennt der Vater seine Vaterschaft nicht freiwillig an, wird sie – gerichtlich – festgestellt und dabei gleichzeitig festgelegt, dass und in welcher Höhe Unterhalt ☞ zu zahlen ist.

Zahlt der Vater Ihres Kindes keinen oder nur unregelmäßig Unterhalt, besteht, falls Ihr Kind noch nicht älter als zwölf Jahre ist, auch die Möglichkeit, einen Unterhaltsvorschuss beim Jugendamt zu beantragen (☞ Unterhalt).

N

POLIZEI[*]

Die Polizei ist in akuten Misshandlungssituationen eine wichtige, weil immer erreichbare und zur Hilfe verpflichtete Institution. Trotzdem erleben misshandelte Frauen oft, dass Ihnen auch von der Polizei kein ausreichender Schutz angeboten wird. Im Hinblick auf die Aufgaben der Polizei ist wichtig zu wissen, dass die Polizei im Wesentlichen zwei Aufgaben hat:

- Sie ist einerseits zur Abwehr von Gefahren verpflichtet (Gefahrenabwehr).
- Sie ist andererseits – als verlängerter Arm der Staatsanwaltschaft – Strafverfolgungsbehörde (Strafverfolgung).

Gefahren-abwehr

Wohnungs-wegweisung

Wenn Sie misshandelt, bedroht oder belästigt werden und die Polizei rufen, muss diese ihren Einsatz und die dabei getroffenen Maßnahmen genau dokumentieren und alle Beweise sichern, die für ein Strafverfahren von Bedeutung sein könnten. Hierunter fallen z. B. die Aussagen der Beteiligten (wobei Sie vom Täter getrennt vernommen werden sollten) und eventueller Zeugen, der Zustand der Wohnung oder Verletzungen. Die Polizei kann, wenn weitere Übergriffe zu befürchten sind, einen mehrtägigen Wohnungsverweis und/oder ein vorübergehendes Kontakt- und Näherungsverbot aussprechen. In manchen Bundesländern sind für die Dauer dieser Verweise bestimmte »Richtwerte« vorgesehen: Während beispielsweise in Bremen eine Wohnungswegweisung in der Regel für zehn Tage ausgesprochen wird, ist in Hessen eine Wegweisung von bis zu 14 Tagen (mit Verlängerungsoption) möglich. Das heißt, der Täter muss die Wohnung verlassen, seine Haus- und Wohnungsschlüssel werden (auch gegen seinen Willen und notfalls mit Gewalt) sichergestellt und ihm wird z. B. untersagt, sich telefonisch oder auf andere Weise mit Ihnen (und u. U. auch Ihren Kindern) in Verbindung zu setzen oder sich im Umkreis von 500 Metern Ihrer Wohnung aufzuhalten. Der Täter kann auch bis zu 48 Stunden (teilweise länger) in Gewahrsam genommen werden, wenn er erkennbar gewaltbereit ist oder unter Drogen- oder Alkoholeinfluss steht und zu erwarten ist, dass er sich nicht an die polizeilichen Gebote halten wird.

---

[*] Die für dieses Stichwort relevanten gesetzlichen Regelungen finden Sie unter: Strafprozessordnung (§ 163), S. 254; Richtlinien für Straf- und Bußgeldverfahren, S. 261; Polizeigesetze (HSOG), S. 263

Falls Sie nicht in der Wohnung bleiben wollen, sondern sich lieber im Frauenhaus oder anderweitig in Sicherheit bringen möchten, muss die Polizei es Ihnen ermöglichen, wichtige persönliche Dinge aus der Wohnung mitzunehmen.

Die Polizei sollte Sie über die Möglichkeiten, gerichtliche Schutzanordnungen bzw. eine Wohnungsüberlassung zu beantragen, informieren (☞ Gewaltschutz/Häusliche Gewalt). Solche Anordnungen sollten möglichst bald beantragt werden, da die polizeilichen Maßnahmen Sie nur vor akuter Gefahr schützen und Ihnen Gelegenheit geben sollen, die notwendigen gerichtlichen Schritte einzuleiten. Der Einsatzbericht der Polizei kann dem Gericht als Beweis für gewalttätige Handlungen und die Notwendigkeit von Maßnahmen vorgelegt werden. Bis zur Entscheidung über Ihren Antrag muss die Polizei (im Rahmen ihrer Möglichkeiten) überwachen, dass der Täter sich auch an den Platzverweis (bzw. das Kontaktverbot) hält.

Wird die Vollstreckung einer Wohnungsräumung oder einer Schutzanordnung durch den Gerichtsvollzieher erforderlich, ist es Aufgabe der Polizei, diesen bei seiner Tätigkeit zu unterstützen und gegebenenfalls die Durchsetzung (gewaltsam) zu erzwingen.

P

**Straf-
verfolgung**

Daneben hat die Polizei auch die Aufgabe, Straftaten zu verfolgen. In gewalttätigen Beziehungen werden häufig eine ganze Reihe von »Straftaten« begangen: Körperverletzungen, Nötigungen, Beleidigungen, Vergewaltigungen u. a. m. Die Polizei ist gehalten, alle Straftaten, von denen sie erfährt, auch zu verfolgen. Der Verstoß gegen eine gerichtliche Schutzanordnung nach dem Gewaltschutzgesetz stellt ebenfalls eine Straftat dar, die von der Polizei verfolgt werden muss. Eine Ausnahme bilden die sogenannten »Antragsdelikte«, die nur verfolgt werden, wenn von der verletzten Person ein Strafantrag gestellt wurde oder von den Strafverfolgungsbehörden ein besonderes öffentliches Interesse an der Strafverfolgung bejaht wird (☞ Strafanzeige). Zu diesen Antragsdelikten gehört auch die einfache, das heißt ohne gefährliche Gegenstände oder mit schweren körperlichen Folgen verbundene Körperverletzung. Nur bei der einfachen Körperverletzung ist es rechtlich also überhaupt erlaubt, auf eine Strafverfolgung (mangels öffentlichen Interesses) zu verzichten.

RENTE[*]

Um im Alter oder auch im Fall verminderter Erwerbsfähigkeit Rente aus einer eigenen Versicherung beziehen zu können, müssen Sie in der gesetzlichen Rentenversicherung versichert sein, also entweder bei der Bundesversicherungsanstalt für Angestellte (BfA) oder einer der Landesversicherungsanstalten (LVA). Es gibt verschiedene Arten der Rente, die jeweils an verschiedene Voraussetzungen gekoppelt sind. Neben der mit Abstand in der Praxis bedeutsamsten Rentenform,

- der Altersrente ✎,

sind noch erwähnenswert:

- die Rente wegen verminderter Erwerbsfähigkeit ✎
- und die Hinterbliebenenrente ✎.

Rentenarten:

Altersrente

Die wichtigste Rente aus eigener Versicherung ist die Regelaltersrente. Voraussetzungen für diese Rente sind, dass Sie

- das 65. Lebensjahr vollendet haben und
- die allgemeine Wartezeit (Mindestbeitragszeit) von 60 Monaten erfüllt haben.
- Wenn Sie eine Wartezeit von 35 Jahren erfüllt haben, können Sie sogar schon mit 63 Jahren in Rente gehen.

Noch können Frauen, die vor dem 1.1.1952 geboren sind, mit Erreichen des 60. Lebensjahres eine Altersrente beanspruchen, wenn Sie

- nach Vollendung des 40. Lebensjahres mehr als zehn Jahre Pflichtbeiträge für eine versicherte Beschäftigung oder Tätigkeit entrichtet haben und
- eine Wartezeit von 15 Jahren erfüllt haben.

Die Altersgrenzen werden seit Januar 2000 stufenweise auf das 65. Lebensjahr angehoben:

- die Altersgrenze von 63 Jahren für Versicherte, die nach dem 31.12.1936 geboren sind
- die Altersgrenze von 60 Jahren für Versicherte, die nach dem 31.12.1939 geboren sind.

Es gibt eine Tabelle, die diese stufenweise Anhebung regelt.

Die Voraussetzungen ändern sich in diesem Bereich ständig. Deshalb sollten Sie sich unbedingt über die jeweils geltende Rechtslage bei den Rentenversicherungsträgern kostenlos informieren.

---

[*] Die für dieses Stichwort relevanten gesetzlichen Regelungen finden Sie unter: Gesetzliche Rentenversicherung (SGB VI), S. 241; Sozialversicherung (SGB IV), S. 239; Allgemeine Vorschriften (SGB I), S. 216

Schwerbehinderte, Arbeitslose bzw. Altersteilzeitarbeitende können unter bestimmten Voraussetzungen sogar schon mit Vollendung des 60. Lebensjahres in Rente gehen; ihnen drohen dann allerdings Rentenabschläge.

➲ Informationen erhalten Sie von Ihrer Rentenversicherung.

Rente wegen verminderter Erwerbsfähigkeit

Zum 1. Januar 2001 wurde das Rentenrecht reformiert. Anspruch auf die frühere Berufs- oder Erwerbsunfähigkeitsrente kann nur noch bei einem Rentenbeginn vor 2001 bestehen.[*]

Seit dem 1.1.2001 wird nun unterschieden zwischen Renten wegen

- teilweiser Erwerbsminderung,
- teilweiser Erwerbsminderung wegen Berufsunfähigkeit,
- voller Erwerbsminderung.

Eine volle Erwerbsminderung besteht, wenn Sie auf unabsehbare Zeit wegen Krankheit oder Behinderung im Rahmen einer arbeitsmarktüblichen Fünf-Tage-Woche nur noch unter drei Stunden täglich erwerbstätig sein können.

Eine teilweise Erwerbsminderung liegt dagegen vor, wenn Sie noch zwischen drei bis unter sechs Stunden täglich erwerbstätig sein können. In diesem Fall besteht ein Anspruch auf 50% der Rente wegen voller Erwerbsminderung. Können Sie aufgrund des Arbeitsmarktes keine Teilzeitbeschäftigung finden, steht Ihnen ausnahmsweise eine Rente wegen voller Erwerbsminderung zu.

Die Rente wegen teilweiser Erwerbsminderung wegen Berufsunfähigkeit wird nur noch in seltenen Fällen gewährt und stellt eine Sonderregelung ausschließlich für Versicherte dar, die vor dem 2.1.1961 geboren sind. Zudem ist der Rentenbetrag meist sehr niedrig. Verkürzt ausgedrückt haben Sie Anspruch auf 50 % der Rente wegen voller Erwerbsminderung, wenn Sie weder Ihrem bisherigen Beruf noch einer anderen zumutbaren Tätigkeit mindestens sechs Stunden täglich nachgehen können.

Bei allen drei Rentenformen dürfen Sie sich in gewissen Grenzen etwas hinzuverdienen.

Hinterbliebenenrente

Hinterbliebenenrente gibt es als
- Witwenrente für Frauen, die nach dem Tod ihres – mindestens fünf Jahre rentenversicherten – Mannes nicht wieder

---

[*] Für die vorher gültigen Regelungen siehe »Ratgeberin: Recht«, 2. Aufl.

geheiratet haben (kleine Witwenrente); erzieht die Frau ein eigenes oder ein Kind ihres verstorbenen Mannes oder ist sie schon über 45, hat sie Anspruch auf die »große Witwenrente«. Haben Sie erst nach dem 31.12.2001 geheiratet, besteht in der Regel nur ein Anspruch auf Witwenrente, wenn die Ehe mindestens ein Jahr gedauert hat. Beim Tod Ihres Ehemannes oder einer Eheschließung nach dem 31.12.2001 wird die kleine Witwenrente höchstens für 24 Monate gezahlt,

■ Erziehungsrente für Frauen, die nach dem 30.6.1977 geschieden wurden und selbst die allgemeine Wartezeit erfüllen, ein Kind (eigenes/ihres Mannes) erziehen, nicht wieder geheiratet haben und deren geschiedener Mann gestorben ist. Im Rahmen der Witwen- und Erziehungsrente können auch minderjährige Pflege- oder Stiefkinder und unter bestimmten Voraussetzungen sogar Enkel und Geschwister, die mit Ihnen im Haushalt leben, berücksichtigt werden, oder

■ Halb- und Vollwaisenrente für Kinder, die einen bzw. beide unterhaltspflichtigen Elternteile verloren haben, nach dem Tod eines Elternteils, der die allgemeine Wartezeit erfüllt hat .

Voraussetzungen für Rentenanspruch:

Antragstellung

Wichtigste Voraussetzung für jede Rentengewährung ist, dass der entsprechende Antrag bei dem jeweils zuständigen Rentenversicherungträger gestellt wird.

Bei den Gemeinden sind Versicherungsämter eingerichtet. Bei diesen Versicherungsämtern können Sie ebenfalls die Rentenanträge stellen, dort wird Ihnen bei der Antragstellung des jeweiligen Rentenantrags auch geholfen.

Zur Antragstellung sollten Sie die vorhandenen Unterlagen so vollständig wie möglich mitbringen:

■ Personalausweis/Pass
■ Versicherungsnachweise (Versicherungs-Nummer)
■ Geburtsurkunden der Kinder
■ Nachweise über Krankheitszeiten oder Zeiten der Arbeitslosigkeit
■ Nachweise über freiwillig gezahlte Beiträge.

Beitragszahlung

Voraussetzung für einen Anspruch aus der Rentenversicherung ist, dass in die gesetzliche Rentenversicherung Beiträge entrichtet und somit entsprechend Beitragszeiten vorliegen. Beiträge können im Rahmen einer Pflicht- oder freiwilligen (Weiter-) Versicherung gezahlt werden.

Pflichtbeiträge

Pflichtbeitragszeiten erfüllt man durch Pflichtversicherung. Das heißt, wenn Sie z. B. erwerbstätig und nicht nur geringfügig beschäftigt sind, sind Sie in der gesetzlichen Rentenversicherung durch Ihren Arbeitgeber zu versichern. Der zu entrichtende Beitrag wird zur Hälfte von Ihrem Bruttoeinkommen abgezogen und zur anderen Hälfte vom Arbeitgeber eingezahlt.

Auch während der Zeit, in der Sie Arbeitslosengeld oder Arbeitslosenhilfe beziehen, zahlt das Arbeitsamt Rentenbeiträge (☞ Arbeitslosigkeit). Pflichtbeiträge werden auch von der Pflegekasse gezahlt, wenn Sie z. B. einen Familienangehörigen zuhause pflegen.

Freiwillige Beiträge

Grundsätzlich können Sie, sofern Sie nicht versicherungspflichtig sind und das 16. Lebensjahr vollendet haben, freiwillige Beiträge in die Rentenversicherung einzahlen. Das gilt insbesondere auch für geringfügig Beschäftigte, die den Arbeitgeberanteil von 12% auf die volle Höhe von z. Zt. 19,1% (2003: 19,3%) aufstocken können. Dadurch erwerben Sie – mit Vollendung des 65. Lebensjahrs – einen Anspruch auf die Regelaltersrente und Ihre Angehörigen bekommen – im Fall Ihres Todes – eine Hinterbliebenenrente. Diese freiwilligen Beiträge können Sie, sofern Sie Unterhalt von Ihrem geschiedenen Ehemann erhalten, im Rahmen des Unterhalts ☞ als sogenannten Vorsorgeunterhalt geltend machen.

Die Altersrenten für Frauen, wegen Arbeitslosigkeit und wegen verminderter Erwerbsfähigkeit ♪, setzen dagegen Pflichtbeitragszeiten zwingend voraus.

Kindererziehungszeit

Kindererziehungszeiten gelten als Pflichtbeitragszeiten: Pro Kind, das nach dem 1.1.92 geboren wurde, gelten drei Jahre als gezahlt; bei älteren Kindern wird ein Jahr angerechnet. Voraussetzung für die Anrechnung der Kindererziehungszeiten ist, dass Sie das Kind tatsächlich überwiegend erzogen haben und die Anrechnung der Kindererziehungszeit für sich beantragt haben. Deshalb wird auch das gemeinsame Sorgerecht ☞ nichts daran ändern, dass vor allem Frauen von der Kindererziehungspflicht profitieren werden. In der Regel wird auch verlangt, dass Sie das Kind in Deutschland erzogen haben.

Wartezeit

Die Wartezeit (Mindestversicherungszeit) wird durch die entsprechenden Beitragszahlungen erfüllt. Die allgemeine fünfjährige Wartezeit ist erfüllt, wenn z. B. 60 Monate Pflichtbeiträge oder freiwillig Beiträge entrichtet wurden oder entsprechend Kindererziehungszeiten vorhanden sind. Die Mindestversicherungszeiten müssen nicht in einem Stück vorliegen. Es reicht aus, wenn Sie die geforderte Anzahl an Monaten auch mit Unterbrechungen in Ihrem bisherigen (Berufs-)leben gesammelt haben. Als Wartezeiten gelten auch die Zeiten, die im Rahmen eines Versorgungsausgleichs ☞ auf das Rentenkonto der Ausgleichsberechtigten übertragen werden. Die allgemeine Wartezeit von fünf Jahren gilt als vorzeitig erfüllt, wenn die

R

Berücksichti-
gungs- und
Anrechnungs-
zeiten

Versicherte wegen eines Arbeitsunfalls oder einer Berufskrankheit vermindert erwerbsfähig geworden oder gestorben ist.
Neben den Beitragszeiten gibt es auch noch sogenannte Berücksichtigungs- und Anrechnungszeiten. Diese wirken sich zwar nicht direkt aber indirekt rentensteigernd aus. Berücksichtigungszeiten sind Zeiten der Erziehung eines Kindes bis zu dessen vollendetem zehnten Lebensjahr. Diese wirken sich insbesondere in der Hinterbliebenenrente bei Rentenfällen ab dem 1. Januar 2002 rentensteigernd aus. Als Anrechnungszeiten gelten z. B. die Schutzfristen nach dem Mutterschutzgesetz, u. U. Zeiten der Arbeitslosigkeit oder auch Ausbildungszeiten.

Versicherungs-
verlauf

Sobald Sie einen Rentenantrag stellen, erstellt der Rentenversicherungsträger einen Versicherungsverlauf, der alle rentenrechtlich relevanten Zeiten wie Beitragszeiten, Kindererziehungszeiten, Zeiten der Ausbildung enthält. Wenn Sie bereits vor Rentenantragstellung Klarheit über Ihr Versicherungskonto haben wollen, so können Sie auch vorab einen entsprechenden Kontenklärungsantrag stellen. Auch bei der Durchführung des Versorgungsausgleichs wird ein Versicherungsverlauf erstellt.

 Achten Sie generell darauf, keine Lücken im Versicherungsverlauf entstehen zu lassen, um Ihre finanzielle Absicherung im Alter nicht zu gefährden. Wenn Sie z. B. im Rahmen eines 325-€-Jobs arbeiten, sollten Sie versuchen, den Rentenbeitrag durch freiwillige Zahlungen auf 19,1 % (2003: 19,3%) aufzustocken.

Bevor Sie einen Rentenantrag stellen, sollten Sie sich auf jeden Fall anhand Ihres Versicherungsverlaufes Ihre Rente ausrechnen lassen, um festzustellen, ob sich der Rentenbezug im Vergleich zu Ihrer derzeitigen Versorgung überhaupt lohnt. Lassen Sie sich unbedingt beraten. Ist erst ein Rentenbescheid ergangen, lässt dieser sich kaum rückgängig machen.

Seit dem 1.1.2002 gibt es die Möglichkeit statt der Hinterbliebenrente ein Rentensplitting zwischen Ehegatten durchzuführen. Diese Wahlmöglichkeit ist in der Regel nur für Besserverdienende interessant. Seit dem 1.1.2002 besteht zudem die Möglichkeit, für private Altersvorsorge staatliche Zulagen zu erhalten (sog. »Riester-Rente«). Da sich im Bereich der Rentenversicherung ständig Änderungen ergeben, sollte Sie sich hierüber bei den Beratungsstellen der Rentenversicherungsträger informieren.

Informationen zur Rente erhalten Sie auchin den kostenlosen Broschüren der Rentenversicherungsträger über deren örtliche Geschäftsstellen und über die Internetseiten www.lva.de und www.bfa.de).

SCHEIDUNG[*]

Scheidungs-voraussetzungen

Die Voraussetzungen, unter denen eine Ehe geschieden werden kann, sind mit der im Sommer 1977 in Kraft getretenen Neuregelung des Scheidungsrechts grundlegend geändert worden. Früher ging es darum, bei wem die Schuld für das Scheitern der Ehe lag; heute verlangt das Gesetz nur noch den Ablauf bestimmter Trennungszeiten.

Besonderheiten gelten, wenn Migrantinnen mit einem Deutschen und Deutsche mit einem Migranten verheiratet sind und hier leben bzw. wenn beide Partner Migranten sind (☞ Migrantinnen/binationale Partnerschaften).

Einverständliche Scheidung

Die einverständliche Scheidung setzt voraus, dass beide Eheleute

- seit mindestens einem Jahr getrennt leben,
- geschieden werden wollen und
- sich über die wichtigsten Scheidungsfolgen wie das Sorge- und Umgangsrecht für die Kinder, die Höhe des Unterhaltes, die Nutzung der Ehewohnung und die Verteilung des Hausrates einig sind.

Aufgrund der einjährigen Trennung und des übereinstimmenden Scheidungsantrages wird vermutet, dass die Ehe gescheitert ist. Beim Scheidungstermin werden die Eheleute deshalb auch nur zum Trennungszeitpunkt befragt, nicht jedoch über den Grund, warum sie geschieden werden wollen.

Streitige Scheidung:

Nach einem Trennungsjahr

Zu einer »streitigen Scheidung« kommt es, wenn die Ehegatten zwar schon ein Jahr getrennt leben, aber nur einer geschieden werden will. Auch in diesem Fall kann die Ehe grundsätzlich geschieden werden; ihr Scheitern wird jedoch nicht unterstellt. Im Scheidungsantrag muss vielmehr dargelegt werden, aus welchen Gründen die Ehe gescheitert ist (z. B. weil Ihr Ehemann Sie in der Vergangenheit häufig misshandelt hat). Beide Ehegatten werden zum Scheitern der Ehe dann vom Gericht befragt. Kommt das Gericht aufgrund der Befragung zu dem Schluss, dass die Ehe gescheitert ist, wird sie geschieden.

Nach drei Trennungsjahren

Leben die Ehegatten bereits seit drei Jahren getrennt und will nur ein Ehegatte geschieden werden, wird ohne weiteres unter-

---

[*] Die für dieses Stichwort relevanten gesetzlichen Regelungen finden Sie unter: Bürgerliches Gesetzbuch (§§ 1564 – 1615, 1626 – 1687), S. 177 ff.; Zivilprozessordnung, S. 197; Einführungsgesetz zum Bürgerlichen Gesetzbuch, S. 203; Hausratsverordnung, S. 206

stellt, dass die Ehe gescheitert ist. Das Gericht befragt Sie zum Trennungszeitpunkt, aber nicht über Ihre Gründe sich scheiden zu lassen.

Trennungszeit

Ein erneutes Zusammenleben der Ehegatten als Versöhnungsversuch unterbricht die Trennungszeiten nicht, wenn dieses nur von kurzer Dauer ist. Was von kurzer Dauer ist, ist nicht verbindlich geregelt. Im Normalfall darf das erneute Zusammenleben nicht mehr als drei Monate gedauert haben.

Vor Ablauf des Trennungsjahres

Auch eine Scheidung vor Ablauf des Trennungsjahres (Härtefallscheidung) ist ausnahmsweise möglich. In diesem Fall müssen Sie aber Gründe haben (und im Zweifel beweisen können), die in der Person des Ehemannes liegen (!) und die es für Sie unzumutbar erscheinen lassen – auch nur auf dem Papier – noch länger mit ihm verheiratet zu sein. Dies kann – nach den Maßstäben der Gerichte – z. B. dann der Fall sein, wenn Sie von Ihrem Mann fortgesetzt belästigt, bedroht oder misshandelt werden, aber auch dann, wenn Ihr Mann seit langem Alkoholiker ist.

Haben Sie sich allerdings bereits dem Einflussbereich Ihres Ehemannes entzogen, z. B. indem Sie in ein Frauenhaus gezogen sind, so meinen viele Gerichte, dass Ihnen auch zugemutet werden könne, den Ablauf des Trennungsjahres abzuwarten. Zurecht haben insbesondere misshandelte Frauen und Mitarbeiterinnen von Frauenhäusern diese Anforderungen als zu weitgehend kritisiert; trotzdem ist diese Rechtsprechung bis heute noch nicht aufgegeben worden.

Scheidungsfolgen

Mit der Scheidung *müssen* bestimmte Scheidungsfolgesachen entschieden werden, z. B. die Frage, wie die Rentenanwartschaften geteilt werden (☞ Versorgungsausgleich). Andere *können* entschieden werden, wenn Sie einen entsprechenden Antrag stellen. Zu diesen Scheidungsfolgen gehören:

Entscheidungen auf Antrag

- Wer bekommt das Sorgerecht für die Kinder (☞ Sorgerecht)
- Wer behält die Ehewohnung? (☞ Wohnung)
- Wie wird der Hausrat aufgeteilt? (☞ Hausrat)
- Wie wird das Vermögen aufgeteilt? (☞ Zugewinn)
- Wie werden die Unterhaltsansprüche geregelt? (☞ Unterhalt)
- Wie wird das Umgangsrecht geregelt (☞ Umgangsrecht)

Einleiten der Scheidung

Das Scheidungsverfahren kommt nur durch den Antrag eines Ehepartners in Gang und ist durch eine Rechtsanwältin (☞ Anwaltliche Hilfe) bei Gericht einzureichen. Zuständig für das Scheidungsverfahren und die anderen Familiensachen (z. B. Zuweisung der Ehewohnung usw.) ist das Amtsgericht und zwar die Abteilung für Familiensachen (☞ Gerichte). An welchem Gerichtsort der Antrag einzureichen ist, richtet sich danach, in welchem Gerichtsbezirk die Eheleute leben. Wenn sie nicht im gleichen Gerichtsbezirk leben, danach, wo der Ehepartner lebt, der die gemeinsamen Kinder versorgt.

Anwaltliche Vertretung

Grundsätzlich gilt in Ehesachen Anwaltszwang, d. h., sie müssen im Scheidungsverfahren durch eine Anwältin/einen Anwalt vor Gericht vertreten sein, um irgendwelche Prozesserklärungen (Anträge, Vereinbarungen) abgeben zu können. Allerdings ist dann, wenn beide Ehegatten geschieden werden wollen und weder Vereinbarungen (z. B. über Unterhalt oder Zugewinn) getroffen noch Anträge (z. B. zum Versorgungsausgleich oder zur elterlichen Sorge) gestellt werden sollen, in der Praxis häufig nur eine Partei (die Antragstellende) anwaltlich vertreten.

Besser ist es in jedem Fall, wenn die Anwältin Ihr Vertrauen hat (☞ Anwaltliche Hilfe). Wenn es keine Probleme gibt, kann ja Ihr Mann auf einen eigenen Anwalt verzichten.

Sollten Sie auf eine eigene anwaltliche Vertretung verzichten wollen, so informieren Sie sich vorher unbedingt über Ihre Rechte und Ansprüche bei einer Anwältin Ihres Vertrauens. Manche Frauen neigen dazu, das Geschäftliche ihrem Mann zu überlassen oder, um des lieben Friedens Willen, seine Vorschläge zu akzeptieren. Seien Sie vorsichtig, womöglich verzichten Sie auf Dinge, die Ihnen zustehen (☞ Anwaltliche Hilfe).

Scheidungskosten

Die Kosten einer Scheidung setzen sich aus Gerichtskosten und Anwaltsgebühren zusammen, die in Gebührenordnungen festgelegt sind.

Streitwerte

Die Höhe richtet sich nach den sogenannten Streitwerten, wobei die Scheidung und jede Scheidungsfolge, über die das Gericht entscheiden muss, einen eigenen Streitwert haben.

Die Streitwerte berechnen sich wie folgt.

- Scheidung: dreifaches gemeinsames monatliches Nettoeinkommen, mindestens 2.000 €
- Versorgungsausgleich: ein Jahresbetrag der erworbenen Ansprüche, mindestens 500 €
- Elterliche Sorge: 900 €
- Unterhalt für Sie und Ihre Kinder: jeweils der Jahresunterhaltsbetrag
- Hausrat: nach Wert
- Ehewohnung: eine Jahreskaltmiete
- Zugewinnausgleich: nach Wert.

Der Streitwert der Scheidung und die einzelnen Streitwerte der Folgesachen werden zu einem Gesamtstreitwert addiert, das heißt, die Kosten sind umso höher, je mehr Folgesachen das Gericht zu entscheiden hat. In einem Scheidungsverfahren hat jeder Ehegatte die Hälfte der Gerichtskosten zu tragen sowie die eigenen Anwaltskosten (☞ Anwaltliche Hilfe). Wenn Sie kein eigenes oder nur ein geringes Einkommen haben, zahlt der Staat die Kosten über die Prozesskostenhilfe (☞ Anwaltliche Hilfe) bzw. er geht in Vorlage und Sie können die Kosten in Raten abbezahlen. Wenn Sie nicht in den Genuss der staatlichen Prozesskostenhilfe kommen, besteht auch die Möglichkeit, Ihren Ehemann wegen eines Prozesskostenvorschusses (☞ Anwaltliche Hilfe) in Anspruch zu nehmen. Die billigste Scheidung ist die einvernehmliche Scheidung, bei der Sie sich vorher mit Ihrem Ehemann über sämtliche Scheidungsfolgen ♪ geeinigt haben.

Aber Achtung: Lassen Sie sich vorher anwaltlich beraten (☞ Anwaltliche Hilfe), damit Sie eine Vorstellung davon haben, was Ihnen zustehen würde.

Die »billigste« Scheidung, bei der wenig geregelt werden muss und nur ein niedriges Familieneinkommen vorhanden ist; sie kostet etwa drei Anwaltsgebühren à 161 € (neue Bundesländer: 144,90 €) zuzüglich Mehrwertsteuer und Auslagen (plus geringer Gerichtskosten ☞ Gerichte).

Eine Ehescheidung dagegen, bei der auch das Sorgerecht für ein Kind und Unterhaltsansprüche entschieden werden und zu deren Zeitpunkt die Eheleute zusammen so um die 2.500 € netto verdienen, kostet ungefähr den Monatslohn dieser Familie. Die Vereinbarung über die Scheidungsfolgen kann – wenn beide Parteien anwaltlich vertreten sind – im Gerichtstermin protokolliert werden. Die andere Möglichkeit ist, sie bereits vorher von einer Notarin beurkunden zu lassen.

Ein guter Ratgeber (allerdings nicht auf neuestem rechtlichen Stand) zum Scheidungsrecht ist der »Scheidungsratgeber von Frauen für Frauen« (rororo-Sachbuch 61461, 7,90 €).

SCHULDEN

In einer Ehe haftet jeder und jede selbst für seine bzw. ihre Schulden, das heißt: Wer den Kreditvertrag unterschrieben hat, haftet und muss die Schulden abbezahlen. Dafür gehören die erworbenen Gegenstände auch jedem persönlich (☞ Zugewinnausgleich).

Gemeinsame Schulden

»Gemeinsame Schulden« können z. B. entstehen, weil während des Zusammenlebens das Konto eines Ehegatten oder das gemeinsame Konto wegen gemeinsamer Anschaffungen oder eines Familienurlaubs ins Minus gerät. Oder auch, weil Sie gemeinsam einen Kreditvertrag, z. B. für ein Auto oder ein Haus unterschrieben haben. Beim überzogenen Konto kann der eine Ehegatte verlangen, dass der andere die Hälfte übernimmt. Solche Schulden werden aber auch oft durch eine Minderung des Unterhalts ☞ ausgeglichen. Haben Sie dagegen gemeinsam einen Kreditvertrag unterschrieben, dann haften Sie beide gegenüber der Bank – im Zweifel möglicherweise auch Sie allein für die ganze Summe (und müssen selbst dafür sorgen, dass Sie das Geld von Ihrem Mann zurückbekommen). Noch etwas anderes gilt, wenn Sie für einen Kredit Ihres Mannes (z. B. für sein Geschäft) gebürgt haben. Dann können Sie in Anspruch genommen werden, wenn Ihr Mann nicht (oder nicht mehr) zahlt. Deshalb Vorsicht mit solchen Unterschriften.

... nach der Trennung

Sie sollten deshalb in jedem Fall bei einer Trennung versuchen, Klarheit zu schaffen, wer welche (gemeinsamen) Schulden abbezahlt bzw. zu welchen Teilen gemeinsame Schulden abbezahlt werden. Übernehmen Sie aber keine Schulden für Sachen, von denen Sie nichts haben, weil sie ausschließlich Ihrem Mann zugute kommen: z. B. für ein teures Auto, das er behält, oder sein teures Hobby.

Vereinbarungen über die Abzahlung gemeinsamer Schulden sollten Sie unbedingt schriftlich festhalten; am besten, Sie lassen sich auch hier vorher durch eine Anwältin beraten (☞ Anwaltliche Hilfe).

Solche Vereinbarungen gelten nur im »Innenverhältnis«, das heißt, wenn Ihr Mann sich gegenüber der Bank nicht an Ihre Absprache hält, kann und wird die Bank den Kredit trotzdem bei Ihnen einfordern – und Sie müssen dann versuchen, das Geld von Ihrem Mann zurückzubekommen.

Umschuldung

Dagegen hilft eine »Umschuldung«, das ist eine Trennung des Kredites, indem von Ihnen und Ihrem Mann jeweils ein ge-

S

trennter, neuer Kredit aufgenommen wird, durch die der alte, gemeinsame Kredit abgelöst wird. In diesem Fall haften Sie dann nur noch für Ihren Teil.

Eine Umschuldung empfiehlt sich nur, wenn Sie fürchten müssen, dass Ihr Mann Sie auf den Schulden sitzen lässt, weil bei der Umschuldung neue Gebühren entstehen und die Konditionen in der Regel schlechter sind. Überdies machen die Banken bei einer Umschuldung natürlich nur mit, wenn Sie selbst Einkommen haben.

➲ Rat erteilen Ihnen hierzu die Schuldnerberatungsstellen und die Verbraucherzentralen.

§
Entschuldung

Seit dem 1. Januar 1999 gibt es die Möglichkeit, dass Sie, wenn Sie zahlungsunfähig sind, wie eine Firma »Konkurs anmelden« können. In einem sogenannten Insolvenzverfahren wird dann geprüft, wie Ihre Schulden getilgt werden könnten. Wichtig ist, dass Sie zukünftig einen Antrag auf »Restschuldbefreiung« stellen können, wenn Sie gleichzeitig sieben Jahre lang Ihr – pfändbares – Einkommen an Ihre Schuldner abtreten.

➲ Wenn Sie völlig verschuldet sind, sollten Sie sich rechtzeitig bei einer Schuldnerberatungsstelle nach den Möglichkeiten des neuen Gesetzes erkundigen.

📖 Weitere Informationen können Sie der Broschüre »Was mache ich mit meinen Schulden« entnehmen, kostenlos erhältlich beim Bundesministerium für Familie, Senioren, Frauen und Jugend, 53107 Bonn (www.bmfsfj.de).

SCHWANGERSCHAFTEN UND GEBURTEN[*]

Schwanger-schafts- und Schwanger-schaftskon-fliktberatung

Für Frauen (und auch für Männer) gibt es die Möglichkeit, sich in Fragen, die mit Verhütung und Schwangerschaften zusammenhängen, an eine anerkannte Schwangerschaftsberatungsstelle zu wenden.
Die Beratung umfasst Informationen über:

- Verhütung,
- Leistungen und Hilfen für Familien und Schwangere,
- besondere Hilfeleistungen für Behinderte,
- Vorsorgeuntersuchungen,
- Methoden und mögliche Folgen eines Schwangerschaftsabbruches,
- Adoptionen.

Schwangere sollen nicht nur beraten, sondern aktiv bei der Geltendmachung ihrer Ansprüche unterstützt werden. Wer einen Schwangerschaftsabbruch erwägt, hat nicht nur Anspruch auf diese allgemeine Beratung, sondern muss sich einer besonderen Schwangerschaftskonfliktberatung unterziehen.
Informationen über und Unterstützung bei der Geltendmachung staatlicher Hilfen bekommen Sie bei den anerkannten Schwangerschaftsberatungsstellen.

Staatliche und andere Hilfen

Einen Überblick über die staatlichen Hilfen für Familien gibt die gleichnamige Broschüre des Bundesministeriums für Familie, Senioren, Frauen und Jugend, 53107 Bonn (www.bmfsfj.de).
Schwangere Frauen können Beihilfen von der Mutter-Kind-Stiftung beantragen; ein Rechtsanspruch besteht nicht.
Informationen, wo dieses Geld beantragt werden kann, gibt es u. a. bei den Pro-Familia-Beratungsstellen. Informationen zum Mutterschutz erhalten Sie bei den Krankenkassen, bei allen Pro- Familia- und Schwangerschaftskonfliktberatungsstellen.

Straffreier Schwanger-schaftsab-bruch

Ein Schwangerschaftsabbruch kann für die Frau sowie die Ärztin/den Arzt straffrei durchgeführt werden,

- wenn sich die Frau mindestens drei Tage vor dem Eingriff einer Konfliktberatung unterzogen hat und hierüber eine Bescheinigung vorlegen kann,
- der Eingriff von einer Ärztin/einem Arzt durchgeführt wird,
- die Frau dem Eingriff zustimmt und
- zwischen Abbruch und Empfängnis nicht mehr als zwölf Wochen vergangen sind.

---

[*] Die für dieses Stichwort relevanten gesetzlichen Regelungen finden Sie unter: Mutterschutzgesetz, S. 162; Schwangerschaftsabbruch, S. 266 ff.

Wenn der Abbruch aus medizinischen oder schwerwiegenden psychosozialen Gründen ärztlich angezeigt ist, ist er auch jenseits der Zwölf-Wochen-Frist und ohne Beratung straffrei. Sie brauchen in diesen Fällen aber eine Indikation Ihrer Ärztin/Ihres Arztes.

§ Neu ist, dass sich Angehörige der Frau und der Vater des Kindes strafbar machen können, wenn sie die Frau zum Abbruch drängen oder ihr die nötige (finanzielle) Unterstützung verweigern (vgl. §§ 240 Abs. 1 Satz 2 und 170b Abs. 2 StGB).

Finanzierung Für die Übernahme der Kosten eines Schwangerschaftsabbruches gilt:

- bei ärztlich angezeigten Schwangerschaftsabbrüchen ♪ wird der Abbruch vollständig von der Krankenkasse übernommen,
- in allen anderen Fällen straffreier Abbrüche ♪ nur dann, wenn die Frau mit ihrem Einkommen unterhalb bestimmter Grenzen liegt oder Sozialleistungen bezieht.

Erhält die Frau
- laufende Sozialhilfe ☞ oder Leistungen nach dem Asylbewerberleistungsgesetz,
- Arbeitslosenhilfe (☞ Arbeitsamt) oder
- Ausbildungsförderung,

dann muss sie *nicht* für die Kosten eines Schwangerschaftsabbruchs aufkommen. In allen anderen Fällen kommt es auf ihr Einkommen an.

Weitere Auskünfte erteilen die Krankenkassen sowie Schwangerschaftsberatungsstellen.

Verhütungsmethoden Über Verhütungsmethoden können sich Männer und Frauen (jeden Alters) in jeder anerkannten Schwangerschaftsberatungsstelle ♪, aber auch bei jedem Arzt informieren (die Beratung ist Pflichtleistung der gesetzlichen ☞ Krankenversicherung und des Sozialhilfeträgers ☞).

Kostenlose Verhütungsmittel Einen kostenlosen Anspruch auf (ärztlich verordnete) Verhütungsmittel haben
- Krankenversicherte bis zum vollendeten 20. Lebensjahr und
- Sozialhilfeempfängerinnen.

Ärztlich verordnet werden können derzeit nur Verhütungsmittel für Frauen, typischerweise die Pille. Für Sozialhilfeempfänger können aber alle Verhütungsmittel, also auch Kondome, übernommen werden (dies ist rechtlich umstritten).

Mutterschutz Das Mutterschutzgesetz gilt für alle Frauen, die in einem Arbeitsverhältnis stehen und für Heimarbeiterinnen. Sind Sie schwanger, stehen Ihnen nach dem Mutterschutzgesetz einige

Rechte zu (konkret: Sie brauchen keine Akkordarbeit, keine Überstunden, keine Arbeit mit gefährlichen Stoffen leisten). Das setzt voraus, dass Sie Ihren Arbeitgeber von Ihrer Schwangerschaft unterrichten. Ausschlaggebend für die Fristen des Gesetzes ist der voraussichtliche Geburtstermin.

Kündigungsschutz

Für den gesamten Zeitraum der Schwangerschaft kann Ihnen nicht gekündigt werden.

Haben Sie Ihren Arbeitgeber zum Zeitpunkt der Kündigung (noch) nicht über Ihre Schwangerschaft informiert, können Sie die Mitteilung nachholen (Frist: zwei Wochen).

Der Kündigungsschutz gilt bis vier Monate nach der Geburt des Kindes. Nehmen Sie Elternzeit in Anspruch, erweitert sich der Kündigungsschutz um diesen Zeitraum (☞ Erziehungsgeld/Elternzeit).

Schutzfristen

Die sechs Wochen vor dem voraussichtlichen Geburtstermin brauchen Sie nicht zu arbeiten, es sei denn, Sie möchten es auf eigenen Wunsch. Nach der Geburt stehen Ihnen acht Wochen (bei Früh- oder Mehrlingsgeburt zwölf Wochen) Schutzfrist zu, das heißt, während dieser Zeit dürfen Sie nicht arbeiten.

Bei allen vorzeitigen Entbindungen, das heißt nicht nur bei Frühgeburten, können die Zeiten der Schutzfrist, die vor der Geburt nicht wahrgenommen werden konnten, am Ende angehängt werden.

Mutterschaftsgeld

Während des Mutterschutzes erhalten Sie anstelle Ihres Lohnes von der Krankenkasse ein Mutterschaftsgeld. Die Krankenkasse zahlt höchstens 13 € pro Kalendertag. Die Differenz zum bisherigen durchschnittlichen Nettoeinkommen muss der Arbeitgeber übernehmen.

Das Mutterschaftsgeld steht Ihnen auch zu, wenn Sie zu Beginn der Schutzfrist Arbeitslosengeld oder Arbeitslosenhilfe beziehen. Die Höhe des Mutterschaftsgeldes ist gleich dem Betrag des bisherigen Arbeitsloseneinkommens. Stehen Sie zu Beginn der Schutzfrist in keinem Arbeitsverhältnis, sind jedoch bei einer gesetzlichen Krankenkasse mit Anspruch auf Krankengeld versichert, entspricht die Höhe des Mutterschaftsgeldes der des Krankengeldes.

Haben Sie keinen Anspruch auf Krankengeld oder sind im Rahmen der Familienversicherung versichert, erhalten Sie von der Krankenkasse ein einmaliges Entbindungsgeld in Höhe von 77 €.

Sind Sie nicht in der gesetzlichen Krankenversicherung versichert, erhalten Sie unter Umständen – und nur auf Antrag – ein einmaliges Mutterschaftsgeld vom Bundesversicherungsamt (maximal 210 €).

S

SORGERECHT[*]

Die elterliche Sorge umfasst die Personensorge – also das Recht und die Pflicht, das Kind zu pflegen, zu erziehen, zu beaufsichtigen und seinen Aufenthalt zu bestimmen – und die Vermögenssorge. Grundsätzlich haben beide Elternteile ein gemeinsames Sorgerecht; unverheiratete Eltern nur, wenn sie eine Sorgerechtserklärung abgegeben haben (☞ Nichteheliche Lebensgemeinschaft). Das heißt, dass sie das Sorgerecht in gegenseitigem Einvernehmen zum Wohl des Kindes auszuüben haben; aber auch im Einvernehmen mit dem Kind (!), das altersgemäß in die Entscheidungen einzubeziehen ist. Es besteht aber die Möglichkeit, die elterliche Sorge eines oder beider Elternteile gerichtlich zu beschränken oder ganz zu entziehen, wenn das Kindeswohl dies erfordert.

§

Sorgerecht nach Trennung/Scheidung:
Regelfall: gemeinsames Sorgerecht

Das gemeinsame Sorgerecht besteht auch nach einer Trennung oder Scheidung fort, es sei denn, ein Elternteil beantragt, die elterliche Sorge auf ihn allein zu übertragen.

Gemeinsames Sorgerecht nach einer Trennung bedeutet:

- Entscheidungen von grundsätzlicher Bedeutung sind gemeinsam zu treffen (»gegenseitiges Einvernehmen«) ✐,
- Angelegenheiten des täglichen Lebens darf der Elternteil allein entscheiden, bei dem sich das Kind gewöhnlich aufhält ✐,
- der andere Elternteil darf über Fragen der Kinderbetreuung allein entscheiden, solange das Kind bei ihm ist ✐.

Machen Sie sich keine Illusionen über die Betreuungssituation: trotz des gemeinsamen Sorgerechts könnte es sein, dass die Pflichten reichlich ungleich verteilt bleiben. Selbst die Verfechter des gemeinsamen Sorgerechts als Regelfall gehen davon aus, dass die meisten Kinder weiterhin bei ihren Müttern leben und bei ihrem Vater zu »Besuch« sein werden. Auch ein fortbestehendes gemeinsames Sorgerecht macht es nicht überflüssig, sich zu überlegen, wo das Kind zukünftig leben wird (bei Ihnen oder Ihrem Mann oder beiden), wie man sich bei wichtigen Entscheidungen bespricht, wie die Ausgaben für die Kinder verteilt werden (durch pauschale Unterhaltszahlungen des besserverdienenden/weniger betreuenden Elternteils oder Ausgleich in jedem Einzelfall) usw.

---

[*] Die für dieses Stichwort relevanten gesetzlichen Regelungen finden Sie unter: Bürgerliches Gesetzbuch (§§ 1626 – 1680, 1686, 1687), S. 177 ff.

Über alles, was Sie rechtzeitig und grundsätzlich geklärt haben, brauchen Sie sich später nicht zu streiten.

Deshalb empfiehlt sich eine konkrete Absprache, sogar eine schriftliche Fixierung, bei der Ihnen Ihre Scheidungsanwältin (☞ Anwaltliche Hilfe) oder auch Beratungsstellen und eine Mediation (= Vermittlung im Scheidungskonflikt) helfen können. Ist schon auf dieser Ebene eine Einigung nicht möglich, so ist vom gemeinsamen Sorgerecht dringend abzuraten. Das Jugendamt ist verpflichtet, Sie über alle Fragen der elterlichen Sorge zu beraten und bei der Erarbeitung eines Sorge- und Umgangsplanes zu unterstützen.

Vielleicht erwägen Sie aber auch, das Kind vorübergehend oder grundsätzlich nicht bei sich zu haben, weil Sie sich Ihre Zukunft eher ohne Kind vorstellen. Möglich, dass Sie es beim Vater lassen oder eine Pflegefamilie suchen.

Im letzteren Fall helfen Ihnen das Jugendamt, aber auch Erziehungsberatungsstellen, wie es sie in allen größeren Städten gibt.

Trotz gemeinsamer Sorge darf der Elternteil, bei dem sich das Kind gewöhnlich aufhält, aber über die Angelegenheiten des täglichen Lebens allein entscheiden. Mit anderen Worten: über alltagspraktische Sachen muss keine Verständigung zwischen den Eltern herbeigeführt werden. Angelegenheiten des täglichen Lebens können z. B. die Betreuung des Kindes, schulische oder medizinische Fragen betreffen. Der andere Elternteil hat eine Alleinentscheidungsbefugnis nur für die Zeit, wo er das Kind tatsächlich betreut (z. B. am Wochenende und in den Ferien) und nur über die mit der Betreuung zusammenhängenden Angelegenheiten. Bei grundsätzlichen Entscheidungen (z. B. Schulwechsel) dagegen müssen die gemeinsam sorgeberechtigten Elternteile »Einvernehmen« herstellen, mit anderen Worten: Sie müssen sich einigen; die Entscheidungen werden gemeinsam getroffen – auch wenn das Kind überwiegend nur bei einem Elternteil lebt.

Einer der Kritikpunkte an der Reform von 1998 war deshalb auch, dass der Vater die Familie »regieren« und die Mutter die Kinder betreuen könnte – und dass letztlich doch wieder die Frauen alle Einschränkungen treffen, die sich aus der tatsächlichen Betreuung von Kindern für das eigene Leben, den Beruf und die soziale Sicherheit ergeben können. Das gemeinsame Sorgerecht ist dann nur der schöne Schein, hinter dem sich die alte Arbeitsteilung zwischen Männern und Frauen verbergen würde.

Übertragung auf einen Elternteil

Es kann deshalb gute Gründe geben, warum Sie das alleinige Sorgerecht für Ihr Kind haben wollen. Einer könnte sein, dass sie »klare Verhältnisse« (auch im Interesse des Kindes) vorziehen und dass es keinen Vater haben soll, der zwar bestimmt, aber nicht sorgt. Ein anderer könnte sein, dass Sie mit dem Vater Ihres Kindes – aus welchen Gründen auch immer – nicht mehr konstruktiv reden können. In einem solchen Fall wäre es schwer bzw. unwahrscheinlich, über die Erziehung der Kinder »Einvernehmen« herstellen zu können.

Im Falle einer – nicht nur vorübergehenden – Trennung kann jeder Elternteil beantragen, dass ihm das Familiengericht die elterliche Sorge oder einen Teil derselben (z. B. die Vermögenssorge oder das Aufenthaltsbestimmungsrecht) allein überträgt. Sie müssen einen solchen Antrag nicht gleich nach der Trennung oder im Zusammenhang mit der Scheidung stellen, sondern können ihn auch zu einem späteren Zeitpunkt einreichen, wenn Sie absehen, dass ein gemeinsames Sorgerecht unpraktikabel ist oder Ihrem Kind nicht gut tut.

Einem solchen Antrag muss stattgegeben werden, wenn:

- der andere Elternteil zustimmt *und*
- das Kind – sofern es über 14 ist – nicht widerspricht *oder*
- die Aufhebung der gemeinsamen elterlichen Sorge und die Übertragung auf den Antragsteller dem Wohl des Kindes am besten entspricht.

Die Frage, ob die Übertragung der elterlichen Sorge auf einen Elternteil die für das Kind beste Lösung darstellt, wird von den Gerichten sehr unterschiedlich beurteilt. Viele FamilienrichterInnen sind der Meinung, dass Sie als Mutter dazu verpflichtet werden können, mit dem Vater die Erziehungsverantwortung zu teilen, auch wenn dieser sich praktisch kaum um das Kind kümmert oder sogar dann, wenn er Sie misshandelt hat.

Beantragen beide Elternteile für sich das alleinige Sorgerecht, werden die Erwägungen, die früher bei der Sorgerechtsentscheidung herangezogen wurden, weiterhin eine Rolle spielen:

- Zu welchem Elternteil hat das Kind eine engere Beziehung?
- Bei wem möchte das Kind leben?
- Wer hat das Kind bislang tatsächlich betreut? Das heißt, wer sorgte für die Erziehung, überwachte die Hausaufgaben, brachte das Kind zur Kinderärztin oder Flötenstunde, organisierte die Kindergeburtstage usw.?
- Wer von den Eltern hat die meiste Zeit und Bereitschaft zur Betreuung des Kindes?
- Kann das Kind weiterhin in der gewohnten Umgebung bleiben, damit es nicht aus allen persönlichen Bindungen – wie

Kindergarten, Schule, Vereine und Freundschaften – herausgerissen wird?

■ In letzter Zeit wird häufig auch danach gefragt, welcher Elternteil eher dazu bereit und in der Lage ist, dem Kind einen guten Kontakt zum getrennt lebenden Elternteil zu erhalten.

Bei Streit um das Sorgerecht brauchen Sie in jedem Fall den Rat einer erfahrenen Anwältin und gegebenenfalls die Unterstützung einer Erziehungsberatungsstelle.

Der nicht sorgeberechtigte Elternteil hat – von wenigen Ausnahmen abgesehen – ein Recht zum Umgang mit dem Kind (☞ Umgangsrecht).

Einstweilige Anordnung

Trotz aller propagierter Gemeinsamkeit kann es nötig sein, schnell – und im Alleingang – zu handeln. Das ist vor allem dann der Fall, wenn eine akute Gefährdung des Kindeswohls besteht, z. B. wenn Gefahr besteht, dass das Kind ins Ausland gebracht werden könnte, oder wenn es konkrete Anhaltspunkte für körperliche oder sexuelle Übergriffe gibt oder auch nur dann, wenn der Vater nicht einverstanden ist, dass das Kind nach der Trennung bei der Mutter lebt und die Gefahr besteht, dass der Vater das Kind z. B. vom Kindergarten abholt – und nicht zurückbringt. In diesen Fällen kann eine Eilentscheidung (einstweilige Anordnung) beantragt werden.

Der Antrag kann sich (und sollte sich, wenn Sie es wirklich eilig haben) auch nur auf einen Teil des Sorgerechts, z. B. das Aufenthaltsbestimmungsrecht (das Recht, den Aufenthaltsort des Kindes zu bestimmen) beziehen. In diesem Fall ist es notwendig, dringende Gründe für die Eilbedürftigkeit anzugeben und diese glaubhaft zu machen (eidesstattliche Versicherungen, Zeugen).

S

Zuständiges Gericht

Zuständig für die Sorgerechtsentscheidung ist das Familiengericht (☞ Gerichte), in dessen Bezirk Sie sich gewöhnlich mit dem Kind aufhalten. Den Antrag können Sie auch formlos stellen oder beim Familiengericht mündlich zu Protokoll geben.

Seit das gemeinsame Sorgerecht zur Regel geworden ist, sollten Sie unbedingt vorher mit einer Anwältin (☞ Anwaltliche Hilfe) sprechen, damit Sie Ihren Antrag richtig begründen, um Erfolg zu haben.

(EIN NICHT GANZ ERNST GEMEINTER) SORGERECHTS-SELBST-TEST FÜR VÄTER[*]

Wir haben für Sie, lieber Leser, einen Test entwickelt, mit dem Sie feststellen können, wieweit Ihre potentielle Sorge Ihrem Kind dienen könnte (SSTV, Version 1997). Dabei sind wir von den täglichen Gegebenheiten im Leben eines Kindes ausgegangen, deren Bewältigung durch die Eltern sicher auch in Ihren Augen einen ganz wertvollen Teil der elterlichen Sorge darstellt.

Bitte beantworten Sie folgende Fragen aus dem Kopf und ohne Hinzuziehung von InformantInnen:

1. Wann hat Ihr Kind Geburtstag?
2. Welche Augenfarbe hat Ihr Kind?
3. Haben Sie Ihr Kind in der Säuglingszeit mehr als zehn Mal gewickelt?
4. Sind Sie in den letzten zwei Jahren mit Ihrem Kind bei der Ärztin (Vorsorgeuntersuchungen) oder beim Zahnarzt gewesen?
5. Welche Kinderkrankheiten hat Ihr Kind durchgemacht?
6. Welche Schulklasse/Kindergartengruppe besucht Ihr Kind und wie heißt die Klassenlehrerin/Erzieherin?
7. Waren Sie im letzten Jahr auf einem Elternabend oder Elternsprechtag?
8. Wissen Sie, ob Ihr Kind regelmäßig Hilfe bei den Schularbeiten benötigt?
9. Nennen Sie drei Spiele, die auf einem Kindergeburtstag gemeinsam gespielt werden können.
10. Können Sie die drei folgenden Gerichte kochen?
    – Fischstäbchen mit Pommes
    – Spaghetti mit Sauce bolognese
    – Eierpfannkuchen.
11. Wann kommt Ihr Kind aus der Schule bzw. wird vom Kindergarten abgeholt?
12. Wissen Sie, an welchen Nachmittagen Ihr Kind feste Termine hat und wie es den Weg dorthin zurücklegt?
13. Kennen Sie die Lieblingsbeschäftigung Ihres Kindes?
14. Welche Fernsehsendungen sieht Ihr Kind regelmäßig?
15. Wieviel Taschengeld bekommt Ihr Kind im Monat, und was muss es davon selbst bezahlen?

---

[*] Leicht abgewandelt übernommen aus: Susanne Pötz-Neuburger: Sorgerechts-Selbst-Test für Väter (SSTV), STREIT 1/1997, S. 8 f.

16. Wissen Sie, was ein Seepferdchen ist, und ob Ihr Kind es hat?
17. Welche Schuhgröße und welche Kleidergröße hat Ihr Kind?
18. Wer ist die liebste Freundin oder der liebste Freund Ihres Kindes?
19. Sind Sie im letzten Vierteljahr – außerhalb der Familienferien – mit Ihrem Kind im Schwimmbad, auf dem Fußballplatz, zum Radfahren oder einer vergleichbaren Unternehmung gewesen?
20. Ist Ihr Kind in den letzten vier Wochen einmal zu Ihnen gekommen, wenn es getröstet werden wollte? Haben Sie sich Zeit dafür genommen?
21. Was ist zur Zeit ein großer Wunsch Ihres Kindes?

Stellen Sie nun – nach Rücksprache mit Ihrer Ex-Gattin bzw. Ihrem Kind – fest, welche Fragen Sie richtig beantwortet haben. Bei der Schuh- bzw. Kleidergröße gilt die Abweichung um eine Größe noch als richtig. Für richtige Antworten und für ja-Antworten erhalten Sie je 1 Punkt, für falsche und nein-Antworten 0 Punkte.

Bitte addieren Sie die von Ihnen erzielte Punktzahl.

Ergebnis

bis 7 Punkte: Angesichts dieses Ergebnisses sollten Sie sich fragen, ob sich die Mühe lohnt, einen Kontakt zu Ihrem Kind herzustellen, nachdem dieser in Jahren des Zusammenlebens offenbar nicht zustandegekommen ist.

8 bis 14 Punkte: Es gibt ausbaufähige Aspekte in Ihrem Verhältnis zu Ihrem Kind. Sie sollten deshalb vor einer Entscheidung prüfen, ob Sie, zumindest für eine Übergangszeit, Personal beschäftigen können, das Sie auch anleiten kann.

15 bis 21 Punkte: Sie scheinen ein idealer Vater zu sein: anwesend, fürsorglich, kompetent. Fragen Sie Ihre Ex-Gattin, warum sie sich eigentlich von Ihnen getrennt hat.

S

SOZIALHILFE[*]

➲ Falls Sie durch eine Trennung in finanzielle Schwierigkeiten geraten, können Sie sich an das Sozialamt wenden und dort finanzielle Hilfe beantragen. Anspruch haben Sie, wenn Sie Ihren notwendigen Lebensunterhalt nicht oder nicht ausreichend aus Ihrem Einkommen oder Vermögen decken können.

💣 Aber Achtung: Sozialhilfe wird nicht rückwirkend gewährt, sondern erst ab dem Tag der Antragstellung. Wenn Sie einen Antrag beim Sozialamt gestellt haben, wird zunächst für die Übergangszeit (bis der Antrag bearbeitet ist) Sozialhilfe gezahlt. Das gilt auch, wenn Sie eigenes Einkommen und/oder Vermögen haben, aber im Moment nicht über das Geld verfügen können. In diesem Fall wird die Sozialhilfe in der Regel nur als Darlehen gewährt. Das Sozialamt prüft bei der Antragsbearbeitung, ob Sie von anderen Stellen Geld bekommen können, z. B. vom Arbeitsamt (☞ Arbeitsamt), oder ob Sie Unterhaltsansprüche geltend machen können (☞ Unterhalt). Solche Ansprüche gehen der Sozialhilfe nämlich vor. Das Sozialamt ist aber vorleistungspflichtig. Wenn Sie z. B. einen Unterhaltsanspruch gegen ihren Mann haben, dann leistet das Sozialamt zwar vor, kann sich das Geld aber von Ihrem Mann zurückholen.

Folgende Unterlagen sollten Sie nach Möglichkeit zur Antragstellung mitbringen:

- Personalausweis/Pass,
- evtl. Geburtsurkunde des Kindes/der Kinder,
- Ihre Einkommensnachweise,
- (wenn Sie haben) die letzte Einkommensbescheinigung Ihres Mannes oder gemeinsame Kontoauszüge,
- Mietvertrag, Mietquittungen, Nebenkostenbelege (Heizung, Strom, Gas, Umlagen etc.),
- evtl. eine Bestätigung Ihrer Anwältin, dass diese in Ihrer Scheidungssache für Sie tätig ist und Sie keinen bzw. zu wenig Unterhalt bekommen.

💣 Auch wenn Sie Ihre Unterlagen (noch) nicht beisammenhaben, sollten Sie baldmöglichst zum Sozialamt gehen, damit Sie Geld zum Leben haben – wie gesagt: rückwirkend gibt's nichts.

---

[*] Die für dieses Stichwort relevanten gesetzlichen Regelungen finden Sie unter: Bundessozialhilfegesetz, S. 227; Allgemeine Vorschriften (SGB I), S. 216

Sozialhilfe-bedarf

Der laufende Sozialhilfebedarf setzt sich zusammen aus:

- festen Regelsätzen ✆, sozusagen das »Haushaltsgeld«;
- eventuell einem prozentualen Mehrbedarfszuschlag ✆;
- den tatsächlichen Mietkosten ✆, einschließlich der Nebenkosten;
- den Kosten einer Kranken- und Pflegeversicherung.

Zusätzlich können Sie für bestimmte Ausgaben noch einmalige Beihilfen ✆ in Anspruch nehmen.

Mehrbedarf

Mehrbedarfszuschläge gibt es z. B. für

- schwangere Frauen (plus 20% des Regelsatzes)
- Alleinerziehende mit einem Kind unter sieben Jahren oder mehreren Kindern (plus 40% des Regelsatzes, bzw. 60% bei

Regelsätze nach § 22 Bundessozialhilfegesetz (ab 1. Juli 2002)

Bundesland	Haushalts-vorstände und allein Stehende	bis zur Vollendung des 7. Lebensjahres	bis zur Vollendung des 7. Lebensj. b. allein Erziehenden	vom Beginn d. 8. bis zur Vollendung d. 14. Lebensjahres	vom Beginn d. 15. b. zur Vollendung d. 18. Lebensjahres	vom Beginn des 19. Lebensjahres an
Baden-Württemberg	294	147	162	191	265	235
Bayern (Landesregelsatz)	284	142	156	185	256	227
Berlin	293	147	161	190	264	234
Brandenburg	280	140	154	182	252	224
Bremen	293	147	161	190	264	234
Hamburg	293	147	161	190	264	234
Hessen	294	147	162	191	265	235
Mecklenburg-Vorpommern	279	140	153	181	251	223
Niedersachsen	293	147	161	190	264	234
Nordrhein-Westfalen	293	147	161	190	264	234
Rheinland-Pfalz	293	147	161	190	264	234
Saarland	293	147	161	190	264	234
Sachsen	279	140	153	181	251	223
Sachsen-Anhalt	282	141	155	183	254	226
Schleswig-Holstein	293	147	161	190	264	234
Thüringen	279	140	153	181	251	223

S

vier und mehr Kindern) und

- behinderte und ältere Menschen (40% bzw. 20% des Regelsatzes).

Miete

Das Sozialamt übernimmt zusätzlich zum Regelbedarf auch die tatsächlichen Kosten für Ihre Wohnung. Dazu gehören alle laufenden Nebenkosten wie Strom, Gas, Wasser. Heizungskosten gehören dann dazu, wenn sie monatlich und nicht nur einmal im Jahr anfallen. Ausnahmsweise kann das Sozialamt Sie bitten, in eine andere Wohnung zu ziehen, wenn die Wohnung (z.B. nach einer Trennung) zu groß oder zu teuer geworden ist und Sie auch wirklich eine andere, billigere Wohnung finden können.

Kranken- und Pflegeversicherung

Die Kosten einer Kranken- und Pflegeversicherung werden ebenfalls vom Sozialamt gezahlt, es sei denn, Sie sind bereits aufgrund Ihrer Berufstätigkeit pflichtversichert (☞ Einkommensberechnung) oder – zumindest bis zur Scheidung – als Familienmitglied mitversichert (☞ Krankenversicherung).

Einkommensberechnung:
Bereinigtes Nettoeinkommen

Als Einkommen gilt z.B. Lohn, Arbeitslosengeld bzw. Arbeitslosenhilfe, Rente, Unterhalt, Wohngeld, Kindergeld etc. Unregelmäßige Einkünfte wie 13. Monatsgehalt, Urlaubs- und Weihnachtsgeld, Lohnsteuererstattung werden als Jahreseinkommen auf zwölf Monate umgelegt. Nicht angerechnet werden Geld aus der Mutter-Kind-Stiftung, Erziehungsgeld ☞, Rentenerhöhung aufgrund von Kindererziehungszeiten oder Entschädigungsrenten. Kleinere Ersparnisse (z.Zt. bis 1.279 € plus 256 € für jedes Kind) bleiben ebenfalls anrechnungsfrei.

Vom Einkommen können neben Steuern und Sozialversicherungsbeiträgen (Renten-, Kranken- und Arbeitslosenversicherung) auch noch folgende Ausgaben abgesetzt werden:

- weitere Versicherungsbeiträge, z.B. Hausrat- und Haftpflichtversicherung, Autoversicherung, wenn Sie auf das Auto angewiesen sind, nicht aber Rechtsschutz- oder Lebensversicherungen;
- Ausgaben, die zur Erzielung des Einkommens nötig sind (sog. Werbungskosten):
  - eine Pauschale für Arbeitsmittel (z.Zt. 5,20 €),
  - Gewerkschaftsbeitrag,
  - notwendige Fahrtkosten zwischen Arbeitsstelle und Wohnung und
  - für allein erziehende Mütter auch die Kosten der Kinderbetreuung.

Als Erwerbstätige können Sie darüber hinaus noch einen zusätzlichen Betrag absetzen. Dieser Betrag ist von Fall zu Fall und regional verschieden; als Obergrenze können Sie vom halben Regelsatz ausgehen: also max. 147 €.

Laufende Hilfe zum Lebensunterhalt

Am Ende steht das sogenannte »bereinigte Nettoeinkommen«. Aus der Differenz zwischen ihrem Sozialhilfebedarf und diesem bereinigten Nettoeinkommen errechnet sich die Höhe der laufenden Hilfe zum Lebensunterhalt.

Nachfolgend ein Berechnungsbeispiel zum Sozialhilfeanspruch:

Beispielsrechnung:
Alleinerziehende, ein sechsjähriges Kind, 325 €/Monat plus Kindergeld,
Miete inkl. Nebenkosten und Heizung 300 €; Haftpflichtversicherung 45 €/Jahr, keine Fahrtkosten

Berechnungsmodus (durchschnittliche Sätze 2002 West/Ost)		Beispiel (Hessen)
Bedarf = Eckregelsatz	Festlegung durch Rechtsverordnungen der Länder (292/282 €)	294 €
+ Mehrbedarfszuschlag	40% des Regelsatzes bei einem Kind unter sieben oder zwei Kindern unter 16 Jahren	+ 118 €
+ Regelsatz anderer Haushaltsangehöriger	altersabhängig (146/141 € bis 263/254 €)	+ 162 €
+ Kosten der Wohnung	Miete plus Nebenkosten plus Heizung	+ 300 €
= Sozialhilfebedarf		874 €
Einkommen = Nettoeinkommen	Alle Einkünfte einschließlich Weihnachtsgeld, Urlaubsgeld, Zulagen, Steuerrückerstattungen, abzüglich Steuern und SV-Beiträge umgerechnet auf einen Monat oder vereinfacht: monatl. Nettoeinkommen x 13 : 12 jeweils plus Kindergeld	485 €
– Versicherungen	soweit gesetzlich vorgeschrieben oder angemessen (z. B. Haftpflicht, Hausrat)	– 3,50 €
– Werbungskosten	• Arbeitsmittel: pauschal 5,20 € • Fahrten zur Arbeit: billigste Zeitkarte, sonst 5,20 €/Entfernungs-km pro Monat • Gewerkschaftsbeiträge	– 5,20 €
– Abzugsbetrag für Erwerbstätige	max. 50% des Eckregelsatzes (147 €)	– 147 €
– Abzugsbetrag für Kinder	10,25 € bei einem bzw. 20,50 € bei zwei und mehr Kindern	– 10,25 €
= Anrechenbares Einkommen		319,05 €
Sozialhilfeanspruch	= Bedarf – anrechenbares Einkommen	555 €

S

Einmalige Beihilfen

Neben dieser sogenannten »laufenden Hilfe zum Lebensunterhalt« können Sie u. U. auch noch einzelne Beihilfen in Anspruch nehmen, wenn Sie z. B.

- einen größeren Betrag für Kleider ausgeben müssen,
- Öl oder Kohle in größeren Mengen bestellen müssen,
- Ihre Wohnung renovieren oder teuren Hausrat oder andere relativ teure, aber notwendige Geräte anschaffen müssen,
- Ihr Kind besonders teure Lernmittel braucht (z. B. einen teuren Atlas oder einen Computer), nicht aber normale Schulbücher, oder
- ein größeres Fest (Kindergeburtstag, Konfirmation) ausrichten müssen oder Ihr Kind an einem Schullandheim-Aufenthalt teilnehmen soll.

Alle diese Dinge werden aber nur übernommen, wenn sie unbedingt notwendig und nicht bereits im Regelsatz enthalten sind. Unser Rat: Versuchen Sie es einfach, mehr als abgelehnt werden kann Ihr Antrag nicht.

Mehr über Sozialhilfe erfahren Sie im »Sozialhilfeleitfaden« der AG TuWas, zu bestellen über den:
Fb Sozialarbeit der Fachhochschule Frankfurt am Main
Prof. Rainer Roth
Nibelungenplatz 1, 60318 Frankfurt am Main
oder über das Internet: www.agtuwas.de
und im, vom Arbeitslosenprojekt TuWas herausgegebenen, Band »Sozialhilfe für Arbeitslose«, Preis: 7 € (inkl. Versandkosten), ab 2003 zu beziehen über den:
Fachhochschulverlag
Kleiststr. 31
60318 Frankfurt am Main
oder über das Internet: www.fhverlag.de

Weitere Informationen bekommen Sie auch bei der Bundesarbeitsgemeinschaft der Sozialhilfeinitiativen e. V., Moselstr. 25, 60329 Frankfurt am Main.

STEUERN[*]

Lohn- und Einkommens- steuer:
Gemeinsame Veranlagung

Ehepaare haben, solange sie nicht dauerhaft getrennt leben, die Wahl zwischen den Steuerklassenkombinationen IV/IV oder III/V. Die Kombination IV/IV ist sinnvoll, wenn beide Ehepartner in etwa gleichviel verdienen. Bei erheblichen Einkommensunterschieden ist es in der Regel jedoch günstiger, die Steuerklassenkombination III (für den Mehrverdienenden, meistens den Ehemann) und V (für die Geringerverdienende, meistens die Ehefrau) zu wählen. Hierdurch wird das höhere Einkommen geringer besteuert und das niedrigere Einkommen höher besteuert; in der Summe der Steuerlast beider Ehegatten führt dies zu einer geringeren Steuerschuld als bei den Steuerklassen IV/IV.

Eine solche steuerliche Gestaltung ist unproblematisch, solange Ehepaare gemeinsam wirtschaften und die Steuerersparnis beiden bzw. dem gemeinsamen Familieneinkommen zugute kommt. Es führt aber auch dazu, dass die Frau sich – vergleichsweise – schlechter und der Ehemann – vergleichsweise – besser stellt. Psychologisch ist das nicht unproblematisch, weil es beiden Eheleuten das Gefühl gibt, dass die Frau vom Geld des Mannes lebt. Diejenige, die Steuern nach Steuerklasse V zahlt, zahlt faktisch einen Teil der Steuern für denjenigen mit, der nach Steuerklasse III besteuert wird. Daher hat sie in der Regel den höheren Anteil an der Steuererstattung zu bekommen.

Verheiratete Frauen können sich nicht einfach die Steuerklasse aussuchen, die für sie persönlich günstiger ist. Die eheliche Lebensgemeinschaft verpflichtet Sie, Ihrem Mann alle steuerlichen Vorteile zu ermöglichen. Andererseits muss Ihr Mann Ihnen aber die Nachteile ausgleichen, die Ihnen entstehen.

Veranlagung nach der Trennung

Die bisherigen (günstigeren) Steuerklassen können Sie nur noch für das Kalenderjahr beibehalten, in dem Sie sich endgültig getrennt haben.

Achten Sie darauf, dass Sie – über den Unterhalt oder durch Ausgleichszahlungen – tatsächlich von der Steuerersparnis profitieren. Sie haben Anspruch auf Erstattung, wenn Sie selbst auch Lohnsteuer gezahlt haben.

Um sicher zu gehen, dass Sie Ihren Anteil tatsächlich bekommen, können Sie beim Finanzamt die Aufteilung der Steuererstattung und die Auszahlung des auf Sie entfallenden Betrages direkt auf Ihr Konto beantragen. Beachten Sie aber, dass Ihren Mann dann eine erhebliche Steuernachzahlung treffen kann.

---

[*] Die für dieses Stichwort relevanten gesetzlichen Regelungen finden Sie unter: Einkommenssteuergesetz, S. 224

Wenn Sie oder Ihre Kinder Unterhalt bekommen, ist diese Vorgehensweise nicht immer günstig, weil dadurch das maßgebliche Einkommen geschmälert wird (☞ Unterhalt).

Falls eine Einigung nicht möglich ist, muss Ihnen das Finanzamt auf Antrag ein Exemplar des Steuerbescheids zusenden.

Der Anspruch auf einen Teil der Steuerrückzahlung kann dann gegebenenfalls gerichtlich gegenüber dem Ehemann geltend gemacht werden. Die Steuerrückzahlung allein an den Ehemann kann allerdings auch bei der Unterhaltsberechnung insofern berücksichtigt werden, als sie das Einkommen des Ehemannes erhöht und so gegebenenfalls zu einem höheren Unterhaltsanspruch führt (☞ Unterhalt).

Spätestens nach Ablauf des Kalenderjahres der Trennung müssen Sie dem Finanzamt Mitteilung machen, dass Sie (dauerhaft) getrennt leben.

Tun Sie dies nicht und kommt das Finanzamt Ihnen auf die Schliche, dann müssen Sie mit einer Nachforderung von Steuern rechnen. Nach der Trennungsmitteilung erhalten beide Ehegatten jeweils die Steuerklasse I bzw. der Ehegatte, der Kinder betreut, die Steuerklasse II. Ab 2005 entfällt die Steuerklasse II. Dann erhalten immer beide Ehegatten die Steuerklasse I.

Sie können aber auch schon vor Ablauf des Kalenderjahres einen Wechsel der Steuerklasse beantragen – allerdings in der Regel nur von III/V zu IV/IV.

Der Antrag ist beim Einwohnermeldeamt Ihrer Wohnortgemeinde zu stellen.

Er muss von beiden Ehepartnern unterschrieben sein.

Vorsicht, wenn Sie Unterhalt bekommen. Stimmt ein Ehepartner dem Wechsel nicht zu, kann eine Änderung erst mit Wirkung vom 1. Januar des darauf folgenden Jahres erfolgen.

Steuer-
schulden

Problematisch an einer gemeinsamen Veranlagung kann sein, dass Sie für Steuerschulden auch allein haften können. Juristisch nennt man das eine »gesamtschuldnerische Haftung: das Finanzamt kann als Gläubiger einen von mehreren Schuldnern für die gesamte Schuld in Anspruch nehmen (wie die Schuldner dann den Ausgleich untereinander herbeiführen, ist nicht Sache des Finanzamtes). Bei Steuerschulden, die der Ehemann nicht zahlt und die das Finanzamt bei Ihnen einzutreiben versucht, ist es deshalb wichtig zu wissen, dass Sie auch noch nachträglich – und ohne die Zustimmung Ihres Ehemannns – die Aufteilung rückständiger Steuer wie bei getrennter Veranlagung verlangen können. So verhindern Sie, dass Sie Steuerschulden, die aus dem Einkommen Ihres Ehemannes resultieren, zahlen müssen. Sie haben dann nur die Steuernachzahlung zu leisten, die sich auf Ihr Einkommen bezieht.

Kinder auf der Lohnsteuerkarte

Ob Sie nach dem Steuerklassenwechsel in Steuerklasse I oder in die günstigere Steuerklasse II eingestuft werden, hängt davon ab, ob gemeinsame Kinder da sind und bei welchem Elternteil sie wohnen. Lebt ein Kind bei Ihnen, erhalten Sie Steuerklasse II, während Ihr Mann, wenn er kein Kind betreut, in Steuerklasse I eingestuft wird. Der Ehemann hat dann höhere Abzüge und dadurch bedingt ein geringeres Nettoeinkommen. Es verringert sich also möglicherweise auch Ihr Unterhaltsanspruch, was aber durch geringere Abzüge von Ihrem Bruttoeinkommen ausgeglichen wird. Da sich der Unterhalt ☞ für Kinder in der Düsseldorfer Tabelle nach Einkommensstufen richtet, muss sich der Unterhaltsanspruch des Kindes nicht unbedingt vermindern.

Ab 2005 entfällt die Steuerklasse II, der damit verbundene Haushaltsfreibetrag wird bis dahin stufenweise reduziert. Für die Übergangszeit (2002 bis 2004) ist es nun doch nicht erforderlich, dass bereits im Jahr 2001 die Voraussetzungen für die Gewährung des Haushaltsfreibetrages (Steuerklasse II) erfüllt waren. Eine Änderung der Steuerklasse kann daher bei Vorliegen der Voraussetzungen auch noch rückwirkend zum 1.1.2002 erfolgen. Damit können jetzt u. a. auch Ledige, deren Kinder erst 2002 geboren wurden, und Alleinerziehende, die sich 2001 vom Ehegatten getrennt haben, den Haushaltsfreibetrag noch in Anspruch nehmen.

Seit dem 1.1.2002 erhalten Sie entweder Kindergeld oder einen Kinderfreibetrag und einen Freibetrag für die Betreuung und Erziehung oder Ausbildung, die auf Ihrer Lohnsteuerkarte eingetragen werden (☞ Kinderfreibeträge/Kindergeld). Bei beiden Elternteilen wird je ein halber Freibetrag eingetragen. Auch bei einer Trennung kommt eine Übertragung des ganzen Kinderfreibetrages auf einen Elternteil in der Regel nicht in Betracht. Nur bei sehr hohem Einkommen dürften daher die Freibeträge gegenüber der Kindergeldzahlung vorteilhafter sein.

📖 Weitere Informationen hierzu und zu weiteren möglichen Freibeträgen können Sie dem Lohnsteuerratgeber, den das Finanzamt kostenlos abgibt, entnehmen

➲ bzw. dort oder bei Ihrer Steuerberaterin erfragen.

Anlage U zur Steuererklärung

Ihr Ehemann kann nach einer Trennung oder Scheidung den an Sie gezahlten Unterhalt (bis zu maximal 13.805 € jährlich) als Sonderausgaben steuerlich absetzen (begrenztes Realsplitting). Umgekehrt müssen Sie selbst den Unterhalt als Einkommen versteuern – allerdings nur, wenn er hoch genug ist. Ihr Ehemann kann u. U. mehr Steuern sparen als Sie zahlen müssen; das wiederum erhöht sein Einkommen und damit die Unterhaltszahlung an Sie und Ihre Kinder.

Sie sollten einer solchen Lösung nur dann zustimmen, wenn Ihr Ehemann sich (schriftlich) verpflichtet, die Nachteile, die diese Lösung für Sie hat, auszugleichen. Neben den von Ihnen zu zahlenden Steuern kann dies nämlich zu Minderung von Sozialleistungen führen, die von Ihrem Einkommen abhängen (z. B. geringere Wohngeldzahlungen). Sie könnten auch verpflichtet sein, sich – schon während der Trennung – selbst gegen Krankheit zu versichern (☞ Krankenversicherung).

Es kann sinnvoll sein, Unterhaltszahlungen nicht als Sonderausgaben, sondern als außergewöhnliche Belastungen (Höchstbetrag: 7.188 €) geltend zu machen. In diesem Fall werden Sie nicht selbst steuerpflichtig.

Die Auswirkungen der unterschiedlichen steuerlichen Gestaltung sollten Sie rechtzeitig mit Ihrem Finanzamt, Ihrer Steuerberaterin oder Ihrer Scheidungsanwältin besprechen (☞ Anwaltliche Hilfe).

Was für Ihren Mann gut ist, muss nicht für Sie gut sein. »Optimale Steuergestaltung« erfordert oft ein hohes Maß an Übereinstimmung und ständigen Kontakt. Wenn Sie das Erste nicht mehr haben und das Zweite nicht wollen, müssen Sie auf steuerliche Möglichkeiten eventuell verzichten.

Verpflichtet sich Ihr Mann dazu, Sie von allen Nachteilen freizustellen, sind Sie Ihrerseits verpflichtet, dem begrenzten Realsplitting zuzustimmen und die Anlage U zur Einkommenssteuererklärung zu unterschreiben.

STRAFANZEIGE[*]

Was ist strafbar?

Misshandlungen, Bedrohungen und Vergewaltigungen (innerhalb und außerhalb einer Ehe!) sind Straftaten. In Deutschland gilt das Prinzip, dass die Strafverfolgungsbehörden (☞ Polizei, Staatsanwaltschaft) verpflichtet sind einzuschreiten, wenn sie Anhaltspunkte für eine Straftat haben. Oft werden in »familiären Streitigkeiten« eine ganze Reihe von Strafvorschriften verletzt.

Nötigung

Eine Nötigung setzt nur voraus, dass Sie mit Gewalt oder durch eine Drohung zu etwas gezwungen wurden (oder werden sollten), was Sie nicht wollten. Als Strafe sieht das Gesetz Geldstrafe oder Freiheitsstrafe bis zu drei Jahren vor.

Bedrohung

Bei einer Bedrohung reicht es aus, dass mit einem Verbrechen gedroht wurde (z. B. die ernsthafte Drohung: »Ich bringe Dich um« oder die Androhung einer Vergewaltigung), ohne dass damit eine bestimmte Verhaltensaufforderung verbunden ist.

Freiheitsberaubung

Wenn die »Nötigung« darin besteht, dass Sie von Ihrem Mann in der Wohnung eingesperrt oder für einige Zeit im Auto festgehalten werden, dann kommt auch eine Bestrafung wegen Freiheitsberaubung in Betracht (Strafe: Freiheitsstrafe bis fünf Jahre oder Geldstrafe).

Kindesentführung

Erweitert wurden die Strafvorschriften bei Kindesentführung. Strafbar machen sich nicht nur all diejenigen, die Minderjährige mit Gewalt, Drohung oder List entführen, sondern auch diejenigen, die Kinder gegen den Willen der Sorgeberechtigten ins Ausland bringen oder dort festhalten. Wichtig ist, dass sich auch der nicht-sorgeberechtigte Elternteil strafbar machen kann. Die Strafverfolgung setzt aber einen Strafantrag ℗ oder ein besonderes öffentliches Interesse ℗ voraus. Die Strafe ist Geldstrafe oder Freiheitsstrafe bis fünf Jahre.

Körperverletzungen

Wenn Sie oder Ihr Kind körperlich angegriffen und nicht unerheblich verletzt werden, kommt als Straftat eine Körperverletzung, manchmal sogar eine versuchte Tötung in Betracht. Angriffe mit Messern z. B., bei denen die Gefahr, jemanden zu töten, in Kauf genommen wird, können als versuchte Tötungen gewertet werden. Nur die sogenannte »einfache Körperverletzung«, ist ein Antragsdelikt, also eine Straftat, die einen Straf-

(Versuchte) Tötungen

---

[*] Die für dieses Stichwort relevanten gesetzlichen Regelungen finden Sie unter: Strafgesetzbuch, S. 242; Strafprozessordnung, S. 251; Gerichtsverfassungsgesetz, S. 260; Richtlinien zum Straf- und Bußgeldverfahren, S. 261; Opferentschädigungsgesetz, S. 265

antrag 🖗 der verletzten Frau (bei Kindern der Sorgeberechtigten) voraussetzt (oder ein besonderes öffentliches Interesse 🖗 an der Strafverfolgung). Wurde bei der Misshandlung z. B. eine Waffe benutzt (wobei Waffe jeder Gegenstand sein kann, der in der konkreten Anwendung Verletzungen hervorrufen kann), muss die Straftat auch ohne Strafantrag der verletzten Frau verfolgt werden!

Vergewaltigung und sexuelle Nötigung

Die Vorschriften über Vergewaltigung und sexuelle Nötigung sind 1998 neu formuliert worden. Die wichtigsten Änderungen sind:

- Das Gesetz macht jetzt keinen Unterschied mehr, ob die sexuelle Gewalt innerhalb oder außerhalb einer Ehe passiert ist.
- Strafbar sind zukünftig nicht nur sexuelle Nötigungen, die durch (körperliche) Gewalt oder Drohungen mit einer Lebens- oder Gesundheitsgefahr erzwungen werden, sondern auch solche, bei denen sich das Opfer in einer schutzlosen Lage befindet.
- Alle Formen der erzwungenen Penetration werden gleichbehandelt – und zwar als Vergewaltigung: Während früher nur die vaginale Penetration eine Vergewaltigung darstellte, können jetzt auch orale und anale Penetrationen als Vergewaltigung bestraft werden.
- Als besonders schwerer Fall (mit der Folge höherer Strafe) gilt jetzt auch eine sexuelle Nötigung, die von mehreren gemeinschaftlich begangen wird.

Der Regelstrafrahmen der sexuellen Nötigung beträgt ein bis 15 Jahre. Bei den besonders schweren Fällen, zu denen auch die Vergewaltigung gehört, darf die Mindeststrafe nicht unter zwei Jahren liegen; hatte der Täter eine Waffe bei sich, erhöht sich die Mindeststrafe auf drei Jahre, wurde sie bei der Tat auch gebraucht, ist die Mindeststrafe fünf Jahre.

Sexuelle Handlungen an oder vor Kindern

Sexuelle Handlungen mit Kindern sind unter verschiedenen Tatbeständen mit Strafe belegt.

Verboten sind:

- Geschlechtsverkehr zwischen leiblichen Verwandten, vor allem mit Kindern; Strafe: Geldstrafe oder Freiheitsstrafe bis zu drei Jahren,
- sexuelle Handlungen mit minderjährigen Schutzbefohlenen, das sind leibliche oder angenommene Kinder, aber auch Schülerinnen, Auszubildende, Mündel usw.; Strafe: Geldstrafe oder Freiheitsstrafe bis zu fünf Jahren,
- sexuelle Handlungen mit Kindern unter 14 Jahren; Strafe: Freiheitsstrafe bis zu zehn, in besonders schweren Fällen bis zu 15 Jahren,

- sexuelle Handlungen mit Jugendlichen unter 16 Jahren, wenn eine Zwangslage der Jugendlichen ausgenutzt oder Geld gezahlt wurde. Strafe: Geldstrafe oder Freiheitsstrafe bis zu fünf Jahren.

Werden die sexuellen Handlungen nicht an, sondern vor den Kindern vorgenommen, sind die Strafen geringer: In der Regel ist die Höchststrafe dann drei statt fünf Jahre. Neben den speziell zum Schutz von Kindern und Jugendlichen formulierten Straftatbeständen können immer auch die`für alle geltenden Tatbestände wie Vergewaltigung, sexuelle Nötigung Anwendung finden, wenn deren (zusätzliche) Voraussetzungen: Anwendung von Gewalt oder Drohung, Ausnutzung der Schutzlosigkeit des Opfers gegeben sind. Das ist wichtig, weil dann längere Verjährungsfristen ℗ gelten und oft höhere Strafen drohen.

Sexueller Missbrauch in Beratungs- und Behandlungsbeziehungen Frauenhandel

Neu ist auch eine Strafvorschrift, die sexuelle Handlungen mit einer Person unter Strafe stellt, die sich wegen einer geistigen oder seelischen Krankheit, z. B. einer Suchtkrankheit, oder im Rahmen einer Psychotherapie in Beratung oder Behandlung befindet. Die Strafe ist Geldstrafe oder Freiheitsstrafe bis zu fünf Jahren.

Strafbar ist auch, wenn – aus finanziellen Gründen – Frauen, die sich in einer Zwangslage befinden, zur Prostitution angehalten werden. Als eine solche Zwangslage gilt ausdrücklich die Hilflosigkeit, die mit dem Aufenthalt in einem fremden Land verbunden ist. Auf Frauenhandel steht Geldstrafe oder Freiheitsstrafe bis fünf Jahre. Werden Gewalt, Drohung oder List angewandt oder erfolgt die Anwerbung gewerbsmäßig, dann erhöht sich die Höchststrafe auf zehn Jahre.

S

Auch der bloße »Versuch«, bei dem es gar nicht zu sexuellen Handlungen gekommen sein muss, ist bei den meisten Delikten strafbar; die Strafe kann dann allerdings gemindert werden.

Die folgende Tabelle zeigt die Straftatbestände bei sexueller Gewalt auf einen Blick.

Die Straftatbestände bei sexueller Gewalt auf einen Blick

§§	Schutzalters-grenze	Opfereigen-schaften	Tatbegehung	Erschwerungsgründe	Höchststrafe (erschwe-rend)	Verjährung (ab 18. Lebensj.)
173 Inzest	—	leiblich verwandt	Beischlaf	—	bis 3 Jahre	5 Jahre
174 Missbrauch von Schutz-befohlenen	16 Jahre 18 Jahre 18 Jahre	schutzbefohlen schutzbefohlen Kind	— Ausnutzung der Abhängigkeit	—	bis 5 Jahre	5 Jahre
174 c Missbrauch i. d. Therapie	—	(sucht-)krank in therapeut. Behandlung	Ausnutzung der Beziehung	—	bis 5 Jahre	5 Jahre
176, 176 a Missbrauch von Kindern	14 Jahre	—	—	Beischlaf gemeinschaftlich Gesundheitsgefahr Wiederholungstat	bis 10 (15) Jahre	10 Jahre
177 sexuelle Nöti-gung, Verge-waltigung	—	schutzlos	Gewalt Drohung	Penetration gemeinschaftlich Waffe Gesundheitsgefahr	bis 15 Jahre	20 Jahre
179 Missbrauch Widerstands-unfähiger	—	widerstands-unfähig	—	Beischlaf	bis 5 (10) Jahre	5 Jahre
180 b, 181 Frauenhandel	—	Ausländer-innen	Zwangslage	Kenntnis der Hilflosig-keit unter 21 Jahren Gewalt, Drohung, List Gewerbsmäßigkeit	bis 5 (10) Jahre	5 Jahre
182 Missbrauch von Jugendl.	16 Jahre	Jugendliche Unreife	Zwangslage gegen Geld	—	bis 3 Jahre	5 Jahre

Beleidigung	Handlungen mit sexuellem Gehalt können, wenn sie nicht nach den speziellen Vorschriften (♪ sexuelle Gewaltdelikte) strafbar sind, z. B. weil das Opfer erwachsen ist und der Täter keine Gewalt einsetzt, sondern einfach einen Überraschungseffekt ausnutzt, ausnahmsweise als Beleidigungen strafbar sein. Beleidigend sind nicht nur verbale Äußerungen, beleidigend kann auch ein herabsetzendes Verhalten sein. Beleidigungen werden nur auf Antrag verfolgt; im Übrigen sind sie die typischen Privatklagedelikte ℘. Wenn sie geahndet werden, dann sieht das Gesetz Geldstrafe oder Freiheitsstrafe bis zu zwei Jahren vor.
Hausfriedens-bruch	Denkbar ist auch eine Strafbarkeit wegen Hausfriedensbruch, wenn Ihr Mann in die ehemals gemeinsame, jetzt aber Ihnen zur alleinigen Nutzung zugewiesene Wohnung (☞) gegen Ihren Willen eindringt. Dieses Verhalten wird aber nur auf Ihren Antrag ℘ hin verfolgt. Auf Hausfriedensbruch steht Freiheitsstrafe bis zu einem Jahr oder Geldstrafe. Neu ist, dass sich Ihr Mann bereits strafbar machen kann, wenn er entgegen einer Schutzanordnung Ihre Wohnung betritt oder Ihnen am Kindergarten auflauert (§ 4 GewSchG).
Sach-beschädigung	Schließlich werden von gewalttätigen Männern bei einem Streit nicht selten Wohnungseinrichtungsgegenstände zertrümmert – wenn diese Ihnen gehören, ist das Sachbeschädigung (Strafe: Freiheitsstrafe bis zu zwei Jahren oder Geldstrafe). Auch dieses Delikt wird im Prinzip nur auf Antrag ℘ verfolgt, es sei denn, die Staatsanwaltschaft nimmt ein öffentliches Interesse ℘ an der Strafverfolgung an.
Wann sich unter Umständen gar nichts tut: Verjährung	Nicht verfolgt werden Straftaten, die verjährt sind. Bis zum Ablauf der Verjährungsfrist haben Sie also Zeit, eine Straftat anzuzeigen – auch wenn das Warten die Beweisbarkeit naturgemäß erschwert. Die Verjährung ist abhängig von den Strafen, die für das Delikt vorgesehen sind, so verjährt eine Vergewaltigung z. B. erst nach 20 Jahren, der sexuelle Missbrauch an einem Kind nach zehn und der Missbrauch in einer Therapie nach fünf Jahren ♪.
§	Ganz wichtig ist, dass die Verjährungsfrist von Straftaten, die gegen das sexuelle Selbstbestimmungsrecht von Kindern und Jugendliche verstoßen, erst zu laufen beginnt, wenn die Betroffenen volljährig sind.
Strafantrag und Straf-anzeige	Manche Straftaten werden nur verfolgt, wenn Sie einen Strafantrag stellen (oder wenn ein – besonderes – öffentliches Interesse ℘ angenommen wird). Ihre Strafanzeige reicht aus. Es kann passieren, dass Sie in Gegenwart Ihres Mannes gefragt werden, ob Sie Strafanzeige erstatten wollen. Angesichts der

S

Bedrohung durch die Gegenwart des Mannes können sich Frauen aus Angst oft nicht dazu entschließen. Dann unternehmen die Polizeibeamten oft nichts weiter und berufen sich darauf, dass kein Strafantrag gestellt worden sei – und wegen einer bloßen »Familienstreitigkeit« das öffentliche Interesse fehle.

§ Inzwischen gibt es klare Richtlinien für Polizei und Staatsanwaltschaft, die besagen, dass gerade in Fällen häuslicher Misshandlungen ein öffentliches Interesse an der Strafverfolgung in der Regel zu bejahen sei, weil der verletzten Frau – gerade wegen der persönlichen Beziehung zum Täter – ein privates Vorgehen nicht zuzumuten sei (so die RiStBV, Richtlinien für das Straf- und Bußgeldverfahren und ein Beschluss der Justizminister und – ministerinnen vom November 1994). So wird z. B. die Bereitschaftspolizei in Nordrhein-Westfalen in einem Merkblatt des Innenministeriums angewiesen, auch dann eine Strafanzeige aufzunehmen, wenn die Frau keinen Strafantrag stellt. Obwohl die Polizei dazu die Möglichkeit hätte, nimmt sie den gewalttätigen Mann oft nur dann mit, wenn er seine Frau oder seine Kinder in Gegenwart der Polizei angreift oder bedroht. In jedem Fall kann die Polizei Ihren Mann ohne Gerichtsbeschluss in der Regel nur maximal 48 Stunden festhalten. Sie kann ihn aber auch für mehrere Tage aus Ihrer Wohnung und unmittelbaren Umgebung verweisen, wenn mit weiteren Misshandlungen zu rechnen ist.

Wenn Sie sich nicht gleich zu einer Strafanzeige durchringen können, besteht auch die Möglichkeit, die Strafanzeige erst später bzw. schriftlich über eine Anwältin zu erstatten. Der Strafantrag bei Antragsdelikten muss aber innerhalb von drei Monaten gestellt werden.

Für diesen Fall sollten Sie so viele Beweise wie möglich sammeln (z. B. ärztliches Attest, Zeugenaussagen von Nachbarn, der Polizei, Fotos von Verletzungen etc.), damit das Zuwarten nicht den Tatnachweis beeinträchtigt. Wenn Sie unsicher sind, holen Sie sich Unterstützung und fachlichen Rat durch Freundinnen, Anwältinnen, in Frauenberatungsstellen oder bei einem Frauenhaus. Zu jeder Aussage bei der Polizei können Sie sich durch eine Vertrauensperson und eine Anwältin begleiten lassen.

(Fehlendes) öffentliches Interesse an der Strafverfolgung

Die Staatsanwaltschaft hat bei einigen Delikten die Möglichkeit, auf eine Anklage zu verzichten. Dies gilt vor allem dann, wenn es sich um ein sogenanntes Privatklagedelikt (z. B. einfache Körperverletzung, Bedrohung, Hausfriedensbruch) handelt und die Staatsanwaltschaft ein öffentliches Interesse an der Strafverfolgung verneint, aber auch dann, wenn das Verfahren – z. B. gegen Auflagen – eingestellt wird (🍭). Bei vielen häuslichen

Misshandlungen (oft einfachen Körperverletzungen ✐), kommt es deshalb zur Einstellung der Verfahren, manchmal auch dazu, dass die Polizei erst gar keine Ermittlungen aufnimmt. Eine Pflicht zu ermitteln, besteht auch bei häuslicher Gewalt gegen Frauen und Kinder eigentlich Immer; eine Pflicht zur Anklageerhebung oft nur, wenn ein (besonderes) öffentliches Interesse an der Anklageerhebung besteht.

§ Was wir uns unter einem solchen öffentlichen Interesse vorzustellen haben, wird in den (bundeseinheitlichen) Richtlinien für das Straf- und Bußgeldverfahren (RiStBV) definiert. Bei der Körperverletzung heißt es:

> »Das öffentliche Interesse an der Verfolgung von Körperverletzungen ist vor allem dann zu bejahen, wenn (...) eine erhebliche Misshandlung oder eine erhebliche Verletzung vorliegen. Dies gilt auch, wenn die Körperverletzung in einer engen Lebensgemeinschaft begangen wurde. (...) Bei Kindesmisshandlung ist das besondere öffentliche Interesse immer zu bejahen.«

Über die Einstellung der Strafverfolgung und eine Verweisung auf den Privatklageweg entscheidet die Staatsanwaltschaft; die Polizei muss eine Anzeige der Staatsanwaltschaft vorlegen. Die Polizei darf deshalb nicht – wie oft zu erleben – an der Haustüre entscheiden, wegen einer bloßen »Familienstreitigkeit« auf eine Strafverfolgung zu verzichten.

Ein öffentliches Interesse an der Strafverfolgung kann entfallen, wenn die »Verletzte auf Bestrafung keinen Wert legt«. Vor allem die Polizei nimmt die Aussage misshandelter Frauen, keine Strafanzeige erstatten zu wollen, oft zum Anlass, Ermittlungen erst gar nicht aufzunehmen. In vielen Bundesländern (wie z. B. Nordrhein-Westfalen) ist die Polizei inzwischen angewiesen, die Strafanzeige in jedem Fall zunächst aufzunehmen, um den Druck von der misshandelten Frau zu nehmen. Schließlich kann ein öffentliches Interesse auch dann fehlen, wenn (erfolgversprechende) sozialpädagogische, familientherapeutische oder andere unterstützende Maßnahmen eingeleitet worden sind (das bloße Versprechen, sich zu bessern, reicht also nicht aus).

Einstellung wegen Geringfügigkeit oder gegen Auflagen

Ein Strafverfahren kann – bevor es zur Hauptverhandlung kommt – z. B. wegen Geringfügigkeit oder (vorläufig) unter Auflagen eingestellt werden. Ein solcher Verzicht kommt nur bei Straftaten in Betracht, deren Mindeststrafe unter einem Jahr Freiheitsstrafe liegt (sogenannte Vergehen). Das sind z. B. die Körperverletzungsdelikte ✐, die Nötigung ✐ aber auch eine Reihe sexueller Gewaltdelikte – wie der sexuelle Missbrauch von

S

Kindern, Jugendlichen und Schutzbefohlenen ♪, nicht aber die sexuelle Nötigung ♪. Eine Einstellung wegen Geringfügigkeit scheidet aus, wenn ein öffentliches Interesse ♂ an der Strafverfolgung besteht, also jedenfalls dann, wenn es zu Verletzungen gekommen ist.

Häufiger wird das Verfahren – vorläufig – eingestellt, bis bestimmte Auflagen und Weisungen erfüllt werden. Solche Auflagen können der Wiedergutmachung des Schadens dienen, aber auch soziale Trainingsprogramme zur Gewaltreduzierung sein. Oft wird aber auch einfach eine Geldbuße zu Gunsten einer gemeinnützigen Einrichtung verlangt.

Eine weitere Einstellungsmöglichkeit bietet sich der Staatsanwaltschaft, wenn der Täter sich zu einem Ausgleich mit der/den Verletzten bereiterklärt. Eine solche Möglichkeit scheidet aus, wenn die Verletzten nicht einverstanden sind.

Beschwerde und Klageerzwingung

Wenn von der Staatsanwaltschaft keine Klage erhoben wird, muss Sie Ihnen – als Anzeigeerstatterin – die Gründe dafür mitteilen. Als Verletzte haben Sie dann die Möglichkeit zunächst Beschwerde gegen die Entscheidung der Staatsanwaltschaft einzulegen. Wenn das nichts fruchtet, bleibt Ihnen in einigen Fällen noch die Möglichkeit, ein sogenanntes Klageerzwingungsverfahren einzuleiten – leider immer dann nicht, wenn Sie die Möglichkeit einer Privatklage haben (z. B. bei der einfachen Körperverletzung) oder wenn die Einstellung wegen Geringfügigkeit oder gegen Auflagen erfolgt oder z. B. ein Täter-Opfer-Ausgleich eingeleitet worden ist.

Für die Einleitung dieses gerichtlichen Verfahrens läuft eine Frist von einem Monat. Spätestens jetzt sollten Sie sich anwaltliche Hilfe ☞ holen.

(Beteiligungs-) Rechte im Strafverfahren

Sollte es zum Prozess kommen, dann sind Sie Zeugin. Grundsätzlich trifft Sie als erwachsene Person eine Pflicht auszusagen, die auch erzwungen werden kann. Etwas anderes gilt für Ehegatten, Lebenspartnerinnen, Verlobte und Verwandte: Sie dürfen die Aussage verweigern, ohne dass ihnen Nachteile entstehen. Kinder können grundsätzlich nicht zu einer Aussage gezwungen werden.

Auch die Mitarbeiterinnen von Frauenhäusern und Beratungsstellen können Zeuginnen sein, wenn sie etwas aus eigener Anschauung zu berichten haben (z. B. wie Sie ausgesehen haben als Sie ins Frauenhaus kamen). Anders als Rechtsanwältinnen oder Ärztinnen haben sie kein gesetzliches Recht, ihre Zeugenaussage zu verweigern. Allerdings gibt es vereinzelte Gerichtsentscheidungen, die – ausnahmsweise – ein Zeugnisverweigerungsrecht zubilligen, wenn ein besonderes Vertrauensverhältnis für die Arbeit unabdingbar ist und Verschwiegenheit zugesichert wurde.

Als Zeugin in einem Strafverfahren können Sie unterschiedliche Rechte für sich in Anspruch nehmen: als Zeugin haben Sie immer die Möglichkeit, sich von einer Vertrauensperson und/oder einer Anwältin zu jeder Ihrer Aussagen, sei es bei der Polizei oder bei Gericht, begleiten zu lassen; von Ihnen selbst oder durch Ihre Begleitpersonen können dann z. B. Fragen, die Ihren persönlichen Lebensbereich betreffen, als nicht zulässig beanstandet werden.

Sind Sie gleichzeitig Verletzte, sieht das Gesetz (zusätzlich) vor, dass

- Ihnen der Ausgang des Verfahrens mitzuteilen ist,
- Sie – über eine Anwältin – die Akten einsehen dürfen und
- Sie sich durch eine Anwältin im Verfahren vertreten lassen können, diese kann dann ebenfalls Fragen beanstanden oder den Antrag auf Ausschluss der Öffentlichkeit stellen.

Bestimmte, sogenannte nebenklageberechtigte Verletzte (Nebenklage) haben sogar noch weitergehende Rechte.

Nebenklage

Mit der Nebenklage können Sie sich als Verletzte der Anklage der Staatsanwaltschaft anschließen (anders als bei der sogenannten Privatklage, wo Sie das Strafverfahren – ganz ohne die Staatsanwaltschaft – selbst betreiben können).

Das bringt es mit sich, dass es die Nebenklage »eigentlich« erst gibt, wenn Anklage erhoben ist. Zur Nebenklage berechtigt sind nur die Opfer bestimmter Straftaten, vor allem bei einer Anklage wegen

- eines sexuellen Gewaltdelikts ,
- einer Körperverletzung oder versuchten Tötung.

Im Verfahren, vor allem in der Hauptverhandlung, bringt die Nebenklage eine Reihe von Vorteilen:

- Sie selbst sind zur Anwesenheit während der gesamten Verhandlung berechtigt (ob sich das auch empfiehlt, sollten Sie mit Ihrer Anwältin besprechen), und Ihnen müssen alle Entscheidungen mitgeteilt und Sie müssen dazu gehört werden.
- Sie haben das Recht, eine Richterin/einen Richter oder Sachverständige wegen Befangenheit abzulehnen.
- Sie können auf die Verhandlung Einfluss nehmen, weil Sie selbst ein Frage- und Beanstandungsrecht haben, sowie das Recht, Beweiserhebungen zu beantragen und – jederzeit – Erklärungen abzugeben;
- Sie können sich anwaltlich vertreten lassen mit der Folge, dass die Anwältin (aber nur sie!) die Akten einsehen darf, Sie begleiten oder – statt Ihrer – in den Verhandlungen anwesend sein kann.

- Schließlich können Sie – in begrenztem Umfang – das Urteil und bestimmte im Lauf der Verhandlung ergangene Beschlüsse anfechten.
- Für die Vertretung durch eine Anwältin kann Ihnen Prozesskostenhilfe (☞ Anwaltliche Hilfe) gewährt werden, sodass keine Kosten für Sie entstehen.

Die Nebenklage ist also *die* Möglichkeit, wie Sie sich aktiv am Verfahren beteiligen und auf dessen Ausgang Einfluss nehmen können.

Allerdings setzt die Wahrnehmung dieser Rechte Rechtskenntnisse voraus. Deshalb sollten Sie sich als Nebenklägerin unbedingt (und rechtzeitig) anwaltlicher Hilfe bedienen. Nebenklage ist nicht zulässig, wenn der Täter ein Jugendlicher ist.

Keine Kosten Bei einem Verbrechen gegen das sexuelle Selbstbestimmungsrecht oder wenn Kinder unter 16 Jahren betroffen sind, wird die anwaltliche Nebenklagevertretung aus der Staatskasse bezahlt. In allen anderen Fällen haben Sie die Möglichkeit, Prozesskostenhilfe zu beantragen (☞ Anwaltliche Hilfe).

Der Ablauf des Verfahrens Das Strafverfahren gliedert sich in drei Teile:

- das Ermittlungsverfahren, das hauptsächlich von der Polizei geführt wird und an dessen Ende die Entscheidung der Staatsanwaltschaft über die Anklageerhebung steht,
- ein Zwischenverfahren, bei dem das Gericht prüft, ob die Beweise für die Eröffnung des Hauptverfahrens ausreichen, und
- das Hauptverfahren mit seinem Kernstück, der mündlichen Hauptverhandlung.

Im Ermittlungsverfahren werden Sie von der Polizei (manchmal von der Staatsanwaltschaft und/oder vom Ermittlungsrichter) vernommen.

Über Ihre Aussage wird ein schriftliches (nicht wörtliches) Protokoll angefertigt, das Sie, bevor Sie es unterschreiben, genau lesen und gegebenenfalls korrigieren sollten. Tonbandaufzeichnungen sind möglich (sie werden dann abgetippt), Videoaufzeichnungen inzwischen auch. Keine dieser Vernehmungsmethoden erspart Ihnen zuverlässig, in der Hauptverhandlung nochmals auszusagen.

Manchmal, vor allem bei Sexualdelikten, wird Ihnen nahegelegt, einem sogenannten »Glaubwürdigkeitsgutachten« zuzustimmen. Eine solche Begutachtung setzt voraus, dass Sie sich dazu freiwillig bereit erklären. Ein solches Gutachten kann durchaus von Nutzen sein: Es findet eine Befragung durch geschulte Psychologinnen oder Psychologen statt (also nicht durch Juristen), die Befragung wird in der Regel bei Ihnen Zuhause (nicht im Gerichtssaal) durchgeführt, ohne dass noch andere Personen anwesend sind, und das Gutachten kann Ihrer Aussage mehr Gewicht verleihen. Besprechen Sie also mit Ihrer Anwältin, ob es Sinn macht, dem zuzustimmen. Aber auch ein solches Gutachten kann nicht verhindern, dass Sie in der mündlichen Verhandlung noch mal alles erzählen müssen.

Eine Hauptverhandlung verläuft nach ganz bestimmten Regeln:

- Sie ist – außer in Verfahren gegen Jugendliche – öffentlich, allerdings mit der Möglichkeit, die Öffentlichkeit auszuschließen, wenn persönliche Lebensumstände erörtert oder Jugendliche unter 16 Jahren vernommen werden.
- Sie ist mündlich – und eben nicht schriftlich: Das heißt, nur was mündlich in der Hauptverhandlung erörtert wurde, darf zur Grundlage der Entscheidung gemacht werden, nicht, was sonst noch in den Akten steht (zumal die Schöffinnen und Schöffen die Akte gar nicht kennen und trotzdem urteilen sollen); nur ganz selten kann ausnahmsweise eine persönliche Vernehmung durch die Verlesung von Schriftstücken ersetzt werden.
- Sie ist unmittelbar, das heißt, dass es keine Zeugen vom Hörensagen geben darf, sondern dass immer die Zeuginnen und Zeugen vernommen werden müssen, die aus eigener Anschauung berichten können.

Diese »hehren Grundsätze«, die Geheimverfahren früherer Zeiten verhindern sollen, machen es gleichzeitig so schwierig z. B. betroffene Kinder aus den Verfahren »herauszuhalten«: der Angeklagte soll wissen, was gegen ihn vorgebracht wird. Trotzdem bietet die Strafprozessordnung – ausnahmsweise – aber doch die Möglichkeit, den Angeklagten für die Dauer einer Zeugenvernehmung von der Hauptverhandlung auszuschließen, dann nämlich, wenn die Gefahr besteht, dass – im Beisein des Angeklagten – nicht die Wahrheit gesagt wird oder dass das Kindeswohl Schaden nimmt. Andererseits muss auch die Aussage im Beisein des Angeklagten (so viel Angst die Betroffenen auch immer davor haben) nicht immer schädlich sein: Oft führt eine solche (erfolgreich bestandene) Konfrontation auch zu einem Gefühl der Stärke und birgt eine Chance in sich, mit dem Täter abzuschließen.

**Was heraus-
kommen kann**

Die Möglichkeiten, dass die Polizei (zu Unrecht) ganz auf Ermittlungen oder die Staatsanwaltschaft auf die Erhebung einer Anklage verzichten, wurden bereits angesprochen. Bei psychisch kranken Tätern gibt es darüber hinaus noch die Möglichkeit, die Unterbringung in einer psychiatrischen Anstalt anzuordnen. Un-

S

ter bestimmten Voraussetzungen kann auch schon im Vorfeld Untersuchungshaft angeordnet werden, z. B. dann, wenn der Beschuldigte auf Sie als Zeugin Druck ausübt und dadurch die Gefahr besteht, dass die Wahrheitssuche erschwert wird, oder wenn – nach einem sexuellen Gewaltdelikt (♂) – die Gefahr besteht, dass sich dies wiederholt.

Strafen

Obwohl das Strafgesetzbuch zum Teil drastische Strafen vorsieht, darf man sich keine Illusionen über die Folgen einer Strafanzeige bei häuslicher oder sexueller Gewalt machen. Bei Sexualdelikten wissen wir, dass nur etwa die Hälfte der angezeigten Taten auch angeklagt wird. Vor Gericht kommen etwa ein Drittel der Männer mit Geldstrafen davon; fast die Hälfte werden zu Freiheitsstrafen auf Bewährung verurteilt, der Rest muss ins Gefängnis. Die vieldiskutierte Sicherungsverwahrung für rückfällige Sexualstraftäter kommt nur ganz selten zur Anwendung.

Trotzdem ist der Effekt der Anzeigen unter Umständen spürbar: Sie können deutlich machen, dass Sie sich nicht mehr alles gefallen lassen, Ihr Mann ist gewarnt und nicht nur das: Er ist »unter Aufsicht«. Viele Frauen und ihre Anwältinnen machen die Erfahrung, dass Männer, gegen die ein Strafverfahren läuft, sich sehr wohl beherrschen können und in dieser Zeit nicht zuschlagen.

Dagegen bleibt dieser Effekt aus und Ihr Mann kann sich in seinen Machtphantasien bestätigt fühlen, wenn Sie ihn vor Strafverfolgung in Schutz nehmen (z. B. indem Sie keinen Strafantrag stellen oder die Aussage verweigern). Am Ende macht Sie Ihr Zögern immer schutzloser und ihn immer selbstherrlicher. Überlegen Sie deshalb gut: Vielleicht können Sie sich in einem Frauenhaus in Sicherheit bringen und das Verfahren – mit der Unterstützung der Frauenhausmitarbeiterinnen und einer Anwältin – durchstehen. Letztlich können aber nur Sie selbst entscheiden, ob Sie sich das alles zutrauen – und welche Gefahr von Ihrem Mann ausgeht.

Schadensersatz und Schmerzensgeld

Es gibt auch die Möglichkeit, im Strafverfahren (zivilrechtliche) Schadensersatz- und Schmerzensgeldansprüche (☞ Schutzanordnungen) geltend zu machen (sogenanntes Adhäsionsverfahren). Diese Verknüpfung ist nicht unproblematisch: Sie könnte beim Täter (und auch bei den anderen Verfahrensbeteiligten) den Eindruck hinterlassen, dass für das Unrecht »gezahlt« wurde und Strafgerichte können (und wollen) nicht komplizierte Feststellungen über den angemessenen Schadensausgleich treffen, was dazu führen kann, dass Sie schlechter wegkommen als

vor einem Zivilgericht. Der Vorteil ist: Es gibt nur ein Gerichts-
verfahren.

**Opferentschä-
digungsgesetz**

➲

Opfer eines »tätlichen Angriffs« können für die gesundheitlichen und wirtschaftlichen Folgen der Tat Entschädigung nach
dem Opferentschädigungsgesetz beantragen.
Zuständig sind die Versorgungsämter.
Die Leistungen, die Ihnen zustehen, richten sich nach dem Bundesversorgungsgesetz. Die wichtigsten sind:

- Heil- und Krankenbehandlung (ambulante und stationäre
  Behandlungen, Therapien, Krankenpflege und Haushaltshil-
  fe) sowie
- finanzielle Hilfen wie Krankengeld bei Arbeitsunfähigkeit,
  verschiedene Beihilfen und Rente bei Erwerbsunfähigkeit.

Leistungen können nach dem Gesetz versagt werden, wenn Sie
keine Strafanzeige ✎ erstattet haben. Das ist aber nicht zwingend. Dadurch soll verhindert werden, dass der Täter geschont,
der Staat aber in Anspruch genommen wird. Wenn die Tat also
auch ohne Ihre Strafanzeige verfolgt wird oder Ihnen eine
Strafanzeige aus persönlichen Gründen unzumutbar ist (z. B.
bei einem familiären Missbrauch), können Sie gleichwohl Opferentschädigung beantragen: Es steht dann im Ermessen der
Behörde, ob sie Ihnen die Leistungen zubilligt.

Migrantinnen können die nach dem Opferentschädigungsgesetz
vorgesehenen einkommensunabhängigen Leistungen erhalten,
wenn sie rechtmäßig (das gilt in diesem Fall auch für eine Duldung) für einen längeren Aufenthalt als sechs Monate in
Deutschland sind. Wer seit drei Jahren oder länger rechtmäßig
in Deutschland lebt, erhält die gleichen Leistungen wie Deutsche oder EU-Bürger.

S

TRENNUNG[*]

Getrennt leben in der Ehewohnung

Eine Trennung ist nach dem Gesetz nicht nur dann gegeben, wenn Sie in verschiedenen Wohnungen wohnen, sondern auch dann, wenn Sie es schaffen, in der Ehewohnung getrennt zu leben. Voraussetzung für ein solches Getrenntleben in der Ehewohnung ist, dass Sie die Wohnung (bis auf Bad und Küche) räumlich aufteilen. Es darf keine gemeinsame Haushaltsführung mehr bestehen, d. h., es darf nicht mehr gemeinsam bzw. für den anderen eingekauft, gekocht, gewaschen usw. werden.

Zuweisung der Wohnung zur alleinigen Nutzung

Wenn es für Sie unzumutbar ist, mit Ihrem Ehemann weiterhin (wenn auch getrennt) in einer Wohnung zu leben, besteht die Möglichkeit, sich die Wohnung gerichtlich zur alleinigen Nutzung zuweisen zu lassen (☞ Wohnung).

Fühlen Sie sich in der eigenen Wohnung nicht sicher und haben Sie sonst keine Wohnmöglichkeit, können Sie sich an das nächste Frauenhaus wenden (☞ Frauenhäuser). Die Frauen dort helfen weiter. Die Telefonnummern sind in unserem Adressenanhang zu finden.

Trennungs- zeitpunkt

Sie gelten von dem Zeitpunkt an als getrennt lebend, zu dem Sie es tatsächlich tun und dies gegenüber Ihrem Ehemann zum Ausdruck gebracht haben – auch dann, wenn er nicht damit einverstanden ist.

Um Schwierigkeiten im Scheidungsverfahren über den genauen Trennungszeitpunkt auszuschließen, sollten Sie ihm Ihren Trennungswillen schriftlich mitteilen (☞ Scheidung). Dieses Schreiben sollten Sie entweder unter Zeugen übergeben oder von Ihrer Anwältin verschicken lassen. Für die Scheidung kommt es insofern auf den genauen Trennungszeitpunkt und die Dauer des Getrenntlebens an, als die Scheidung eine Trennungszeit von mindestens einem Jahr voraussetzt (☞ Scheidung). Für die Aufhebung einer Lebenspartnerschaft gelten andere Voraussetzungen (☞ Lebenspartnerschaft).

Unterlagen mitnehmen

Wenn Sie die eheliche Wohnung verlassen, ist es wichtig, sämtliche persönliche Unterlagen mitzunehmen. Dazu gehören:

- Ausweispapiere
- Geburtsurkunde
- Heiratsurkunde

---

[*] Die für dieses Stichwort relevanten gesetzlichen Regelungen finden Sie unter: Bürgerliches Gesetzbuch (§§ 1361 – 1361 b), S. 179

- Lohnsteuerkarte
- Arbeitspapiere (Verträge, Arbeitserlaubnis, Unterlagen über Betriebsrenten u. Ä.)
- Sparbücher
- Versicherungsunterlagen (Kranken-, Renten-, Lebens- und Haftpflichtversicherungen usw.), vor allem die Versicherungskarte der Krankenkasse
- Zeugnisse
- Bewilligungsbescheide (Arbeitsamt, Erziehungsgeld, Kindergeld, Renten u. s. w.)
- Kontoauszüge

Wenn Sie das Kind/die Kinder mitnehmen, kommen noch dazu:

- Geburtsurkunden
- Impfausweise
- Kinderausweise
- Schulzeugnisse
- Sparbücher
- Versicherungskarten der Krankenkasse.

Verbindlichkeiten und laufende Ausgaben

Es ist sinnvoll, sich einen Überblick über laufende Verträge und die damit verbundenen Belastungen zu verschaffen, z. B.:

- Mietvertrag und Nebenkosten,
- Strom, Gas, Wasser,
- Telefon,
- Versicherungen: Hausrats-, Haftpflichtversicherung u. Ä.,
- Kreditverträge (Tilgungsraten, Restschuld), Bausparverträge, Lebensversicherungen,

Nur so können Sie entscheiden, welche Verträge gekündigt werden sollen.

Sind Sie oder Ihr Mann oder Sie beide gemeinsam Haus- oder Wohnungseigentümer, fotokopieren Sie alle damit zusammenhängenden Unterlagen wie:

- Grundbuchauszug,
- Belege über Darlehens-, Bausparverträge und Lebensversicherungen, Hypotheken oder Grundschulden,
- laufende Belastungen (z. B. Wohngeld, Grundsteuer, Müllabfuhr, Wasser, Feuerversicherung, Tilgungsratenetc.).

Einkommen Ihres Mannes

Sowohl für Unterhaltsansprüche (☞ Unterhalt) als auch für eventuelle Zugewinnausgleichsansprüche (☞ Zugewinn) ist es wichtig, einen Überblick über das Einkommen des Ehemannes und das gemeinsame Vermögen zu haben. Machen Sie also rechtzeitig Kopien von:

- Gehaltsbescheinigungen (inklusive Weihnachts- und Urlaubsgeld) am besten der letzten zwölf Monate, eventuell zusätzliche Belege über Spesenabrechnungen u. Ä.,
- Einkommenssteuererklärungen und -bescheide (jeweils der letzten drei Jahre),
- Nachweisen über eventuelle Nebeneinkünfte,
- Kontoauszügen.

Nehmen Sie folgende Unterlagen *im Original* mit (oder machen Sie wenigstens Kopien):

- Sparbücher und Wertpapiere,
- Lebensversicherungen und Bausparverträge.

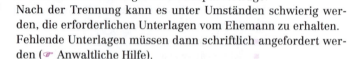

Nach der Trennung kann es unter Umständen schwierig werden, die erforderlichen Unterlagen vom Ehemann zu erhalten.

Fehlende Unterlagen müssen dann schriftlich angefordert werden (☞ Anwaltliche Hilfe).

Regelungen für die Trennungszeit

Während der Zeit der Trennung können Sie, wenn dies erforderlich wird, die Übertragung des Sorgerechts für Ihr Kind/Ihre Kinder auf sich verlangen (☞ Sorgerecht) und Unterhaltsansprüche für sich und die eventuell bei Ihnen lebenden Kinder geltend machen (☞ Unterhalt). Auch eine vorzeitige Aufteilung des Hausrates ist möglich (☞ Hausrat) und eine Entscheidung, wer in der Wohnung bleiben darf (☞ Wohnung). In Ausnahmefällen kann auch der Zugewinn vorzeitig aufgeteilt werden (☞ Zugewinn).

UMGANGSRECHT[*]

Neuregelung

Umgangsrecht (Besuchsrecht) nennt man das Recht auch nach einer räumlichen Trennung mit einem Kind persönlich Kontakt zu halten. Auch nach der Trennung behält der Elternteil, der kein Sorgerecht ☞ hat, das Recht, das Kind zu sehen. Dieses Recht steht jedem Elternteil zu, auch dem nichtehelichen Vater (☞ Nichteheliche Lebensgemeinschaft) und auch weiteren Personen, zu denen das Kind intensive Bindungen hat, wie z. B. Großeltern, Geschwistern, Stiefeltern, Lebenspartnerinnen oder früheren Pflegeeltern, und zwar vor allem dann, wenn das Kind in der Vergangenheit einmal mit ihnen zusammengelebt hat.

Über die Ausgestaltung des Umgangsrechts wird nur auf besonderen Antrag entschieden, zumal das Sorgerecht nicht mehr zwingend Thema des Scheidungsverfahrens ist (☞ Sorgerecht). Trotzdem sollten Sie auch in Zukunft klare Absprachen anstreben, wenn das Kind faktisch bei Ihnen lebt (es sei denn, Sie wissen aus Erfahrung, dass Sie sich – ohne große Probleme – auch kurzfristig mit Ihrem getrenntlebenden/geschiedenen Mann absprechen und sich auf ihn verlassen können):

- An welchen Tagen ist das Kind bei Ihrem Mann? Wann wird es abgeholt/zurückgebracht?
- Wie wollen Sie es in den Ferien und an (längeren) Feiertagsreihungen machen?
- Kann (und will) der andere Elternteil auch mal kurzfristig einspringen, wenn etwas Unvorhergesehenes eintritt (z. B. das Kind wird krank, Sie müssen überraschend arbeiten oder haben einen wichtigen Termin usw.)?

U

Wenn Sie Probleme haben, sich über das Sorge- und Umgangsrecht zu einigen, können Sie sich in einer Familienberatungsstelle oder beim Jugendamt gemeinsam beraten lassen oder eine Familienmediation durchführen – und natürlich hilft Ihnen auch ihre (Scheidungs-)Anwältin (☞ Anwaltliche Hilfe).

Beschränkung des Umgangsrechts

Wenn sich Ihr Mann als unzuverlässig erweist oder Sie Anhaltspunkte haben, dass es dem Kind nicht gut tut, bei Ihrem Mann zu sein, können Sie beim Familiengericht beantragen, dass das Umgangsrecht beschränkt oder ganz ausgeschlossen wird. Das Familiengericht entscheidet über:

---

[*] Die für dieses Stichwort relevanten gesetzlichen Regelungen finden Sie unter: Bürgerliches Gesetzbuch (§§ 1684 – 1687), S. 190

- den Umfang des Umgangsrechts,
- die Art des Umgangs und kann
- (im Interesse des Kindes) das Umgangsrecht einschränken oder ganz ausschließen.

Bei seiner Entscheidung legt das Gericht die Häufigkeit und Dauer des Umgangs mit dem Kind fest, wobei das Alter, die seelische Verfassung und die sozialen Bezüge des Kindes berücksichtigt werden. In besonderen Fällen, z. B.:

- wenn der Vater Ihnen oder seinem Kind gegenüber gewalttätig war und ist,
- wenn er das Kind ständig negativ beeinflusst oder
- wenn das Kind selbst den Kontakt ablehnt und in einem Alter ist, in dem es vernünftige Entscheidungen in eigenen Angelegenheiten treffen kann,

darf das Gericht anordnen, dass der Umgang nur in Begleitung einer neutralen Person oder in den Räumen des Jugendamtes oder einer anderen Einrichtung stattfindet (sog. beaufsichtigter oder begleiteter Umgang). In diesen Fällen kann auch der völlige Ausschluss des Umgangsrechts gerechtfertigt sein.

Verfahren bei gerichtlicher Umgangsregelung

Das Verfahren wird durch einen formlosen Antrag beim Familiengericht, in dessen Bezirk das betroffene Kind lebt, eingeleitet. Für dieses Verfahren sieht das Gesetz eine Anhörung des Kindes vor:

- Kinder ab dem 14. Lebensjahr müssen gehört,
- Kinder unter 14 Jahren sollen angehört werden.

Die jüngeren Kinder hört das Gericht also nur an, wenn es dies für sinnvoll hält. Voraussetzung ist, dass das Kind aufgrund seiner Entwicklung dazu überhaupt in der Lage ist. Um zu ermitteln, was den Interessen des Kindes am ehesten entspricht, besteht nicht nur die Möglichkeit das Kind anzuhören, sondern das Gericht kann auch einen Bericht des Jugendamtes oder – ausnahmsweise – ein psychologisches Gutachten anfordern.

UNTERHALT[*]

Im Unterhaltsrecht gelten zwei wichtige Grundsätze:

- Anspruch auf Unterhalt haben nur diejenigen, die sich selbst zu unterhalten außerstande sind, und
- verpflichtet, Unterhalt zu zahlen, ist nur derjenige, der seinen eigenen Unterhalt dadurch nicht gefährdet.

Das führt dazu, dass Sie eigenes Einkommen und sogar Vermögen vorrangig verwenden müssen, bevor ein Anspruch gegen andere erhoben werden kann. Nur minderjährige Kinder haben praktisch immer einen Unterhaltsanspruch gegen ihre Eltern (Kindesunterhalt). Sie als Frau haben nur dann einen Unterhaltsanspruch, wenn Sie aus bestimmten Gründen nicht für sich selbst sorgen können (Ehegattenunterhalt, Unterhalt nichtehelicher Mütter).

Ehegatten-unterhalt

Einen Anspruch auf Ehegattenunterhalt nach einer Trennung oder nach einer Scheidung haben Sie:

- wenn Sie wegen der Pflege oder Erziehung eines gemeinsamen Kindes (Betreuungsunterhalt) einer Erwerbstätigkeit nicht oder nur eingeschränkt nachgehen können oder
- aufgrund Ihres Alters, einer Krankheit oder Behinderung keine Arbeit finden können (alters- und krankheitsbedingter Unterhalt),
- für die Zeit bis Sie eine angemessene Arbeit gefunden haben (Erwerbslosenunterhalt) bzw. eine (unterbliebene oder abgebrochene) Ausbildung, Fortbildung oder Umschulung abgeschlossen haben (Ausbildungsunterhalt),
- schließlich für eine Übergangszeit, wenn Ihr eigenes Einkommen nicht ausreicht, um Ihren gewohnten Lebensstandard aufrechtzuerhalten (Aufstockungsunterhalt) und
- aus sogenannten Billigkeitsgründen .

U

Unterhalts-arten:

Betreuungs-unterhalt

Das Alter des zu betreuenden Kindes ist im Gesetz nicht festgelegt. Die Gerichte gehen in der Regel davon aus, dass die betreuende Person einer Teilzeitbeschäftigung nachgehen kann, wenn das jüngste von mehreren Kindern ca. elf Jahre alt ist. Eine Vollzeitbeschäftigung wird erst erwartet, wenn die Kinder älter als 15 Jahre sind. Bei mehreren Kindern kann die Alters-

---

[*] Die für dieses Stichwort relevanten gesetzlichen Regelungen finden Sie unter: Bürgerliches Gesetzbuch (§§ 1569 – 1586 b, 1601 – 1651 o), S. 177 ff.; Zivilprozessordnung (§§ 642 – 659), S. 164 f.; Unterhaltsvorschussgesetz, S. 238

grenze heraufgesetzt werden. Auch bei Problemkindern und behinderten Kindern sind die Altersgrenzen nicht verbindlich. Die im Folgenden genannten Unterhaltsansprüche müssen zum Zeitpunkt der Scheidung bestehen oder dann, wenn der Anspruch auf Betreuungsunterhalt endet.

Alters- und krankheitsbedingter Unterhalt

Für den sogenannten Altersunterhalt gibt es keine fixe Altersgrenze; maßgeblich ist allein, ob die Annahme einer (angebotenen) Stelle – altersbedingt – von Ihnen noch erwartet werden kann. Jedenfalls nach Erreichen der Altersgrenze, die für die Rente ☞ gilt, ist das nicht mehr der Fall. Der Altersunterhalt kann sich an einen krankheitsbedingten Unterhalt anschließen. Auch bei diesem ist maßgeblich, ob Ihnen eine Arbeit – aufgrund Ihres Krankheitszustandes – zugemutet werden kann. Können Sie schwere Arbeiten nicht mehr verrichten, sind Sie u. U. verpflichtet leichtere auszuüben.

Erwerbslosenunterhalt

Anspruch auf Unterhalt besteht auch für die Zeit, bis Sie eine angemessene, das heißt Ihrer Ausbildung und Ihren Fähigkeiten entsprechende, Ihren Unterhalt nachhaltig, d. h. nicht nur vorübergehend, sichernde Erwerbstätigkeit gefunden haben. Der Anspruch ist naturgemäß von der Lage auf dem Arbeitsmarkt abhängig. Sie müssen nachweisen, dass Sie sich in jeder Weise intensiv bemüht haben, eine Arbeit zu finden. Sie sollten deshalb unbedingt Ihre Bewerbungen sammeln. Nehmen Sie eine Arbeit an, die nicht »angemessen« ist, weil sie das Niveau Ihrer Qualifikation unterschreitet oder Ihren Unterhaltsbedarf nicht deckt, können Sie ergänzend einen Aufstockungsunterhalt ℘ geltend machen. Eventuell kann von Ihnen verlangt werden, dass Sie eine Aus-, Fort- oder Weiterbildung machen – auch dann haben Sie einen Unterhaltsanspruch ℘.

Ausbildungsunterhalt

Ausbildungsunterhalt kommt in Betracht, wenn Sie wegen der Ehe keine Ausbildung machen konnten oder eine Ausbildung abgebrochen haben. Wenn Sie eine weitergehende Ausbildung (z. B. Abitur, Studium) machen wollen, müssen Sie nachweisen, dass dies während des Zusammenlebens bereits geplant war, die Ausbildung Aussicht auf Erfolg verspricht und später Chancen auf dem Arbeitsmarkt bestehen.

Aufstockungsunterhalt

Wenn Sie mit Ihrem Einkommen nicht den Lebensstandard während der Ehe erreichen, können Sie einen sogenannten Aufstockungsunterhalt beantragen, was bedeutet, dass die Differenz zwischen dem Einkommen Ihres Mannes und Ihrem eigenen von ihm ausgeglichen werden muss.

Unterhalt aus Billigkeitsgründen

Ein Unterhaltsanspruch aus Billigkeitsgründen greift, wenn eine Versagung von Unterhalt, unter Berücksichtigung der Belange beider Ehegatten, grob ungerecht wäre, z. B. weil Sie jahrelang ein Kind oder Angehörige Ihres Mannes betreut, lange

Jahre unentgeltlich im Betrieb Ihres Mannes mitgearbeitet oder ihn während einer Strafhaft unterstützt und ihm beigestanden haben.

Zeitliche Begrenzung und Ausschluss des Unterhaltsanspruchs

Wichtig für Sie zu wissen ist, dass im ersten Trennungsjahr von Ihnen keine Veränderung Ihrer Lebensumstände erwartet wird. Insbesondere sind Sie in einem Übergangszeitraum nicht gezwungen, sich sofort um die Aufnahme einer Erwerbstätigkeit zu bemühen, wenn Sie vor der Trennung nicht gearbeitet haben.

Einzelne Unterhaltsarten können zeitlich aufeinanderfolgen, z. B. Betreuungsunterhalt und Unterhalt wegen Krankheit oder Erwerbslosenunterhalt und Altersunterhalt, meist müssen aber die Gründe schon bei der Scheidung oder – spätestens bei Wegfall des früheren Unterhaltsanspruchs – vorgelegen haben.

Der Unterhalt kann zeitlich begrenzt und danach auf einen angemessenen Lebensbedarf reduziert werden. Dies gilt nicht, wenn ein gemeinsames Kind betreut wird (⌀ Betreuungsunterhalt). Berücksichtigt wird bei der Entscheidung die Dauer der Ehe und die Aufteilung von Haus- und Erwerbsarbeit. Bei längerer Ehedauer (etwa zwölf Jahre) bzw. bei entsprechend langer Kinderbetreuung wird keine Befristung vorgenommen. Nur ausnahmsweise – bei einem schweren Fehlverhalten der Berechtigten – kann der Unterhalt auch herabgesetzt, befristet oder ganz versagt werden.

... Wenn Sie mit einem anderen Mann zusammen wohnen

Wenn Sie mit einem anderen Mann zusammen wohnen, kann sich Ihr Unterhaltsanspruch wegen gemeinsamer und damit günstigerer Haushaltsführung vermindern. Leben Sie über längere Zeit (zwei bis drei Jahre) mit einem anderen Mann zusammen, ohne ihn zu heiraten, kann Ihr Unterhaltsanspruch auch wegfallen. Heiraten Sie erneut, entfällt Ihr Unterhaltsanspruch in jedem Fall, den Kindesunterhalt berührt Ihre Wiederverheiratung allerdings nicht. Lassen Sie sich erneut scheiden, kann der Anspruch gegen den »ersten« Ehemann wieder aufleben, wenn Sie nach wie vor ein gemeinsames Kind versorgen. Heiratet der Ehemann erneut, bleibt Ihr Unterhaltsanspruch und der Ihrer Kinder bestehen. Meistens wird Ihr Mann aber weniger zahlen müssen, z. B. weil weitere Kinder geboren werden, deren Vater er ist.

... Bei grober Unbilligkeit

Unterhalt kann auch wegen grober Unbilligkeit ausgeschlossen werden z. B.:

- bei kurzer Ehedauer (zwei bis drei Jahre);
- wenn Ihnen ein Fehlverhalten gegen Ihren Mann oder die Familie vorzuwerfen ist, z. B.
  - eine Straftat oder

> – eine mutwillige Schädigung seines Vermögens oder
> – ein sonstiges schwerwiegendes Fehlverhalten (hier kann dann doch wieder ein »mutwilliges Verlassen« rechtserheblich werden) oder
> – die (gröbliche) Verletzung von Unterhaltspflichten;

- wenn Sie Ihre eigene Bedürftigkeit mutwillig oder leichtfertig herbeigeführt haben (z. B. Alkohol- und Drogenmissbrauch – ohne Bereitschaft zum Entzug).

Unterhalt errechnen:
Einkommensermittlung

Grundlage für die Errechnung des Unterhaltes sind die Einkommens- und Vermögensverhältnisse während der Ehe.
Um den Unterhalt zu errechnen, müssen Sie wissen, welches Nettoeinkommen Ihr Ehemann hat.

Auskunftspflicht

Nach dem Gesetz ist Ihr Ehemann verpflichtet, Ihnen Auskunft über sein Einkommen zu erteilen. Auf Verlangen muss er dazu Nachweise und Bescheinigungen vorweisen.

Am besten fordern Sie (oder Ihre Anwältin ☞) ihn in einem – eingeschriebenen – Brief auf, innerhalb einer bestimmten Frist durch Belege sein Einkommen nachzuweisen und Unterhalt zu zahlen. Belege sind: z. B. Lohn- und Gehaltsbescheinigungen der letzten zwölf Monate, der Steuerbescheid des letzten Jahres bzw. – bei Selbstständigen – der letzten drei Jahre und eine Gewinn- und Verlustrechnung des laufenden Jahres. Verweigert der Ehemann die Auskunft, können Sie ihn vor dem Familiengericht verklagen, sobald die Frist für die Auskunfterteilung abgelaufen ist. Ab Auskunftsverlangen können Sie auch für die Vergangenheit den Ihnen zustehenden Unterhalt verlangen. Sie können Ihren Mann gleichzeitig auch in einem Eilverfahren (der einstweiligen Anordnung) zur vorläufigen Zahlung von Unterhalt zwingen. Dazu müssen Sie das Einkommen Ihres Mannes schätzen.

Die Differenz bei zu wenig gefordertem Unterhalt muss nicht immer nachgezahlt werden. Es ist deshalb dringend angeraten, die Höhe des Unterhalts von einer Anwältin (korrekt) berechnen zu lassen, um nicht womöglich Geld zu verlieren (☞ Anwaltliche Hilfe).

Deshalb ist es wichtig, den Unterhalt gleich nach der Trennung schriftlich zu verlangen, um wenigstens eine Ahnung davon zu haben, was Ihnen zusteht, bzw. was Ihr Mann verdient. Auch nach der Scheidung besteht noch ein – wechselseitiger – Auskunftsanspruch, in der Regel aber immer erst nach Ablauf von zwei Jahren, es sei denn, das Einkommen oder Vermögen hat sich wesentlich erhöht.

Was ist Einkommen?

Einkommen ist mehr als nur das monatliche Nettoeinkommen bzw. die es ersetzenden Lohnersatzleistungen wie Arbeitslosen-

oder Krankengeld. Zum Einkommen gehören z. B. auch:

- Zulagen und Zuschläge, Spesen, Tantiemen und Sonderzahlungen (z. B. Weihnachtsgeld),
- Vorteile durch mietfreies Wohnen im eigenen Haus oder einer Dienstwohnung, durch verbilligtes Tanken oder Essensmarken,
- Steuerrückerstattungen u. v. a. m.

Was ist bereinigtes Nettoeinkommen? Einer der größten Streitpunkte bei der Festlegung des Unterhaltes ist erfahrungsgemäß die Frage, wie hoch eigentlich das maßgebliche Einkommen des Unterhaltspflichtigen ist – und zwar nicht nur im Hinblick darauf, welche Einnahmen dazugehören, sondern auch, welche Ausgaben abgezogen werden dürfen. Das ist ein Dschungel, den nur noch Expertinnen und Experten durchschauen. Deshalb können hier nur einige Orientierungshilfen gegeben werden. Ihr Mann darf von seinem Einkommen – unterhaltsmindernd – z. B. abziehen:

Abzüge
- natürlich Steuern, Sozialversicherungsbeiträge und Werbungskosten, aber auch:
- Abzahlungen für ein Auto, das beruflich genutzt wird,
- Zinsen und Tilgungen für ein Haus, das von Ihnen und Ihren Kindern genutzt wird (sonst in der Regel nicht),
- Kinderbetreuungskosten,
- Schulden ☞, die in der Ehe gemacht wurden und die – auch nach der Trennung – nach einem gemeinsamen Plan abgezahlt werden.

Die Schwierigkeit besteht darin, dass es bei allem sehr darauf ankommt, wann was zum Ansatz kommt: Manche Dinge dürfen bis zur Scheidung abgezogen werden, aber nicht mehr danach; manche zwar dann, wenn es um Ihren Unterhalt geht, nicht aber, wenn es um den Unterhalt Ihrer Kinder geht. Wenn es bei der Einkommensfeststellung Probleme gibt, ist anwaltliche Hilfe (☞) dringend angeraten.

Bei den Schulden kommt es darauf an,
- wann und zu welchem Zweck sie gemacht wurden,
- ob Sie damit einverstanden waren,
- wer heute von den Ausgaben profitiert und
- ob sich die Rückzahlungsbedingungen evtl. verbessern lassen.

Fiktives Einkommen Ihr Ehemann kann sich nicht dadurch seiner Unterhaltspflicht entziehen, dass er mutwillig sein Einkommen niedrig hält. Er muss alles Zumutbare unternehmen, um das notwendige Geld zu verdienen. Kündigt er z. B. sein Arbeitsverhältnis, weil er keinen Unterhalt zahlen will, wird er bei der Unterhaltsberechnung so eingestuft, als hätte er nicht gekündigt. Entzieht sich Ihr Mann seiner Unterhaltspflicht, macht er sich strafbar. Wenn

Ihr Ehemann keinen Unterhalt bezahlt und Sie deshalb Sozialhilfe in Anspruch nehmen müssen, geht ihr Unterhaltsanspruch in Höhe der geleisteten Sozialhilfe auf den Sozialhilfeträger über. In Höhe der geleisteten Sozialhilfe kann das Sozialamt den Unterhaltsanspruch selbst einklagen.

Selbstbehalt Gegenüber der getrenntlebenden Ehefrau und einem minderjährigen Kind darf der Ehemann von seinem Einkommen in der Regel 840 € selbst behalten, wenn er berufstätig ist. In einigen Regionen wird dieser Betrag herabgesetzt, wenn der Ehemann nicht erwerbstätig (z. B. arbeitslos) ist. Nach der Scheidung kann sich der Selbstbehalt – zu Ungunsten der Frau – erhöhen. Ein erhöhter Selbstbehalt gilt auch für den Unterhaltsanspruch eines volljährigen Kindes. In manchen Gerichtsbezirken steigt die Höhe des Selbstbehalts mit der Höhe des Einkommens (☞ Düsseldorfer Tabelle) – nicht so im Oberlandesgerichtsbezirk Frankfurt am Main.

Ein Berechnungsbeispiel zum Unterhalt finden Sie nachfolgend.

Eigenes Einkommen und Vermögen Keine bzw. geminderte Unterhaltsansprüche haben Sie, wenn Sie eigenes Einkommen oder Vermögen haben. Auch Vermögen müssen Sie grundsätzlich für Ihren Unterhalt verwenden. Der Teil des Vermögens in Höhe des Jahresbetrags des Unterhaltsanspruches bleibt jedoch in der Regel unberücksichtigt. Das Vermögen braucht nicht angegriffen zu werden, wenn dies unwirtschaftlich wäre, z. B. braucht ein Haus, das Sie bewohnen, nicht verkauft zu werden. Der Unterhaltsanspruch kann aber durch das mietfreie Wohnen gemindert werden.

Vorrang des Kindesunterhalts Vom bereinigten Nettoeinkommen des Ehemannes wird in der Regel zuerst der Kindesunterhalt abgezogen. Der Restbetrag wird zwischen Ihnen und dem (erwerbstätigen) Ehemann aufgeteilt, wobei die Gerichte, je nach Region verschieden, Ihnen zwei Fünftel (Frankfurt am Main) oder drei Siebtel des zu verteilenden Einkommens zugestehen. Reicht das Einkommen des Ehemannes nicht aus, um den gesamten Unterhalt für Sie und die Kinder zu zahlen und seinen Selbstbehalt zu gewährleisten, werden die Unterhaltsbeträge prozentual gekürzt.

Vorsorgeunterhalt Ab Zustellung des Scheidungsantrages muss Ihr (unterhaltspflichtiger) Ehemann Beiträge zur Renten- und Lebensversicherung (zur Altersvorsorge) zahlen; mit Rechtskraft der Scheidung muss er auch Beiträge zur Krankenversicherung zahlen (Vorsorgeunterhalt), sofern Sie nicht selbst sozialversicherungspflichtig beschäftigt sind – dann endet nämlich die »Familienversicherung« in der gesetzlichen Krankenversicherung.

Ergänzende Sozialhilfe Liegt der vom Ehemann zu zahlende Unterhalt unter dem Sozialhilfesatz, können Sie ergänzende Sozialhilfe beantragen (☞ Sozialhilfe).

Unterhalt für Lebenspartnerinnen

Trennungsunterhalt

Das Unterhaltsrecht der Lebenspartnerschaft entspricht in der Grundstruktur dem der Ehe, in einigen Punkten ist die Unterhaltsberechtigung aber schwächer ausgestaltet.

Während der Trennung haben Sie grundsätzlich Anspruch auf einen den partnerschaftlichen Verhältnissen entsprechenden Unterhalt. Ob hierzu auch Vorsorgeunterhalt ♪ zählt, ist derzeit noch umstritten.

Ihr Anspruch auf Unterhalt ist aber davon abhängig, dass von Ihnen keine Erwerbstätigkeit verlangt werden kann. Die Verpflichtung, selbst für den eigenen Lebensunterhalt zu sorgen, ist hier stärker ausgeprägt als im Ehegattenunterhalt. Sie müssen sich also eine Arbeitsstelle suchen, wenn man dies aufgrund Ihrer persönlichen Verhältnisse und unter Berücksichtigung der Dauer der Lebensgemeinschaft und der wirtschaftlichen Verhältnisse von Ihnen erwarten kann. Die Maßstäbe, welche Tätigkeit als angemessen angesehen wird, sind strenger als bei Ehegatten. Es kommt wesentlich auf die persönliche Eignung der Partnerin (z. B. Ausbildung, Alter) an und weniger darauf, ob die Tätigkeit auch dem Lebensstandard während der Partnerschaft entspricht.

Anders als von Ehegatten wird daher von Lebenspartnerinnen grundsätzlich bereits während der Trennungszeit die Aufnahme einer Erwerbstätigkeit erwartet. Sie müssen also beweisen, dass Ihnen eine Tätigkeit nicht zuzumuten ist oder Sie keine Arbeitsstelle finden.

Nachpartnerschaftlicher Unterhalt

Nach Auflösung der Partnerschaft besteht ein Unterhaltsanspruch nur, wenn eine Erwerbstätigkeit nicht erwartet werden kann oder Sie trotz ausreichender Bemühungen keine Beschäftigung finden. Jede Lebenspartnerin soll nach Aufhebung der Partnerschaft grundsätzlich für sich selbst sorgen. Ein Unterhaltsanspruch kann aber beispielsweise, ähnlich den eherechtlichen Regelungen, aufgrund von Krankheit oder Alter und evtl. aufgrund der (Weiter-)betreuung eines Kindes durch die Partnerin bestehen. Er umfasst auch die Beiträge zur Altersvorsorge (♪ Vorsorgeunterhalt).

Wenn Sie erwerbstätig sind, haben Sie keinen Anspruch auf Aufstockungsunterhalt ♪, auch wenn Ihre Einkünfte unter dem früheren partnerschaftlichen Standard liegen (strittig). Ein Anspruch auf Ausbildungsunterhalt ♪ kann aber auch hier in Betracht kommen.

Einschränkungen bzw. der Ausschluss des Unterhaltsanspruchs sind in ähnlicher Weise wie bei Ehegatten möglich (z. B. bei Eingehung einer neuen Lebenspartnerschaft oder schwerem Fehlverhalten, kurzer Partnerschaftsdauer). Im Rahmen der Einkommensberechnung ergeben sich keine Besonderheiten.

U

Unterhalt für die Mutter eines nichtehelichen Kindes

Die Mutter eines nichtehelichen Kindes hat Anspruch auf Unterhalt gegen den Vater des Kindes, und zwar:

- für einen Zeitraum von sechs Wochen vor bis acht Wochen nach der Entbindung,
- wenn sie durch eine Krankheit, die durch die Schwangerschaft oder die Entbindung verursacht wurde, nicht zu einer Erwerbstätigkeit in der Lage ist,
- soweit von ihr eine Erwerbstätigkeit wegen der Kinderbetreuung nicht erwartet werden kann.

Die beiden zuletzt genannten Unterhaltsansprüche sind auf einen Zeitraum von vier Monaten vor bis drei Jahre nach der Geburt begrenzt. Der Unterhaltsanspruch kann mit anderen Unterhaltsansprüchen kollidieren, z. B. weil der Mann noch weitere Kinder hat oder weil die Mutter – aus anderen Gründen – selbst Unterhalt bezieht. Solche Unterhaltsansprüche gehen in der Regel vor. In diesem Fall empfiehlt es sich, anwaltliche Hilfe ☞ einzuholen.

Kindesunterhalt

Leben die Kinder im Haushalt der Mutter, haben sie einen Anspruch auf Unterhalt gegenüber ihrem Vater. Unterhalt in Geld muss immer der Elternteil zahlen, mit dem das Kind nicht zusammenlebt, das ist in der Regel immer noch der Vater. Der betreuende Elternteil erfüllt, so sagt es das Gesetz, seine Unterhaltpflicht dagegen durch die Pflege und Erziehung des minderjährigen Kindes. Das gilt auch, wenn das gemeinsame Sorgerecht besteht, das Kind aber eher bei der Mutter lebt.

Das Gesetz kennt zwei Arten des Barunterhalts, die sich der Höhe nach deutlich unterscheiden können:

- den Regelunterhalt ℘, der in einem vereinfachten Verfahren festgesetzt werden kann, und
- den individuellen, nach den persönlichen Verhältnissen der Eltern berechneten Unterhalt ℘.

Einen Unterschied zwischen ehelichen und nichtehelichen Kindern gibt es zukünftig nicht mehr.

Und noch eine Neuerung: Kindesunterhalt muss zukünftig rückwirkend ab dem Zeitpunkt gezahlt werden, zu dem Sie Ihren Mann aufgefordert haben Ihnen zu sagen, welches Einkommen und Vermögen er hat.

 Das machen Sie deshalb am besten schriftlich, am besten mit einem eingeschriebenen Brief. Um den Unterhalt von Ihrem Mann wirklich einfordern zu können, brauchen Sie einen sogenannten »Titel«; er erlaubt Ihnen, Ihren Mann – mit Hilfe des Gerichtsvollziehers oder durch eine Pfändung – zur Zahlung zu zwingen.

➲ Wenn es keinen Streit um die Höhe des Unterhalts gibt, kann eine solche »vollstreckbare Urkunde«, mit der die Unterhaltshöhe verbindlich festgelegt wird, auch vom Jugendamt ☞ ausgefertigt werden (die Beurkundung beim Jugendamt kostet – anders als beim Notar – nichts). Der Unterhaltsverpflichtete muss dazu eine entsprechende Erklärung beim Jugendamt abgeben.

💣 Lassen Sie sich trotzdem vorher beraten (☞ Anwaltliche Hilfe), damit Sie nicht – unwissentlich – auf einen Teil des Unterhaltes verzichten. Vor allem dann, wenn es Schwierigkeiten mit Ihrem Mann gibt, muss das Gericht ☞ entscheiden: sei es, dass er Ihnen nicht sagen will, was er wirklich verdient, sei es, dass er sich weigert, rechtsverbindliche Erklärungen abzugeben, sei es, dass er sich im Ausland aufhält oder sonst für Sie unerreichbar ist. Das Gericht hat nämlich, anders als das Jugendamt, die Möglichkeit, Auskunft zu verlangen und, wenn eine entsprechende Aufforderung nicht befolgt wird, selbst Auskünfte bei Arbeitgebern und (Sozial-)Versicherungen einzuholen.

Regel-unterhalt Der Regelunterhalt ist eine Art Minimalunterhalt für minderjährige Kinder.

💣 Wenn der unterhaltspflichtige Elternteil, meist der Vater, mehr verdient, kann deshalb auch mehr Unterhalt verlangt werden (👉 Individualunterhalt). Nur in seltenen Ausnahmefällen darf weniger als der Regelunterhalt gezahlt werden, dann nämlich, wenn andernfalls der Selbstbehalt 🔑 des Unterhaltspflichtigen gefährdet wäre.

🖩 Zur Zeit beträgt der Regelunterhalt West für ein Kind
- bis zu seinem 6. Geburtstag 188 €,
- bis zum 12. Geburtstag 228 € und
- bis zum 18. Geburtstag 269 €.

Kinder über 18 Jahre, die noch zur Schule gehen, können bis zum 21. Lebensjahr Unterhalt von dem Elternteil verlangen, mit dem sie nicht zusammenleben.

§ Die Regelbeträge werden alle zwei Jahre angepasst. Der zu zahlende Regelunterhalt erhöht sich dadurch automatisch. Zahlt der Vater Ihres Kindes keinen oder nur unregelmäßig Unterhalt können Sie den Regelunterhalt als Unterhaltsvorschuss 👉 vom Jugendamt erhalten.

Vereinfachtes Verfahren Für die Festsetzung des Regelunterhalts (sogar bis zum einundhalbfachen des Regelunterhalts) stellt das Gesetz ein vereinfachtes Verfahren zur Verfügung. Der Antrag muss bestimmte Angaben enthalten:

💣 - die Namen der Parteien und der gesetzlichen Vertreter, (Vorsicht: Partei ist Ihr Kind),
- das Geburtsdatum des Kindes,

- die Angabe, ab wann Unterhalt verlangt wird und – bei rückwirkendem Unterhalt – wann genau Sie den Vater des Kindes zur Auskunft über sein Einkommen aufgefordert haben sowie die Versicherung, dass Sie in dieser Zeit keine Sozialleistungen (☞ Sozialhilfe, ∮ Unterhaltsvorschuss) für das Kind erhalten haben,
- Angaben über das Kindergeld, vor allem, an wen es ausgezahlt wird,
- die Erklärung, dass der verklagte Mann der Vater des Kindes ist und dass das Kind mit Ihnen in einem Haushalt lebt,
- die Erklärung, dass Sie noch keinen anderen »Titel«, wie z. B. eine vollstreckbare Urkunde des Jugendamtes, haben.

✍ Inzwischen gibt es einheitliche Vordrucke für die Einreichung der Klage, dadurch wird der Antrag sicher viel einfacher.

Das Gericht teilt dem Mann dann mit, ab wann und in welcher Höhe der Unterhalt festgesetzt werden kann. Dieser hat zunächst nur die Möglichkeit ganz bestimmte Einwände, die vor allem das Verfahren selbst betreffen, zu erheben. Andere Einwände kann er nur geltend machen, wenn er gleichzeitig sagt, was er zahlen will, und sich dazu auch verpflichtet. Vor allem den Einwand, er habe gar nicht so viel Geld, um den Regelunterhalt zu zahlen, darf er nur vorbringen, wenn er gleichzeitig alle erforderlichen Belege einreicht. Werden keine oder nur formale Einwände erhoben, kann – ohne mündliche Verhandlung – der Regelunterhalt festgesetzt werden. Werden Einwände zur Leistungsfähigkeit erhoben, wird – auf Ihren Antrag – zumindest der Betrag festgesetzt, zu dem sich der beklagte Vater selbst verpflichtet hat. In diesem Fall bleibt Ihnen aber noch die Möglichkeit, das sogenannte »streitige Verfahren« zu beantragen, in dem geklärt wird, wieviel Einkommen und Vermögen der Vater Ihres Kindes tatsächlich zur Verfügung hat. Im übrigen sind spätere Änderungen nur möglich, wenn sich ein – für die Höhe des Unterhalts – maßgeblicher Umstand geändert hat. Wenn sich der Regelunterhalt erhöht, weil:

- Ihr Kind in eine andere Altersstufe gekommen ist oder
- die gesetzlichen Regelbeträge sich geändert haben,

erhöht sich der zu zahlende Unterhalt automatisch, ohne dass der Gerichtsbeschluss extra abgeändert werden muss.

Nichteheliche Kinder Für nichteheliche Kinder gilt noch eine Besonderheit: Gleichzeitig mit der Feststellung der Vaterschaft (☞ nichteheliche Lebensgemeinschaft) wird der Vater – auf Antrag – auch »verurteilt«, den Regelunterhalt ∮ zu zahlen.

Individualunterhalt Wollen Sie mehr als nur den Regelunterhalt – und kann der Vater Ihres Kindes auch mehr bezahlen, dann besteht die Möglichkeit, einen höheren Unterhalt geltend zu machen – und zwar sowohl für eheliche wie für nichteheliche Kinder. Auch dieser individuelle Unterhalt ist ein pauschalierter Betrag. Anders als der Regelunterhalt ✎ richtet er sich nicht nur nach dem Alter des Kindes, sondern auch nach dem Einkommen des Unterhaltspflichtigen.

§ Von den meisten Gerichten wird zur Festlegung der Unterhaltshöhe die sogenannte Düsseldorfer Tabelle ✎ benutzt. Zur Ermittlung des Individualunterhaltes muss zunächst das bereinigte Nettoeinkommen ✎ des Unterhaltspflichtigen, also des Elternteils, bei dem das Kind nicht lebt, festgestellt werden. Erst dann kann anhand der Einkommensgruppen der Düsseldorfer Tabelle ✎ die Höhe des Unterhaltes ermittelt werden. Die Düsseldorfer Tabelle ist für den Modellfall von drei unterhaltsberechtigten Personen: Frau und zwei Kinder entwickelt worden. Für den Fall, dass nur ein Kind zu versorgen ist, wird der Unterhaltspflichtige in die nächst höhere Einkommensgruppe eingestuft, bei drei und mehr Kindern in die nächst tiefere. Wenn Sie für sich selbst keinen Unterhalt erhalten, kann eine Höhergruppierung um zwei Stufen in Frage kommen.

§ Es ist möglich, den Unterhalt nicht als einen bestimmten Betrag festzusetzen, sondern als Prozentsatz des Regelunterhalts ✎. Dieses Verfahren hat den Vorteil, dass der Unterhalt automatisch steigt, wenn die Regelbeträge alle zwei Jahre neu festgesetzt werden.

Dem Unterhaltspflichtigen muss ein gewisser Mindestbetrag, der sogenannte Selbstbehalt ✎, verbleiben.

Das Kindergeld ☞ steht den Eltern zu gleichen Teilen zu. Wenn das Kindergeld an Sie ausgezahlt wird, darf deshalb Ihr Mann die Hälfte des Kindergeldes von dem Unterhalt abziehen, den er zu zahlen hat. Das gilt aber nur, wenn er mindestens 135 % des Regelunterhalts ✎ zahlt. Bis zu diesem Betrag wird das Kindergeld nur anteilig angerechnet.

Eigenes Einkommen eines Kindes, wie z. B. eine Ausbildungsvergütung, ist bei der Unterhaltsberechnung zu berücksichtigen; ebenso Vermögenserträge – wie z. B. Zinsen, Dividenden, Mieteinnahmen. Entstehen für das Kind besonders hohe Kosten, z. B. wegen Behinderung oder Ausbildung, so kann entsprechend höherer Unterhalt verlangt werden. Gleiches gilt bei einmaligen besonderen Belastungen – wie z. B. bei Krankheit, Einschulung, Klassenfahrten etc.

Ist das Kind volljährig, muss es seinen Unterhaltsanspruch selbst geltend machen. In diesem Fall wird der Unterhalt auch anders berechnet als bei minderjährigen Kindern.

U

Düsseldorfer Tabelle (Euro) (Stand: 1. Januar 2002)

	Nettoeinkommen des Barunterhaltspflichtigen	Altersstufen in Jahren (§ 1612a III BGB)				Vom-hun-dert-satz	Bedarfskontroll-betrag
		0 – 5	6 – 11	12 – 17	ab 18		
1.	bis 1.300	188	228	269	311	100	730/840
2.	1.300 – 1.500	202	244	288	333	107	900
3.	1.500 – 1.700	215	260	307	355	114	950
4.	1.700 – 1.900	228	276	326	377	121	1.000
5.	1.900 – 2.100	241	292	345	399	128	1.050
6.	2.100 – 2.300	254	308	364	420	135	1.100
7.	2.300 – 2.500	267	324	382	442	142	1.150
8.	2.500 – 2.800	282	342	404	467	150	1.200
9.	2.800 – 3.200	301	365	431	498	160	1.300
10.	3.200 – 3.600	320	388	458	529	170	1.400
11.	3.600 – 4.000	339	411	485	560	180	1.500
12.	4.000 – 4.400	358	434	512	591	190	1.600
13.	4.400 – 4.800	376	456	538	622	200	1.700
	über 4.800			nach den Umständen des Falles			

Anmerkung: Die Tabelle weist monatliche Unterhaltsrichtsätze aus, bezogen auf einen gegenüber einem Ehegatten und zwei Kindern Unterhaltspflichtigen.

Unterhalts-vorschuss

Zahlt der Vater Ihres ehelichen oder nichtehelichen Kindes keinen oder nur unregelmäßig Unterhalt, können Sie, falls Ihr Kind das 12. Lebensjahr noch nicht vollendet hat, den Regelunterhalt als Leistung nach dem Unterhaltsvorschussleistungsgesetz (UVG) vom Jugendamt erhalten; das Jugendamt versucht dann, sich das Geld vom Vater Ihres Kindes zurückzuholen. Der Unterhaltsvorschuss wird für längstens sechs Jahre gezahlt.

 Anspruch haben auch Kinder ohne deutsche Staatsangehörigkeit, wenn sie in Deutschland leben und sie oder ihre Eltern eine Aufenthaltsberechtigung oder -erlaubnis haben.

 Den Antrag auf Unterhaltsvorschuss müssen Sie beim zuständigen Jugendamt stellen; dieses muss Ihnen auch helfen, den Unterhalt beim Vater des Kindes geltend zu machen.

Der Staat zahlt, wie gesagt, höchstens sechs Jahre lang. Dabei bleibt die Höhe des eigenen Einkommens unberücksichtigt. Die

Höhe des Unterhaltsvorschusses entspricht dem Regelunterhalt (= 1. Stufe der Düsseldorfer Tabelle). Das Kindergeld wird zur Hälfte angerechnet. Derzeit werden Vorschussbeträge für Kinder unter sechs Jahren von 111 €, für Kinder unter zwölf Jahren 151 € gezahlt (neue Bundesländer 97/134 €).

Vereinfachte Berechnung des Ehegattenunterhalts (Blankoformular auf S. 283)

Beispielsrechnung: Einkommen des Mannes 3.545 € netto/Monat; Einkommen der Frau 325 €/Monat (keine Sonderzahlungen), 2 Kinder (2, 4), die bei der Mutter leben, Kredit für ein Auto (108 €), das vom Mann für die Arbeit gebraucht wird

	Berechnungsmodus (Sätze 2002)	Ehefrau	Ehemann
Ehegattenunterhalt = Nettoeinkommen	Alle Einkünfte einschließlich Weihnachtsgeld, Urlaubsgeld, Zulagen, Steuerrückerstattungen, abzüglich Steuern und SV-Beiträge umgerechnet auf einen Monat oder vereinfacht: monatliches Nettoeinkommen x 13 : 12 jeweils plus Kindergeld	325 €	3.840 €
– Werbungskosten	Arbeitsmittel, Fahrten zur Arbeit, Gewerkschaftsbeiträge. Pauschal: 5% des Nettoeinkommens (mindestens 50 € und höchstens 150 €)	– 50 €	– 192 €
– ehebedingte Schulden	gemeinsamer Entschluss, kommt allen zugute		– 108 €
= bereinigtes Netto-einkommen		275 €	3.540 €
– Kindesunterhalt	nach Düsseldorfer Tabelle (bei der Berechnung des Ehegattenunterhalts wird das Kindergeld nicht abgezogen)		– 320 € – 320 €
= maßgebliche Beträge		275 €	2.900 €
Einkommensdifferenz			2.625 €
x 3 : 7 = Elementarunterhalt			1.125 €
+ Vorsorgeunterhalt	Beiträge zur Kranken-, Pflege-, Rentenversicherung (z. Zt. etwa 30 – 35% des Einkommens, wobei die Hälfte vom Arbeitgeber getragen wird)		350 €
Grenze des notwendigen Selbstbehalts unterschritten?	siehe Düsseldorfer Tabelle (einkommensabhängig; mindestens 730 €, wenn der unterhaltspflichtige Ehegatte arbeitslos ist bzw. 840 €, wenn er oder sie arbeitet)		nein
Maximaler Unterhaltsbetrag			1.475 €

Ergebnis: Die Ehefrau erhält etwa 1.475 € Ehegattenunterhalt und 640 € Kindesunterhalt (hier: abzüglich des hälftigen Kindergeldes)

U

VERSORGUNGSAUSGLEICH[*]

Begriff

Der Versorgungsausgleich ist eine mit der Scheidung ☞ notwendig verbundene Folgesache und bezeichnet den Ausgleich der während der Ehezeit von beiden Ehepartnern erworbenen Rentenanwartschaften. Bei der Aufhebung von Lebenspartnerschaften ist ein Versorgungsausgleich nicht vorgesehen. Bei einer Scheidung sollen beide Ehepartner im Hinblick auf die während der Ehe erworbenen Rentenanwartschaften gleichgestellt werden. Ausgleichspflichtig ist der Ehegatte, der während der Ehezeit die höheren Versorgungsanwartschaften erworben hat. Dabei ist die Hälfte des Wertunterschiedes auszugleichen, genaugenommen wird – durch Gerichtsbeschluss – vom Rentenkonto desjenigen Ehepartners, der mehr Anwartschaften erworben hat, ein Ausgleichsbetrag auf das Rentenkonto des anderen übertragen. Mit dieser Regelung von 1977 sollen die rentenrechtlichen Nachteile einer Hausfrauenehe ausgeglichen werden.

Einbezogene Rentenanwartschaften

Im Rahmen der Scheidung wird ermittelt, welche Versorgungsanwartschaften im Hinblick auf Alter, Berufs- oder Erwerbsunfähigkeit von beiden Ehepartnern während der Ehe erworben wurden. In die Berechnung gehen alles in der Zeit ab der Heirat bis zu dem Monat, der der Zustellung des Scheidungsantrages vorausgeht, erworbenen Anwartschaften aus gesetzlichen, beamtenrechtlichen oder sonstigen berufsständischen Altersversorgungen sowie Lebensversicherungen auf Rentenbasis ein.
Nicht in den Versorgungsausgleich fallen Lebensversicherungen, die nicht auf Rentenbasis abgeschlossen sind (eine häufige Altersvorsorge bei Selbständigen). Sie können allenfalls beim Zugewinn ☞ berücksichtigt werden.

Durchführung des Ausgleichs

Am einfachsten ist es, wenn beide Ehepartner in der gesetzlichen Rentenversicherung (LVA, BfA oder Bundesknappschaft) versichert sind. Rentenanwartschaften in Höhe der Hälfte des Wertunterschiedes werden vom Versicherungskonto des Ausgleichspflichtigen auf das Versicherungskonto des Ausgleichsberechtigten übertragen. Wenn der Ausgleichsberechtigte noch kein Rentenkonto hat, wird ein solches eingerichtet.
Beamtenrechtliche Versorgungsanwartschaften werden ebenfalls durch Übertragung von Anwartschaften in Höhe der Hälfte des Wertunterschiedes auf das (gegebenenfalls einzurichtende)

---

[*]   Die für dieses Stichwort relevanten gesetzlichen Regelungen finden Sie unter: Bürgerliches Gesetzbuch (§ 1587), S. 155

Versicherungskonto der/des Ausgleichberechtigten bei der LVA bzw. BfA ausgeglichen. Bei Betriebsrenten, die schon unverfallbar sind (in der Regel bei einem Mindestalter von 35 Jahren und einer Betriebszugehörigkeit von mindestens zehn Jahren) kann ein Ausgleich bis zu derzeit 46,90 € monatlich über die gesetzliche Rentenversicherung (BfA, LVA) erfolgen. Ein darüber hinausgehender Betrag muss, wenn dem Ausgleichsverpflichteten finanziell zumutbar – durch Kauf von Rentenanwartschaften in der gesetzlichen Rentenversicherung für die Berechtigte/den Berechtigten ausgeglichen werden. Falls der Ausgleichsverpflichtete diesen Betrag nicht aufbringen kann, können auch Ratenzahlungen vom Gericht bewilligt bzw. ein Ausgleich erst dann vorgenommen werden, wenn beide Ehegatten Rente beziehen, und zwar durch Zahlung des entsprechenden noch nicht ausgeglichenen Rentenanwartschaftsbetrages in Form einer monatlichen Rente, die der Ausgleichsverpflichtete an die Ausgleichsberechtigte zu zahlen hat (☞ Schuldrechtlicher Versorgungsausgleich).

Sowohl Sie als auch Ihr Mann erhalten vom Familiengericht einen Fragebogen, in dem alle Rentenansprüche, Zusatzversorgungen und Lebensversicherungen auf Rentenbasis erfragt werden. Um das Scheidungsverfahren nicht zu verzögern, sollte der Bogen möglichst schnell zurückgesandt werden.

Überprüfen Sie die Angaben Ihres Mannes gründlich und weisen Sie Ihre Anwältin auf fehlende Angaben hin; der ausgefüllte Fragebogen wird entweder Ihnen oder Ihrer Anwältin zugesandt.

Falls Ihr Mann die Rückgabe des Fragebogens verzögert, fragen Sie bei Gericht oder bei Ihrer Anwältin nach; eventuell kann ein Zwangsgeld gegen Ihren Mann verhängt werden.

Die Anwartschaften aus dem Versorgungsausgleich können Sie – vor und nach der Ehe – durch eigene Rentenbeiträge, z. B. bei Berufstätigkeit, ausbauen. Einmal übertragene Rentenanwartschaften können Ihnen nicht wieder weggenommen werden.

Schuldrechtlicher Versorgungsausgleich

Kann ein Ausgleich der Rentenanwartschaften nicht mit der Scheidung erfolgen, findet der Ausgleich im Rentenalter statt (schuldrechtlicher Versorgungsausgleich). Der Antrag auf schuldrechtlichen Versorgungsausgleich muss dann im Rentenalter beim Amtsgericht (Familiengericht) gestellt werden.

Das gleiche gilt, wenn der Ausgleichsverpflichtete ausländische Rentenanwartschaften hat, z. B. weil er zunächst in seinem Heimatland und dann in Deutschland in eine Rentenversicherung eingezahlt hat.

Diese Form des Versorgungsausgleichs bedeutet einen Rentenanspruch gegen den Ausgleichsverpflichteten, der aber selbst durchgesetzt werden muss und viel unsicherer ist als der Ausgleich bei der Scheidung selbst (☞ Anwaltliche Hilfe).

Abtrennung, Ausschluss und Verzicht

Nur in Ausnahmefällen kann das Familiengericht – auf Antrag – das Verfahren über den Versorgungsausgleich abtrennen, und Sie können vor der Klärung des Versorgungsausgleichs geschieden werden. Der Versorgungsausgleich zugunsten des Ehemannes kann auf Antrag vom Familiengericht ganz oder teilweise ausgeschlossen werden, z. B. wenn dieser nicht zum Familienunterhalt beigetragen hat und Sie berufstätig waren und gleichzeitig die Kinder betreut haben (grobe Unbilligkeit). Möglich ist auch ein Verzicht auf den Versorgungsausgleich, der aber notariell beurkundet werden muss. Wurde ein solcher Verzicht weniger als ein Jahr vor Einreichung des Scheidungsantrages erklärt, ist eine Genehmigung des Familiengerichts notwendig.

Bei einer Scheidung auf den Versorgungsausgleich zu verzichten, ist gefährlich (☞ Anwaltliche Hilfe), weil dadurch die Altersabsicherung reduziert wird.

Bei ausländischen Ehepartnern kann, wenn deutsches Scheidungsrecht nicht zur Anwendung kommt (☞ Migrantinnen, binationale Partnerschaften), auf besonderen Antrag ein Versorgungsausgleich durchgeführt werden. Voraussetzung ist, dass einer oder beide Rentenanwartschaften in Deutschland erworben haben. Dies gilt auch, wenn ein Versorgungsausgleich im heimatlichen Scheidungsrecht nicht existiert. Ein solcher Antrag kann in Deutschland selbst dann noch gestellt werden, wenn die Ehe bereits im Heimatland geschieden wurde.

WOHNGELD

Wohngeld wird als Mietzuschuss oder Lastenzuschuss gewährt, je nachdem, ob Sie eine Miet- oder eine Eigentumswohnung bewohnen. Der Zuschuss richtet sich nach der Miethöhe, dem Familieneinkommen und der Zahl der Familienangehörigen in einem Haushalt.

Wohngeld-berechtigte

Wenn Sie laufende Hilfe zum Lebensunterhalt (☞ Sozialhilfe) beziehen, steht Ihnen automatisch Wohngeld zu, das mit der Sozialhilfe verrechnet wird. Ansonsten hängt die Frage, ob und in welcher Höhe Sie Wohngeld in Anspruch nehmen können, von drei Faktoren ab:

- Zahl der zu Ihrem Haushalt gehörenden Familienmitgliedern,
- Höhe des Familieneinkommens und
- Höhe der zuschussfähigen Miete 🖉 bzw. – wenn Ihnen die Wohnung/das Haus gehört – der monatlichen Belastungen.

Antrag-stellung

Das Wohngeld muss bei der jeweiligen Gemeinde-, Stadt-, oder Kreisverwaltung beantragt werden. Diese Stelle ist verpflichtet, Sie zu beraten. Dort erhalten Sie auch das Antragsformular. Für die vollständige Antragstellung benötigen Sie folgende Unterlagen:

- Mietvertrag
- Einkommensnachweise für alle im Haushalt lebenden Personen – z. B. Verdienstbescheinigungen und Steuerbescheide, Bescheide über die Höhe des Arbeitslosengeldes, der Arbeitslosen-, oder Sozialhilfe, Belege über Unterhaltszahlungen, Kindergeld usw.

Es ist wichtig, den Antrag auf Wohngeld sofort nach Beziehen der neuen Wohnung zu stellen, oder noch besser, wenn Sie den neuen Mietvertrag unterschrieben haben, da das Wohngeld nicht rückwirkend bezahlt wird, sondern erst ab Beginn des Monats, in dem der Antrag gestellt würde. Das Wohngeld wird in der Regel für zwölf Monate bewilligt. Danach muss ein Wiederholungsantrag gestellt werden.

W

Einkom-mensermitt-lung

Der Wohngeldbewilligung liegt eine differenzierte Einkommensermittlung zu Grunde: Maßgeblich sind die gesamten Jahreseinnahmen aller zum Haushalt gehörenden Familienmitglieder. Familienmitglieder sind Ehepartner, verwandte und verschwägerte Personen sowie Pflegekinder – auch wenn sie vorübergehend abwesend sind. Als Haushalt gilt die Wohn-

und Wirtschaftsgemeinschaft; es kommt also nicht nur auf das gemeinsame Wohnen, sondern auch die gemeinsame Haushaltskasse an.

Von dem ermittelten Familieneinkommen können bestimmte Beträge abgesetzt werden – wie z. B.:

- verschiedene Pauschalen z. B. für arbeitsbedingte Aufwendungen, gesetzliche Unterhaltsverpflichtungen, Familienfreibeträge usw. sowie
- einzelne soziale Beihilfen.

Kein Wohngeldanspruch besteht, wenn das monatliche Familieneinkommen in Euro (netto-ähnlich) folgende Grenzen überschreitet:

Personen-zahl	Höchstzulässiges Familieneinkommen
1	830 €
2	1.140 €
3	1.390 €
4	1.830 €
5	2.100 €
6	2.370 €
7	2.630 €
8	2.900 €

Berücksichtigungsfähige Miete

Miete sind die Kaltmiete und die Umlagen; Kosten für Zentralheizung und Warmwasser können nicht eingerechnet werden. Berücksichtigungsfähig ist zunächst nur der Mietanteil, der auf Räume entfällt, die von Familienmitgliedern zu Wohnzwecken genutzt werden; gewerblich oder durch Dritte genutzte Räume bleiben außer Betracht. Mieten und Belastungen, die einen bestimmten Höchstbetrag übersteigen, bleiben ebenfalls außer Betracht. Diese Höchstbeträge richten sich nach

- Alter der Wohnung,
- Ausstattung der Wohnung (Sammelheizung, Bad/Dusche),
- Mietstufen der Gemeinde, in der sich die Wohnung befindet, und
- der Zahl, der zum Haushalt gehörenden Familienmitglieder.

Die Broschüre »Wohngeld« gibt Auskunft darüber, wann und in etwa wieviel Wohngeld gezahlt wird. Sie ist bei den Wohnungsämtern zu erhalten oder kann über das Presse- und Informationsamt der Bundesregierung, 11044 Berlin, angefordert werden.

Weitere Informationen erhalten Sie auch beim Deutschen Mieterbund, Littenstraße 10, 10179 Berlin (www.mieterbund.de).

WOHNUNG[*]

Ehewohnung

Am einfachsten ist es, wenn Sie sich mit Ihrem Ehemann bezüglich der Wohnung gütlich einigen können. Es ist zu klären, wer den Mietvertrag unterschrieben hat. Wollen Sie allein in der Wohnung bleiben, und beide Ehepartner haben den Mietvertrag unterschrieben, sollte Ihr Mann versuchen, im Einvernehmen mit dem Vermieter aus dem Mietvertrag entlassen zu werden. Ist Ihr Mann Alleinmieter, besteht die Möglichkeit, dass die Wohnung auf Ihren Namen umgeschrieben wird. Weigert sich der Vermieter, kann das Familiengericht auf Antrag für die Zeit nach der Scheidung die Wohnung zuweisen und den Mietvertrag damit entsprechend ändern.

Überlassungs-
vermutung

Ist Ihr Ehemann ausgezogen und erklärt nicht innerhalb von sechs Monaten, dass er in die Wohnung zurückkehren will, können Sie endgültig die alleinige Nutzung der Wohnung beanspruchen. Die Gründe für den Auszug spielen in diesem Zusammenhang keine Rolle. Eine mündliche Erklärung der Rückkehrabsicht reicht aus, allerdings sollte im Zweifelsfall nachgewiesen werden können, dass der andere Ehegatte von der Absicht in Kenntnis gesetzt wurde.

Das Gleiche gilt allerdings auch für Sie: Sind Sie z. B. vor Ihrem Mann aus der Wohnung geflüchtet, verlieren Sie nach sechs Monaten das Nutzungsrecht an der Wohnung, wenn Sie nicht bis dahin eine entsprechende Erklärung abgegeben haben.

Zuweisung

Wollen Sie in der Wohnung bleiben, und der Ehemann weigert sich auszuziehen, besteht die Möglichkeit, ihn mit Hilfe eines richterlichen Beschlusses zum Auszug zu zwingen. Das Recht zur alleinigen Nutzung der – ehemaligen – Ehewohnung durch Sie (und Ihre Kinder) kann schon vor oder während des Scheidungsverfahrens vom Familiengericht angeordnet werden. Dazu müssen allerdings schwerwiegende Gründe für die Trennung angegeben und bewiesen werden, wie z. B die eigene Gefährdung oder die eines Kindes. Außerdem sollten Sie Gründe darlegen, weshalb Sie glauben, dass Ihnen und dem Kind die Wohnung eher zusteht, z. B. Kindergarten und Schule sind in der Nähe gelegen, Freunde des Kindes leben in der Nachbarschaft, eventuell die Nähe zu Ihrem Arbeitsplatz usw.

Dem Ehemann muss auf jeden Fall eine Ausweichmöglichkeit bleiben. Es reicht, wenn eine vorübergehende Unterkunft bei

W

---

[*] Die für dieses Stichwort relevanten gesetzlichen Regelungen finden Sie unter: Bürgerliches Gesetzbuch (§ 1361 b), S. 177; Zivilprozessordnung (§ 630), S. 164; Hausratsverordnung, S. 206

einem Freund oder den Eltern zur Verfügung steht. Jedenfalls wird Ihrem Ehemann vom Gericht in der Regel eine Frist eingeräumt, um sich eine neue Wohnung oder Unterkunft zu suchen. Es ist in der Praxis nicht einfach, einen Wohnungszuweisungsbeschluss zu bekommen. Das Gericht trifft eine derartige Entscheidung nur bei wirklich gravierenden Vorfällen und nach gründlicher Abwägung der Interessen aller Beteiligten. Sie sollten sich deshalb auf jeden Fall mit einer Anwältin beraten oder sogar von ihr vertreten lassen (☞ Anwaltliche Hilfe), wenn Sie den Antrag stellen wollen.

Häufig machen die Richter den Vorschlag, doch zunächst innerhalb der Ehewohnung getrennt zu leben (☞ Trennung). Hat Ihr Mann Sie misshandelt oder bedroht, ist Ihnen aber die Nutzung der Wohnung im Regelfall alleine zuzusprechen. Die Entscheidung über die Zuweisung der Wohnung während des Getrenntlebens hat nur einstweiligen Charakter. In der Regel wird jedoch bei der Scheidung dieser Beschluss bestätigt. Die Zuweisung ist auch mit etwas mehr Aufwand bei Dienst-, Werks- und Genossenschaftswohnungen möglich, sogar dann, wenn nur Ihr Mann Mieter (oder Eigentümer) der Wohnung ist. Auch wenn Sie die Wohnung vorübergehend verlassen mussten und nun z. B. im Frauenhaus ☞ wohnen, können Sie von dort aus einen Antrag auf Zuweisung der Wohnung stellen. Wenn Ihre Wohnsituation unerträglich ist, kann ein Eilantrag gestellt werden. Wenn Ihr Mann Sie misshandelt oder bedroht hat, können Sie auch eine Wohnungsüberlassung nach dem Gewaltschutzgesetz (☞ Gewaltschutz/Häusliche Gewalt) beantragen. Die Überlassung der Wohnung wird in diesen Fällen überwiegend auf einen Zeitraum von einigen Monaten befristet. Dieser Antrag bietet sich an, wenn Sie sich noch nicht endgültig entschieden haben, ob Sie sich von Ihrem Mann trennen wollen oder ob Sie die Wohnung dauerhaft behalten wollen. Sie sollten sich auf jeden Fall mit einer Anwältin beraten (☞ Anwaltliche Hilfe).

Entlassung aus dem bisherigen Mietvertrag

Entschließen Sie sich auszuziehen und möchten nicht mehr in Ihre Wohnung zurück, sollten Sie versuchen aus dem Mietvertrag herauszukommen. Das geht nur mit Zustimmung des Vermieters.

 Sie müssen sich mit dem Vermieter schriftlich einigen.

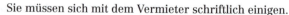 Für die Miete haften Sie, wenn Sie – allein oder mit Ihrem Ehemann – den Mietvertrag unterschrieben haben, oder sollte es ausnahmsweise keinen schriftlichen Mietvertrag geben, wenn Sie die Modalitäten mit dem Vermieter mündlich vereinbart haben (z. B. Miethöhe, Nutzungsdauer u. Ä.).

Unbillige Härte

Eine Entscheidung über die Nutzung der Ehewohnung ist möglich, um eine unbillige Härte zu vermeiden. Eine solche liegt vor, wenn es zu:

- schwerer und wiederholter körperlicher Misshandlung von Familienmitgliedern,
- schweren Beleidigungen und Bedrohungen (Morddrohung),
- Alkohol- oder Drogenmissbrauch oder
- zum erzwungenen Geschlechtsverkehr gekommen ist.

Eine unbillige Härte kann ausdrücklich auch dann vorliegen, wenn das Wohl von im Haushalt lebenden Kindern beeinträchtigt ist (z. B. wenn die Kinder misshandelt werden oder Zeugen von Misshandlungen sind).

Die *Beweislast* für die unbillige Härte liegt bei Ihnen. Deshalb empfiehlt es sich, die Hilfe einer Anwältin in Anspruch zu nehmen (☞ Anwaltliche Hilfe). Wichtig ist, so detailliert wie möglich vorzutragen: Was ist wann passiert, wer war dabei, wer weiß sonst davon, gibt es ärztliche Atteste, Fotos, Polizeiprotokolle etc.? Wenn Ihr Mann schon einmal gewalttätig geworden ist (und Sie das beweisen können), müssen Sie aber nicht mehr nachweisen, dass weitere Gewalttaten zu befürchten sind. Dann liegt die Beweislast dafür, dass von ihm keine Gefahr mehr für Sie ausgeht, bei Ihrem Mann.

Anrecht auf eine Sozialwohnung

Viele Frauen sind aus wirtschaftlichen Gründen auf eine Sozialwohnung angewiesen, zumal Wohnungen auf dem freien Wohnungsmarkt nicht nur teuer, sondern vor allem für alleinstehende Frauen mit Kind oft kaum zu haben sind.

Wegen der zu erwartenden Wartezeiten sollten Sie sich schnellstmöglich beim Wohnungsamt oder der Gemeindeverwaltung als wohnungssuchend melden. Sind Sie schwanger, haben Sie Anspruch auf bevorzugte Vermittlung.

Wohnberechtigungsschein

Eine Sozialwohnung darf nur beziehen, wer über den entsprechenden Wohnberechtigungsschein verfügt. Die Erteilung einer Wohnberechtigungsbescheinigung hängt vom Einkommen und der Zahl der Haushaltsangehörigen ab:

Einkommensgrenzen

Personen-anzahl	Gesetzliche Einkommens-grenze (brutto jährlich)	Angemessene Wohnungsgröße
1	12.000,– €	45 m^2
2	18.000,– €	2 Wohnräume od. 60 m^2
3	22.100,– €	3 Wohnräume od. 75 m^2
4	26.200,– €	4 Wohnräume od. 90 m^2
5	30.300,– €	5 Wohnräume od. 105 m^2

Für jede weitere zum Haushalt gehörende Person erhöht sich die maßgebliche Einkommensgrenze um 4.100,– € und die angemessene Wohnungsgröße um 15 m^2 oder einen Raum. Die Einkommensgrenze darf bis zu 5% überschritten werden. Von der Summe des Jahreseinkommens können Frei- und Abzugsbeträge z. B. für Steuern + SV-Beträge (bis zu ca. 30%) abgesetzt werden.

Anrechenbares Jahreseinkommen

Einkommen sind hier alle Einnahmen, auch z. B. laufende Sozialhilfe oder Krankengeld, die Sie und die zu Ihrem Haushalt gehörenden Familienangehörigen im Jahr vor der Antragstellung erzielt haben. Schulden können nicht abgezogen werden.

Weitere Auskünfte erhalten Sie beim Wohnungsamt Ihrer Gemeinde.

Wie groß die Wohnung sein darf, die Ihnen bewilligt wird, richtet sich nach der Zahl der Familienmitglieder, die sie nutzen werden. Deshalb müssen Sie für ein Kind, das mit Ihnen einziehen soll, das Aufenthaltsbestimmungsrecht oder das Sorgerecht ☞ beantragen. Der Antrag reicht zunächst aus; eine Entscheidung muss noch nicht getroffen sein. Eine – wenn auch nur vorläufige – Entscheidung über das Sorgerecht müssen Sie erst nachweisen, wenn Ihnen tatsächlich eine Wohnung angeboten wird. Sollte Ihr Mann damit einverstanden sein, dass das Kind auch nach der Trennung bei Ihnen lebt, reicht auch eine entsprechende Bescheinigung Ihrer Anwältin aus (☞ Anwaltliche Hilfe).

ZUGEWINN[*]

Begriff

Zugewinnausgleich meint die Aufteilung des Vermögens, das während der Ehezeit von beiden Ehepartnern erworben wurde: Geld, Sparguthaben, Wertpapiere, Eigentumswohnungen und -häuser sowie andere Wertgegenstände. Manche Vermögensgegenstände werden – unter bestimmten Umständen – nicht beim Zugewinn, sondern beim Hausrat ☞ berücksichtigt, mit der Folge, dass sie – u. U. ohne Ausgleichszahlung – von einem Partner zur Nutzung beansprucht werden können. Ein Beispiel ist das Familienauto, dass sie zur Nutzung beanspruchen können (auch wenn es dem Mann gehört), falls Sie und die Kinder das Auto dringender benötigen.

Beim Zugewinnausgleich wird nur Vermögen, nicht aber werden Schulden ausgeglichen: Weniger als »Null« kann der Zugewinn also nie sein. Ein Zugewinnausgleich findet auf Antrag und nur dann statt, wenn die Eheleute keine andere Aufteilung des Vermögens (z. B. Gütergemeinschaft oder Gütertrennung) in einem notariellen Vertrag vereinbart haben.

Achtung, wenn Ihr Ehemann kurz vor einer möglichen Trennung einen Vertrag schließen will, mit dem Gütertrennung vereinbart wird. Lassen Sie sich beraten (☞ Anwaltliche Hilfe), damit Sie sicherstellen können, dass Sie wenigstens den bis dahin angefallenen Zugewinn erhalten.

Der Ausgleich wird für die Zeit ab der Eheschließung bis zu dem Tag, an dem der Scheidungsantrag dem anderen Ehepartner zugestellt wird, durchgeführt.

Vermögen, das während der Trennungszeit »beiseite geschafft« wurde, wird nicht ausgeglichen (☞ Vorzeitiger Ausgleich).

Der Zugewinn ist der Betrag, um den das Vermögen eines Ehegatten am Ende der Ehe (Endvermögen ☞) sein Vermögen bei der Eheschließung (Anfangsvermögen ☞) übersteigt. Haben die Ehegatten einen unterschiedlich hohen Zugewinn, wird die Vermögensdifferenz ausgeglichen, indem dem »ärmeren« Ehegatten die Hälfte des Differenzbetrages zugesprochen wird. Es ist möglich, das Verfahren erst nach Abschluss der Scheidung einzuleiten.

Dabei ist zu beachten, dass ein Anspruch auf Zugewinnausgleich drei Jahre nach der rechtskräftigen Scheidung verjährt.

Z

---

[*] Die für dieses Stichwort relevanten gesetzlichen Regelungen finden Sie unter: Bürgerliches Gesetzbuch (§§ 1363, 1373 – 1375), S. 177 f.

Berechnung des Zugewinns

Endvermögen

Um den Zugewinn zu errechnen, muss eine Vermögensaufstellung beider Ehepartner für den Stichtag der Zustellung des Scheidungsantrages erstellt werden, wobei jeder Vermögensgegenstand mit seinem derzeitigen Verkehrswert berücksichtigt wird (Endvermögen). Weigert sich der Ehemann bei der Vermögensaufstellung mitzuwirken, kann er auf Auskunft verklagt werden.

Da Sie im Streitfall beweisen müssen, dass Vermögen vorhanden war, ist es wichtig, schon bei der Trennung für Nachweise – über z. B. teure Anschaffungen (Wertpapiere, Briefmarken, Modelleisenbahnen etc.), Wert eines Grundstückes, Höhe des Sparkontos usw. – zu sorgen. Schwierig wird der Zugewinnausgleich, wenn Sie sich mit dem Ehemann über die Bewertung einzelner Vermögensteile (z. B. Eigenheim usw.) oder darüber, wer einen bestimmten Gegenstand erhält und den anderen dafür auszahlt, nicht einigen können. Im Zweifel muss ein Gutachten eingeholt werden. Letztendlich entscheidet das Gericht über die Höhe der Zugewinnausgleichszahlung. Vom Endvermögen werden bestehende Belastungen (z. B. Hypotheken) und das Anfangsvermögen abgezogen.

Anfangsvermögen

Zum Anfangsvermögen zählen die Vermögenswerte, die Sie mit in die Ehe gebracht haben; aber auch solche Gegenstände, die an die Stelle der sogenannten eingebrachten Sachen getreten sind. Hatten Sie zum Beispiel vor der Ehe einen Computer, den Sie mit in die Ehe gebracht haben, und geht er im Laufe der Ehe kaputt und wird durch einen anderen ersetzt, dann gehört auch dieser neue Computer zu ihrem Anfangsvermögen.

Geschenke und ererbtes Vermögen

Besonders behandelt werden Vermögenswerte, die einem Ehepartner (nicht vom anderen Ehegatten) geschenkt wurden oder die er/sie geerbt hat. Diese Vermögenswerte werden dem Anfangsvermögen des jeweiligen Ehepartners hinzugezählt. Sind die Sachen am Ende der Ehezeit noch vorhanden, wird der andere (über das Endvermögen) *an der Wertsteigerung* des geerbten oder geschenkten Vermögenswertes während der Ehe *beteiligt, nicht aber an dem Gegenstand selbst.*

Überschuss

Ist nach dieser Rechnung ein Überschuss vorhanden, stellt dieser den Zugewinn dar. Der Zugewinn ist in Geld auszugleichen. Ist dies nicht möglich, können statt dessen Wertgegenstände zugesprochen werden. Das Gericht kann auch entscheiden, dass die Ausgleichszahlungen in Raten gezahlt oder gestundet werden.

Vorzeitiger Ausgleich

Einen vorzeitigen Zugewinnausgleich, unabhängig von der Scheidung, können Sie verlangen:

- wenn Sie seit mindestens drei Jahren getrennt leben oder
- der Ehemann grob gegen seine Unterhaltspflichten verstößt

oder

- die begründete Befürchtung besteht, dass der Ehemann das gemeinsame Vermögen verringert, um Ihnen zu schaden, oder
- Ihr Mann sich ohne ausreichenden Grund weigert, Sie über seinen Vermögensstand zu informieren.

In einem solchen Fall, wird das Vermögen zu dem Zeitpunkt errechnet, zu dem die Klage auf Ausgleich des Zugewinns dem anderen zugestellt wurde.

Ausschluss   In besonderen Fällen wie z. B. bei grober Unbilligkeit, kann der Zugewinn ausgeschlossen werden. Dies ist z. B. der Fall, wenn Sie arbeiten und die Familie erhalten, der Mann nicht arbeitet und das Geld vertrinkt.

 Sie müssen Ihre Behauptungen beweisen.

Lebens- **partnerschaft**   Die Aufteilung des während der Lebenspartnerschaft erworbenen Vermögens folgt, wenn die Partnerinnen die Ausgleichsgemeinschaft vereinbart haben, den oben dargestellten Grundsätzen des Zugewinnausgleichs. Da das Gesetz aber für Lebenspartnerschaften keinen Versorgungsausgleich vorsieht, ist derzeit noch ungeklärt, inwieweit Lebensversicherungen (auf Kapital- oder Rentenbasis) in größerem Umfang als bei Ehepaaren im Rahmen des sog. Überschussausgleichs berücksichtigt werden können (☞ Anwaltliche Hilfe).

Z

WICHTIGE GESETZLICHE UND ANDERE REGELUNGEN IN AUSZÜGEN (Stand: 1. August 2002)

Übersicht

§§

§§

WICHTIGE GESETZLICHE UND ANDERE REGELUNGEN IN AUSZÜGEN
(Stand: 1. August 2002)

ARBEITS- UND ARBEITSLOSENRECHT

Arbeitsförderung (Sozialgesetzbuch III)

§ 1 Ziele der Arbeitsförderung
(1) Die Leistungen der Arbeitsförderung sollen dazu beitragen, dass ein hoher Beschäftigungsstand erreicht und die Beschäftigungsstruktur ständig verbessert wird. Sie sind insbesondere darauf auszurichten, das Entstehen von Arbeitslosigkeit zu vermeiden oder die Dauer der Arbeitslosigkeit zu verkürzen. Dabei ist die Gleichstellung von Frauen und Männern als durchgängiges Prinzip zu verfolgen. (...)

§ 8 Frauenförderung
(1) Zur Verbesserung der beruflichen Situation von Frauen ist durch die Leistungen der aktiven Arbeitsförderung auf die Beseitigung bestehender Nachteile sowie auf die Überwindung des geschlechtsspezifischen Ausbildungs- und Arbeitsmarktes hinzuwirken.
(2) Frauen sollen mindestens entsprechend ihrem Anteil an den Arbeitslosen und ihrer relativen Betroffenheit durch Arbeitslosigkeit gefördert werden.

§ 8 a Vereinbarkeit von Familie und Beruf
Die Leistungen der aktiven Arbeitsförderung sollen in ihrer zeitlichen, inhaltlichen und organisatorischen Ausgestaltung die Lebensverhältnisse von Frauen und Männern berücksichtigen, die aufsichtsbedürftige Kinder betreuen und erziehen oder pflegebedürftige Angehörige betreuen oder nach diesen Zeiten wieder in die Erwerbstätigkeit zurückkehren wollen.

§ 20 Berufsrückkehrer
Berufsrückkehrer sind Frauen und Männer, die
1. ihre Erwerbstätigkeit oder Arbeitslosigkeit oder eine betriebliche Berufsausbildung wegen der Betreuung und Erziehung von aufsichtsbedürftigen Kindern oder der Betreuung pflegebedürftiger Angehöriger unterbrochen haben und
2. in angemessener Zeit danach in die Erwerbstätigkeit zurückkehren wollen.

§ 26 Sonstige Versicherungspflichtige[*]
(2) Versicherungspflichtig sind Personen in der Zeit, für die sie
1. von einem Leistungsträger Mutterschaftsgeld, Krankengeld, Versorgungskrankengeld, Verletztengeld, oder von einem Träger der medizinischen Rehabilitation Übergangsgeld beziehen, wenn sie unmittelbar vor Beginn der Leistung versicherungspflichtig waren oder eine laufende Entgeltersatzleistung nach diesem Buch bezogen haben. (...)
(2a) Versicherungspflichtig sind Personen in der Zeit, in der sie ein Kind, das das dritte Lebensjahr noch nicht vollendet hat erziehen, wenn sie
1. unmittelbar vor der Kindererziehung versicherungspflichtig waren oder eine laufende Entgeltersatzleistung nach diesem Buch bezogen haben und
2. sich mit dem Kind im Inland gewöhnlich aufhalten oder bei Aufenthalt im Ausland Anspruch auf Kindergeld nach dem Einkommensteuergesetz oder Bundeskindergeldgesetz haben (...)

§§

---

[*] Tritt am 1.1.2003 in Kraft

Satz 1 gilt nur für Kinder des Erziehenden, seines nicht dauernd getrennt lebenden Ehegatten oder seines nicht dauernd getrennt lebenden Lebenspartners. Haben mehrere Personen ein Kind gemeinsam erzogen, besteht Versicherungspflicht nur für die Person, der nach den Regelungen des Rechts der gesetzlichen Rentenversicherung die Erziehungszeit zuzuordnen ist (§ 56 Abs. 2 des sechsten Buches).

(3) (...) Versicherungspflichtig wegen des Bezugs von Mutterschaftsgeld nach Abs. 2 Nr. 1 ist nicht, wer nach Abs. 2 a versicherungspflichtig ist. (...) Nach Abs. 2 a ist nicht versicherungspflichtig, wer nach anderen Vorschriften dieses Gesetzes versicherungspflichtig ist oder während der Zeit der Erziehung Anspruch auf Entgeltersatzleistungen nach diesem Buch hat; (...)

§ 116 Leistungsarten

Entgeltersatzleistungen sind
1. Arbeitslosengeld für Arbeitslose und Teilarbeitslosengeld für Teilarbeitslose,
2. Unterhaltsgeld für Arbeitnehmer bei Teilnahme an Maßnahmen der beruflichen Weiterbildung,
3. Übergangsgeld bei Teilnahme an Leistungen zur Teilhabe am Arbeitsleben,
4. Kurzarbeitergeld für Arbeitnehmer, die infolge eines Arbeitsausfalles einen Entgeltausfall haben,
5. Insolvenzgeld für Arbeitnehmer, die wegen Zahlungsunfähigkeit des Arbeitgebers kein Arbeitsentgelt erhalten,
6. Arbeitslosenhilfe für Arbeitslose,
7. Winterausfallgeld für Arbeitnehmer, die infolge eines witterungsbedingten Arbeitsausfalls in der Schlechtwetterzeit einen Entgeltausfall haben.

§ 117 Anspruch auf Arbeitslosengeld

(1) Anspruch auf Arbeitslosengeld haben Arbeitnehmer, die
  1. arbeitslos sind,
  2. sich beim Arbeitsamt arbeitslos gemeldet und
  3. die Anwartschaftszeit erfüllt haben.
(2) Arbeitnehmer, die das fünfundsechzigste Lebensjahr vollendet haben, haben vom Beginn des folgenden Monats an keinen Anspruch auf Arbeitslosengeld.

§ 144 Ruhen des Anspruchs bei Sperrzeit

(1) Hat der Arbeitslose
  1. das Beschäftigungsverhältnis gelöst oder durch ein arbeitsvertragswidriges Verhalten Anlass für die Lösung des Beschäftigungsverhältnisses gegeben und hat er dadurch vorsätzlich oder grobfahrlässig die Arbeitslosigkeit herbeigeführt (Sperrzeit wegen Arbeitsaufgabe),
  2. trotz Belehrung über die Rechtsfolgen eine vom Arbeitsamt unter Benennung des Arbeitgebers und der Art der Tätigkeit angebotene Beschäftigung nicht angenommen oder nicht angetreten oder die Anbahnung eines solchen Beschäftigungsverhältnisses, insbesondere das Zustandekommen eines Vorstellungsgespräches, durch sein Verhalten verhindert (Sperrzeit wegen Arbeitsablehnung),
  3. sich trotz Belehrung über die Rechtsfolgen geweigert, an einer Maßnahme der Eignungsfeststellung, einer Trainingsmaßnahme oder einer Maßnahme zur beruflichen Ausbildung oder Weiterbildung oder einer Maßnahme zur Teilhabe am Arbeitsleben teilzunehmen (Sperrzeit wegen Ablehnung einer beruflichen Eingliederungsmaßnahme), oder
  4. die Teilnahme an einer in Nummer 3 genannten Maßnahme abgebrochen oder durch maßnahmewidriges Verhalten Anlass für den Ausschluss aus einer diese Maßnahmen gegeben (Sperrzeit wegen Abbruchs einer beruflichen Eingliederungsmaßnahme), ohne für sein Verhalten einen wichtigen Grund zu haben, so tritt eine Sperrzeit von zwölf Wochen ein.

(2) Die Sperrzeit beginnt mit dem Tag nach dem Ereignis, das die Sperrzeit begründet, oder, wenn dieser Tag in eine Sperrzeit fällt, mit dem Ende dieser Sperrzeit. Während der Sperrzeit ruht der Anspruch auf Arbeitslosengeld. (...)

§ 190 Anspruch

(1) Anspruch auf Arbeitslosenhilfe haben Arbeitnehmer, die
 1. arbeitslos sind,
 2. sich beim Arbeitsamt arbeitslos gemeldet haben,
 3. einen Anspruch auf Arbeitslosengeld nicht haben, weil sie die Anwartschaftszeit nicht erfüllt haben,
 4. in der Vorfrist Arbeitslosengeld bezogen haben, ohne daß der Anspruch wegen Eintritts von Sperrzeiten mit einer Dauer von insgesamt 24 Wochen erloschen ist.
 5. bedürftig sind.
(2) Arbeitnehmer, die das fünfundsechzigste Lebensjahr vollendet haben, haben vom Beginn des folgenden Monats an keinen Anspruch auf Arbeitslosenhilfe.
(3) Die Arbeitslosenhilfe soll jeweils für längstens ein Jahr bewilligt werden. Vor einer erneuten Bewilligung sind die Voraussetzungen des Anspruchs zu prüfen.

§ 263 Förderungsbedürftige Arbeitnehmer

(1) Arbeitnehmer sind förderungsbedürftig, wenn sie
 1. arbeitslos sind und allein durch eine Förderung in einer Arbeitsbeschaffungs- oder Strukturanpassungsmaßnahme eine Beschäftigung aufnehmen können und
 2. die Voraussetzungen erfüllen, um Entgeltersatzleistungen bei Arbeitslosigkeit, bei beruflicher Weiterbildung oder bei Leistungen zur Teilhabe am Arbeitsleben zu erhalten.
(2) Das Arbeitsamt kann unabhängig vom Vorliegen der Voraussetzungen nach Absatz 1 Nr. 2 die Förderungsbedürftigkeit von Arbeitnehmern feststellen, wenn (...)
 5. die Arbeitnehmer Berufsrückkehrer sind und bereits für die Dauer von mindestens zwölf Monaten in einem Versicherungspflichtverhältnis gestanden haben.

§ 274 Förderungsbedürftige Arbeitnehmer

Arbeitnehmer sind förderungsbedürftig, wenn sie
1. arbeitslos oder von Arbeitslosigkeit bedroht sind und allein durch eine Förderung in einer Strukturanpassungs- oder Arbeitsbeschaffungsmaßnahme eine Beschäftigung aufnehmen können und
2. vor der Zuweisung die Voraussetzungen für einen Anspruch auf Arbeitslosengeld oder Arbeitslosenhilfe erfüllt haben oder bei Arbeitslosigkeit erfüllt hätten oder die Voraussetzungen für Anschlussunterhaltsgeld oder Übergangsgeld im Anschluss an eine abgeschlossene Leistung zur Teilhabe am Arbeitsleben erfüllen.
Arbeitnehmer, die unmittelbar vor der Zuweisung Arbeitslosenhilfe bezogen haben, sollen in angemessenem Umfang gefördert werden.

§ 417 Förderung beschäftigter Arbeitnehmer

(1) Arbeitnehmer können bei Teilnahme an einer für die Weiterbildungsförderung anerkannten Maßnahme durch Übernahme der Weiterbildungskosten gefördert werden, wenn
 1. sie bei Beginn der Teilnahme das 50. Lebensjahr vollendet haben,
 2. sie im Rahmen eines bestehenden Arbeitsverhältnisses für die Zeit der Teilnahme an der Maßnahme weiterhin Anspruch auf Arbeitsentgelt haben,
 3. der Betrieb, dem sie angehören, nicht mehr als 100 Arbeitnehmer beschäftigt,
 4. die Maßnahme außerhalb des Betriebes, dem sie angehören, durchgeführt wird und Kenntnisse und Fertigkeiten vermittelt werden, die über ausschließlich arbeitsplatzbezogene kurzfristige Anpassungsfortbildungen hinausgehen und
 5. die Maßnahme bis zum 31. Dezember 2005 begonnen hat.

§§

Bei der Feststellung der Zahl der beschäftigen Arbeitnehmer sind teilzeitbeschäftigte Arbeitnehmer mit einer regelmäßigen wöchentlichen Arbeitszeit von nicht mehr als zehn Stunden mit 0,25, nicht mehr als 20 Stunden mit 0,5 und nicht mehr als 30 Stunden mit 0,75 zu berücksichtigen.

(2) Nimmt ein von Arbeitslosigkeit bedrohter Arbeitnehmer im Rahmen eines bestehenden Arbeitsverhältnisses unter Fortzahlung des Arbeitsentgelts an einer Maßnahme der Eignungsfeststellung, Trainingsmaßnahme oder an einer beruflichen Weiterbildungsmaßnahme, die für die Weiterbildungsförderung anerkannt ist, teil, kann bis zur Beendigung des Arbeitsverhältnisses ein Zuschuss zum Arbeitsentgelt an den Arbeitgeber erbracht werden, wenn die Maßnahme bis zum 31. Dezember 2005 begonnen hat. Der Zuschuss kann bis zur Höhe des Betrages erbracht werden, der sich als anteiliges Arbeitsentgelt einschließlich des darauf entfallenden Arbeitgeberanteils am Gesamtsozialversicherungsbeitrag für Zeiten ohne Arbeitsleistung während der Teilnahme an der Maßnahme errechnet.

§ 421 f Sonderregelung zur Altersgrenze beim Eingliederungszuschuss

Die Altersgrenze beim Eingliederungszuschuss für ältere Arbeitnehmer und für besonders betroffene ältere schwerbehinderte Menschen wird für Förderungen, die bis zum 31. Dezember 2006 erstmals begonnen haben, auf die Vollendung des 50. Lebensjahres festgesetzt. Die Dauer der Förderung bei den besonders betroffenen älteren schwerbehinderten Menschen im Alter vom vollendeten 50. bis zum vollendeten 55. Lebensjahr darf 60 Monate nicht übersteigen.

Arbeitszeitgesetz

§ 3 Arbeitszeit der Arbeitnehmer

Die werktägliche Arbeitszeit der Arbeitnehmer darf acht Stunden nicht überschreiten. Sie kann auf bis zu zehn Stunden nur verlängert werden, wenn innerhalb von sechs Kalendermonaten oder innerhalb von 24 Wochen im Durchschnitt acht Stunden werktäglich nicht überschritten werden.

§ 4 Ruhepausen

Die Arbeit ist durch im voraus feststehende Ruhepausen von mindestens 30 Minuten bei einer Arbeitszeit von mehr als sechs bis zu neun Stunden (…) zu unterbrechen. (…) Länger als sechs Stunden hintereinander dürfen Arbeitnehmer nicht ohne Ruhepause beschäftigt werden.

§ 5 Ruhezeit

(1) Die Arbeitnehmer müssen nach Beendigung der täglichen Arbeitszeit eine ununterbrochene Ruhezeit von mindestens elf Stunden haben. (…)

§ 6 Nacht- und Schichtarbeit

(1) Die Arbeitszeit der Nacht- und Schichtarbeitnehmer ist nach den gesicherten arbeitswissenschaftlichen Erkenntnissen über die menschengerechte Gestaltung der Arbeit festzulegen.

(2) Die werktägliche Arbeitszeit der Nachtarbeitnehmer darf acht Stunden nicht überschreiten. (…)

(3) Nachtarbeitnehmer sind berechtigt, sich vor Beginn der Beschäftigung und danach in regelmäßigen Zeitabständen von nicht weniger als drei Jahren arbeitsmedizinisch untersuchen zu lassen. (…)

(4) Der Arbeitgeber hat den Nachtarbeitnehmer auf dessen Verlangen auf einen für ihn geeigneten Tagesarbeitsplatz umzusetzen, wenn (…)
b) im Haushalt des Arbeitnehmers ein Kind unter zwölf Jahren lebt, das nicht von einer

anderen im Haushalt lebenden Person betreut werden kann, oder

c) der Arbeitnehmer einen schwerpflegebedürftigen Angehörigen zu versorgen hat, der nicht von einem anderen im Haushalt lebenden Angehörigen versorgt werden kann, sofern dem nicht dringende betriebliche Erfordernisse entgegenstehen. (…)

(5) Soweit keine tarifvertraglichen Ausgleichsregelungen bestehen, hat der Arbeitgeber dem Nachtarbeitnehmer für die während der Nachtzeit geleisteten Arbeitsstunden eine angemessene Zahl bezahlter freier Tage oder einen angemessenen Zuschlag auf das ihm hierfür zustehende Bruttoarbeitsentgelt zu gewähren.

(6) Es ist sicherzustellen, daß Nachtarbeitnehmer den gleichen Zugang zur betrieblichen Weiterbildung und zu aufstiegsfördernden Maßnahmen haben wie die übrigen Arbeitnehmer.

§ 9 Sonn- und Feiertagsruhe

(1) Arbeitnehmer dürfen an Sonn- und gesetzlichen Feiertagen von 0 bis 24 Uhr nicht beschäftigt werden.

(2) In mehrschichtigen Betrieben mit regelmäßiger Tag- und Nachtschicht kann Beginn oder Ende der Sonn- und Feiertagsruhe um bis zu sechs Stunden vor- oder zurückverlegt werden, wenn für die auf den Beginn der Ruhezeit folgenden 24 Stunden der Betrieb ruht. (…)

§ 10 Sonn- und Feiertagsbeschäftigung

(1) Sofern die Arbeiten nicht an Werktagen vorgenommen werden können, dürfen Arbeitnehmer an Sonn- und Feiertagen abweichend von § 9 beschäftigt werden

1. in Not- und Rettungsdiensten (…)
2. zur Aufrechterhaltung der öffentlichen Sicherheit und Ordnung sowie der Funktionsfähigkeit von Gerichten und Behörden (…)
3. in Krankenhäusern und anderen Einrichtungen zur Behandlung, Pflege und Betreuung von Personen,
4. in Gaststätten und anderen Einrichtungen zur Bewirtung und Beherbergung sowie im Haushalt, (…)
9. bei Messen, Ausstellungen und Märkten (…) sowie bei Volksfesten, (…)
14. bei der Reinigung und Instandhaltung von Betriebseinrichtungen, (…)
15. zur Verhütung des Verderbens von Naturerzeugnissen oder Rohstoffen (…)

§ 11 Ausgleich für Sonn- und Feiertagsbeschäftigung

(1) Mindestens 15 Sonntage im Jahr müssen beschäftigungsfrei bleiben. (…)

(3) Werden Arbeitnehmer an einem Sonntag beschäftigt, müssen sie einen Ersatzruhetag haben, der innerhalb eines den Beschäftigungstag einschließenden Zeitraums von zwei Wochen zu gewähren ist. Werden Arbeitnehmer an einem auf einen Werktag fallenden Feiertag beschäftigt, müssen sie einen Ersatzruhetag haben, der innerhalb eines den Beschäftigungstag einschließenden Zeitraums von acht Wochen zu gewähren ist. (…)

Bürgerliches Gesetzbuch

§§

§ 611 Vertragspflichten

(1) Durch den Dienstvertrag wird derjenige, welcher Dienste zusagt, zur Leistung der versprochenen Dienste, der andere Teil zur Gewährung der vereinbarten Vergütung verpflichtet.

(2) Gegenstand des Dienstvertrags können Dienste jeder Art sein.

§ 611 a Geschlechtsbezogene Benachteiligung

(1) Der Arbeitgeber darf einen Arbeitnehmer bei einer Vereinbarung oder einer Maßnahme, insbesondere bei der Begründung des Arbeitsverhältnisses, beim beruflichen Auf-

stieg, bei einer Weisung oder einer Kündigung, nicht wegen seines Geschlechts benachteiligen. Eine unterschiedliche Behandlung wegen des Geschlechts ist jedoch zulässig, soweit eine Vereinbarung oder eine Maßnahme die Art der vom Arbeitnehmer auszuübenden Tätigkeit zum Gegenstand hat und ein bestimmtes Geschlecht unverzichtbare Voraussetzung für diese Tätigkeit ist. Wenn im Streitfall der Arbeitnehmer Tatsachen glaubhaft macht, die eine Benachteiligung wegen des Geschlechts vermuten lassen, trägt der Arbeitgeber die Beweislast dafür, dass nicht auf das Geschlecht bezogene, sachliche Gründe eine unterschiedliche Behandlung rechtfertigen oder das Geschlecht unverzichtbare Voraussetzung für die auszuübende Tätigkeit ist.

(2) Verstößt der Arbeitgeber gegen das in Absatz 1 geregelte Benachteiligungsverbot bei der Begründung eines Arbeitsverhältnisses, so kann der hierdurch benachteiligte Bewerber eine angemessene Entschädigung in Geld verlangen; ein Anspruch auf Begründung eines Arbeitsverhältnisses besteht nicht.

(3) Wäre der Bewerber auch bei benachteiligungsfreier Auswahl nicht eingestellt worden, so hat der Arbeitgeber eine angemessene Entschädigung in Höhe von höchstens drei Monatsverdiensten zu leisten. Als Monatsverdienst gilt, was dem Bewerber bei regelmäßiger Arbeitszeit in dem Monat, in dem das Arbeitsverhältnis hätte begründet werden sollen, an Geld- und Sachbezügen zugestanden hätte.

(4) Ein Anspruch nach den Absätzen 2 und 3 muss innerhalb einer Frist, die mit Zugang der Ablehnung der Bewertung beginnt, schriftlich geltend gemacht werden. Die Länge der Frist bemisst sich nach einer für die Geltendmachung von Schadenersatzansprüchen im angestrebten Arbeitsverhältnis vorgesehenen Ausschlussfrist; sie beträgt mindestens zwei Monate. Ist eine solche Frist für das angestrebte Arbeitsverhältnis nicht bestimmt, so beträgt die Frist sechs Monate.

(5) Die Absätze 2 bis 4 gelten beim beruflichen Aufstieg entsprechend, wenn auf den Aufstieg kein Anspruch besteht.

§ 611 b Arbeitsplatzausschreibung

Der Arbeitgeber darf einen Arbeitsplatz weder öffentlich noch innerhalb des Betriebs nur für Männer oder nur für Frauen ausschreiben, es sei denn, dass ein Fall des § 611 a Abs. 1 Satz 2 vorliegt.

§ 622 Kündigungsfristen bei Arbeitsverhältnissen

(1) Das Arbeitsverhältnis eines Arbeiters oder eines Angestellten (Arbeitnehmers) kann mit einer Frist von vier Wochen zum Fünfzehnten oder zum Ende eines Kalendermonats gekündigt werden.

(2) Für eine Kündigung durch den Arbeitgeber beträgt die Kündigungsfast, wenn das Arbeitsverhältnis in dem Betrieb oder Unternehmen

1. zwei Jahre bestanden hat, einen Monat zum Ende eines Kalendermonats,
2. fünf Jahre bestanden hat, zwei Monate zum Ende eines Kalendermonats, (...)
6. fünfzehn Jahre bestanden hat, sechs Monate zum Ende eines Kalendermonats,
7. zwanzig Jahre bestanden hat, sieben Monate zum Ende eines Kalendermonats.

Bei der Berechnung der Beschäftigungsdauer werden die Zeiten, die vor der Vollendung des fünfundzwanzigsten Lebensjahres des Arbeitnehmers liegen, nicht berücksichtigt.

(3) Während einer vereinbarten Probezeit, längstens für die Dauer von sechs Monaten, kann das Arbeitsverhältnis mit einer Frist von zwei Wochen gekündigt werden.

(4) Von den Absätzen 1 bis 3 abweichende Regelungen können durch Tarifvertrag vereinbart werden. (...)

(6) Für die Kündigung des Arbeitsverhältnisses durch den Arbeitnehmer darf keine längere Frist vereinbart werden als für die Kündigung durch den Arbeitgeber.

§ 626 Fristlose Kündigung aus wichtigem Grund

(1) Das Dienstverhältnis kann von jedem Vertragsteil aus wichtigem Grund ohne Einhaltung einer Kündigungsfrist gekündigt werden, wenn Tatsachen vorliegen, auf Grund

derer dem Kündigenden unter Berücksichtigung aller Umstände des Einzelfalles und unter Abwägung der Interessen beider Vertragsteile die Fortsetzung des Dienstverhältnisses bis zum Ablauf der Kündigungsfrist oder bis zu der vereinbarten Beendigung des Dienstverhältnisses nicht zugemutet werden kann.

(2) Die Kündigung kann nur innerhalb von zwei Wochen erfolgen. Die Frist beginnt mit dem Zeitpunkt, in dem der Kündigungsberechtigte von den für die Kündigung maßgebenden Tatsachen Kenntnis erlangt. Der Kündigende muß dem anderen Teil auf Verlangen den Kündigungsgrund unverzüglich schriftlich mitteilen.

§ 629 Zeit zur Stellensuche
Nach der Kündigung eines dauernden Dienstverhältnisses hat der Dienstberechtigte dem Verpflichteten auf Verlangen angemessene Zeit zum Aufsuchen eines anderen Dienstverhältnisses zu gewähren.

§ 630 Zeugnis
Bei der Beendigung eines dauernden Dienstverhältnisses kann der Verpflichtete von dem anderen Teile ein schriftliches Zeugnis über das Dienstverhältnis und dessen Dauer fordern. Das Zeugnis ist auf Verlangen auf die Leistungen und die Führung im Dienste zu erstrecken.

Beschäftigungsschutzgesetz [*]

§ 1 Ziel, Anwendungsbereich
(1) Ziel des Gesetzes ist die Wahrung der Würde von Frauen und Männern durch den Schutz vor sexueller Belästigung am Arbeitsplatz.

(2) Beschäftigte im Sinne dieses Gesetzes sind
1. die Arbeitnehmerinnen und Arbeitnehmer in Betrieben und Verwaltungen des privaten oder öffentlichen Rechts (Arbeiterinnen und Arbeiter, Angestellte, zu ihre Berufsbildung, Beschäftigte), ferner Personen, die wegen ihrer wirtschaftlichen Unselbständigkeit als arbeitnehmerähnliche Personen anzusehen sind. Zu diesen gehören auch die in Heimarbeit Beschäftigten und die ihnen Gleichgestellten; für sie tritt an die Stelle des Arbeitgebers der Auftraggeber oder Zwischenmeister;
2. die Beamtinnen und Beamten des Bundes, der Länder, der Gemeinden, der Gemeindeverbände sowie der sonstigen Aufsicht des Bundes oder eines Landes unterstehenden Körperschaften, Anstalten und Stiftungen des öffentlichen Rechts;
3. die Richterinnen und Richter des Bundes der Länder;
4. weibliche und männliche Soldaten (§ 6).

§ 2 Schutz vor sexueller Belästigung
(1) Arbeitgeber und Dienstvorgesetzte haben die Beschäftigten vor sexueller Belästigung am Arbeitsplatz zu schützen. Dieser Schutz umfaßt auch vorbeugende Maßnahmen.

(2) Sexuelle Belästigung am Arbeitsplatz ist jedes vorsätzliche, sexuell bestimmte Verhalten, das die Würde von Beschäftigen am Arbeitsplatz verletzt. Dazu gehören
1. Sexuelle Handlungen und Verhaltensweisen, die nach den strafgesetzlichen Vorschriften unter Strafe gestellt sind, sowie
2. Sonstige sexuelle Handlungen und Aufforderungen zu diesen, sexuell bestimmte körperliche Berührungen, Bemerkungen sexuellen Inhalts sowie zeigen und sichtbares Anbringen von pornographischen Darstellungen, die von den Betroffenen erkennbar abgelehnt werden.

§§

---

[*] Art. 10 des Gesetzes zur Durchsetzung der Gleichberechtigung von Männern und Frauen vom 24.06.1994, Bundesgesetzblatt, Teil I, Nr. 39/1994 vom 30.06.1994, S. 1406 ff.

(3) Sexuelle Belästigung am Arbeitsplatz ist eine Verletzung der arbeitsvertraglichen Pflichten oder ein Dienstvergehen.

§ 3 Beschwerderecht der Beschäftigten
(1) Die betroffenen Beschäftigten haben das Recht, sich bei den zuständigen Stellen des Betriebes oder der Dienststelle zu beschweren, wenn sie sich vom Arbeitgeber, von Vorgesetzten, von anderen Beschäftigten oder von Dritten am Arbeitsplatz sexuell belästigt im Sinne des § 2 Abs. 2 fühlen. (...)
(2) Der Arbeitgeber oder Dienstvorgesetzte hat die Beschwerde zu prüfen und geeignete Maßnahmen zu treffen, um die Fortsetzung einer festgestellten Belästigung zu unterbinden.

§ 4 Maßnahmen des Arbeitgebers oder Dienstvorgesetzten, Leistungsverweigerungsrecht
(1) Bei sexueller Belästigung hat
  1. der Arbeitgeber die im Einzelfall angemessenen arbeitsrechtlichen Maßnahmen wie Abmahnung, Umsetzung, Versetzung oder Kündigung zu ergreifen. (...)
  2. Der Dienstvorgesetzte die erforderlichen dienstrechtlichen und personalwirtschaftlichen Maßnahmen zu treffen. (...)
(2) Ergreift der Arbeitgeber oder Dienstvorgesetzte keine oder offensichtlich ungeeignete Maßnahmen zur Unterbindung der sexuellen Belästigung, sind die belästigten Beschäftigten berechtigt, ihre Tätigkeit am betreffenden Arbeitsplatz ohne Verlust des Arbeitsentgeldes und der Bezüge einzustellen, soweit dies zu ihrem Schutz erforderlich ist.
(3) Der Arbeitgeber oder Dienstvorgesetzte darf die belästigen Beschäftigten nicht benachteiligen, weil diese sich gegen eine sexuelle Belästigung gewehrt und in zulässiger Weise ihre Recht ausgeübt haben.

§ 5 Fortbildung für Beschäftigte im öffentlichen Dienst
Im Rahmen der beruflichen Aus- und Fortbildung von Beschäftigten im öffentlichen Dienst sollen die Problematik der sexuellen Belästigung am Arbeitsplatz, der Rechtsschutz für die Betroffenen und die Handlungsverpflichtung des Dienstvorgesetzten berücksichtigt werden. (...)

§ 7 Bekanntgabe des Gesetzes
In Betrieben und Dienststellen ist diese Gesetz an geeigneter Stelle zur Einsicht auszulegen oder auszuhängen.

Entgeltfortzahlungsgesetz

§ 2 Entgeltzahlung an Feiertagen
(1) Für Arbeitszeit, die infolge eines gesetzlichen Feiertages ausfällt, hat der Arbeitgeber dem Arbeitnehmer das Arbeitsentgelt zu zahlen, das er ohne den Arbeitsausfall erhalten hätte. (...)
(3) Arbeitnehmer, die am letzten Arbeitstag vor oder am ersten Arbeitstag nach Feiertagen unentschuldigt der Arbeit fernbleiben, haben keinen Anspruch auf Bezahlung für diese Feiertage.

§ 3 Anspruch auf Entgeltfortzahlung im Krankheitsfall
(1) Wird ein Arbeitnehmer durch Arbeitsunfähigkeit infolge Krankheit an seiner Arbeitsleistung verhindert, ohne daß ihn ein Verschulden trifft, so hat er Anspruch auf Entgeltfortzahlung im Krankheitsfall durch den Arbeitgeber für die Zeit der Arbeitsunfähigkeit bis zur Dauer von sechs Wochen. (...)

(2) Als unverschuldete Arbeitsunfähigkeit im Sinne des Absatzes 1 gilt auch eine Arbeitsverhinderung, die infolge (...) eines nicht rechtswidrigen Abbruchs der Schwangerschaft eintritt. Dasselbe gilt für einen Abbruch der Schwangerschaft, wenn die Schwangerschaft innerhalb von zwölf Wochen nach der Empfängnis durch einen Arzt abgebrochen wird, die schwangere Frau den Abbruch verlangt und dem Arzt durch eine Bescheinigung nachgewiesen hat, daß sie sich mindestens drei Tage vor dem Eingriff von einer anerkannten Beratungsstelle hat beraten lassen.

(3) Der Anspruch nach Absatz 1 entsteht nach vierwöchiger ununterbrochener Dauer des Arbeitsverhältnisses.

§ 4 Höhe des fortzuzahlenden Arbeitsentgelts

(1) Für den in § 3 Abs. 1 bezeichneten Zeitraum ist dem Arbeitnehmer das ihm bei der für ihn maßgebenden reglemäßigen Arbeitszeit zustehende Arbeitsentgeld fortzuzahlen

(1a) Zum Arbeitsentgelt nach Absatz 1 gehören nicht das zusätzlich für Überstunden gezahlte Arbeitsentgelt und Leistungen für Aufwendungen des Arbeitnehmers, soweit der Anspruch auf sie im Falle der Arbeitsfähigkeit davon abhängig ist, daß dem Arbeitnehmer entsprechende Aufwendungen tatsächlich entstanden sind und dem Arbeitnehmer solche Aufwendungen während der Arbeitsunfähigkeit nicht entstehen. Erhält der Arbeitnehmer eine auf das Ergebnis abgestimmte Vergütung, so ist der von dem Arbeitnehmer in der für ihn maßgebundenen regelmäßigen Arbeitszeit erzielbare Durchschnittsverdienst der Berechnung zugrunde zu legen. (...)

§ 5 Anzeige- und Nachweispflichten

(1) Der Arbeitnehmer ist verpflichtet, dem Arbeitgeber die Arbeitsunfähigkeit und deren voraussichtliche Dauer unverzüglich mitzuteilen. Dauert die Arbeitsunfähigkeit länger als drei Kalendertage, hat der Arbeitnehmer eine ärztliche Bescheinigung über das Bestehen der Arbeitsunfähigkeit sowie deren voraussichtliche Dauer spätestens an dem darauffolgenden Arbeitstag vorzulegen. Der Arbeitgeber ist berechtigt, die Vorlage der ärztlichen Bescheinigung früher zu verlangen. Dauert die Arbeitsunfähigkeit länger als in der Bescheinigung angegeben, ist der Arbeitnehmer verpflichtet, eine neue ärztliche Bescheinigung vorzulegen. Ist der Arbeitnehmer Mitglied einer gesetzlichen Krankenkasse, muß die ärztliche Bescheinigung einen Vermerk des behandelnden Arztes darüber enthalten, daß der Krankenkasse unverzüglich eine Bescheinigung über die Arbeitsunfähigkeit mit Angaben über den Befund und die voraussichtliche Dauer der Arbeitsunfähigkeit übersandt wird. (...)

Gesetz über Teilzeitarbeit und befristete Arbeitsverträge

§ 4 Verbot der Diskriminierung

(1) Ein teilzeitbeschäftigter Arbeitnehmer darf wegen der Teilzeitarbeit nicht schlechter behandelt werden als ein vergleichbarer vollzeitbeschäftigter Arbeitnehmer, es sei denn, dass sachliche Gründe eine unterschiedliche Behandlung rechtfertigen. Einem teilzeitbeschäftigten Arbeitnehmer ist Arbeitsentgelt oder eine andere teilbare geldwerte Leistung mindestens in dem Umfang zu gewähren, der dem Anteil seiner Arbeitszeit an der Arbeitszeit eines vergleichbaren vollzeitbeschäftigten Arbeitnehmers entspricht.

(2) Ein befristet beschäftigter Arbeitnehmer darf wegen der Befristung des Arbeitsvertrages nicht schlechter behandelt werden, als ein vergleichbarer unbefristet beschäftigter Arbeitnehmer, es sei denn, dass sachliche Gründe eine unterschiedliche Behandlung rechtfertigen. Einem befristet beschäftigten Arbeitnehmer ist Arbeitsentgelt oder eine andere teilbare geldwerte Leistung, die für einen bestimmten Bemessungszeitraum gewährt wird, mindestens in dem Umfang zu gewähren, der dem Anteil seiner Beschäftigungsdauer am Bemessungszeitraum entspricht. (...)

§§

§ 5 Benachteiligungsverbot
Der Arbeitgeber darf einen Arbeitnehmer nicht wegen der Inanspruchnahme von Rechten nach diesem Gesetz benachteiligen.

§ 6 Förderung von Teilzeitarbeit
Der Arbeitgeber hat den Arbeitnehmern, auch in leitenden Positionen, Teilzeitarbeit nach Maßgabe dieses Gesetzes zu ermöglichen.

§ 7 Ausschreibung; Information über freie Arbeitsplätze
(1) Der Arbeitgeber hat einen Arbeitsplatz, den er öffentlich oder innerhalb des Betriebes ausschreibt, auch als Teilzeitarbeitsplatz auszuschreiben, wenn sich der Arbeitsplatz hierfür eignet.

(2) Der Arbeitgeber hat einen Arbeitnehmer, der ihm den Wunsch nach einer Veränderung von Dauer und Lage seiner vertraglich vereinbarten Arbeitszeit angezeigt hat, über entsprechende Arbeitsplätze zu informieren, die im Betrieb oder Unternehmen besetzt werden sollen. (...)

§ 8 Verringerung der Arbeitszeit
(1) Ein Arbeitnehmer, dessen Arbeitsverhältnis länger als sechs Monate bestanden hat, kann verlangen, dass seine vertraglich vereinbarte Arbeitszeit verringert wird.

(2) Der Arbeitnehmer muss die Verringerung seiner Arbeitszeit und den Umfang der Verringerung spätestens drei Monate vor deren Beginn geltend machen. Er soll dabei die gewünschte Verteilung der Arbeitszeit angeben.

(3) Der Arbeitgeber hat mit dem Arbeitnehmer die gewünschte Verringerung der Arbeitszeit mit dem Ziel zu erörtern, zu einer Vereinbarung zu gelangen. Er hat mit dem Arbeitnehmer Einvernehmen über die von ihm festzulegende Verteilung der Arbeitszeit zu erzielen.

(4) Der Arbeitgeber hat der Verringerung der Arbeitszeit zuzustimmen und ihre Verteilung entsprechend den Wünschen des Arbeitnehmers festzulegen, soweit betriebliche Gründe nicht entgegenstehen. Ein betrieblicher Grund liegt insbesondere vor, wenn die Verringerung der Arbeitszeit die Organisation, den Arbeitsablauf oder die Sicherheit im Betrieb wesentlich beeinträchtigt oder unverhältnismäßige Kosten verursacht. Die Ablehnungsgründe können durch Tarifvertrag festgelegt werden. Im Geltungsbereich eines solchen Tarifvertrages können nicht tarifgebundene Arbeitgeber und Arbeitnehmer die Anwendung der tariflichen Regelungen über die Ablehnungsgründe vereinbaren.

(5) Die Entscheidung über die Verringerung der Arbeitszeit und ihre Verteilung hat der Arbeitgeber dem Arbeitnehmer spätestens einen Monat vor dem gewünschten Beginn der Verringerung schriftlich mitzuteilen. Haben sich Arbeitgeber und Arbeitnehmer nicht nach Absatz 3 Satz 1 über die Verringerung der Arbeitszeit geeinigt und hat der Arbeitgeber die Arbeitszeitverringerung nicht spätestens einen Monat vor deren gewünschtem Beginn schriftlich abgelehnt, verringert sich die Arbeitszeit in dem vom Arbeitnehmer gewünschten Umfang. Haben Arbeitgeber und Arbeitnehmer über die Verteilung der Arbeitszeit kein Einvernehmen nach Absatz 3 Satz 2 erzielt und hat der Arbeitgeber nicht spätestens einen Monat vor dem gewünschten Beginn der Arbeitszeitverringerung die gewünschte Verteilung der Arbeitszeit schriftlich abgelehnt, gilt die Verteilung der Arbeitszeit entsprechend den Wünschen des Arbeitnehmers als festgelegt. Der Arbeitgeber kann die nach Satz 3 oder Absatz 3 Satz 2 festgelegte Verteilung der Arbeitszeit wieder ändern, wenn das betriebliche Interesse daran das Interesse des Arbeitnehmers an der Beibehaltung erheblich überwiegt und der Arbeitgeber die Änderung spätestens einen Monat vorher angekündigt hat.

(6) Der Arbeitnehmer kann eine erneute Verringerung der Arbeitszeit frühestens nach Ablauf von zwei Jahren verlangen, nachdem der Arbeitgeber einer Verringerung zugestimmt oder sie berechtigt abgelehnt hat.

(7) Für den Anspruch auf Verringerung der Arbeitszeit gilt die Voraussetzung, dass der Arbeitgeber, unabhängig von der Anzahl der Personen in Berufsbildung, in der Regel mehr als 15 Arbeitnehmer beschäftigt.

§ 9 Verlängerung der Arbeitszeit
Der Arbeitgeber hat einen teilzeitbeschäftigten Arbeitnehmer, der ihm den Wunsch nach einer Verlängerung seiner vertraglich vereinbarten Arbeitszeit angezeigt hat, bei der Besetzung eines entsprechenden freien Arbeitsplatzes bei gleicher Eignung bevorzugt zu berücksichtigen, es sei denn, dass dringende betriebliche Gründe oder Arbeitszeitwünsche anderer teilzeitbeschäftigter Arbeitnehmer entgegenstehen.

§ 11 Kündigungsverbot
Die Kündigung eines Arbeitsverhältnisses wegen der Weigerung eines Arbeitnehmers, von einem Vollzeit- in ein Teilzeitarbeitsverhältnis oder umgekehrt zu wechseln, ist unwirksam. Das Recht zur Kündigung des Arbeitsverhältnisses aus anderen Gründen bleibt unberührt.

Kündigungsschutzgesetz

§ 1 Sozial ungerechtfertigte Kündigungen
(1) Die Kündigung des Arbeitsverhältnisses gegenüber einem Arbeitnehmer, dessen Arbeitsverhältnis in demselben Betrieb oder Unternehmen ohne Unterbrechung länger als sechs Monate bestanden hat, ist rechtsunwirksam, wenn sie sozial ungerechtfertigt ist.

(2) Sozial ungerechtfertigt ist die Kündigung, wenn sie nicht durch Gründe, die in der Person oder in dem Verhalten des Arbeitnehmers liegen, oder durch dringende betriebliche Erfordernisse, die einer Weiterbeschäftigung des Arbeitnehmers in diesem Betrieb entgegenstehen, bedingt ist. Die Kündigung ist auch sozial ungerechtfertigt, wenn
1. in Betrieben des privaten Rechts (…)
   b) der Arbeitnehmer an einem anderen Arbeitsplatz in demselben Betrieb oder in einem anderen Betrieb des Unternehmens weiterbeschäftigt werden kann und der Betriebsrat oder eine andere nach dem Betriebsverfassungsgesetz insoweit zuständige Vertretung der Arbeitnehmer aus einem dieser Gründe der Kündigung innerhalb der Frist des § 102 Abs. 2 Satz 1 des Betriebsverfassungsgesetzes schriftlich widersprochen hat,
2. in Betrieben und Verwaltungen des öffentlichen Rechts (…)
   b) der Arbeitnehmer an einem anderen Arbeitsplatz in derselben Dienststelle oder in einer anderen Dienststelle desselben Verwaltungszweigs an demselben Dienstort einschließlich seines Einzugsgebiets weiterbeschäftigt werden kann und die zuständige Personalvertretung aus einem dieser Gründe fristgerecht gegen die Kündigung Einwendungen erhoben hat, (…)

Satz 2 gilt entsprechend, wenn die Weiterbeschäftigung des Arbeitnehmers nach zumutbaren Umschulungs- oder Fortbildungsmaßnahmen oder eine Weiterbeschäftigung des Arbeitnehmers unter geänderten Arbeitsbedingungen möglich ist und der Arbeitnehmer sein Einverständnis hiermit erklärt hat. Der Arbeitgeber hat die Tatsachen zu beweisen, die die Kündigung bedingen.

(3) Ist einem Arbeitnehmer aus dringenden betrieblichen Erfordernissen im Sinne des Absatzes 2 gekündigt worden, so ist die Kündigung trotzdem sozial ungerechtfertigt, wenn der Arbeitgeber bei der Auswahl des Arbeitnehmers soziale Gesichtspunkte nicht oder nicht ausreichend berücksichtigt hat; auf Verlangen des Arbeitnehmers hat der Arbeitgeber dem Arbeitnehmer die Gründe anzugeben, die zu der getroffenen sozialen Auswahl geführt haben. (…) Der Arbeitnehmer hat die Tatsachen zu beweisen, die die Kündigung als sozial ungerechtfertigt im Sinne des Satzes 1 erscheinen lassen. (…)

§§

§ 4 Anrufung des Arbeitsgerichts

Will ein Arbeitnehmer geltend machen, daß eine Kündigung sozial ungerechtfertigt ist, so muß er innerhalb von drei Wochen nach Zugang der Kündigung Klage beim Arbeitsgericht auf Feststellung erheben, daß das Arbeitsverhältnis durch die Kündigung nicht aufgelöst ist. Im Falle des § 2 ist die Klage auf Feststellung zu erheben, daß die Änderung der Arbeitsbedingungen sozial ungerechtfertigt ist. (...)

§ 23 Geltungsbereich

(1) Die Vorschriften des Ersten Abschnitts gelten für Betriebe und Verwaltungen, des privaten und des öffentlichen Rechts (...). Die Vorschriften des Ersten Abschnitts gelten nicht für Betriebe und Verwaltungen, in denen in der Regel fünf oder weniger Arbeitnehmer ausschließlich der zu ihrer Berufsbildung Beschäftigten beschäftigt werden. Bei der Feststellung der Zahl der beschäftigten Arbeitnehmer nach Satz 2 sind teilzeitbeschäftigte Arbeitnehmer mit einer regelmäßigen wöchentlichen Arbeitszeit von nicht mehr als 20 Stunden mit 0,5 und nicht mehr als 30 Stunden mit 0,75 zu berücksichtigen. (...)

Gesetz zur Regelung der Rechtsverhältnisse der Prostituierten (Prostitutionsgesetz – ProstG)

§ 1

Sind sexuelle Handlungen gegen ein vorher vereinbartes Entgelt vorgenommen worden, so begründet diese Vereinbarung eine rechtswirksame Forderung. Das Gleiche gilt, wenn sich eine Person, insbesondere im Rahmen eines Beschäftigungsverhältnisses, für die Erbringung derartiger Handlungen gegen ein vorher vereinbartes Entgelt für eine bestimmte Zeitdauer bereithält.

§ 2

Die Forderung kann nicht abgetreten und nur im eigenen Namen geltend gemacht werden. Gegen eine Forderung gemäß § 1 Satz 1 kann nur die vollständige, gegen eine Forderung nach § 1 Satz 2 auch die teilweise Nichterfüllung, soweit sie die vereinbarte Zeitdauer betrifft, eingewendet werden. Mit Ausnahme des Erfüllungseinwandes gemäß des § 362 des Bürgerlichen Gesetzbuchs und der Einrede der Verjährung sind weitere Einwendungen und Einreden ausgeschlossen.

§ 3

Bei Prostituierten steht das eingeschränkte Weisungsrecht im Rahmen einer abhängigen Tätigkeit der Annahme einer Beschäftigung im Sinne des Sozialversicherungsrechts nicht entgegen.

Mutterschutzgesetz

§ 3 Beschäftigungsverbote für werdende Mütter

(1) Werdende Mütter dürfen nicht beschäftigt werden, soweit nach ärztlichem Zeugnis Leben oder Gesundheit von Mutter oder Kind bei Fortdauer der Beschäftigung gefährdet ist.

(2) Werdende Mütter dürfen in den letzten sechs Wochen vor der Entbindung nicht beschäftigt werden, es sei denn, daß sie sich zur Arbeitsleistung ausdrücklich bereit erklären; die Erklärung kann jederzeit widerrufen werden.

§ 4 Weitere Beschäftigungsverbote

(1) Werdende Mütter dürfen nicht mit schweren körperlichen Arbeiten und nicht mit Arbeiten beschäftigt werden, bei denen sie schädlichen Einwirkungen von gesundheitsge-

fährdenden Stoffen oder Strahlen von Staub, Gasen oder Dämpfen, von Hitze, Kälte oder Nässe, von Erschütterungen oder Lärm ausgesetzt sind. (...)

(3) Die Beschäftigung von werdenden Müttern mit

    1. Akkordarbeit (...),

    2. Fließarbeit mit vorgeschriebenem Arbeitstempo ist verboten. Die Aufsichtsbehörde kann Ausnahmen bewilligen (...)

(5) Die Aufsichtsbehörde kann in Einzelfällen bestimmen, ob eine Arbeit unter die Beschäftigungsverbote der Absätze 1 bis 3 oder einer von der Bundesregierung gemäß Absatz 4 erlassenen Verordnung fällt. Sie kann in Einzelfällen die Beschäftigung mit bestimmten anderen Arbeiten verbieten.

§ 6 Beschäftigungsverbote nach der Entbindung

(1) Mütter dürfen bis zum Ablauf von acht Wochen, bei Früh- und Mehrlingsgeburten bis zum Ablauf von zwölf Wochen nach der Entbindung nicht beschäftigt werden. Bei Frühgeburten und sonstigen vorzeitigen Entbindungen verlängern sich die Fristen nach Satz 1 zusätzlich um den Zeitraum der Schutzfrist nach § 3 Abs. 2, der nicht in Anspruch genommen werden konnte. (...)

(2) Frauen, die in den ersten Monaten nach der Entbindung nach ärztlichem Zeugnis nicht voll leistungsfähig sind, dürfen nicht zu einer ihre Leistungsfähigkeit übersteigenden Arbeit herangezogen werden.

(3) Stillende Mütter dürfen mit den in § 4 Abs. 1, 2 Nr. 1, 3, 4, 5, 6 und 8 sowie Abs. 3 Satz 1 genannten Arbeiten nicht beschäftigt werden. (...)

§ 7 Stillzeit

(1) Stillenden Müttern ist auf ihr Verlangen die zum Stillen erforderliche Zeit, mindestens aber zweimal täglich eine halbe Stunde oder einmal täglich eine Stunde freizugeben. (...)

(2) Durch die Gewährung der Stillzeit darf ein Verdienstausfall nicht eintreten. Die Stillzeit darf von stillenden Müttern nicht vor- oder nachgearbeitet und nicht auf die in dem Arbeitszeitgesetz oder in anderen Vorschriften festgesetzten Ruhepausen angerechnet werden. (...)

§ 8 Mehrarbeit, Nacht- und Sonntagsarbeit

(1) Werdende und stillende Mütter dürfen nicht mit Mehrarbeit, nicht in der Nacht zwischen 20 und 6 Uhr und nicht an Sonn- und Feiertagen beschäftigt werden. (...)

(6) Die Aufsichtsbehörde kann in begründeten Einzelfällen Ausnahmen von den vorstehenden Vorschriften zulassen.

§ 9 Kündigungsverbot

(1) Die Kündigung gegenüber einer Frau während der Schwangerschaft und bis zum Ablauf von vier Monaten nach der Entbindung ist unzulässig, wenn dem Arbeitgeber zur Zeit der Kündigung die Schwangerschaft oder Entbindung bekannt war oder innerhalb zweier Wochen nach Zugang der Kündigung mitgeteilt wird; das Überschreiten dieser Frist ist unschädlich, wenn es auf einem von der Frau nicht zu vertretenden Grund beruht und die Mitteilung unverzüglich nachgeholt wird. (...)

(3) Die für den Arbeitsschutz zuständige oberste Landesbehörde oder die von ihr bestimmte Stelle kann in besonderen Fällen, die nicht mit dem Zustand einer Frau während der Schwangerschaft oder ihrer Lage bis zum Ablauf von vier Monaten nach der Entbindung in Zusammenhang stehen, ausnahmsweise die Kündigung für zulässig erklären. Die Kündigung bedarf der schriftlichen Form, und sie muß den zulässigen Kündigungsgrund angeben.

(4) In Heimarbeit Beschäftigte und ihnen Gleichgestellte dürfen während der Schwangerschaft und bis zum Ablauf von vier Monaten nach der Entbindung nicht gegen ihren Willen bei der Ausgabe von Heimarbeit ausgeschlossen werden; (...).

§§

§ 13 Mutterschaftsgeld

(1) Frauen, die Mitglied einer Krankenkasse sind, erhalten für die Zeit der Schutzfristen des § 3 Abs. 2 und des § 6 Abs. 1 sowie für den Entbindungstag Mutterschaftsgeld nach den Vorschriften der Reichsversicherungsordnung oder des Gesetzes über die Krankenversicherung der Landwirte über das Mutterschaftsgeld.

(2) Frauen, die nicht Mitglied einer Krankenkasse sind, erhalten, wenn sie bei Beginn der Schutzfrist nach § 3 Abs. 2 in einem Arbeitsverhältnis stehen oder in Heimarbeit beschäftigt sind oder ihr Arbeitsverhältnis während ihrer Schwangerschaft vom Arbeitgeber zulässig aufgelöst worden ist, für die Zeit der Schutzfristen des § 3 Abs. 2 und des § 6 Abs. 1 sowie für den Entbindungstag Mutterschaftsgeld zu Lasten des Bundes in entsprechender Anwendung der Vorschriften der Reichsversicherungsordnung über das Mutterschaftsgeld, höchstens jedoch insgesamt 210 €. Das Mutterschaftsgeld wird diesen Frauen vom Bundesversicherungsamt gezahlt. (...)

AUSLÄNDER- UND ASYLRECHT

Ausländergesetz

§ 5 Arten der Aufenthaltsgenehmigung

Die Aufenthaltsgenehmigung wird erteilt als
  1. Aufenthaltserlaubnis (§§ 15, 17),
  2. Aufenthaltsberechtigung (§ 27),
  3. Aufenthaltsbewilligung (§§ 28, 29),
  4. Aufenthaltsbefugnis (§ 30) (...)

§ 17 Familiennachzug zu Ausländern

(1) Einem ausländischen Familienangehörigen eines Ausländers kann zum Zwecke des nach Artikel 6 des Grundgesetzes gebotenen Schutzes von Ehe und Familie eine Aufenthaltserlaubnis für die Herstellung und Wahrung der familiären Lebensgemeinschaft mit dem Ausländer im Bundesgebiet erteilt und verlängert werden.

(2) Die Aufenthaltserlaubnis darf zu dem in Absatz 1 bezeichneten Zweck nur erteilt werden, wenn
  1. der Ausländer eine Aufenthaltserlaubnis oder Aufenthaltsberechtigung besitzt,
  2. ausreichender Wohnraum zur Verfügung steht und
  3. der Lebensunterhalt des Familienangehörigen aus eigener Erwerbstätigkeit des Ausländers, aus eigenem Vermögen oder sonstigen eigenen Mitteln gesichert ist; zur Vermeidung einer besonderen Härte kann die Aufenthaltserlaubnis erteilt werden, wenn der Lebensunterhalt der Familie auch aus eigener Erwerbstätigkeit des sich rechtmäßig oder geduldet im Bundesgebiet aufhaltenden Familienangehörigen oder durch einen unterhaltspflichtigen Familienangehörigen gesichert wird.

(3) Dem Ehegatten und minderjährigen ledigen Kindern eines Asylberechtigten kann abweichend von Absatz 2 eine Aufenthaltserlaubnis erteilt werden. (...)

(5) Die Aufenthaltserlaubnis kann auch bei Vorliegen der Voraussetzungen eines Anspruches nach diesem Gesetz versagt werden, wenn gegen den Familienangehörigen ein Ausweisungsgrund vorliegt oder wenn der Ausländer für sonstige ausländische Familienangehörige, die sich im Bundesgebiet aufhalten und denen er allgemein zum Unterhalt verpflichtet ist, oder für Personen in seinem Haushalt, für die er Unterhalt getragen oder auf Grund einer Zusage zu tragen hat, Sozialhilfe in Anspruch nimmt oder in Anspruch nehmen muß.

§ 18 Ehegattennachzug

(1) Dem Ehegatten eines Ausländers ist nach Maßgabe des § 17 eine Aufenthaltserlaubnis zu erteilen, wenn der Ausländer

1. eine Aufenthaltsberechtigung besitzt,
2. als Asylberechtigter anerkannt ist,
3. eine Aufenthaltserlaubnis besitzt, die Ehe schon im Zeitpunkt der Einreise des Ausländers bestanden hat und von diesem bei der erstmaligen Beantragung der Aufenthaltserlaubnis angegeben worden ist oder
4. im Bundesgebiet geboren oder als Minderjähriger eingereist ist, eine unbefristete Aufenthaltserlaubnis oder eine Aufenthaltsberechtigung besitzt, sich acht Jahre rechtmäßig im Bundesgebiet aufgehalten hat und volljährig ist. (...)

§ 19 Eigenständiges Aufenthaltsrecht der Ehegatten

(1) Die Aufenthaltserlaubnis des Ehegatten wird im Falle der Aufhebung der ehelichen Lebensgemeinschaft als eigenständiges, von dem in § 17 Abs. 1 bezeichneten Aufenthaltszweck unabhängiges Aufenthaltsrecht verlängert, wenn

1. die eheliche Lebensgemeinschaft seit mindestens zwei Jahren rechtmäßig im Bundesgebiet bestanden hat,
2. die eheliche Lebensgemeinschaft rechtmäßig im Bundesgebiet bestanden hat und es zur Vermeidung einer besonderen Härte erforderlich ist, dem Ehegatten den weiteren Aufenthalt zu ermöglichen, es sei denn, für den Ausländer ist die Erteilung einer unbefristeten Aufenthaltserlaubnis ausgeschlossen, oder
3. der Ausländer gestorben ist, während die eheliche Lebensgemeinschaft im Bundesgebiet bestand, und wenn
4. der Ausländer bis zum Eintritt der in den Nummern 1 bis 3 bezeichneten Voraussetzungen im Besitz der Aufenthaltserlaubnis oder Aufenthaltsberechtigung war, es sei denn, er konnte aus von ihm nicht zu vertretenden Gründen nicht rechtzeitig die Verlängerung der Aufenthaltserlaubnis beantragen.

Eine besondere Härte im Sinne von Satz 1 Nr. 2 liegt insbesondere vor, wenn dem Ehegatten wegen der aus der Auflösung der ehelichen Lebensgemeinschaft erwachsenden Rückkehrverpflichtung eine erhebliche Beeinträchtigung seiner schutzwürdigen Belange droht, oder wenn dem Ehegatten wegen der Beeinträchtigung seiner schutzwürdigen Belange das weitere Festhalten an der ehelichen Lebensgemeinschaft unzumutbar ist; zu den schutzwürdigen Belangen zählt auch das Wohl eines mit dem Ehegatten in familiärer Lebensgemeinschaft lebenden Kindes. Zur Vermeidung von Missbrauch kann die Verlängerung der Aufenthaltserlaubnis in den Fällen des Satzes 1 Nr. 2 versagt werden, wenn der Ehegatte aus einem von ihm zu vertretenden Grund auf die Inanspruchnahme von Sozialhilfe angewiesen ist.

(2) In den Fällen des Absatzes 1 ist die Aufenthaltserlaubnis für ein Jahr zu verlängern; die Inanspruchnahme von Sozialhilfe steht dieser Verlängerung, unbeschadet des Absatzes 1 Satz 3, nicht entgegen. Danach kann die Aufenthaltserlaubnis befristet verlängert werden, solange die Voraussetzungen für die unbefristete Verlängerung nicht vorliegen.

(3) Die Verlängerung der Aufenthaltserlaubnis kann unbeschadet des Absatzes 2 Satz 1 versagt werden, wenn gegen den Ehegatten ein Ausweisungsgrund vorliegt.

(4) Im übrigen wird die Aufenthaltserlaubnis eines Ehegatten mit der unbefristeten Verlängerung zu einem eigenständigen, von dem in § 17 Abs. 1 bezeichneten Aufenthaltszweck unabhängigen Aufenthaltsrecht.

§§

§ 20 Kindernachzug

(1) Dem minderjährigen ledigen Kind eines Asylberechtigten ist nach Maßgabe des § 17 eine Aufenthaltserlaubnis zu erteilen.

(2) Dem ledigen Kind eines sonstigen Ausländers ist nach Maßgabe des § 17 eine Aufenthaltserlaubnis zu erteilen, wenn

1. auch der andere Elternteil eine Aufenthaltserlaubnis oder Aufenthaltsberechtigung

besitzt oder gestorben ist und

2. das Kind das 16. Lebensjahr noch nicht vollendet hat.

(3) Von der in Absatz 2 Nr. 1 bezeichneten Voraussetzung kann abgesehen werden, wenn die Eltern nicht oder nicht mehr miteinander verheiratet sind. Einem Kind, das sich seit fünf Jahren rechtmäßig im Bundesgebiet aufhält, kann die Aufenthaltserlaubnis abweichend von Absatz 2 Nr. 1 und § 17 Abs. 2 Nr. 3 erteilt werden.

(4) Im übrigen kann dem minderjährigen ledigen Kind eines Ausländers nach Maßgabe des § 17 eine Aufenthaltserlaubnis erteilt werden, wenn

1. das Kind die deutsche Sprache beherrscht oder gewährleistet erscheint, daß es sich auf Grund seiner bisherigen Ausbildung und Lebensverhältnisse in die Lebensverhältnisse in der Bundesrepublik Deutschland einfügen kann oder

2. es auf Grund der Umstände des Einzelfalles zur Vermeidung einer besonderen Härte erforderlich ist.

(5) Dem minderjährigen ledigen Kind eines Ausländers, der im Bundesgebiet geboren oder als Minderjähriger eingereist ist, kann die Aufenthaltserlaubnis abweichend von § 17 Abs. 2 Nr. 3 erteilt werden, wenn der Lebensunterhalt ohne Inanspruchnahme öffentlicher Mittel gesichert ist. Der Erteilung der Aufenthaltserlaubnis steht nicht die Inanspruchnahme von Stipendien und Ausbildungsbeihilfen sowie von solchen öffentlichen Mitteln entgegen, die auf einer Beitragsleistung beruhen. (...)

§ 21 Aufenthaltsrecht der Kinder

(1) Einem Kind, das im Bundesgebiet geboren wird, ist von Amts wegen eine Aufenthaltserlaubnis zu erteilen, wenn die Mutter eine Aufenthaltserlaubnis oder Aufenthaltsberechtigung besitzt. Die Aufenthaltserlaubnis ist nach Maßgabe des § 17 zu verlängern, solange die Mutter oder der allein personensorgeberechtigte Vater eine Aufenthaltserlaubnis oder Aufenthaltsberechtigung besitzt. (...)

§ 22 Nachzug sonstiger Familienangehöriger

Einem sonstigen Familienangehörigen eines Ausländers kann nach Maßgabe des § 17 eine Aufenthaltserlaubnis erteilt werden, wenn es zur Vermeidung einer außergewöhnlichen Härte erforderlich ist. (...)

§ 23 Ausländische Familienangehörige Deutscher

(1) Die Aufenthaltserlaubnis ist nach Maßgabe des § 17 Abs. 1

1. dem ausländischen Ehegatten eines Deutschen,

2. dem ausländischen minderjährigen ledigen Kind eines Deutschen,

3. dem ausländischen Elternteil eines minderjährigen ledigen Deutschen zur Ausübung der Personensorge zu erteilen, wenn der Deutsche seinen gewöhnlichen Aufenthalt im Bundesgebiet hat; (...)

(4) Auf sonstige Familienangehörige findet § 22 entsprechende Anwendung.

§ 27 a Nachzug von Lebenspartnern

Dem ausländischen Lebenspartner eines Ausländers kann eine Aufenthaltserlaubnis für die Herstellung und Wahrung der lebenspartnerschaftlichen Gemeinschaft mit dem Ausländer im Bundesgebiet erteilt und verlängert werden. Auf die Einreise und den Aufenthalt des Lebenspartners finden § 17 Abs. 2 bis 5, §§ 18, 19 Abs. 1 Satz 1 Nr. 1, 3 und 4, Abs. 2 bis 4, §§ 23, 25 und 27 Abs. 3 Satz 2 Nr. 2 und Abs. 4 entsprechende Anwendung.

§ 30 Aufenthaltsbefugnis

(1) Die Aufenthaltsgenehmigung wird als Aufenthaltsbefugnis erteilt, wenn einem Ausländer aus völkerrechtlichen oder dringenden humanitären Gründen (...) Einreise und Aufenthalt im Bundesgebiet erlaubt werden soll und die Erteilung einer Aufenthaltserlaubnis ausgeschlossen ist oder ihr einer der in § 7 Abs. 2 bezeichneten Versagungsgründe entgegensteht. (...)

§ 31 Aufenthaltsbefugnis für Familienangehörige

(1) Dem Ehegatten und einem minderjährigen ledigen Kind eines Ausländers, der eine Aufenthaltsbefugnis besitzt, darf nach Maßgabe des § 30 Abs. 1 bis 4 und abweichend von § 30 Abs. 5 eine Aufenthaltsbefugnis zur Herstellung und Wahrung der familiären Lebensgemeinschaft mit dem Ausländer im Bundesgebiet erteilt werden.

(2) Einem Kind, das im Bundesgebiet geboren wird, ist von Amts wegen eine Aufenthaltsbefugnis zu erteilen, wenn die Mutter eine Aufenthaltsbefugnis besitzt. Die Aufenthaltsbefugnis ist zu verlängern, solange die Mutter oder der allein personensorgeberechtigte Vater eine Aufenthaltsbefugnis besitzt.

§ 45 Ausweisung

(1) Ein Ausländer kann ausgewiesen werden, wenn sein Aufenthalt die öffentliche Sicherheit und Ordnung oder sonstige erhebliche Interessen der Bundesrepublik Deutschland beeinträchtigt. (...)

§ 46 Einzelne Ausweisungsgründe

Nach § 45 Abs. 1 kann insbesondere ausgewiesen werden, wer (...)

2. einen nicht nur vereinzelten oder geringfügigen Verstoß gegen Rechtsvorschriften oder gerichtliche oder behördliche Entscheidungen oder Verfügungen begangen oder außerhalb des Bundesgebiets eine Straftat begangen hat, die im Bundesgebiet als vorsätzliche Straftat anzusehen ist,

3. gegen eine für die Ausübung der Gewerbsunzucht geltende Rechtsvorschrift oder behördliche Verfügung verstößt,

5. durch sein Verhalten die öffentliche Gesundheit gefährdet oder längerfristig obdachlos ist, (...)

6. für sich, seine Familienangehörigen, die sich im Bundesgebiet aufhalten und denen er allgemein zum Unterhalt verpflichtet ist, oder für Personen in seinem Haushalt, für die er Unterhalt getragen oder auf Grund einer Zusage zu tragen hat, Sozialhilfe in Anspruch nimmt oder in Anspruch nehmen muß oder

7. Hilfe zur Erziehung außerhalb der eigenen Familie oder Hilfe für junge Volljährige nach dem Achten Buch Sozialgesetzbuch erhält; das gilt nicht für einen Minderjährigen, dessen Eltern oder dessen allein personensorgeberechtigter Elternteil sich rechtmäßig im Bundesgebiet aufhalten.

§ 51 Verbot der Abschiebung politisch Verfolgter

(1) Ein Ausländer darf nicht in einen Staat abgeschoben werden, in dem sein Leben oder seine Freiheit wegen seiner Rasse, Religion, Staatsangehörigkeit, seiner Zugehörigkeit zu einer bestimmten sozialen Gruppe oder wegen seiner politischen Überzeugung bedroht ist. (...)

§ 53 Abschiebungshindernisse

(1) Ein Ausländer darf nicht in einen Staat abgeschoben werden, in dem für diesen Ausländer die konkrete Gefahr besteht, der Folter unterworfen zu werden.

(2) Ein Ausländer darf nicht in einen Staat abgeschoben werden, wenn dieser Staat den Ausländer wegen einer Straftat sucht und die Gefahr der Todesstrafe besteht. In diesen Fällen finden die Vorschriften über die Auslieferung entsprechende Anwendung. (...)

(4) Ein Ausländer darf nicht abgeschoben werden, soweit sich aus der Anwendung der Konvention zum Schutze der Menschenrechte und Grundfreiheiten vom 4. November 1950 (BGBl. 1952 II S. 686) ergibt, daß die Abschiebung unzulässig ist. (...)

(6) Von der Abschiebung eines Ausländers in einen anderen Staat kann abgesehen werden, wenn dort für diesen Ausländer eine erhebliche konkrete Gefahr für Leib, Leben oder Freiheit besteht. Gefahren in diesem Staat, denen die Bevölkerung oder die Bevölkerungsgruppe, der der Ausländer angehört, allgemein ausgesetzt ist, werden bei Entscheidungen nach § 54 berücksichtigt.

§§

§ 55 Duldungsgründe

(1) Die Abschiebung eines Ausländers kann nur nach Maßgabe der Absätze 2 bis 4 zeitweise ausgesetzt werden (Duldung).

(2) Einem Ausländer wird eine Duldung erteilt, solange seine Abschiebung aus rechtlichen oder aus tatsächlichen Gründen unmöglich ist oder nach § 53 Abs. 6 oder § 54 ausgesetzt werden soll.

(3) Einem Ausländer kann eine Duldung erteilt werden, solange er nicht unanfechtbar ausreisepflichtig ist oder wenn dringende humanitäre oder persönliche Gründe (…) seine vorübergehende weitere Anwesenheit im Bundesgebiet erfordern. (…)

§ 56 Duldung

(1) Die Ausreisepflicht eines geduldeten Ausländers bleibt unberührt.

(2) Die Duldung ist befristet; die Frist soll ein Jahr nicht übersteigen. Nach Ablauf der Frist kann die Duldung nach Maßgabe des § 55 erneuert werden.

(3) Die Duldung ist räumlich auf das Gebiet des Landes beschränkt. Weitere Bedingungen und Auflagen können angeordnet werden. Insbesondere können das Verbot oder Beschränkungen der Aufnahme einer Erwerbstätigkeit angeordnet werden.

(4) Die Duldung erlischt mit der Ausreise des Ausländers.

(5) Die Duldung wird widerrufen, wenn die der Abschiebung entgegenstehenden Gründe entfallen.

(6) Der Ausländer wird unverzüglich nach Erlöschen der Duldung ohne erneute Androhung und Fristsetzung abgeschoben, es sei denn, die Duldung wird erneuert. Ist der Ausländer länger als ein Jahr geduldet, ist die für den Fall des Erlöschens der Duldung durch Ablauf der Geltungsdauer oder durch Widerruf vorgesehene Abschiebung mindestens einen Monat vorher anzukündigen; die Ankündigung ist zu wiederholen, wenn die Duldung für mehr als ein Jahr erneuert wurde.

§ 85 Einbürgerungsanspruch für Ausländer mit längerem Aufenthalt; Miteinbürgerung ausländischer Ehehatten und minderjähriger Kinder

(1) Ein Ausländer, der seit acht Jahren rechtmäßig seinen gewöhnlichen Aufenthalt im Inland hat, ist auf Antrag einzubürgern, wenn er

1. sich zur freiheitlichen demokratischen Grundordnung des Grundgesetzes für die Bundesrepublik Deutschland bekennt, (…)

2. eine Aufenthaltserlaubnis oder eine Aufenthaltsberechtigung besitzt,

3. den Lebensunterhalt für sich und seine unterhaltsberechtigten Familienangehörigen ohne Inanspruchnahme von Sozial- oder Arbeitslosenhilfe bestreiten kann,

4. seine bisherige Staatsangehörigkeit aufgibt oder verliert,

5. nicht wegen einer Straftat verurteilt worden ist.

Von der in Satz 1 Nr. 3 bezeichneten Voraussetzung wird abgesehen, wenn der Ausländer aus einem von ihm nicht zu vertretenden Grunde den Lebensunterhalt nicht ohne Inanspruchnahme von Sozial- oder Arbeitslosenhilfe bestreiten kann.

(2) Der Ehegatte und die minderjährigen Kinder des Ausländers können nach Maßgabe des Absatzes 1 mit eingebürgert werden, auch wenn sie sich noch nicht seit acht Jahren rechtmäßig im Inland aufhalten. (…)

§ 86 Ausschlußgründe

Ein Anspruch auf Einbürgerung nach § 85 besteht nicht, wenn

1. der Einbürgerungsbewerber nicht über ausreichende Kenntnisse der deutschen Sprache verfügt, (…)

3. ein Ausweisungsgrund nach § 47 Abs. 2 Nr. 4 vorliegt

§ 87 Einbürgerung unter Hinnahme von Mehrstaatigkeit
(1) Von der Voraussetzung des § 85 Abs. 1 Satz 1 Nr. 4 wird abgesehen, wenn der Ausländer seine bisherige Staatsangehörigkeit nicht oder nur unter besonders schwierigen Bedingungen aufgeben kann. (…)

§ 90 Einbürgerungsgebühr
Die Gebühr für die Einbürgerung nach diesem Gesetz beträgt 255 €. Sie ermäßigt sich für ein minderjähriges Kind, das miteingebürgert wird und keine eigenen Einkünfte im Sinne des Einkommensteuergesetzes hat, auf 51 €. Von der Gebühr kann aus Gründen der Billigkeit oder des öffentlichen Interesses Gebührenermäßigung oder -befreiung gewährt werden.

Aufenthaltsgesetz *

§ 4 Erfordernis eines Aufenthaltstitels
(1) Ausländer bedürfen für die Einreise und den Aufenthalt im Bundesgebiet eines Aufenthaltstitels, sofern nicht durch Recht der Europäischen Union oder durch Rechtsverordnung etwas anderes bestimmt ist oder auf Grund des Abkommens zur Gründung einer Assoziation zwischen der Europäischen Wirtschaftsgemeinschaft und der Türkei vom 12. September 1963 (BGBl. II 1964 S. 509) (Assoziationsabkommen EWG/Türkei) ein Aufenthaltsrecht besteht. Die Aufenthaltstitel werden erteilt als
   1. Visum (§ 6),
   2. Aufenthaltserlaubnis (§ 7) oder
   3. Niederlassungserlaubnis (§ 9).
(2) Ein Aufenthaltstitel berechtigt zur Ausübung einer Erwerbstätigkeit, sofern es nach diesem Gesetz bestimmt ist oder der Aufenthaltstitel die Ausübung der Erwerbstätigkeit ausdrücklich erlaubt. Jeder Aufenthaltstitel muss erkennen lassen, ob die Ausübung einer Erwerbstätigkeit erlaubt ist. Einem Ausländer, der keine Aufenthaltserlaubnis zum Zweck der Beschäftigung besitzt, kann die Ausübung einer Beschäftigung nur erlaubt werden, wenn die Bundesanstalt für Arbeit zugestimmt hat oder durch Rechtsverordnung bestimmt ist, dass die Ausübung der Beschäftigung ohne Zustimmung der Bundesanstalt für Arbeit zulässig ist. Beschränkungen bei der Erteilung der Zustimmung durch die Bundesanstalt für Arbeit sind in den Aufenthaltstitel zu übernehmen.
(3) Ausländer dürfen eine Beschäftigung nur ausüben, wenn der Aufenthaltstitel es erlaubt, und von Arbeitgebern nur beschäftigt werden, wenn sie über einen solchen Aufenthaltstitel verfügen. Dies gilt nicht, wenn dem Ausländer auf Grund einer zwischenstaatlichen Vereinbarung, eines Gesetzes oder einer Rechtsverordnung die Erwerbstätigkeit ohne den Besitz eines Aufenthaltstitels gestattet ist. (…)
(5) Ein Ausländer, dem nach dem Assoziationsabkommen EWG/Türkei ein Aufenthaltsrecht zusteht, ist verpflichtet, das Bestehen des Aufenthaltsrechts durch den Besitz einer Aufenthaltserlaubnis nachzuweisen. Die Aufenthaltserlaubnis wird auf Antrag ausgestellt.

§ 6 Visum
(1) Einem Ausländer kann
   1. ein Schengen-Visum für die Durchreise oder
   2. ein Schengen-Visum für Aufenthalte von bis zu drei Monaten pro Halbjahr (kurzfristige Aufenthalte)

§§

---

*   Tritt am 1.1.2003 in Kraft. Die Geltungsdauer der vor 2003 erteilten Aufenthalts- und Arbeitsgenehmigungen, ausländerrechtlichen Auflagen etc. bleibt davon unberührt. Für vor 2003 gestellte Anträge, über die noch nicht entschieden wurde, gelten Übergangsvorschriften.

erteilt werden, wenn die Erteilungsvoraussetzungen des Schengener Durchführungs-übereinkommens und der dazu ergangenen Ausführungsvorschriften erfüllt sind. (...)

(4) Für längerfristige Aufenthalte ist ein Visum für das Bundesgebiet (nationales Visum) erforderlich, das vor der Einreise erteilt wird. Die Erteilung richtet sich nach den für die Aufenthalts- und Niederlassungserlaubnis geltenden Vorschriften. Die Dauer des rechtmäßigen Aufenthalts mit einem nationalen Visum wird auf die Zeiten des Besitzes einer Aufenthaltserlaubnis oder Niederlassungserlaubnis angerechnet.

§ 7 Aufenthaltserlaubnis

(1) Die Aufenthaltserlaubnis ist ein befristeter Aufenthaltstitel. Sie wird zu den in den nachfolgenden Abschnitten genannten Aufenthaltszwecken erteilt. In begründeten Fällen kann eine Aufenthaltserlaubnis auch für einen von diesem Gesetz nicht vorgesehenen Aufenthaltszweck erteilt werden.

(2) Die Aufenthaltserlaubnis ist unter Berücksichtigung des beabsichtigten Aufenthaltszwecks zu befristen. Ist eine für die Erteilung, die Verlängerung oder die Bestimmung der Geltungsdauer wesentliche Voraussetzung entfallen, so kann die Frist auch nachträglich verkürzt werden.

§ 9 Niederlassungserlaubnis

(1) Die Niederlassungserlaubnis ist ein unbefristeter Aufenthaltstitel. Sie berechtigt zur Ausübung einer Erwerbstätigkeit, ist zeitlich und räumlich unbeschränkt und darf nicht mit einer Nebenbestimmung versehen werden. § 47 bleibt unberührt.

(2) Einem Ausländer ist die Niederlassungserlaubnis zu erteilen, wenn

1. er seit fünf Jahren die Aufenthaltserlaubnis besitzt,
2. sein Lebensunterhalt gesichert ist,
3. er mindestens 60 Monate Pflichtbeiträge oder freiwillige Beiträge zur gesetzlichen Rentenversicherung geleistet hat oder Aufwendungen für einen Anspruch auf vergleichbare Leistungen einer Versicherungs- oder Versorgungseinrichtung oder eines Versicherungsunternehmens nachweist; berufliche Ausfallzeiten auf Grund von Kinderbetreuung oder häuslicher Pflege werden entsprechend angerechnet.
4. er in den letzten drei Jahren nicht wegen einer vorsätzlichen Straftat zu einer Jugend- oder Freiheitsstrafe von mindestens sechs Monaten oder einer Geldstrafe von mindestens 180 Tagessätzen verurteilt worden ist,
5. ihm die Beschäftigung erlaubt ist, sofern er Arbeitnehmer ist,
6. er im Besitz der sonstigen für eine dauernde Ausübung seiner Erwerbstätigkeit erforderlichen Erlaubnisse ist,
7. er über ausreichende Kenntnisse der deutschen Sprache verfügt,
8. er über Grundkenntnisse der Rechts- und Gesellschaftsordnung und der Lebensverhältnisse im Bundesgebiet verfügt und
9. er über ausreichenden Wohnraum für sich und seine mit ihm in häuslicher Gemeinschaft lebenden Familienangehörigen verfügt. (...)

§ 25 Aufenthalt aus humanitären Gründen

(1) Einem Ausländer ist eine Aufenthaltserlaubnis zu erteilen, wenn er unanfechtbar als Asylberechtigter anerkannt ist. Dies gilt nicht, wenn der Ausländer aus schwerwiegenden Gründen der öffentlichen Sicherheit und Ordnung ausgewiesen worden ist. Bis zur Erteilung der Aufenthaltserlaubnis gilt der Aufenthalt als erlaubt. Die Aufenthaltserlaubnis berechtigt zur Ausübung einer Erwerbstätigkeit.

(2) Einem Ausländer ist eine Aufenthaltserlaubnis zu erteilen, wenn das Bundesamt für Migration und Flüchtlinge unanfechtbar das Vorliegen der Voraussetzungen des § 60 Abs. 1 festgestellt hat. Absatz 1 Satz 2 bis 4 gilt entsprechend.

(3) Einem Ausländer soll eine Aufenthaltserlaubnis erteilt werden, wenn die Voraussetzungen für die Aussetzung der Abschiebung nach § 60 Abs. 2 bis 7 vorliegen. Die Aufent-

haltserlaubnis wird nicht erteilt, wenn die Ausreise in einen anderen Staat möglich und zumutbar ist.

(4) Einem Ausländer kann für einen vorübergehenden Aufenthalt eine Aufenthaltserlaubnis erteilt werden, solange dringende humanitäre oder persönliche Gründe oder erhebliche öffentliche Interessen seine vorübergehende weitere Anwesenheit im Bundesgebiet erfordern. Eine Aufenthaltserlaubnis kann abweichend von § 8 Abs. 1 und 2 verlängert werden, wenn auf Grund besonderer Umstände des Einzelfalles das Verlassen des Bundesgebiets für den Ausländer eine außergewöhnliche Härte bedeuten würde. (...)

(5) Einem Ausländer, der vollziehbar ausreisepflichtig ist, kann eine Aufenthaltserlaubnis erteilt werden, wenn seine Ausreise aus rechtlichen oder tatsächlichen Gründen unmöglich ist. Die Erteilung einer Aufenthaltserlaubnis ist ausgeschlossen, wenn der Ausländer die Ausreisehindernisse selbst zu vertreten hat, insbesondere wenn er falsche Angaben macht oder über seine Identität oder Staatsangehörigkeit täuscht, oder zumutbare Anforderungen zur Beseitigung der Ausreisehindernisse nicht erfüllt.

§ 27 Grundsatz des Familiennachzugs

(1) Die Aufenthaltserlaubnis zur Herstellung und Wahrung der familiären Lebensgemeinschaft im Bundesgebiet für ausländische Familienangehörige (Familiennachzug) wird zum Schutz von Ehe und Familie gemäß Artikel 6 des Gründgesetzes erteilt und verlängert.

(2) Für die Herstellung und Wahrung einer lebenspartnerschaftlichen Gemeinschaft im Bundesgebiet finden Absatz 3, § 9 Abs. 3, §§ 28 bis 31 sowie § 51 Abs. 2 entsprechende Anwendung.

(3) Die Erteilung der Aufenthaltserlaubnis zum Zweck des Familiennachzugs kann versagt werden, wenn derjenige, zu dem der Familiennachzug stattfindet, für den Unterhalt von anderen ausländischen Familienangehörigen oder anderen Haushaltsangehörigen auf Sozialhilfe angewiesen ist. Von § 5 Abs. 1 Nr. 2 kann abgesehen werden.

§ 28 Familiennachzug zu Deutschen

(1) Die Aufenthaltserlaubnis ist abweichend von § 5 Abs. 1 Nr. 1 dem ausländischen
1. Ehegatten eines Deutschen,
2. minderjährigen ledigen Kind eines Deutschen,
3. Elternteil eines minderjährigen ledigen Deutschen
zur Ausübung der Personensorge zu erteilen, wenn der Deutsche seinen gewöhnlichen Aufenthalt im Bundesgebiet hat. Sie kann abweichend von § 5 Abs. 1 dem nichtsorgeberechtigten Elternteil eines minderjährigen ledigen Deutschen erteilt werden, wenn die familiäre Gemeinschaft schon im Bundesgebiet gelebt wird.

(2) Dem Ausländer ist in der Regel eine Niederlassungserlaubnis zu erteilen, wenn er drei Jahre im Besitz einer Aufenthaltserlaubnis ist, die familiäre Lebensgemeinschaft mit dem Deutschen im Bundesgebiet fortbesteht, kein Ausweisungsgrund vorliegt und er sich auf einfache Art in deutscher Sprache mündlich verständigen kann. Im Übrigen wird die Aufenthaltserlaubnis verlängert, solange die familiäre Lebensgemeinschaft fortbesteht.

(3) Die §§ 31 und 35 finden mit der Maßgabe Anwendung, dass an die Stelle des Aufenthaltstitels des Ausländers der gewöhnliche Aufenthalt des Deutschen im Bundesgebiet tritt.

(4) Auf sonstige Familienangehörige findet § 36 entsprechende Anwendung.

(5) Die Aufenthaltserlaubnis berechtigt zur Ausübung einer Erwerbstätigkeit.

§ 29 Familiennachzug zu Ausländern

(1) Für den Familiennachzug zu einem Ausländer muss
1. der Ausländer eine Niederlassungserlaubnis oder Aufenthaltserlaubnis besitzen und
2. ausreichender Wohnraum zur Verfügung stehen.

§§

(2) Bei dem Ehegatten und dem minderjährigen ledigen Kind eines Ausländers, der eine Aufenthaltserlaubnis nach § 25 Abs. 1 oder 2 oder eine Niederlassungserlaubnis nach § 26 Abs. 3 besitzt, kann von den Voraussetzungen des § 5 Abs. 1 Nr. 1 und des Absatzes 1 Nr. 2 abgesehen werden.

(3) Die Aufenthaltserlaubnis darf dem Ehegatten und dem minderjährigen Kind eines Ausländers, der eine Aufenthaltserlaubnis nach den §§ 22, 23 Abs. 1 oder § 25 Abs. 3 besitzt, nur aus völkerrechtlichen oder humanitären Gründen oder zur Wahrung politischer Interessen der Bundesrepublik Deutschland erteilt werden. Ein Familiennachzug wird in den Fällen des § 25 Abs. 4 und 5 nicht gewährt.

(4) Die Aufenthaltserlaubnis wird dem Ehegatten und dem minderjährigen ledigen Kind eines Ausländers oder dem minderjährigen ledigen Kind seines Ehegatten abweichend von § 5 Abs. 1 und § 27 Abs. 3 erteilt, wenn dem Ausländer vorübergehender Schutz nach § 24 Abs. 1 gewährt wurde und

1. die familiäre Lebensgemeinschaft im Herkunftsland durch die Fluchtsituation aufgehoben wurde und
2. der Familienangehörige aus einem anderen Mitgliedstaat der Europäischen Union übernommen wird oder sich außerhalb der Europäischen Union befindet und schutzbedürftig ist.

Die Erteilung einer Aufenthaltserlaubnis an sonstige Familienangehörige eines Ausländers, dem vorübergehender Schutz nach § 24 Abs. 1 gewährt wurde, richtet sich nach § 36. Auf die nach diesem Absatz aufgenommenen Familienangehörigen findet § 24 Anwendung.

(5) Unbeschadet des § 4 Abs. 2 Satz 3 berechtigt die Aufenthaltserlaubnis zur Ausübung einer Erwerbstätigkeit, soweit der Ausländer, zu dem der Familiennachzug erfolgt, zur Ausübung einer Erwerbstätigkeit berechtigt ist.

§ 30 Ehegattennachzug

(1) Dem Ehegatten eines Ausländers ist eine Aufenthaltserlaubnis zu erteilen, wenn der Ausländer

1. eine Niederlassungserlaubnis besitzt,
2. eine Aufenthaltserlaubnis nach § 25 Abs. 1 oder 2 besitzt,
3. seit fünf Jahren eine Aufenthaltserlaubnis besitzt oder
4. eine Aufenthaltserlaubnis besitzt, die Ehe bei deren Erteilung bereits bestand und die Dauer seines Aufenthalts voraussichtlich über ein Jahr betragen wird.

(2) Die Aufenthaltserlaubnis kann abweichend von Absatz 1 Nr. 4 erteilt werden, wenn der Ausländer eine Aufenthaltserlaubnis besitzt.

(3) Die Aufenthaltserlaubnis kann abweichend von § 5 Abs. 1 Nr. 1 und § 29 Abs. 1 Nr. 2 verlängert werden, solange die eheliche Lebensgemeinschaft fortbesteht.

§ 31 Eigenständiges Aufenthaltsrecht der Ehegatten

(1) Die Aufenthaltserlaubnis des Ehegatten wird im Falle der Aufhebung der ehelichen Lebensgemeinschaft als eigenständiges, vom Zweck des Familiennachzugs unabhängiges Aufenthaltsrecht für ein Jahr verlängert, wenn

1. die eheliche Lebensgemeinschaft seit mindestens zwei Jahren rechtmäßig im Bundesgebiet bestanden hat oder
2. der Ausländer gestorben ist, während die eheliche Lebensgemeinschaft im Bundesgebiet bestand

und der Ausländer bis dahin im Besitz einer Aufenthaltserlaubnis oder Niederlassungserlaubnis war, es sei denn, er konnte die Verlängerung aus von ihm nicht zu vertretenden Gründen nicht rechtzeitig beantragen. Die Aufenthaltserlaubnis berechtigt zur Ausübung einer Erwerbstätigkeit.

(2) Von der Voraussetzung des zweijährigen rechtmäßigen Bestandes der ehelichen Lebensgemeinschaft im Bundesgebiet nach Absatz 1 Nr. 1 ist abzusehen, soweit es zur Vermeidung einer besonderen Härte erforderlich ist, dem Ehegatten den weiteren Auf-

enthalt zu ermöglichen, es sei denn, für den Ausländer ist die Verlängerung der Aufenthaltserlaubnis ausgeschlossen. Eine besondere Härte liegt insbesondere vor, wenn dem Ehegatten wegen der aus der Auflösung der ehelichen Lebensgemeinschaft erwachsenden Rückkehrverpflichtung eine erhebliche Beeinträchtigung seiner schutzwürdigen Belange droht oder wenn dem Ehegatten wegen der Beeinträchtigung seiner schutzwürdigen Belange das weitere Festhalten an der ehelichen Lebensgemeinschaft unzumutbar ist; zu den schutzwürdigen Belangen zählt auch das Wohl eines mit dem Ehegatten in familiärer Lebensgemeinschaft lebenden Kindes. Zur Vermeidung von Missbrauch kann die Verlängerung der Aufenthaltserlaubnis versagt werden, wenn der Ehegatte aus einem von ihm zu vertretenden Grund auf Sozialhilfe angewiesen ist.

(3) Wenn der Lebensunterhalt des Ehegatten nach Aufhebung der ehelichen Lebensgemeinschaft durch Unterhaltsleistungen aus eigenen Mitteln des Ausländers gesichert ist und dieser eine Niederlassungserlaubnis besitzt, ist dem Ehegatten abweichend von § 9 Abs. 2 Nr. 3, 5 und 6 ebenfalls eine Niederlassungserlaubnis zu erteilen.

(4) Die Inanspruchnahme von Sozialhilfe steht der Verlängerung der Aufenthaltserlaubnis unbeschadet des Absatzes 2 Satz 3 nicht entgegen. Danach kann die Aufenthaltserlaubnis befristet verlängert werden, solange die Voraussetzungen für die Erteilung der Niederlassungserlaubnis nicht vorliegen.

§ 32 Kindernachzug
(1) Dem minderjährigen ledigen Kind eines Ausländers ist eine Aufenthaltserlaubnis zu erteilen, wenn
1. der Ausländer eine Aufenthaltserlaubnis nach § 25 Abs. 1 oder 2 besitzt,
2. der Ausländer eine Niederlassungserlaubnis nach den §§ 19, 20 oder 26 Abs. 3 besitzt oder
3. beide Eltern oder der allein personensorgeberechtigte Elternteil eine Aufenthaltserlaubnis oder Niederlassungserlaubnis besitzen und das Kind seinen Lebensmittelpunkt zusammen mit seinen Eltern oder dem allein personensorgeberechtigten Elternteil in das Bundesgebiet verlegt.

(2) Einem minderjährigen ledigen Kind, welches das zwölfte Lebensjahr vollendet hat, ist eine Aufenthaltserlaubnis zu erteilen, wenn es ausreichende Kenntnisse der deutschen Sprache besitzt und beide Eltern oder der allein personensorgeberechtigte Elternteil eine Aufenthaltserlaubnis oder Niederlassungserlaubnis besitzen.

(3) Dem Kind eines Ausländers, welches das zwölfte Lebensjahr noch nicht vollendet hat, ist eine Aufenthaltserlaubnis zu erteilen, wenn beide Eltern oder der allein personensorgeberechtigte Elternteil eine Aufenthaltserlaubnis oder Niederlassungserlaubnis besitzen.

(4) Abweichend von den Absätzen 1 bis 3 kann dem minderjährigen ledigen Kind eines Ausländers unter Berücksichtigung des Kindeswohls, der familiären Situation sowie der Erwartung, dass das Kind, beispielsweise wegen vorhandener Kenntnisse der deutschen Sprache, sich integrieren wird, eine Aufenthaltserlaubnis erteilt werden.

§ 33 Geburt eines Kindes im Bundesgebiet
Einem Kind, das im Bundesgebiet geboren wird, ist abweichend von den §§ 5 und 29 Abs. 1 Nr. 2 von Amts wegen eine Aufenthaltserlaubnis zu erteilen, wenn die Mutter eine Aufenthaltserlaubnis oder eine Niederlassungserlaubnis besitzt. (…)

§ 34 Aufenthaltsrecht der Kinder
(1) Die einem Kind erteilte Aufenthaltserlaubnis ist abweichend von § 5 Abs. 1 Nr. 1 und § 29 Abs. 1 Nr. 2 zu verlängern, solange ein personensorgeberechtigter Elternteil eine Aufenthaltserlaubnis oder Niederlassungserlaubnis besitzt und das Kind mit ihm in familiärer Lebensgemeinschaft lebt oder das Kind im Falle seiner Ausreise ein Wiederkehrrecht gemäß § 37 hätte.

§§

(2) Mit Eintritt der Volljährigkeit wird die einem Kind erteilte Aufenthaltserlaubnis zu einem eigenständigen, vom Familiennachzug unabhängigen Aufenthaltsrecht. Das Gleiche gilt bei Erteilung einer Niederlassungserlaubnis oder wenn die Aufenthaltserlaubnis in entsprechender Anwendung des § 37 verlängert wird.

(3) Die Aufenthaltserlaubnis kann verlängert werden, solange die Voraussetzungen für die Erteilung der Niederlassungserlaubnis noch nicht vorliegen.

§ 35 Eigenständiges, unbefristetes Aufenthaltsrecht der Kinder

(1) Einem minderjährigen Ausländer, der eine Aufenthaltserlaubnis nach diesem Abschnitt besitzt, ist abweichend von § 9 Abs. 2 eine Niederlassungserlaubnis zu erteilen, wenn er im Zeitpunkt der Vollendung seines 16. Lebensjahres seit fünf Jahren im Besitz der Aufenthaltserlaubnis ist. Das Gleiche gilt, wenn

1. der Ausländer volljährig und seit fünf Jahren im Besitz der Aufenthaltserlaubnis ist,
2. er über ausreichende Kenntnisse der deutschen Sprache verfügt und
3. sein Lebensunterhalt gesichert ist oder er sich in einer Ausbildung befindet, die zu einem anerkannten schulischen oder beruflichen Bildungsabschluss führt.

(2) Auf die nach Absatz 1 erforderliche Dauer des Besitzes der Aufenthaltserlaubnis werden in der Regel nicht die Zeiten angerechnet, in denen der Ausländer außerhalb des Bundesgebiets die Schule besucht hat.

(3) Ein Anspruch auf Erteilung einer Niederlassungserlaubnis nach Absatz 1 besteht nicht, wenn

1. ein auf dem persönlichen Verhalten des Ausländers beruhender Ausweisungsgrund vorliegt,
2. der Ausländer in den letzten drei Jahren wegen einer vorsätzlichen Straftat zu einer Jugend- oder Freiheitsstrafe von mindestens sechs Monaten oder einer Geldstrafe von mindestens 180 Tagessätzen verurteilt worden oder wenn die Verhängung einer Jugendstrafe ausgesetzt ist oder
3. der Lebensunterhalt nicht ohne Inanspruchnahme von Sozialhilfe oder Jugendhilfe nach dem Achten Buch Sozialgesetzbuch gesichert ist, es sei denn, der Ausländer befindet sich in einer Ausbildung, die zu einem anerkannten schulischen oder beruflichen Bildungsabschluss führt.

In den Fällen des Satzes 1 kann die Niederlassungserlaubnis erteilt oder die Aufenthaltserlaubnis verlängert werden. Ist im Falle des Satzes 1 Nr. 2 die Jugend- oder Freiheitsstrafe zur Bewährung oder die Verhängung einer Jugendstrafe ausgesetzt, wird die Aufenthaltserlaubnis in der Regel bis zum Ablauf der Bewährungszeit verlängert.

(4) Von den in Absatz 1 Nr. 2 und 3 und Absatz 3 Satz 1 Nr. 3 bezeichneten Voraussetzungen ist abzusehen, wenn sie von dem Ausländer wegen einer körperlichen, geistigen oder seelischen Krankheit oder Behinderung nicht erfüllt werden können.

§ 36 Nachzug sonstiger Familienangehöriger

Einem sonstigen Familienangehörigen eines Ausländers kann zum Familiennachzug eine Aufenthaltserlaubnis erteilt werden, wenn es zur Vermeidung einer außergewöhnlichen Härte erforderlich ist. Auf volljährige Familienangehörige finden § 30 Abs. 3 und § 31 und auf minderjährige Familienangehörige § 34 entsprechende Anwendung.

§ 55 Ermessensausweisung

(1) Ein Ausländer kann ausgewiesen werden, wenn sein Aufenthalt die öffentliche Sicherheit und Ordnung oder sonstige erhebliche Interessen der Bundesrepublik Deutschland beeinträchtigt.

(2) Ein Ausländer kann nach Absatz 1 insbesondere ausgewiesen werden, wenn er (...)

§ 60 Verbot der Abschiebung

(1) In Anwendung des Abkommens über die Rechtsstellung der Flüchtlinge vom 28. Juli 1951 (BGBl. 1953 II S. 559) darf ein Ausländer nicht in einen Staat abgeschoben wer-

den, in dem sein Leben oder seine Freiheit wegen seiner Rasse, Religion, Staatsangehörigkeit, seines Geschlechts, seiner Zugehörigkeit zu einer bestimmten sozialen Gruppe oder wegen seiner politischen Überzeugung bedroht ist. Dies gilt auch für Ausländer, die im Bundesgebiet die Rechtsstellung ausländischer Flüchtlinge genießen oder die außerhalb des Bundesgebiets als ausländische Flüchtlinge im Sinne des Abkommens über die Rechtsstellung der Flüchtlinge anerkannt sind. Die Voraussetzungen des Satzes 1 liegen bei nichtstaatlicher Verfolgung nur vor, wenn es sich um Verfolgung im Sinne des Abkommens über die Rechtsstellung der Flüchtlinge vom 28. Juli 1951 handelt. Es ist hierbei zu prüfen, ob der Antragsteller in seinem Herkunftsland Schutz oder drohender Verfolgung erhalten kann. Dabei ist es unerheblich, ob die Verfolgung dem Herkunftsstaat zuzurechnen ist. (...)

(2) Ein Ausländer darf nicht in einen Staat abgeschoben werden, in dem für diesen Ausländer die konkrete Gefahr besteht, der Folter unterworfen zu werden.

(3) Ein Ausländer darf nicht in einen Staat abgeschoben werden, wenn dieser Staat den Ausländer wegen einer Straftat sucht und die Gefahr der Todesstrafe besteht. In diesen Fällen finden die Vorschriften über die Auslieferung entsprechende Anwendung. (...)

(5) Ein Ausländer darf nicht abgeschoben werden, soweit sich aus der Anwendung der Konvention zum Schutze der Menschenrechte und Grundfreiheiten vom 4. November 1950 (BGBl. 1952 II S. 685) ergibt, dass die Abschiebung unzulässig ist. (...)

(7) Von der Abschiebung eines Ausländers in einen anderen Staat soll abgesehen werden, wenn dort für diesen Ausländer eine erhebliche konkrete Gefahr für Leib, Leben oder Freiheit besteht. (...)

Asylverfahrensgesetz

§ 26 Familienasyl

(1) Der Ehegatte eines Asylberechtigten wird als Asylberechtigter anerkannt, wenn
1. die Anerkennung des Ausländers als Asylberechtigter unanfechtbar ist,
2. die Ehe schon in dem Staat bestanden hat, in dem der Asylberechtigte politisch verfolgt wird,
3. der Ehegatte einen Asylantrag vor oder gleichzeitig mit dem Asylberechtigten oder unverzüglich nach der Einreise gestellt hat und
4. die Anerkennung des Asylberechtigten nicht zu widerrufen oder zurückzunehmen ist.

(2) Absatz 1 Nr. 3 und 4 gilt entsprechend für die im Zeitpunkt ihrer Asylantragstellung minderjährigen ledigen Kinder eines Asylberechtigten. Für im Bundesgebiet nach der Anerkennung des Asylberechtigten geborene Kinder ist der Asylantrag innerhalb eines Jahres nach der Geburt zu stellen. (...)

Asylbewerberleistungsgesetz

§ 1 Leistungsberechtigte

(1) Leistungsberechtigt nach diesem Gesetz sind Ausländer, die sich tatsächlich im Bundesgebiet aufhalten und die
1. eine Aufenthaltsgestattung nach dem Asylverfahrensgesetz besitzen,
2. über einen Flughafen einreisen wollen und denen die Einreise nicht oder noch nicht gestattet ist,
3. wegen des Krieges in ihrem Heimatland eine Aufenthaltsbefugnis nach § 32 oder § 32 a des Ausländergesetzes besitzen,
4. eine Duldung nach § 55 des Ausländergesetzes besitzen,
5. vollziehbar ausreisepflichtig sind, auch wenn eine Abschiebungsandrohung noch nicht oder nicht mehr vollziehbar ist, oder

§§

6. Ehegatten oder minderjährige Kinder der in den Nummern 1 bis 5 genannten Personen sind, ohne daß sie selbst die dort genannten Voraussetzungen erfüllen. (...)

§ 2 Leistungen in besonderen Fällen

(1) Abweichend von den §§ 3 bis 7 ist das Bundessozialhilfegesetz auf Leistungsberechtigte entsprechend anzuwenden, die über eine Dauer von insgesamt 36 Monaten, frühestens beginnend am 1. Juni 1997, Leistungen nach § 3 erhalten haben, wenn die Ausreise nicht erfolgen kann und aufenthaltsbeendende Maßnahmen nicht vollzogen werden können, weil humanitäre, rechtliche oder persönliche Gründe oder das öffentliche Interesse entgegenstehen. (...)

(3) Minderjährige Kinder, die mit ihren Eltern oder einem Elternteil in einer Haushaltsgemeinschaft leben, erhalten Leistungen nach Absatz 1 nur, wenn mindestens ein Elternteil in der Haushaltsgemeinschaft Leistungen nach Absatz 1 erhält.

§ 3 Grundleistungen[*]

(1) Der notwendige Bedarf an Ernährung, Unterkunft, Heizung, Kleidung, Gesundheits- und Körperpflege und Gebrauchs- und Verbrauchsgütern des Haushalts wird durch Sachleistungen gedeckt. (...) Zusätzlich erhalten Leistungsberechtigte
1. bis zur Vollendung des 14. Lebensjahres 40 Deutsche Mark,
2. von Beginn des 15. Lebensjahres an 80 Deutsche Mark monatlich als Geldbetrag zur Deckung persönlicher Bedürfnisse des täglichen Lebens. (...)

(2) Bei einer Unterbringung außerhalb von Aufnahmeeinrichtungen im Sinne des § 44 des Asylverfahrensgesetzes können, soweit es nach den Umständen erforderlich ist, anstelle von vorrangig zu gewährenden Sachleistungen nach Absatz 1 Satz 1 Leistungen in Form von Wertgutscheinen, von anderen vergleichbaren unbaren Abrechnungen oder von Geldleistungen im gleichen Wert gewährt werden. Der Wert beträgt
1. für den Haushaltsvorstand 360 Deutsche Mark,
2. für Haushaltsangehörige bis zur Vollendung des 7. Lebensjahres 220 Deutsche Mark,
3. für Haushaltsangehörige von Beginn des 8. Lebensjahres an 310 Deutsche Mark monatlich zuzüglich der notwendigen Kosten für Unterkunft, Heizung und Hausrat. Absatz 1 Satz 3 und 4 findet Anwendung. (...)

(4) Leistungen in Geld oder Geldeswert sollen dem Leistungsberechtigten oder einem volljährigen berechtigten Mitglied des Haushalts persönlich ausgehändigt werden.

§ 4 Leistungen bei Krankheit, Schwangerschaft und Geburt

(1) Zur Behandlung akuter Erkrankungen und Schmerzzustände sind die erforderliche ärztliche und zahnärztliche Behandlung einschließlich der Versorgung mit Arznei- und Verbandmitteln sowie sonstiger zur Genesung, zur Besserung oder zur Linderung von Krankheiten oder Krankheitsfolgen erforderlichen Leistungen zu gewähren. Eine Versorgung mit Zahnersatz erfolgt nur, soweit dies im Einzelfall aus medizinischen Gründen unaufschiebbar ist.

(2) Werdenden Müttern und Wöchnerinnen sind ärztliche und pflegerische Hilfe und Betreuung, Hebammenhilfe, Arznei-, Verband- und Heilmittel zu gewähren.

(3) Die zuständige Behörde stellt die ärztliche und zahnärztliche Versorgung einschließlich der amtlich empfohlenen Schutzimpfungen und medizinisch gebotenen Vorsorgeuntersuchungen sicher. (...)

§ 5 Arbeitsgelegenheiten

(1) (...) Im übrigen sollen soweit wie möglich Arbeitsgelegenheiten bei staatlichen, bei kommunalen und bei gemeinnützigen Trägern zur Verfügung gestellt werden, sofern die zu leistende Arbeit sonst nicht, nicht in diesem Umfang oder nicht zu diesem Zeitpunkt verrichtet werden würde.

---

[*] DM-Beträge werden derzeit centgenau umgerechnet.

(2) Für die zu leistende Arbeit (...) wird eine Aufwandsentschädigung von 2 Deutsche Mark[1] je Stunde ausgezahlt.

(3) Die Arbeitsgelegenheit ist zeitlich und räumlich so auszugestalten, daß sie auf zumutbare Weise und zumindest stundenweise ausgeübt werden kann.

(4) Arbeitsfähige, nicht erwerbstätige Leistungsberechtigte, die nicht mehr im schulpflichtigen Alter sind, sind zur Wahrnehmung einer zur Verfügung gestellten Arbeitsgelegenheit verpflichtet. Bei unbegründeter Ablehnung einer solchen Tätigkeit kann der Geldbetrag nach § 3 Abs. 1 Satz 4 teilweise gekürzt werden.

(5) Ein Arbeitsverhältnis im Sinne des Arbeitsrechts und ein Beschäftigungsverhältnis im Sinne der gesetzlichen Kranken- und Rentenversicherung werden nicht begründet. (...)

§ 6 Sonstige Leistungen

Sonstige Leistungen können insbesondere gewährt werden, wenn sie im Einzelfall zur Sicherung des Lebensunterhalts oder der Gesundheit unerläßlich, zur Deckung besonderer Bedürfnisse von Kindern geboten oder zur Erfüllung einer verwaltungsrechtlichen Mitwirkungspflicht erforderlich sind. Die Leistungen sind als Sachleistungen, bei Vorliegen besonderer Umstände als Geldleistung zu gewähren.

FAMILIENRECHT UND JUGENDHILFERECHT

Bürgerliches Gesetzbuch

§ 1353 Eheliche Lebensgemeinschaft

(1) Die Ehe wird auf Lebenszeit geschlossen. Die Ehegatten sind einander zur ehelichen Lebensgemeinschaft verpflichtet; sie tragen füreinander Verantwortung.

(2) Ein Ehegatte ist nicht verpflichtet, dem Verlangen des anderen Ehegatten nach Herstellung der Gemeinschaft Folge zu leisten, wenn sich das Verlangen als Mißbrauch seines Rechtes darstellt oder wenn die Ehe gescheitert ist.

§ 1355 Namensgestaltung bei Eheschließung, Verwitwung und Scheidung

(1) Die Ehegatten sollen einen gemeinsamen Familiennamen (Ehenamen) bestimmen. Die Ehegatten führen den von ihnen bestimmten Ehenamen. Bestimmen die Ehegatten keinen Ehenamen, so führen sie ihren zur Zeit der Eheschließung geführten Namen auch nach der Eheschließung. (...)

§ 1356 Haushaltsführung und Erwerbstätigkeit

(1) Die Ehegatten regeln die Haushaltsführung im gegenseitigen Einvernehmen. Ist die Haushaltsführung einem der Ehegatten überlassen, so leitet dieser den Haushalt in eigener Verantwortung.

(2) Beide Ehegatten sind berechtigt, erwerbstätig zu sein. Bei der Wahl und Ausübung einer Erwerbstätigkeit haben sie auf die Belange des anderen Ehegatten und der Familie die gebotene Rücksicht zu nehmen.

§ 1357 Geschäfte zur Deckung des Lebensbedarfs

(1) Jeder Ehegatte ist berechtigt, Geschäfte zur angemessenen Deckung des Lebensbedarfs der Familie mit Wirkung auch für den anderen Ehegatten zu besorgen. Durch solche Geschäfte werden beide Ehegatten berechtigt und verpflichtet, es sei denn, daß sich aus den Umständen etwas anderes ergibt. (...)

(3) Absatz 1 gilt nicht, wenn die Ehegatten getrennt leben.

§ 1360 Verpflichtung zum Familienunterhalt

Die Ehegatten sind einander verpflichtet, durch ihre Arbeit und mit ihrem Vermögen die Fa-

§§

milie angemessen zu unterhalten. Ist einem Ehegatten die Haushaltsführung überlassen, so erfüllt er seine Verpflichtung, durch Arbeit zum Unterhalt der Familie beizutragen, in der Regel durch die Führung des Haushalts.

§ 1360 a Umfang der Unterhaltspflicht

(1) Der angemessene Unterhalt der Familie umfasst alles, was nach den Verhältnissen der Ehegatten erforderlich ist, um die Kosten des Haushalts zu bestreiten und die persönlichen Bedürfnisse der Ehegatten und den Lebensbedarf der gemeinsamen unterhaltsberechtigten Kinder zu befriedigen.

(2) Der Unterhalt ist in der Weise zu leisten, die durch die eheliche Lebensgemeinschaft geboten ist. Die Ehegatten sind einander verpflichtet, die zum gemeinsamen Unterhalt der Familie erforderlichen Mittel für einen angemessenen Zeitraum im Voraus zur Verfügung zu stellen.

(3) Die für die Unterhaltspflicht der Verwandten geltenden Vorschriften der §§ 1613 bis 1615 sind entsprechend anzuwenden.

(4) Ist ein Ehegatte nicht in der Lage, die Kosten eines Rechtsstreits zu tragen, der eine persönliche Angelegenheit betrifft, so ist der andere Ehegatte verpflichtet, ihm diese Kosten vorzuschießen, soweit dies der Billigkeit entspricht. Das Gleiche gilt für die Kosten der Verteidigung in einem Strafverfahren, das gegen einen Ehegatten gerichtet ist.

§ 1360 b Zuvielleistung

Leistet ein Ehegatte zum Unterhalt der Familie einen höheren Beitrag als ihm obliegt, so ist im Zweifel anzunehmen, dass er nicht beabsichtigt, von dem anderen Ehegatten Ersatz zu verlangen.

§ 1361 Unterhalt bei Getrenntleben

(1) Leben die Ehegatten getrennt, so kann ein Ehegatte von dem anderen den nach den Lebensverhältnissen und den Erwerbs- und Vermögensverhältnissen der Ehegatten angemessenen Unterhalt verlangen; für Aufwendungen infolge eines Körper- oder Gesundheitsschadens gilt § 1610 a. Ist zwischen den getrennt lebenden Ehegatten ein Scheidungsverfahren rechtshängig, so gehören zum Unterhalt vom Eintritt der Rechtshängigkeit an auch die Kosten einer angemessenen Versicherung für den Fall des Alters sowie der verminderten Erwerbsfähigkeit.

(2) Der nicht erwerbstätige Ehegatte kann nur dann darauf verwiesen werden, seinen Unterhalt durch eine Erwerbstätigkeit selbst zu verdienen, wenn dies von ihm nach seinen persönlichen Verhältnissen, insbesondere wegen einer früheren Erwerbstätigkeit unter Berücksichtigung der Dauer der Ehe, und nach den wirtschaftlichen Verhältnissen beider Ehegatten erwartet werden kann.

(3) Die Vorschrift des § 1579 Nr. 2 bis 7 über die Herabsetzung des Unterhaltsanspruchs aus Billigkeitsgründen ist entsprechend anzuwenden.

(4) Der laufende Unterhalt ist durch Zahlung einer Geldrente zu gewähren. Die Rente ist monatlich im Voraus zu zahlen. Der Verpflichtete schuldet den vollen Monatsbetrag auch dann, wenn der Berechtigte im Laufe des Monats stirbt. § 1360 a Abs. 3, 4 und die §§ 1360b, 1605 sind entsprechend anzuwenden.

§ 1361 a Hausratsverteilung bei Getrenntleben

(1) Leben die Ehegatten getrennt, so kann jeder von ihnen die ihm gehörenden Haushaltsgegenstände von dem anderen Ehegatten herausverlangen. Er ist jedoch verpflichtet, sie dem anderen Ehegatten zum Gebrauch zu überlassen, soweit dieser sie zur Führung eines abgesonderten Haushalts benötigt und die Überlassung nach den Umständen des Falles der Billigkeit entspricht.

(2) Haushaltsgegenstände, die den Ehegatten gemeinsam gehören, werden zwischen ihnen nach den Grundsätzen der Billigkeit verteilt.

(3) Können sich die Ehegatten nicht einigen, so entscheidet das zuständige Gericht. Dieses

kann eine angemessene Vergütung für die Benutzung der Haushaltsgegenstände festsetzen.
(4) Die Eigentumsverhältnisse bleiben unberührt, sofern die Ehegatten nichts anderes vereinbaren.

§ 1361 b Ehewohnung bei Getrenntleben

(1) Leben die Ehegatten voneinander getrennt oder will einer von ihnen getrennt leben, so kann ein Ehegatte verlangen, dass ihm der andere die Ehewohnung oder einen Teil zur alleinigen Benutzung überlässt, soweit dies auch unter Berücksichtigung der Belange des anderen Ehegatten notwendig ist, um eine unbillige Härte zu vermeiden. Eine unbillige Härte kann auch dann gegeben sein, wenn das Wohl von im Haushalt lebenden Kindern beeinträchtigt ist. Steht einem Ehegatten allein oder gemeinsam mit einem Dritten das Eigentum, das Erbbaurecht oder der Nießbrauch an dem Grundstück zu, auf dem sich die Ehewohnung befindet, so ist dies besonders zu berücksichtigen; Entsprechendes gilt für das Wohnungseigentum, das Dauerwohnrecht und das dingliche Wohnrecht.
(2) Hat der Ehegatte, gegen den sich der Antrag richtet, den anderen Ehegatten widerrechtlich und vorsätzlich am Körper, der Gesundheit oder der Freiheit verletzt oder mit einer solchen Verletzung oder der Verletzung des Lebens widerrechtlich gedroht, ist in der Regel die gesamte Wohnung zur alleinigen Benutzung zu überlassen. Der Anspruch auf Wohnungsüberlassung ist nur dann ausgeschlossen, wenn keine weiteren Verletzungen und widerrechtlichen Drohungen zu besorgen sind, es sei denn, dass dem verletzten Ehegatten das weitere Zusammenleben mit dem anderen wegen der Schwere der Tat nicht zuzumuten ist.
(3) Wurde einem Ehegatten die Ehewohnung ganz oder zum Teil überlassen, so hat der andere alles zu unterlassen, was geeignet ist, die Ausübung dieses Nutzungsrechts zu erschweren oder zu vereiteln. Er kann von dem nutzungsberechtigten Ehegatten eine Vergütung für die Nutzung verlangen, soweit dies der Billigkeit entspricht.
(4) Ist nach der Trennung der Ehegatten im Sinne des § 1567 Abs. 1 ein Ehegatte aus der Ehewohnung ausgezogen und hat er binnen sechs Monaten nach seinem Auszug eine ernstliche Rückkehrabsicht dem anderen Ehegatten gegenüber nicht bekundet, so wird unwiderleglich vermutet, dass er dem in der Ehewohnung verbliebenen Ehegatten das alleinige Nutzungsrecht überlassen hat.

§ 1362 Eigentumsvermutungen

(1) Zugunsten der Gläubiger des Mannes und der Gläubiger der Frau wird vermutet, daß die im Besitz eines Ehegatten oder beider Ehegatten befindlichen beweglichen Sachen dem Schuldner gehören. Diese Vermutung gilt nicht, wenn die Ehegatten getrennt leben und sich die Sachen im Besitze des Ehegatten befinden, der nicht Schuldner ist. (...)

§ 1363 Zugewinngemeinschaft

(1) Die Ehegatten leben im Güterstand der Zugewinngemeinschaft, wenn sie nicht durch Ehevertrag etwas anderes vereinbaren.
(2) Das Vermögen des Mannes und das Vermögen der Frau werden nicht gemeinschaftliches Vermögen der Ehegatten; dies gilt auch für Vermögen, das ein Ehegatte nach der Eheschließung erwirbt. Der Zugewinn, den die Ehegatten in der Ehe erzielen, wird jedoch ausgeglichen, wenn die Zugewinngemeinschaft endet.

§ 1365 Einschränkung der Verfügungsmacht über Vermögen im ganzen

(1) Ein Ehegatte kann sich nur mit Einwilligung des anderen Ehegatte verpflichten, über sein Vermögen im ganzen zu verfügen. (...)

§ 1369 Verfügungen über Haushaltsgegenstände

(1) Ein Ehegatte kann über ihm gehörende Gegenstände des ehelichen Haushalts nur ver-

fügen und sich zu einer solchen Verfügung auch nur verpflichten, wenn der andere Ehegatte einwilligt. (...)

§ 1370 Ersatz von Haushaltsgegenständen

Haushaltsgegenstände, die an Stelle von nicht mehr vorhandenen oder wertlos gewordenen Gegenständen angeschafft werden, werden Eigentum des Ehegatten, dem die nicht mehr vorhandenen oder wertlos gewordenen Gegenstände gehört haben.

§ 1373 Begriff des Zugewinns

Zugewinn ist der Betrag, um den das Endvermögen eines Ehegatten das Anfangsvermögen übersteigt.

§ 1374 Anfangsvermögen

(1) Anfangsvermögen ist das Vermögen, das einem Ehegatten nach Abzug der Verbindlichkeiten beim Eintritt des Güterstandes gehört; die Verbindlichkeiten können nur bis zur Höhe des Vermögens abgezogen werden.

(2) Vermögen, das ein Ehegatte nach Eintritt des Güterstandes von Todes wegen oder mit Rücksicht auf ein künftiges Erbrecht, durch Schenkung oder als Ausstattung erwirbt, wird nach Abzug der Verbindlichkeiten dem Anfangsvermögen hinzugerechnet, soweit es nicht den Umständen nach zu den Einkünften zu rechnen ist.

§ 1375 Endvermögen

Endvermögen ist das Vermögen, das einem Ehegatten nach Abzug der Verbindlichkeiten bei der Beendigung des Güterstandes gehört. (...)

§ 1378 Ausgleichsforderung

(1) Übersteigt der Zugewinn des einen Ehegatten den Zugewinn des anderen, so steht die Hälfte des Überschusses dem anderen Ehegatten als Ausgleichsforderung zu.

(2) Die Höhe der Ausgleichsforderung wird durch den Wert des Vermögens begrenzt, das nach Abzug der Verbindlichkeiten bei Beendigung des Güterstands vorhanden ist. (...)

(4) Die Ausgleichsforderung verjährt in drei Jahren; die Frist beginnt mit dem Zeitpunkt, in dem der Ehegatte erfährt, dass der Güterstand beendet ist. Die Forderung verjährt jedoch spätestens 30 Jahre nach der Beendigung des Güterstands. Endet der Güterstand durch den Tod eines Ehegatten, so sind im Übrigen die Vorschriften anzuwenden, die für die Verjährung eines Pflichtteilsanspruchs gelten.

§ 1408 Ehevertrag; Grundsatz der Vertragsfreiheit

(1) Die Ehegatten können ihre güterrechtlichen Verhältnisse durch Vertrag (Ehevertrag) regeln, insbesondere auch nach der Eingehung der Ehe den Güterstand aufheben oder ändern.

(2) In einem Ehevertrag können die Ehegatten durch eine ausdrückliche Vereinbarung auch den Versorgungsausgleich ausschließen. Der Ausschluß ist unwirksam, wenn innerhalb eines Jahres nach Vertragsschluß Antrag auf Scheidung der Ehe gestellt wird.

§ 1410 Form des Ehevertrages

Der Ehevertrag muß bei gleichzeitiger Anwesenheit beider Teile zur Niederschrift eines Notars geschlossen werden.

§ 1564 Scheidung durch Urteil

Eine Ehe kann nur durch gerichtliches Urteil auf Antrag eines oder beider Ehegatten geschieden werden. Die Ehe ist mit der Rechtskraft des Urteils aufgelöst. (...)

§ 1565 Zerrüttungsprinzip; Mindesttrennungsdauer

(1) Eine Ehe kann geschieden werden, wenn sie gescheitert ist. Die Ehe ist gescheitert,

wenn die Lebensgemeinschaft der Ehegatten nicht mehr besteht und nicht erwartet werden kann, daß die Ehegatten sie wiederherstellen.

(2) Leben die Ehegatten noch nicht ein Jahr getrennt, so kann die Ehe nur geschieden werden, wenn die Fortsetzung der Ehe für den Antragsteller aus Gründen, die in der Person des anderen Ehegatten liegen, eine unzumutbare Härte darstellen würde.

§ 1566 Zerrüttungsvermutungen

(1) Es wird unwiderlegbar vermutet, daß die Ehe gescheitert ist, wenn die Ehegatten seit einem Jahr getrennt leben und beide Ehegatten die Scheidung beantragen oder der Antragsgegner der Scheidung zustimmt.

(2) Es wird unwiderlegbar vermutet, daß die Ehe gescheitert ist, wenn die Ehegatten seit drei Jahren getrennt leben.

§ 1567 Getrenntleben

(1) Die Ehegatten leben getrennt, wenn zwischen ihnen keine häusliche Gemeinschaft besteht und ein Ehegatte sie erkennbar nicht herstellen will, weil er die eheliche Lebensgemeinschaft ablehnt. Die häusliche Gemeinschaft besteht auch dann nicht mehr, wenn die Ehegatten innerhalb der ehelichen Wohnung getrennt leben.

(2) Ein Zusammenleben über kürzere Zeit, das der Versöhnung der Ehegatten dienen soll, unterbricht oder hemmt die in § 1566 bestimmten Fristen nicht.

§ 1568 Härteklausel

(1) Die Ehe soll nicht geschieden werden, obwohl sie gescheitert ist, wenn und solange die Aufrechterhaltung der Ehe im Interesse der aus der Ehe hervorgegangenen minderjährigen Kinder aus besonderen Gründen ausnahmsweise notwendig ist (…).

§ 1569 Anspruch auf Unterhalt

Kann ein Ehegatte nach der Scheidung nicht selbst für seinen Unterhalt sorgen, so hat er gegen den anderen Ehegatten einen Anspruch auf Unterhalt nach den folgenden Vorschriften.

§ 1570 Unterhalt wegen Betreuung eines Kindes

Ein geschiedener Ehegatte kann von dem anderen Unterhalt verlangen, solange und soweit von ihm wegen der Pflege oder Erziehung eines gemeinschaftlichen Kindes eine Erwerbstätigkeit nicht erwartet werden kann.

§ 1571 Unterhalt wegen Alters

Ein geschiedener Ehegatte kann von dem anderen Unterhalt verlangen, soweit von ihm im Zeitpunkt

1. der Scheidung,
2. der Beendigung der Pflege oder Erziehung eines gemeinschaftlichen Kindes oder
3. des Wegfalls der Voraussetzungen für einen Unterhaltsanspruch nach den §§ 1572 und 1573

wegen seines Alters eine Erwerbstätigkeit nicht mehr erwartet werden kann.

§ 1572 Unterhalt wegen Krankheit oder Gebrechen

Ein geschiedener Ehegatte kann von dem anderen Unterhalt verlangen, solange und soweit von ihm vom Zeitpunkt

1. der Scheidung,
2. der Beendigung der Pflege oder Erziehung eines gemeinschaftlichen Kindes,
3. der Beendigung der Ausbildung, Fortbildung oder Umschulung oder
4. des Wegfalls der Voraussetzungen für einen Unterhaltsanspruch nach § 1573 an

wegen Krankheit oder anderer Gebrechen oder Schwäche seiner körperlichen oder geistigen Kräfte eine Erwerbstätigkeit nicht erwartet werden kann.

§§

§ 1573 Unterhalt bis zur Erlangung angemessener Erwerbstätigkeit

(1) Soweit ein geschiedener Ehegatte keinen Unterhaltsanspruch nach den §§ 1570 bis 1572 hat, kann er gleichwohl Unterhalt verlangen, solange und soweit er nach der Scheidung keine angemessene Erwerbstätigkeit zu finden vermag.

(2) Reichen die Einkünfte aus einer angemessenen Erwerbstätigkeit zum vollen Unterhalt (§ 1578) nicht aus, kann er, soweit er nicht bereits einen Unterhaltsanspruch nach den §§ 1570 bis 1572 hat, den Unterschiedsbetrag zwischen den Einkünften und dem vollen Unterhalt verlangen.

(4) Der geschiedene Ehegatte kann auch dann Unterhalt verlangen, wenn die Einkünfte aus einer angemessenen Erwerbstätigkeit wegfallen, weil es ihm trotz seiner Bemühungen nicht gelungen war, den Unterhalt durch die Erwerbstätigkeit nach der Scheidung nachhaltig zu sichern. (…)

(5) Die Unterhaltsansprüche nach Absatz 1 bis 4 können zeitlich begrenzt werden, soweit insbesondere unter Berücksichtigung der Dauer der Ehe sowie der Gestaltung von Haushaltsführung und Erwerbstätigkeit ein zeitlich unbegrenzter Unterhaltsanspruch unbillig wäre; dies gilt in der Regel nicht, wenn der Unterhaltsberechtigte nicht nur vorübergehend ein gemeinschaftliches Kind allein oder überwiegend betreut hat oder betreut. Die Zeit der Kindesbetreuung steht der Ehedauer gleich.

§ 1574 Angemessene Erwerbstätigkeit

(1) Der geschiedene Ehegatte braucht nur eine ihm angemessene Erwerbstätigkeit auszuüben.

(2) Angemessen ist eine Erwerbstätigkeit, die der Ausbildung, den Fähigkeiten, dem Lebensalter und dem Gesundheitszustand des geschiedenen Ehegatten sowie den ehelichen Lebensverhältnissen entspricht; bei den ehelichen Lebensverhältnissen sind die Dauer der Ehe und die Dauer der Pflege oder Erziehung eines gemeinschaftlichen Kindes zu berücksichtigen.

(3) Soweit es zur Aufnahme einer angemessenen Erwerbstätigkeit erforderlich ist, obliegt es dem geschiedenen Ehegatten, sich ausbilden, fortbilden oder umschulen zu lassen, wenn ein erfolgreicher Abschluß der Ausbildung zu erwarten ist.

§ 1575 Ausbildung, Fortbildung oder Umschulung

(1) Ein geschiedener Ehegatte, der in Erwartung der Ehe oder während der Ehe eine Schul- oder Berufsausbildung nicht aufgenommen oder abgebrochen hat, kann von dem anderen Ehegatten Unterhalt verlangen, wenn er diese oder eine entsprechende Ausbildung sobald wie möglich aufnimmt, um eine angemessene Erwerbstätigkeit, die den Unterhalt nachhaltig sichert, zu erlangen und der erfolgreiche Abschluß der Ausbildung zu erwarten ist. Der Anspruch besteht längstens für die Zeit, in der eine solche Ausbildung im allgemeinen abgeschlossen wird; dabei sind ehebedingte Verzögerungen der Ausbildung zu berücksichtigen.

(2) Entsprechendes gilt, wenn sich der geschiedene Ehegatte fortbilden oder umschulen läßt, um Nachteile auszugleichen, die durch die Ehe eingetreten sind.

(3) Verlangt der geschiedene Ehegatte nach Beendigung der Ausbildung, Fortbildung oder Umschulung Unterhalt nach § 1573, so bleibt bei der Bestimmung der ihm angemessenen Erwerbstätigkeit (§ 1574 Abs. 2) der erreichte höhere Ausbildungsstand außer Betracht.

§ 1576 Unterhalt aus Billigkeitsgründen

Ein geschiedener Ehegatte kann von dem anderen Unterhalt verlangen, soweit und solange von ihm aus sonstigen schwerwiegenden Gründen eine Erwerbstätigkeit nicht erwartet werden kann und die Versagung von Unterhalt unter Berücksichtigung der Belange beider Ehegatten grob unbillig wäre. (…)

§ 1577 Einkünfte und Vermögen des Unterhaltsberechtigten
(1) Der geschiedene Ehegatte kann den Unterhalt nach den §§ 1570 bis 1573, 1575 und 1576 nicht verlangen, solange und soweit er sich aus seinen Einkünften und seinem Vermögen selbst unterhalten kann. (...)

§ 1578 Maß des Unterhalts
(1) Das Maß des Unterhalts bestimmt sich nach den ehelichen Lebensverhältnissen. Die Bemessung des Unterhaltsanspruchs nach den ehelichen Lebensverhältnissen kann zeitlich begrenzt und danach auf den angemessenen Lebensbedarf abgestellt werden, soweit insbesondere unter Berücksichtigung der Dauer der Ehe sowie der Gestaltung von Haushaltsführung und Erwerbstätigkeit eine zeitlich unbegrenzte Bemessung nach Satz 1 unbillig wäre; dies gilt in der Regel nicht, wenn der Unterhaltsberechtigte nicht nur vorübergehend ein gemeinschaftliches Kind allein oder überwiegend betreut hat oder betreut. Die Zeit der Kindesbetreuung steht der Ehedauer gleich. Der Unterhalt umfasst den gesamten Lebensbedarf.
(2) Zum Lebensbedarf gehören auch die Kosten einer angemessenen Versicherung für den Fall der Krankheit und der Pflegebedürftigkeit sowie die Kosten einer Schul- oder Berufsausbildung, einer Fortbildung oder einer Umschulung nach den §§ 1574, 1575.
(3) Hat der geschiedene Ehegatte einen Unterhaltsanspruch nach den §§ 1570 bis 1573 oder § 1576, so gehören zum Lebensbedarf auch die Kosten einer angemessenen Versicherung für den Fall des Alters sowie der verminderten Erwerbsfähigkeit.

§ 1579 Unterhaltsanspruch bei grober Unbilligkeit
Ein Unterhaltsanspruch ist zu versagen, herabzusetzen oder zeitlich zu begrenzen, soweit die Inanspruchnahme des Verpflichteten auch unter Wahrung der Belange eines dem Berechtigten zur Pflege oder Erziehung anvertrauten gemeinschaftlichen Kindes grob unbillig wäre, weil
1. die Ehe von kurzer Dauer war; der Ehedauer steht die Zeit gleich, in welcher der Berechtigte wegen der Pflege oder Erziehung eines gemeinschaftlichen Kindes nach § 1570 Unterhalt verlangen konnte,
2. der Berechtigte sich eines Verbrechens oder eines schweren vorsätzlichen Vergehens gegen den Verpflichteten oder einen nahen Angehörigen des Verpflichteten schuldig gemacht hat,
3. der Berechtigte seine Bedürftigkeit mutwillig herbeigeführt hat,
4. der Berechtigte sich über schwerwiegende Vermögensinteressen des Verpflichteten mutwillig hinweggesetzt hat,
5. der Berechtigte vor der Trennung längere Zeit hindurch seine Pflicht, zum Familienunterhalt beizutragen, gröblich verletzt hat,
6. dem Berechtigten ein offensichtlich schwerwiegendes, eindeutig bei ihm liegendes Fehlverhalten gegen den Verpflichteten zur Last fällt oder
7. ein anderer Grund vorliegt, der ebenso schwer wiegt wie die in den Nummern 1 bis 6 aufgeführten Gründe.

§ 1580 Auskunftspflicht
Die geschiedenen Ehegatten sind einander verpflichtet, auf Verlangen über ihre Einkünfte und ihr Vermögen Auskunft zu erteilen. (...)

§ 1581 Unterhalt nach Leistungsfähigkeit
Ist der Verpflichtete nach seinen Erwerbs- und Vermögensverhältnissen unter Berücksichtigung seiner sonstigen Verpflichtungen außerstande, ohne Gefährdung des eigenen angemessenen Unterhalts dem Berechtigten Unterhalt zu gewähren, so braucht er nur insoweit Unterhalt zu leisten, als es mit Rücksicht auf die Bedürfnisse und die Erwerbs- und Vermögensverhältnisse der geschiedenen Ehegatten der Billigkeit entspricht. Den Stamm

§§

des Vermögens braucht er nicht zu verwerten, soweit die Verwertung unwirtschaftlich oder unter Berücksichtigung der beiderseitigen wirtschaftlichen Verhältnisse unbillig wäre.

§ 1582 Zusammentreffen von Ansprüchen eines geschiedenen und eines neuen Ehegatten
(1) Bei Ermittlung des Unterhalts des geschiedenen Ehegatten geht im Falle des §1581 der geschiedene Ehegatte einem neuen Ehegatten vor, (…)

§ 1585 Art der Unterhaltsgewährung
(1) Der laufende Unterhalt ist durch Zahlung einer Geldrente zu gewähren. Die Rente ist monatlich im voraus zu entrichten. (…)

§ 1585 b Unterhalt für die Vergangenheit
(1) Wegen eines Sonderbedarfs (§ 1613 Abs. 2) kann der Berechtigte Unterhalt für die Vergangenheit verlangen.
(2) Im übrigen kann der Berechtigte für die Vergangenheit Erfüllung oder Schadensersatz wegen Nichterfüllung erst von der Zeit an fordern, in der der Unterhaltspflichtige in Verzug gekommen oder der Unterhaltsanspruch rechtshängig geworden ist.
(3) Für eine mehr als ein Jahr vor der Rechtshängigkeit liegende Zeit kann Erfüllung oder Schadensersatz wegen Nichterfüllung nur verlangt werden, wenn anzunehmen ist, daß der Verpflichtete sich der Leistung absichtlich entzogen hat.

§ 1585 c Unterhaltsverträge
Die Ehegatten können über die Unterhaltspflicht für die Zeit nach der Scheidung Vereinbarungen treffen.

§ 1586 Wiederverheiratung, Begründung einer Lebenspartnerschaft oder Tod des Berechtigten
(1) Der Unterhaltsanspruch erlischt mit der Wiederheirat, der Begründung einer Lebenspartnerschaft oder dem Tod des Berechtigten. (…)

§ 1586 a Wiederaufleben des Unterhaltsanspruchs
(1) Geht ein geschiedener Ehegatte eine neue Ehe ein und wird die Ehe wieder aufgelöst, so kann er von dem früheren Ehegatten Unterhalt nach § 1570 verlangen, wenn er ein Kind aus der früheren Ehe zu pflegen oder zu erziehen hat. Ist die Pflege oder Erziehung beendet, so kann er Unterhalt nach den §§ 1571 bis 1573,1575 verlangen. (…)

§ 1586 b Tod des Verpflichteten
(1) Mit dem Tod des Verpflichteten geht die Unterhaltspflicht auf den Erben als Nachlaßverbindlichkeit über. (…) Der Erbe haftet jedoch nicht über den Betrag hinaus, der dem Pflichtteil entspricht (…).

§ 1587 Versorgungsausgleich; Voraussetzungen
(1) Zwischen den geschiedenen Ehegatten findet ein Versorgungsausgleich statt, soweit für sie oder einen von ihnen in der Ehezeit Anwartschaften oder Aussichten auf eine Versorgung wegen Alters oder Berufs- oder Erwerbsunfähigkeit der in § 1587 a Abs. 2 genannten Art begründet oder aufrechterhalten worden sind. (…)

§ 1601 Verwandte in gerader Linie
Verwandte in gerader Linie sind verpflichtet, einander Unterhalt zu gewähren.

§ 1602 Unterhaltsberechtigte
(1) Unterhaltsberechtigt ist nur, wer außerstande ist, sich selbst zu unterhalten. (…)

§ 1603 Voraussetzungen der Unterhaltsverpflichtung
(1) Unterhaltspflichtig ist nicht, wer bei Berücksichtigung seiner sonstigen Verpflichtungen

außerstande ist, ohne Gefährdung seines angemessenen Unterhalts den Unterhalt zu gewähren.

(2) Befinden sich Eltern in dieser Lage, so sind sie ihren minderjährigen unverheirateten Kindern gegenüber verpflichtet, alle verfügbaren Mittel zu ihrem und der Kinder Unterhalte gleichmäßig zu verwenden. Den minderjährigen unverheirateten Kindern stehen volljährige unverheiratete Kinder bis zur Vollendung des 21. Lebensjahres gleich, solange sie im Haushalt der Eltern oder eines Elternteils leben und sich in der allgemeinen Schulausbildung befinden. (…)

§ 1605 Auskunftspflicht

(1) Verwandte in gerader Linie sind einander verpflichtet, auf Verlangen über ihre Einkünfte und ihr Vermögen Auskunft zu erteilen, soweit dies zur Feststellung eines Unterhaltsanspruchs oder einer Unterhaltsverpflichtung erforderlich ist. Über die Höhe der Einkünfte sind auf Verlangen Belege, insbesondere Bescheinigungen des Arbeitgebers, vorzulegen. (…)

(2) Vor Ablauf von zwei Jahren kann Auskunft erneut nur verlangt werden, wenn glaubhaft gemacht wird, daß der zur Auskunft Verpflichtete später wesentlich höhere Einkünfte oder weiteres Vermögen erworben hat.

§ 1606 Reihenfolge der Unterhaltsverpflichteten

(1) Die Abkömmlinge sind vor den Verwandten der aufsteigenden Linie unterhaltspflichtig.

(2) Unter den Abkömmlingen und unter den Verwandten der aufsteigenden Linie haften die näheren vor den entfernteren.

(3) Mehrere gleich nahe Verwandte haften anteilig nach ihren Erwerbs- und Vermögens–verhältnissen. Der Elternteil, der ein minderjähriges unverheiratetes Kind betreut, erfüllt seine Verpflichtung, zum Unterhalt des Kindes beizutragen, in der Regel durch die Pflege und die Erziehung des Kindes.

§ 1608 Haftung des Ehegatten oder Lebenspartners

(1) Der Ehegatte des Bedürftigen haftet vor dessen Verwandten. (…) Der Lebenspartner des Bedürftigen haftet in gleicher Weise wie ein Ehegatte.

§ 1609 Reihenfolge bei mehreren Bedürftigen

(1) Sind mehrere Bedürftige vorhanden und ist der Unterhaltspflichtige außerstande, allen Unterhalt zu gewähren, so gehen die Kinder im Sinne des § 1603 Abs. 2 den anderen Kindern, die Kinder den übrigen Abkömmlingen, die Abkömmlinge den Verwandten der aufsteigenden Linie und unter den Verwandten der aufsteigenden Linie die näheren den entfernteren vor.

(2) Der Ehegatte steht den Kindern im Sinne des § 1603 Abs. 2 gleich; er geht anderen Kindern und den übrigen Verwandten vor. Ist die Ehe geschieden oder aufgehoben, so geht der unterhaltsberechtigte Ehegatte den anderen Kindern im Sinne des Satzes 1 sowie den übrigen Verwandten des Unterhaltspflichtigen vor.

§ 1610 Angemessener Unterhalt

(1) Das Maß des zu gewährenden Unterhalts bestimmt sich nach der Lebensstellung des Bedürftigen (angemessener Unterhalt).

(2) Der Unterhalt umfaßt den gesamten Lebensbedarf einschließlich der Kosten einer angemessenen Vorbildung zu einem Beruf, bei einer der Erziehung bedürftigen Person auch die Kosten der Erziehung.

§ 1612 Art der Unterhaltsgewährung

(1) Der Unterhalt ist durch Entrichtung einer Geldrente zu gewähren. (…)

(2) Haben Eltern einem unverheirateten Kinde Unterhalt zu gewähren, so können sie bestimmen, in welcher Art und für welche Zeit im voraus der Unterhalt gewährt werden

soll, wobei auf die Belange des Kindes die gebotene Rücksicht zu nehmen ist. (...) Ist das Kind minderjährig, so kann ein Elternteil, dem die Sorge für die Person des Kindes nicht zusteht, eine Bestimmung nur für die Zeit treffen, in der das Kind in seinen Haushalt aufgenommen ist. (...)

§ 1612 a Regelbetrag

(1) Ein minderjähriges Kind kann von einem Elternteil, mit dem es nicht in einem Haushalt lebt, den Unterhalt als Vom Hundertsatz eines oder des jeweiligen Regelbetrages nach der Regelbetrag-Verordnung verlangen. (...)

(3) Die Regelbeträge werden in der Regelbetrag-Verordnung nach dem Alter des Kindes für die Zeit bis zur Vollendung des sechsten Lebensjahres (erste Altersstufe), die Zeit vom siebten bis zur Vollendung des zwölften Lebensjahres (zweite Altersstufe) und für die Zeit vom dreizehnten Lebensjahr an (dritte Altersstufe) festgesetzt. Der Regelbetrag einer höheren Altersstufe ist ab dem Beginn des Monats maßgebend, in dem das Kind das betreffende Lebensjahr vollendet.

(4) Die Regelbeträge verändern sich erstmals zum 1. Juli 1999 und danach zum 1. Juli jeden zweiten Jahres.[*] (...)

§ 1612 b Anrechnung von Kindergeld

(1) Das auf das Kind entfallende Kindergeld ist zur Hälfte anzurechnen, wenn an den barunterhaltspflichtigen Elternteil Kindergeld nicht ausgezahlt wird, weil ein anderer vorrangig berechtigt ist.

(2) Sind beide Elternteile zum Barunterhalt verpflichtet, so erhöht sich der Unterhaltsanspruch gegen den das Kindergeld beziehenden Elternteil um die Hälfte des auf das Kind entfallenden Kindergelds.

(3) Hat nur der barunterhaltspflichtige Elternteil Anspruch auf Kindergeld, wird es aber nicht an ihn ausgezahlt, ist es in voller Höhe anzurechnen.

(4) Ist das Kindergeld wegen Berücksichtigung eines nicht gemeinschaftlichen Kindes erhöht, ist es im Umfang der Erhöhung nicht anzurechnen.

(5) Eine Anrechnung des Kindergelds unterbleibt, soweit der Unterhaltspflichtige außerstande ist, Unterhalt in Höhe von 135 Prozent des Regelbetrags nach der Regelbetrag-Verordnung zu leisten.

§ 1613 Unterhalt für die Vergangenheit

(1) Für die Vergangenheit kann der Berechtigte Erfüllung oder Schadensersatz wegen Nichterfüllung nur von dem Zeitpunkt an fordern, zu welchem der Verpflichtete zum Zwecke der Geltendmachung des Unterhaltsanspruchs aufgefordert worden ist, über seine Einkünfte und sein Vermögen Auskunft zu erteilen, zu welchem der Verpflichtete in Verzug gekommen oder der Unterhaltsanspruch rechtshängig geworden ist. Der Unterhalt wird ab dem Ersten des Monats, in die bezeichneten Ereignisse fallen, geschuldet, wenn der Unterhaltsanspruch dem Grunde nach zu diesem Zeitpunkt bestanden hat.

(2) Der Berechtigte kann für die Vergangenheit ohne die Einschränkung des Absatzes 1 Erfüllung verlangen

1. wegen eines unregelmäßigen außergewöhnlich hohen Bedarfs (Sonderbedarf); (...)

---

[*]   Regelbeträge (Stand: 1.1.2002) (in Euro)

	West	Ost
1. Altersstufe	188	174
2. Altersstufe	228	211
3. Altersstufe	269	249

2. für den Zeitraum, in dem er
   a) aus rechtlichen Gründen oder
   b) aus tatsächlichen Gründen, die in den Verantwortungsbereich des Unterhalts-
      pflichtigen fallen,
   an der Geltendmachung des Unterhaltsanspruchs gehindert war. (…)

§ 1614 Verzicht auf den Unterhaltsanspruch; Vorausleistung
(1) Für die Zukunft kann auf den Unterhalt nicht verzichtet werden. (…)

§ 1615 Erlöschen des Unterhaltsanspruchs
(1) Der Unterhaltsanspruch erlischt mit dem Tode des Berechtigten oder des Verpflichteten, (…).

§ 1615 l Betreuungsunterhalt
(1) Der Vater hat der Mutter für die Dauer von sechs Wochen vor und acht Wochen nach
der Geburt des Kindes Unterhalt zu gewähren. Dies gilt auch hinsichtlich der Kosten,
die infolge der Schwangerschaft oder der Entbindung außerhalb dieses Zeitraums entstehen.
(2) Soweit die Mutter einer Erwerbstätigkeit nicht nachgeht, weil sie infolge der Schwangerschaft oder einer durch die Schwangerschaft oder die Entbindung verursachten
Krankheit dazu außerstande ist, ist der Vater verpflichtet, ihr über die in Absatz 1
Satz 1 bezeichnete Zeit hinaus Unterhalt zu gewähren. Das gleiche gilt, soweit von der
Mutter wegen der Pflege oder Erziehung des Kindes eine Erwerbstätigkeit nicht erwartet werden kann. Die Unterhaltspflicht beginnt frühestens vier Monate vor der Geburt;
sie endet drei Jahre nach der Geburt, sofern es nicht insbesondere unter Berücksichtigung der Belange des Kindes grob unbillig wäre, einen Unterhaltsanspruch nach Ablauf
dieser Frist zu versagen.
(3) (…) Die Verpflichtung des Vaters geht der Verpflichtung der Verwandten der Mutter vor.
Die Ehefrau und minderjährige unverheiratete Kinder des Vaters gehen bei Anwendung
des § 1609 der Mutter vor; (…)
(4) Wenn der Vater das Kind betreut, steht ihm der Anspruch nach Absatz 2 Satz 2 gegen
die Mutter zu. (…)

§ 1615 o Einstweilige Verfügung gegen den Mann
(1) Auf Antrag des Kindes kann durch einstweilige Verfügung angeordnet werden, daß der
Mann, der die Vaterschaft anerkannt hat oder der nach § 1600 d Abs. 2 als Vater vermutet wird, den für die ersten drei Monate dem Kinde zu gewährenden Unterhalt zu
zahlen hat. Der Antrag kann bereits vor der Geburt des Kindes durch die Mutter oder
einen für die Leibesfrucht bestellten Pfleger gestellt werden; (…)
(2) Auf Antrag der Mutter kann durch einstweilige Verfügung angeordnet werden, daß der
Mann, der die Vaterschaft anerkannt hat oder der nach § 1600 d Abs. 2 als Vater vermutet wird, die nach § 1615 l Abs. 1 voraussichtlich zu leistende Beträge an die Mutter zu zahlen hat; auch kann die Hinterlegung eines angemessenen Betrages angeordnet werden.
(3) Eine Gefährdung des Anspruchs braucht nicht glaubhaft gemacht zu werden.

§§

§ 1616 Familienname des Kindes von Eltern, die einen Ehenamen führen
Das Kind erhält den Ehenamen seiner Eltern als Geburtsnamen.

§ 1617 Familienname des Kindes bei gemeinsamer Sorge von Eltern, die keinen
Ehenamen führen
(1) Führen die Eltern keinen Ehenamen und steht ihnen die Sorge gemeinsam zu, so bestimmen sie durch Erklärung gegenüber dem Standesbeamten den Namen, den der Vater oder die Mutter zur Zeit der Erklärung führt, zum Geburtsnamen des Kindes. (…)

§ 1617 a Familienname bei Alleinsorge eines Elternteils
(1) Führen die Eltern keinen Ehenamen und steht die elterliche Sorge nur einem Elternteil zu, so erhält das Kind den Namen, den dieser Elternteil im Zeitpunkt der Geburt des Kindes führt. (...)

§ 1618 a Gegenseitige Pflicht zu Beistand und Rücksichtnahme
Eltern und Kinder sind einander Beistand und Rücksicht schuldig.

§ 1626 Elterliche Sorge; Leitlinien für Erziehung und Umgang
(1) Die Eltern haben die Pflicht und das Recht, für das minderjährige Kind zu sorgen (elterliche Sorge). Die elterliche Sorge umfaßt die Sorge für die Person des Kindes (Personensorge) und das Vermögen des Kindes (Vermögenssorge).
(2) Bei der Pflege und Erziehung berücksichtigen die Eltern die wachsende Fähigkeit und das wachsende Bedürfnis des Kindes zu selbständigem verantwortungsbewußtem Handeln. Sie besprechen mit dem Kind, soweit es nach dessen Entwicklungsstand angezeigt ist, Fragen der elterlichen Sorge und streben Einvernehmen an.
(3) Zum Wohl des Kindes gehört in der Regel der Umgang mit beiden Elternteilen. Gleiches gilt für den Umgang mit anderen Personen, zu denen das Kind Bindungen besitzt, wenn ihre Aufrechterhaltung für seine Entwicklung förderlich ist.

§ 1626 a Elterliche Sorge bei nicht miteinander verheirateten Eltern
(1) Sind die Eltern bei der Geburt des Kindes nicht miteinander verheiratet, so steht ihnen die elterliche Sorge dann gemeinsam zu, wenn sie
1. erklären, daß sie die Sorge gemeinsam übernehmen wollen (Sorgeerklärungen), oder
2. einander heiraten.
(2) Im übrigen hat die Mutter die elterliche Sorge.

§ 1626 b Sorgeerklärung
(1) Eine Sorgeerklärung unter einer Bedingung oder einer Zeitbestimmung ist unwirksam.
(2) Die Sorgeerklärung kann schon vor der Geburt des Kindes abgegeben werden.
(3) Eine Sorgeerklärung ist unwirksam, soweit eine gerichtliche Entscheidung über die elterliche Sorge nach den §§ 1671, 1672 getroffen oder eine solche Entscheidung nach § 1696 Abs. 1 geändert wurde.

§ 1626 c Höchstpersönliche Sorgeerklärung; beschränkte Geschäftsfähigkeit
(1) Die Eltern können die Sorgeerklärungen nur selbst abgeben. (...)

§ 1626 d Öffentliche Beurkundung; Nachweis der Alleinsorge
(1) Sorgeerklärungen und Zustimmungen müssen öffentlich beurkundet werden. (...)

§ 1626 e Unwirksamkeit der Sorgeerklärung
Sorgeerklärungen und Zustimmungen sind nur unwirksam, wenn sie den Erfordernissen der vorstehenden Vorschriften nicht genügen.

§ 1627 Ausübung der elterlichen Sorge
Die Eltern haben die elterliche Sorge in eigener Verantwortung und in gegenseitigem Einvernehmen zum Wohle des Kindes auszuüben. Bei Meinungsverschiedenheiten müssen sie versuchen, sich zu einigen.

§ 1628 Übertragung des Entscheidungsrechts auf einen Elternteil
Können sich die Eltern in einer einzelnen Angelegenheit oder in einer bestimmten Art von Angelegenheiten der elterlichen Sorge, deren Regelung für das Kind von erheblicher Bedeutung ist, nicht einigen, so kann das Familiengericht auf Antrag eines Elternteils die Ent-

scheidung einem Elternteil übertragen. Die Übertragung kann mit Beschränkungen oder mit Auflagen verbunden werden.

§ 1629 Vertretung des Kindes
(1) Die elterliche Sorge umfaßt die Vertretung des Kindes. (...) Ein Elternteil vertritt das Kind allein, soweit er die elterliche Sorge allein ausübt oder ihm die Entscheidung nach §1628 übertragen ist. Bei Gefahr im Verzug ist jeder Elternteil dazu berechtigt, alle Rechtshandlungen vorzunehmen, die zum Wohl des Kindes notwendig sind; der andere Elternteil ist unverzüglich zu unterrichten. (...)
(3) Sind die Eltern des Kindes miteinander verheiratet, so kann ein Elternteil, solange die Eltern getrennt leben oder eine Ehesache zwischen ihnen anhängig ist, Unterhaltsansprüche des Kindes gegen den anderen Elternteil nur im eigenen Namen geltend machen. (...)

§ 1630 Einschränkung der elterlichen Sorge bei Pflegerbestellung; Familienpflege
(1) Die elterliche Sorge erstreckt sich nicht auf Angelegenheiten des Kindes, für die ein Pfleger bestellt ist. (...)

§ 1631 Inhalt und Grenzen der Personensorge
(1) Die Personensorge umfasst insbesondere die Pflicht und das Recht, das Kind zu pflegen, zu erziehen, zu beaufsichtigen und seinen Aufenthalt zu bestimmen.
(2) Kinder haben ein Recht auf gewaltfreie Erziehung. Körperliche Bestrafungen, seelische Verletzungen und andere entwürdigende Maßnahmen sind unzulässig.
(3) Das Familiengericht hat die Eltern auf Antrag bei der Ausübung der Personensorge in geeigneten Fällen zu unterstützen.

§ 1631 b Unterbringung des Kindes
Eine Unterbringung des Kindes, die mit Freiheitsentziehung verbunden ist, ist nur mit Genehmigung des Familiengerichts zulässig. Ohne die Genehmigung ist die Unterbringung nur zulässig, wenn mit dem Aufschub Gefahr verbunden ist; die Genehmigung ist unverzüglich nachzuholen. Das Gericht hat die Genehmigung zurückzunehmen, wenn das Wohl des Kindes die Unterbringung nicht mehr erfordert.

§ 1631 c Sterilisation
Die Eltern können nicht in eine Sterilisation des Kindes einwilligen. Auch das Kind selbst kann nicht in die Sterilisation einwilligen. (...)

§ 1632 Anspruch auf Herausgabe des Kindes; Bestimmung des Umgangs; Wegnahme von der Pflegeperson
(1) Die Personensorge umfaßt das Recht, die Herausgabe des Kindes von jedem zu verlangen, der es den Eltern oder einem Elternteil widerrechtlich vorenthält.
(2) Die Personensorge umfaßt ferner das Recht, den Umgang des Kindes auch mit Wirkung für und gegen Dritte zu bestimmen. (...)

§ 1666 Gefährdung des Kindeswohls oder seines Vermögens
(1) Wird das körperliche, geistige oder seelische Wohl des Kindes oder sein Vermögen durch mißbräuchliche Ausübung der elterlichen Sorge, durch Vernachlässigung des Kindes, durch unverschuldetes Versagen der Eltern oder durch das Verhalten eines Dritten gefährdet, so hat das Familiengericht, wenn die Eltern nicht gewillt oder nicht in der Lage sind, die Gefahr abzuwenden, die zur Abwendung der Gefahr erforderlichen Maßnahmen zu treffen. (...)
(3) Das Gericht kann Erklärungen des Inhabers der elterlichen Sorge ersetzen.
(4) In Angelegenheiten der Personensorge kann das Gericht auch Maßnahmen mit Wirkung gegen einen Dritten treffen.

§§

§ 1666 a Grundsatz der Verhältnismäßigkeit; Vorrang öffentlicher Hilfen
(1) Maßnahmen, mit denen eine Trennung des Kindes von der elterlichen Familie verbunden ist, sind nur zulässig, wenn der Gefahr nicht auf andere Weise, auch nicht durch öffentliche Hilfen, begegnet werden kann. Dies gilt auch, wenn einem Elternteil vorübergehend oder auf unbestimmte Zeit die Nutzung der Familienwohnung untersagt werden soll. Wird einem Elternteil oder einem Dritten die Nutzung der vom Kind mitbewohnten oder einer anderen Wohnung untersagt, ist bei der Bemessung der Dauer der Maßnahme auch zu berücksichtigen, ob diesem das Eigentum, das Erbbaurecht oder der Nießbrauch an dem Grundstück zusteht, auf dem sich die Wohnung befindet; Entsprechendes gilt für das Wohnungseigentum, das Dauerwohnrecht, das dingliche Wohnrecht oder wenn der Elternteil oder Dritte Mieter der Wohnung ist.
(2) Die gesamte Personensorge darf nur entzogen werden, wenn andere Maßnahmen erfolglos geblieben sind oder wenn anzunehmen ist, dass sie zur Abwendung der Gefahr nicht ausreichen.

§ 1667 Einzelne Maßnahmen bei Eingriffen in die Vermögenssorge
(1) Das Familiengericht kann anordnen, daß die Eltern ein Verzeichnis des Vermögens des Kindes einreichen und über die Verwaltung Rechnung legen. (...)

§ 1671 Elterliche Sorge nach Trennung und Scheidung der Eltern
(1) Leben Eltern, denen die elterliche Sorge gemeinsam zusteht, nicht nur vorübergehend getrennt, so kann jeder Elternteil beantragen, daß ihm das Familiengericht die elterliche Sorge oder einen Teil der elterlichen Sorge allein überträgt.
(2) Dem Antrag ist stattzugeben, soweit
  1. der andere Elternteil zustimmt, es sei denn, daß das Kind das vierzehnte Lebensjahr vollendet hat und der Übertragung widerspricht, oder
  2. zu erwarten ist, daß die Aufhebung der gemeinsamen Sorge und die Übertragung auf den Antragsteller dem Wohl des Kindes am besten entspricht. (...)

§ 1674 Ruhen der elterlichen Sorge bei tatsächlichem Hindernis
(1) Die elterliche Sorge eines Elternteils ruht, wenn das Familiengericht feststellt, daß er auf längere Zeit die elterliche Sorge tatsächlich nicht ausüben kann.
(2) Die elterliche Sorge lebt wieder auf, wenn das Familiengericht feststellt, daß der Grund des Ruhens nicht mehr besteht.

§ 1678 Alleinige Ausübung der Sorge bei tatsächlicher Verhinderung oder Ruhen
(1) Ist ein Elternteil tatsächlich verhindert, die elterliche Sorge auszüben, oder ruht seine elterliche Sorge, so übt der andere Teil die elterliche Sorge allein aus; (...).

§ 1680 Elterliche Sorge nach Tod eines Elternteils oder nach Entziehung der Sorge
(1) Stand die elterliche Sorge den Eltern gemeinsam zu und ist ein Elternteil gestorben, so steht die elterliche Sorge dem überlebenden Elternteil zu.
(2) Ist ein Elternteil, dem die elterliche Sorge gemäß §§ 1671 oder 1672 Abs. 1 allein zustand, gestorben, so hat das Familiengericht die elterliche Sorge dem überlebenden Elternteil zu übertragen, wenn dies dem Wohl des Kindes nicht widerspricht. Stand die elterliche Sorge der Mutter gemäß § 1626 a Abs. 2 allein zu, so hat das Familiengericht die elterliche Sorge dem Vater zu übertragen, wenn dies dem Wohl des Kindes dient. (...)

§ 1684 Umgang des Kindes mit seinen Eltern
(1) Das Kind hat das Recht auf Umgang mit jedem Elternteil; jeder Elternteil ist zum Umgang mit dem Kind verpflichtet und berechtigt.
(2) Die Eltern haben alles zu unterlassen, was das Verhältnis des Kindes zum jeweils anderen Elternteil beeinträchtigt oder die Erziehung erschwert. Entsprechendes gilt, wenn

sich das Kind in der Obhut einer anderen Person befindet.

(3) Das Familiengericht kann über den Umfang des Umgangsrechts entscheiden und seine Ausübung, auch gegenüber Dritten, näher regeln. Es kann die Beteiligten durch Anordnungen zur Erfüllung der in Absatz 2 geregelten Pflicht anhalten.

(4) Das Familiengericht kann das Umgangsrecht oder den Vollzug früherer Entscheidungen über das Umgangsrecht einschränken oder ausschließen, soweit dies zum Wohl des Kindes erforderlich ist. Eine Entscheidung, die das Umgangsrecht oder seinen Vollzug für längere Zeit oder auf Dauer einschränkt oder ausschließt, kann nur ergehen, wenn andernfalls das Wohl des Kindes gefährdet wäre. Das Familiengericht kann insbesondere anordnen, daß der Umgang nur stattfinden darf, wenn ein mitwirkungsbereiter Dritter anwesend ist. Dritter kann auch ein Träger der Jugendhilfe oder ein Verein sein; dieser bestimmt dann jeweils, welche Einzelperson die Aufgabe wahrnimmt.

§ 1685 Umgang des Kindes mit anderen Bezugspersonen

(1) Großeltern und Geschwister haben ein Recht auf Umgang mit dem Kind, wenn dieser dem Wohl des Kindes dient.

(2) Gleiches gilt für den Ehegatten oder früheren Ehegatten sowie den Lebenspartner oder früheren Lebenspartner eines Elternteils, der mit dem Kind längere Zeit in häuslicher Gemeinschaft gelebt hat, und für Personen, bei denen das Kind längere Zeit in Familienpflege war.

(3) § 1684 Abs. 2 bis 4 gilt entsprechend.

§ 1686 Auskunftsrecht der Eltern

Jeder Elternteil kann vom anderen Elternteil bei berechtigtem Interesse Auskunft über die persönlichen Verhältnisse des Kindes verlangen, soweit dies dem Wohl des Kindes nicht widerspricht. Über Streitigkeiten entscheidet das Familiengericht.

§ 1687 Alleinentscheidungsbefugnisse bei gemeinsamer Sorge, wenn Eltern getrennt leben

(1) Leben Eltern, denen die elterliche Sorge gemeinsam zusteht, nicht nur vorübergehend getrennt, so ist bei Entscheidungen in Angelegenheiten, deren Regelung für das Kind von erheblicher Bedeutung ist, ihr gegenseitiges Einvernehmen erforderlich. Der Elternteil, bei dem sich das Kind mit Einwilligung des anderen Elternteils oder auf Grund einer gerichtlichen Entscheidung gewöhnlich aufhält, hat die Befugnis zur alleinigen Entscheidung in Angelegenheiten des täglichen Lebens. Entscheidungen in Angelegenheiten des täglichen Lebens sind in der Regel solche, die häufig vorkommen und die keine schwer abzuändernden Auswirkungen auf die Entwicklung des Kindes haben. Solange sich das Kind mit Einwilligung dieses Elternteils oder auf Grund einer gerichtlichen Entscheidung bei dem anderen Elternteil aufhält, hat dieser die Befugnis zur alleinigen Entscheidung in Angelegenheiten der tatsächlichen Betreuung. (…)

(2) Das Familiengericht kann die Befugnisse nach Absatz 1 Satz 2 und 4 einschränken oder ausschließen, wenn dies zum Wohl des Kindes erforderlich ist.

§ 1687 b Sorgerechtliche Befugnisse des Ehegatten

(1) Der Ehegatte eines allein sorgeberechtigten Elternteils, der nicht Elternteil des Kindes ist, hat im Einvernehmen mit dem sorgeberechtigten Elternteil die Befugnis zur Mitentscheidung in Angelegenheiten des täglichen Lebens des Kindes. § 1629 Abs. 2 Satz 1 gilt entsprechend.

(2) Bei Gefahr im Verzug ist der Ehegatte dazu berechtigt, alle Rechtshandlungen vorzunehmen, die zum Wohl des Kindes notwendig sind; der sorgeberechtigte Elternteil ist unverzüglich zu unterrichten. (…)

§ 1909 Ergänzungspflegschaft

(1) Wer unter elterlicher Sorge (…) steht, erhält für Angelegenheiten, an deren Besorgung die Eltern (…) verhindert sind, einen Pfleger. (…)

§§

Gesetz über die Eingetragene Lebenspartnerschaft (Lebenspartnerschaftsgesetz – LPartG)

§ 1 Form und Voraussetzungen

(1) Zwei Personen gleichen Geschlechts begründen eine Lebenspartnerschaft, wenn sie gegenseitig persönlich und bei gleichzeitiger Anwesenheit erklären, miteinander eine Partnerschaft auf Lebenszeit führen zu wollen (Lebenspartnerinnen oder Lebenspartner). Die Erklärungen können nicht unter einer Bedingung oder Zeitbestimmung abgegeben werden. Die Erklärungen werden wirksam, wenn sie vor der zuständigen Behörde erfolgen. Weitere Voraussetzung für die Begründung der Lebenspartnerschaft ist, dass die Lebenspartner eine Erklärung über ihren Vermögensstand (§ 6 Abs. 1) abgegeben haben.

(2) Eine Lebenspartnerschaft kann nicht wirksam begründet werden
  1. mit einer Person, die minderjährig oder verheiratet ist oder bereits mit einer anderen Person eine Lebenspartnerschaft führt;
  2. zwischen Personen, die in gerader Linie miteinander verwandt sind;
  3. zwischen vollbürtigen und halbbürtigen Geschwistern;
  4. wenn die Lebenspartner bei der Begründung der Lebenspartnerschaft darüber einig sind, keine Verpflichtungen gemäß § 2 begründen zu wollen.

§ 2 Partnerschaftliche Lebensgemeinschaft

Die Lebenspartner sind einander zu Fürsorge und Unterstützung sowie zur gemeinsamen Lebensgestaltung verpflichtet. Sie tragen füreinander Verantwortung.

§ 3 Lebenspartnerschaftsname

(1) Die Lebenspartner können einen gemeinsamen Namen (Lebenspartnerschaftsnamen) bestimmen. (...)

§ 5 Verpflichtung zum Lebenspartnerschaftsunterhalt

Die Lebenspartner sind einander zum angemessenen Unterhalt verpflichtet. Die §§ 1360 a und 1360b des Bürgerlichen Gesetzbuchs gelten entsprechend.

§ 6 Erklärung über den Vermögensstand

(1) Vor der Begründung der Lebenspartnerschaft haben sich die Lebenspartner über den Vermögensstand zu erklären. Dabei müssen die Lebenspartner entweder erklären, dass sie den Vermögensstand der Ausgleichsgemeinschaft vereinbart haben, oder sie müssen einen Lebenspartnerschaftsvertrag (§ 7) abgeschlossen haben.

(2) Beim Vermögensstand der Ausgleichsgemeinschaft wird Vermögen, das die Lebenspartner zu Beginn der Lebenspartnerschaft haben oder während der Lebenspartnerschaft erwerben, nicht gemeinschaftliches Vermögen. Jeder Lebenspartner verwaltet sein Vermögen selbst. Bei Beendigung des Vermögensstandes wird der Überschuss, den die Lebenspartner während der Dauer des Vermögensstandes erzielt haben, ausgeglichen. Die §§ 1371 bis 1390 des Bürgerlichen Gesetzbuchs gelten entsprechend.

(3) Ist die Vereinbarung nach Absatz 1 Satz 2 oder der Lebenspartnerschaftsvertrag unwirksam, so besteht Vermögenstrennung.

§ 7 Lebenspartnerschaftsvertrag

(1) Die Lebenspartner können ihre vermögensrechtlichen Verhältnisse durch Vertrag (Lebenspartnerschaftsvertrag) regeln. Der Vertrag muss bei gleichzeitiger Anwesenheit beider Lebenspartner zur Niederschrift eines Notars geschlossen werden. Die §§ 1409 und 1411 des Bürgerlichen Gesetzbuchs gelten entsprechend.

(2) Absatz 1 Satz 2 gilt nicht, wenn die Lebenspartner vor der Begründung der Lebenspartnerschaft den Vermögensstand der Ausgleichsgemeinschaft in der in § 6 Abs. 1 vorgesehenen Form vereinbaren.

§ 9 Sorgerechtliche Befugnisse des Lebenspartners

(1) Führt der allein sorgeberechtigte Elternteil eine Lebenspartnerschaft, hat sein Lebenspartner im Einvernehmen mit dem sorgeberechtigten Elternteil die Befugnis zur Mitentscheidung in Angelegenheiten des täglichen Lebens des Kindes. § 1629 Abs. 2 Satz 1 des Bürgerlichen Gesetzbuchs gilt entsprechend.

(2) Bei Gefahr im Verzug ist der Lebenspartner dazu berechtigt, alle Rechtshandlungen vorzunehmen, die zum Wohl des Kindes notwendig sind; der sorgeberechtigte Elternteil ist unverzüglich zu unterrichten. (...)

§ 11 Sonstige Wirkungen der Lebenspartnerschaft

(1) Ein Lebenspartner gilt als Familienangehöriger des anderen Lebenspartners, soweit nicht etwas anderes bestimmt ist.

(2) Die Verwandten eines Lebenspartners gelten als mit dem anderen Lebenspartner verschwägert. (...) Die Schwägerschaft dauert fort, auch wenn die Lebenspartnerschaft, die sie begründet hat, aufgelöst wurde.

§ 12 Unterhalt bei Getrenntleben

(1) Leben die Lebenspartner getrennt, so kann ein Lebenspartner von dem anderen den nach den Lebensverhältnissen und den Erwerbs- und Vermögensverhältnissen während der Lebenspartnerschaft angemessenen Unterhalt verlangen. Der nichterwerbstätige Lebenspartner kann darauf verwiesen werden, seinen Unterhalt durch eine Erwerbstätigkeit selbst zu verdienen, es sei denn, dass dies von ihm nach seinen persönlichen Verhältnissen unter Berücksichtigung der Dauer der Lebenspartnerschaft und nach den wirtschaftlichen Verhältnissen der Lebenspartner nicht erwartet werden kann.

(2) Ein Unterhaltsanspruch ist zu versagen, herabzusetzen oder zeitlich zu begrenzen, soweit die Inanspruchnahme des Verpflichteten unbillig wäre. § 1361 Abs. 4 und § 1610 a des Bürgerlichen Gesetzbuchs gelten entsprechend.

§ 13 Hausratsverteilung bei Getrenntleben

(1) Leben die Lebenspartner getrennt, so kann jeder von ihnen die ihm gehörenden Haushaltsgegenstände von dem anderen Lebenspartner herausverlangen. Er ist jedoch verpflichtet, sie dem anderen Lebenspartner zum Gebrauch zu überlassen, soweit dieser sie zur Führung eines abgesonderten Haushalts benötigt und die Überlassung nach den Umständen des Falles der Billigkeit entspricht.

(2) Haushaltsgegenstände, die den Lebenspartnern gemeinsam gehören, werden zwischen ihnen nach den Grundsätzen der Billigkeit verteilt. Das Gericht kann eine angemessene Vergütung für die Benutzung der Haushaltsgegenstände festsetzen.

(3) Die Eigentumsverhältnisse bleiben unberührt, sofern die Lebenspartner nichts anderes vereinbaren.

§ 14 Wohnungszuweisung bei Getrenntleben

(1) Leben die Lebenspartner getrennt oder will einer von ihnen getrennt leben, so kann ein Lebenspartner verlangen, dass ihm der andere die gemeinsame Wohnung oder einen Teil zur alleinigen Benutzung überlässt, soweit dies auch unter Berücksichtigung der Belange des anderen Lebenspartners notwendig ist, um eine unbillige Härte zu vermeiden. Eine unbillige Härte kann auch dann gegeben sein, wenn das Wohl von im Haushalt lebenden Kinder beeinträchtigt ist. Steht einem Lebenspartner allein oder gemeinsam mit einem Dritten das Eigentum, das Erbbaurecht oder der Nießbrauch an dem Grundstück zu, auf dem sich die gemeinsame Wohnung befindet, so ist dies besonders zu berücksichtigen; Entsprechendes gilt für das Wohnungseigentum, das Dauerwohnrecht und das dingliche Wohnrecht.

(2) Hat der Lebenspartner, gegen den sich der Antrag richtet, den anderen Lebenspartner widerrechtlich und vorsätzlich am Körper, der Gesundheit oder der Freiheit verletzt oder mit einer solchen Verletzung oder der Verletzung des Lebens widerrechtlich ge-

§§

droht, ist in der Regel die gesamte Wohnung zur alleinigen Benutzung zu überlassen. Der Anspruch auf Wohnungsüberlassung ist nur dann ausgeschlossen, wenn keine weitere Verletzungen und widerrechtliche Drohungen zu besorgen sind, es sei denn, dass dem verletzten Lebenspartner das weitere Zusammenleben mit dem anderen wegen der Schwere der Tat nicht zuzumuten ist.

(3) Wurde einem Lebenspartner die gemeinsame Wohnung ganz oder zum Teil überlassen, so hat der andere alles zu unterlassen, was geeignet ist, die Ausübung dieses Nutzungsrechts zu erschweren oder zu vereiteln. er kann von dem nutzungsberechtigten Lebenspartner eine Vergütung für die Nutzung verlangen, soweit dies der Billigkeit entspricht.

(4) Ist ein Lebenspartner aus der gemeinsamen Wohnung ausgezogen, um getrennt zu leben und hat er binnen sechs Monaten nach seinem Auszug eine ernstliche Rückkehrabsicht dem anderen Lebenspartner gegenüber nicht bekundet, so wird unwiderleglich vermutet, dass er dem in der gemeinsamen Wohnung verbliebenen Lebenspartner das alleinige Nutzungsrecht überlassen hat.

§ 15 Aufhebung

(1) Die Lebenspartnerschaft wird auf Antrag eines oder beider Lebenspartner durch gerichtliches Urteil aufgehoben.

(2) Das Gericht hebt die Lebenspartnerschaft auf, wenn
1. beide Lebenspartner erklärt haben, die Lebenspartnerschaft nicht fortsetzen zu wollen, und seit der Erklärung zwölf Monate vergangen sind;
2. ein Lebenspartner erklärt hat, die Lebenspartnerschaft nicht fortsetzen zu wollen, und seit der Zustellung dieser Erklärung an den anderen Lebenspartner 36 Monate vergangen sind;
3. die Fortsetzung der Lebenspartnerschaft für den Antragsteller aus Gründen, die in der Person des anderen Lebenspartners liegen, eine unzumutbare Härte wäre.

(3) Die Lebenspartner können ihre Erklärungen nach Absatz 2 Nr. 1 oder 2 widerrufen, solange die Lebenspartnerschaft noch nicht aufgehoben ist. Widerruft im Falle des Absatzes 2 Nr. 1 einer der Lebenspartner seine Erklärung, hebt das Gericht die Lebenspartnerschaft auf, wenn seit der Abgabe der übereinstimmenden Erklärung 36 Monate vergangen sind.

(4) Die Erklärungen nach Absatz 2 Nr. 1 und 2 und nach Absatz 3 müssen persönlich abgegeben werden und bedürfen der öffentlichen Beurkundung. Sie können nicht unter einer Bedingung oder einer Zeitbestimmung abgegeben werden.

§ 16 Nachpartnerschaftlicher Unterhalt

(1) Kann ein Lebenspartner nach der Aufhebung der Lebenspartnerschaft nicht selbst für seinen Unterhalt sorgen, kann er vom anderen Lebenspartner den nach den Lebensverhältnissen während der Lebenspartnerschaft angemessenen Unterhalt verlangen, soweit und solange von ihm eine Erwerbstätigkeit, insbesondere wegen seines Alters oder wegen Krankheiten oder anderer Gebrechen, nicht erwartet werden kann.

(2) Der Unterhaltsanspruch erlischt, wenn der Berechtigte eine Ehe eingeht oder eine neue Lebenspartnerschaft begründet. Im Übrigen gelten § 1578 Abs. 1 Satz 1, Satz 2 erster Halbsatz und Satz 4, Abs. 2 und 3, §§ 1578 a bis 1581 und 1583 bis 1586 und § 1586 b des Bürgerlichen Gesetzbuchs entsprechend.

(3) Bei der Ermittlung des Unterhalts des früheren Lebenspartners geht dieser im Falle des § 1581 des Bürgerlichen Gesetzbuchs einem neuen Lebenspartner und den übrigen Verwandten im Sinne des § 1609 Abs. 2 des Bürgerlichen Gesetzbuchs vor; alle anderen gesetzlich Unterhaltsberechtigten gehen dem früheren Lebenspartner vor.

§ 17 Familiengerichtliche Entscheidung

Können sich die Lebenspartner anlässlich der Aufhebung der Lebenspartnerschaft nicht darüber einigen, wer von ihnen die gemeinsame Wohnung künftig bewohnen oder wer die Wohnungseinrichtung und den sonstigen Hausrat erhalten soll, so regelt auf Antrag das Familiengericht die Rechtsverhältnisse an der Wohnung und am Hausrat nach billigem Ermessen. Dabei hat das Gericht alle Umstände des Einzelfalls zu berücksichtigen. Die Regelung der Rechtsverhältnisse an der Wohnung oder am Hausrat hat rechtsgestaltende Wirkung.

§ 18 Entscheidung über die gemeinsame Wohnung

(1) Für die gemeinsame Wohnung kann das Gericht bestimmen, dass
1. ein von beiden Lebenspartnern eingegangenes Mietverhältnis von einem Lebenspartner allein fortgesetzt wird oder
2. ein Lebenspartner in das nur von dem anderen Lebenspartner eingegangene Mietverhältnis an dessen Stelle eintritt.

(2) Steht die gemeinsame Wohnung im Eigentum oder Miteigentum eines Lebenspartners, so kann das Gericht für den anderen Lebenspartner ein Mietverhältnis an der Wohnung begründen, wenn der Verlust der Wohnung für ihn eine unbillige Härte wäre.

(3) Die §§ 3 bis 7 der Verordnung über die Behandlung der Ehewohnung und des Hausrats und § 60 des Wohnungseigentumsgesetzes gelten entsprechend.

§ 19 Entscheidung über den Hausrat

Für die Regelung der Rechtsverhältnisse am Hausrat gelten die Vorschriften der §§ 8 bis 10 der Verordnung über die Behandlung der Ehewohnung und des Hausrats entsprechend. Gegenstände, die im Alleineigentum eines Lebenspartners oder im Miteigentum eines Lebenspartners und eines Dritten stehen, soll das Gericht dem anderen Lebenspartner nur zuweisen, wenn dieser auf ihre Weiterbenutzung angewiesen ist und die Überlassung dem anderen zugemutet werden kann.

Gesetz zum zivilrechtlichen Schutz vor Gewalttaten und Nachstellungen (Gewaltschutzgesetz – GewSchG)

§ 1 Gerichtliche Maßnahmen zum Schutz vor Gewalt und Nachstellungen

(1) Hat eine Person vorsätzlich den Körper, die Gesundheit oder die Freiheit einer anderen Person widerrechtlich verletzt, hat das Gericht auf Antrag der verletzten Person die zur Abwendung weiterer Verletzungen erforderlichen Maßnahmen zu treffen. Die Anordnungen sollen befristet werden; die Frist kann verlängert werden. Das Gericht kann insbesondere anordnen, dass der Täter es unterlässt,
1. die Wohnung der verletzten Person zu betreten,
2. sich in einem bestimmten Umkreis der Wohnung der verletzten Person aufzuhalten,
3. zu bestimmende andere Orte aufzusuchen, an denen sich die verletzte Person regelmäßig aufhält,
4. Verbindung zur verletzten Person, auch unter Verwendung von Fernkommunikationsmitteln, aufzunehmen,
5. Zusammentreffen mit der verletzten Person herbeizuführen, soweit dies nicht zur Wahrnehmung berechtigter Interessen erforderlich ist.

(2) Absatz 1 gilt entsprechend, wenn
1. eine Person einer anderen mit einer Verletzung des Lebens, des Körpers, der Gesundheit oder der Freiheit widerrechtlich gedroht hat oder
2. eine Person widerrechtlich und vorsätzlich
   a) in die Wohnung einer anderen Person oder deren befriedetes Besitztum eindringt oder
   b) eine andere Person dadurch unzumutbar belästigt, dass sie ihr gegen den ausdrücklich erklärten Willen wiederholt nachstellt oder sie unter Verwendung von Fernkommunikationsmitteln verfolgt. Im Falle des Satzes 1 Nr. 2 Buchstabeb liegt eine unzumutbare Belästigung nicht vor, wenn die Handlung der Wahrnehmung berechtigter Interessen dient.

§§

(3) In den Fällen des Absatzes 1 Satz 1 oder des Absatzes 2 kann das Gericht die Maßnahmen nach Absatz 1 auch dann anordnen, wenn eine Person die Tat in einem die freie Willensbestimmung ausschließenden Zustand krankhafter Störung der Geistestätigkeit begangen hat, in den sie sich durch geistige Getränke oder ähnliche Mittel vorübergehend versetzt hat.

§ 2 Überlassung einer gemeinsam genutzten Wohnung

(1) Hat die verletzte Person zum Zeitpunkt einer Tat nach § 1 Abs. 1 Satz 1, auch in Verbindung mit Abs. 3, mit dem Täter einen auf Dauer angelegten gemeinsamen Haushalt geführt, so kann sie von diesem verlangen, ihr die gemeinsam genutzte Wohnung zur alleinigen Benutzung zu überlassen.

(2) Die Dauer der Überlassung der Wohnung ist zu befristen, wenn der verletzten Person mit dem Täter das Eigentum, das Erbbaurecht oder der Nießbrauch an dem Grundstück, auf dem sich die Wohnung befindet, zusteht oder die verletzte Person mit dem Täter die Wohnung gemietet hat. Steht dem Täter allein oder gemeinsam mit einem Dritten das Eigentum, das Erbbaurecht oder der Nießbrauch an dem Grundstück zu, auf dem sich die Wohnung befindet, oder hat er die Wohnung allein oder gemeinsam mit einem Dritten gemietet, so hat das Gericht die Wohnungsüberlassung an die verletzte Person auf die Dauer von höchstens sechs Monaten zu befristen. Konnte die verletzte Person innerhalb der vom Gericht nach Satz 2 bestimmten Frist anderen angemessenen Wohnraum zu zumutbaren Bedingungen nicht beschaffen, so kann das Gericht die Frist um höchstens weitere sechs Monate verlängern, es sei denn, überwiegende Belange des Täters oder des Dritten stehen entgegen. Die Sätze 1 bis 3 gelten entsprechend für das Wohnungseigentum, das Dauerwohnrecht und das dingliche Wohnrecht.

(3) Der Anspruch nach Absatz 1 ist ausgeschlossen,

1. wenn weitere Verletzungen nicht zu besorgen sind, es sei denn, dass der verletzten Person das weitere Zusammenleben mit dem Täter wegen der Schwere der Tat nicht zuzumuten ist oder

2. wenn die verletzte Person nicht innerhalb von drei Monaten nach der Tat die Überlassung der Wohnung schriftlich vom Täter verlangt oder

3. soweit der Überlassung der Wohnung an die verletzte Person besonders schwerwiegende Belange des Täters entgegenstehen.

(4) Ist der verletzten Person die Wohnung zur Benutzung überlassen worden, so hat der Täter alles zu unterlassen, was geeignet ist, die Ausübung dieses Nutzungsrechts zu erschweren oder zu vereiteln.

(5) Der Täter kann von der verletzten Person eine Vergütung für die Nutzung verlangen, soweit dies der Billigkeit entspricht.

(6) Hat die bedrohte Person zum Zeitpunkt einer Drohung nach § 1 Abs. 2 Satz 1 Nr. 1, auch in Verbindung mit Abs. 3, einen auf Dauer angelegten gemeinsamen Haushalt mit dem Täter geführt, kann sie die Überlassung der gemeinsam genutzten Wohnung verlangen, wenn dies erforderlich ist, um eine unbillige Härte zu vermeiden. Eine unbillige Härte kann auch dann gegeben sein, wenn das Wohl von im Haushalt lebenden Kindern beeinträchtigt ist. Im Übrigen gelten die Absätze 2 bis 5 entsprechend.

§ 3 Geltungsbereich, Konkurrenzen

(1) Steht die verletzte oder bedrohte Person im Zeitpunkt einer Tat nach § 1 Abs. 1 oder Abs. 2 Satz 1 unter elterlicher Sorge, Vormundschaft oder unter Pflegschaft, so treten im Verhältnis zu den Eltern und zu sorgeberechtigten Personen an die Stelle von §§ 1 und 2 die für das Sorgerechts-, Vormundschafts- oder Pflegschaftsverhältnis maßgebenden Vorschriften.

(2) Weitergehende Ansprüche der verletzten Person werden durch dieses Gesetz nicht berührt.

§ 4 Strafvorschriften
Wer einer bestimmten vollstreckbaren Anordnung nach § 1 Abs. 1 Satz 1 oder 3, jeweils auch in Verbindung mit Abs. 2 Satz 1, zuwiderhandelt, wird mit Freiheitsstrafe bis zu einem Jahr oder mit Geldstrafe bestraft. Die Strafbarkeit nach anderen Vorschriften bleibt unberührt.

Zivilprozessordnung

§ 606 Zuständigkeit
(1) Für Verfahren auf Scheidung oder Aufhebung einer Ehe, auf Feststellung des Bestehens oder Nichtbestehens einer Ehe zwischen den Parteien oder auf Herstellung des ehelichen Lebens (Ehesachen) ist das Familiengericht ausschließlich zuständig, in dessen Bezirk die Ehegatten ihren gemeinsamen gewöhnlichen Aufenthalt haben. Fehlt es bei Eintritt der Rechtshängigkeit an einem solchen Aufenthalt im Inland, so ist das Familiengericht ausschließlich zuständig, in dessen Bezirk einer der Ehegatten mit den gemeinsamen minderjährigen Kindern den gewöhnlichen Aufenthalt hat.

(2) Ist eine Zuständigkeit nach Absatz 1 nicht gegeben, so ist das Familiengericht ausschließlich zuständig, in dessen Bezirk die Ehegatten ihren gemeinsamen gewöhnlichen Aufenthalt zuletzt gehabt haben, wenn einer der Ehegatten bei Eintritt der Rechtshängigkeit im Bezirk dieses Gerichts seinen gewöhnlichen Aufenthalt hat. Fehlt ein solcher Gerichtsstand, so ist das Familiengericht ausschließlich zuständig, in dessen Bezirk der gewöhnliche Aufenthaltsort des Beklagten oder, falls ein solcher im Inland fehlt, der gewöhnliche Aufenthaltsort des Klägers gelegen ist. Haben beide Ehegatten das Verfahren rechtshängig gemacht, so ist von den Gerichten, die nach Satz 2 zuständig wären, das Gericht ausschließlich zuständig, bei dem das Verfahren zuerst rechtshängig geworden ist; dies gilt auch, wenn die Verfahren nicht miteinander verbunden werden können. Sind die Verfahren am selben Tag rechtshängig geworden, so ist § 36 entsprechend anzuwenden.

(3) Ist die Zuständigkeit eines Gerichts nach diesen Vorschriften nicht begründet, so ist das Familiengericht beim Amtsgericht Schöneberg in Berlin ausschließlich zuständig.

§ 606 a Internationale Zuständigkeit
(1) Für Ehesachen sind die deutschen Gerichte zuständig,
  1. wenn ein Ehegatte Deutscher ist oder bei der Eheschließung war,
  2. wenn beide Ehegatten ihren gewöhnlichen Aufenthalt im Inland haben,
  3. wenn ein Ehegatte Staatenloser mit gewöhnlichem Aufenthalt im Inland ist oder
  4. wenn ein Ehegatte seinen gewöhnlichen Aufenthalt im Inland hat, es sei denn, daß die zu fällende Entscheidung offensichtlich nach dem Recht keines der Staaten anerkannt würde, denen einer der Ehegatten angehört.

Diese Zuständigkeit ist nicht ausschließlich. (...)

§ 616 Untersuchungsgrundsatz
(1) Das Gericht kann auch von Amts wegen die Aufnahme von Beweisen anordnen und nach Anhörung der Ehegatten auch solche Tatsachen berücksichtigen, die von ihnen nicht vorgebracht sind. (...)

§ 620 Einstweilige Anordnungen
Das Gericht kann im Wege der einstweiligen Anordnung auf Antrag regeln:
  1. die elterliche Sorge für ein gemeinschaftliches Kind;
  2. den Umgang eines Elternteils mit dem Kind;
  3. die Herausgabe des Kindes an den anderen Elternteil;
  4. die Unterhaltspflicht gegenüber einem minderjährigen Kind;
  5. das Getrenntleben der Ehegatten;

§§

6. den Unterhalt eines Ehegatten;
7. die Benutzung der Ehewohnung und des Hausrats;
8. die Herausgabe oder Benutzung der zum persönlichen Gebrauch eines Ehegatten oder eines Kindes bestimmten Sachen;
9. die Maßnahmen nach den §§ 1 und 2 des Gewaltschutzgesetzes, wenn die Beteiligten einen auf Dauer angelegten gemeinsamen Haushalt führen oder innerhalb von sechs Monaten vor Antragstellung geführt haben;
10. die Verpflichtung zur Leistung eines Kostenvorschusses für die Ehesache und Folgesachen.

§ 620 c Sofortige Beschwerde; Unanfechtbarkeit

Hat das Gericht des ersten Rechtszuges auf Grund mündlicher Verhandlung die elterliche Sorge für ein gemeinschaftliches Kind geregelt, die Herausgabe des Kindes an den anderen Elternteil angeordnet, über einen Antrag nach den §§ 1 und 2 des Gewaltschutzgesetzes oder über einen Antrag auf Zuweisung der Ehewohnung entschieden, so findet die sofortige Beschwerde statt. Im übrigen sind die Entscheidungen nach den §§ 620, 620b unanfechtbar.

§ 621 Zuständigkeit des Familiengerichts

(1) Für Familiensachen, die
1. die elterliche Sorge für ein Kind, soweit nach den Vorschriften des Bürgerlichen Gesetzbuchs hierfür das Familiengericht zuständig ist,
2. die Regelung des Umgangs mit einem Kind, soweit nach den Vorschriften des Bürgerlichen Gesetzbuchs hierfür das Familiengericht zuständig ist,
3. die Herausgabe eines Kindes, für das die elterliche Sorge besteht,
4. die durch Verwandtschaft begründete gesetzliche Unterhaltspflicht,
5. die durch Ehe begründete gesetzliche Unterhaltspflicht,
6. den Versorgungsausgleich,
7. Regelungen nach der Verordnung über die Behandlung der Ehewohnung und des Hausrats,
8. Ansprüche aus dem ehelichen Güterrecht, auch wenn Dritte am Verfahren beteiligt sind, (...)
10. Kindschaftssachen,
11. Ansprüche nach den §§ 1615l, 1615m des Bürgerlichen Gesetzbuchs, (...)
13. Maßnahmen nach den §§ 1 und 2 des Gewaltschutzgesetzes, wenn die Beteiligten einen auf Dauer angelegten gemeinsamen Haushalt führen oder innerhalb von sechs Monaten vor Antragstellung geführt haben, betreffen, ist das Familiengericht ausschließlich zuständig. (...)

§ 630 Einverständliche Scheidung

(1) Für das Verfahren auf Scheidung nach § 1565 in Verbindung mit § 1566 Abs. 1 des Bürgerlichen Gesetzbuchs muß die Antragsschrift eines Ehegatten enthalten:
1. die Mitteilung, daß der andere Ehegatte der Scheidung zustimmen oder in gleicher Weise die Scheidung beantragt wird;
2. entweder übereinstimmende Erklärungen der Ehegatten, daß Anträge zur Übertragung der elterlichen Sorge oder eines Teils der elterlichen Sorge für die Kinder auf einen Elternteil und zur Regelung des Umgangs der Eltern mit den Kindern nicht gestellt werden, weil sich die Ehegatten über das Fortbestehen der Sorge und über den Umgang einig sind, oder, soweit eine gerichtliche Regelung erfolgen soll, die entsprechenden Anträge und jeweils die Zustimmung des anderen Ehegatten hierzu;
3. die Einigung der Ehegatten über die Regelung der Unterhaltspflicht gegenüber einem Kinde, die durch die Ehe begründete gesetzliche Unterhaltspflicht sowie die Rechtsverhältnisse an der Ehewohnung und am Hausrat.

(2) Die Zustimmung zur Scheidung kann bis zum Schluß der mündlichen Verhandlung, auf die das Urteil ergeht, widerrufen werden. Die Zustimmung und der Widerruf können zu Protokoll der Geschäftsstelle oder in der mündlichen Verhandlung zur Niederschrift des Gerichts erklärt werden.

(3) Das Gericht soll dem Scheidungsantrag erst stattgeben, wenn die Ehegatten über die in Absatz 1 Nr. 3 bezeichneten Gegenstände einen vollstreckbaren Schuldtitel herbeigeführt haben.

§ 642 Gerichtsstand

(1) Für Verfahren, die die gesetzliche Unterhaltspflicht eines Elternteils oder beider Elternteile gegenüber einem minderjährigen Kind betreffen, ist das Gericht ausschließlich zuständig, bei dem das Kind oder der Elternteil, der es gesetzlich vertritt, seinen allgemeinen Gerichtsstand hat. Dies gilt nicht, wenn das Kind oder ein Elternteil seinen allgemeinen Gerichtsstand im Ausland hat. (…)

(3) Die Klage eines Elternteils gegen den anderen Elternteil wegen eines Anspruchs, der die durch Ehe begründete gesetzliche Unterhaltspflicht betrifft, oder wegen eines Anspruchs nach § 1615 l des Bürgerlichen Gesetzbuchs kann auch bei dem Gericht erhoben werden, bei dem ein Verfahren über den Unterhalt des Kindes im ersten Rechtszug anhängig ist.

§ 643 Auskunftsrecht des Gerichts

(1) Das Gericht kann den Parteien in Unterhaltsstreitigkeiten des § 621 Abs. 1 Nr. 4, 5 und 11 aufgeben, unter Vorlage entsprechender Belege Auskunft zu erteilen über ihre Einkünfte und, soweit es für die Bemessung des Unterhalts von Bedeutung ist, über ihr Vermögen und ihre persönlichen und wirtschaftlichen Verhältnisse.

(2) Kommt eine Partei der Aufforderung des Gerichts nach Absatz 1 nicht oder nicht vollständig nach, so kann das Gericht, soweit es zur Aufklärung erforderlich ist, Auskunft einholen
1. über die Höhe der Einkünfte bei
   a) Arbeitgebern,
   b) Sozialleistungsträgern sowie der Künstlersozialkasse,
   c) sonstigen Personen oder Stellen, die Leistungen zur Versorgung im Alter und bei verminderter Erwerbsfähigkeit sowie Leistungen zur Entschädigung oder zum Nachteilsausgleich zahlen, und
   d) Versicherungsunternehmen,
2. über den zuständigen Rentenversicherungsträger und die Versicherungsnummer bei der Datenstelle der Rentenversicherungsträger,
3. in Rechtsstreitigkeiten, die den Unterhaltsanspruch eines minderjährigen Kindes betreffen, über die Höhe der Einkünfte und das Vermögen bei Finanzämtern.
   Das Gericht hat die Partei hierauf spätestens bei der Aufforderung hinzuweisen.

(3) Die in Absatz 2 bezeichneten Personen und Stellen sind verpflichtet, den gerichtlichen Ersuchen Folge zu leisten. (…)

§ 644 Einstweilige Anordnung

Ist eine Klage nach § 621 Abs. 1 Nr. 4, 5 oder 11 anhängig oder ist ein Antrag auf Bewilligung von Prozeßkostenhilfe für eine solche Klage eingereicht, kann das Gericht den Unterhalt auf Antrag durch einstweilige Anordnung regeln. (…)

§ 645 Statthaftigkeit des vereinfachten Verfahrens

(1) Auf Antrag wird der Unterhalt eines minderjährigen Kindes, das mit dem in Anspruch genommenen Elternteil nicht in einem Haushalt lebt, im vereinfachten Verfahren festgesetzt, soweit der Unterhalt vor Anrechnung der nach §§ 1612 b, 1612 c des Bürgerlichen Gesetzbuchs zu berücksichtigenden Leistungen das Eineinhalbfache des Regelbetrages nach der Regelbetrag-Verordnung nicht übersteigt. (…)

§§

§ 646 Antrag

(1) Der Antrag muss enthalten:
1. die Bezeichnung der Parteien, ihrer gesetzlichen Vertreter und der Prozessbevollmächtigten;
2. die Bezeichnung des Gerichts, bei dem der Antrag gestellt wird;
3. die Angabe des Geburtsdatums des Kindes;
4. die Angabe, ab welchem Zeitpunkt Unterhalt verlangt wird;
5. für den Fall, dass Unterhalt für die Vergangenheit verlangt wird, die Angabe, wann die Voraussetzungen des § 1613 Abs. 1 oder 2 Nr. 2 des Bürgerlichen Gesetzbuchs eingetreten sind;
6. die Angabe der Höhe des verlangten Unterhalts;
7. die Angaben über Kindergeld und andere anzurechnende Leistungen (§§ 1612 b, 1612 c des Bürgerlichen Gesetzbuchs);
8. die Erklärung, dass zwischen dem Kind und dem Antragsgegner ein Eltern-Kind-Verhältnis nach den §§ 1591 bis 1593 des Bürgerlichen Gesetzbuchs besteht;
9. die Erklärung, dass das Kind nicht mit dem Antragsgegner in einem Haushalt lebt;
10. die Angabe der Höhe des Kindeseinkommens;
11. die Erklärung, dass der Anspruch aus eigenem, aus übergegangenem oder rückabgetretenem Recht geltend gemacht wird;
12. die Erklärung, dass Unterhalt nicht für Zeiträume verlangt wird, für die das Kind Hilfe nach dem Bundessozialhilfegesetz, Hilfe zur Erziehung oder Eingliederungshilfe (..., Leistungen nach dem Unterhaltsvorschussgesetz oder Unterhalt nach § 1607 Abs. 2 oder 3 des Bürgerlichen Gesetzbuchs erhalten hat, (...)

(2) Entspricht der Antrag nicht diesen und den in § 645 bezeichneten Voraussetzungen, ist er zurückzuweisen. Vor der Zurückweisung ist der Antragsteller zu hören. Die Zurückweisung ist nicht anfechtbar. (...)

§ 647 Maßnahmen des Gerichts

(1) Erscheint nach dem Vorbringen des Antragstellers das vereinfachte Verfahren zulässig, so verfügt das Gericht die Zustellung des Antrags oder einer Mitteilung über seinen Inhalt an den Antragsgegner. Zugleich weist es ihn darauf hin,
1. von wann an und in welcher Höhe der Unterhalt festgesetzt werden kann; hierbei sind zu bezeichnen
   a) die Zeiträume nach dem Alter des Kindes, für die die Festsetzung des Unterhalts nach den Regelbeträgen der ersten, zweiten und dritten Altersstufe in Betracht kommt;
   b) im Fall des § 1612 a des Bürgerlichen Gesetzbuchs auch der Vomhundertsatz des jeweiligen Regelbetrages;
   c) die nach den §§ 1612 b, 1612 c des Bürgerlichen Gesetzbuchs anzurechnenden Leistungen;
2. dass das Gericht nicht geprüft hat, ob der verlangte Unterhalt das im Antrag angegebene Kindeseinkommen berücksichtigt;
3. dass über den Unterhalt ein Festsetzungsbeschluss ergehen kann, aus dem der Antragsteller die Zwangsvollstreckung betreiben kann, wenn er nicht innerhalb eines Monats Einwendungen in der vorgeschriebenen Form erhebt;
4. welche Einwendungen nach § 648 Abs. 1 und 2 erhoben werden können, insbesondere, dass der Einwand eingeschränkter oder fehlender Leistungsfähigkeit nur erhoben werden kann, wenn die Auskunft nach § 648 Abs. 2 Satz 3 in Form eines vollständig ausgefüllten Vordrucks erteilt wird und Belege über die Einkünfte beigefügt werden;
5. dass die Einwendungen, wenn Vordrucke eingeführt sind, mit einem Vordruck der beigefügten Art erhoben werden müssen, der auch bei jedem Amtsgericht erhältlich ist. (...)

§ 648 Einwendungen des Antragsgegners

(1) Der Antragsgegner kann Einwendungen geltend machen gegen
    1. die Zulässigkeit des vereinfachten Verfahrens,
    2. den Zeitpunkt, von dem an Unterhalt gezahlt werden soll,
    3. die Höhe des Unterhalts, soweit er geltend macht, daß
        a) die nach dem Alter des Kindes zu bestimmenden Zeiträume, (…) nicht richtig berechnet sind (…);
        b) der Unterhalt nicht höher als beantragt festgesetzt werden darf;
        c) Leistungen der in den §§ 1612 b, 1612 c des Bürgerlichen Gesetzbuchs bezeichneten Art nicht oder nicht richtig angerechnet sind. (…)

(2) Andere Einwendungen kann der Antragsgegner nur erheben, wenn er zugleich erklärt, inwieweit er zur Unterhaltsleistung bereit ist und daß er sich insoweit zur Erfüllung des Unterhaltsanspruchs verpflichtet. Den Einwand der Erfüllung kann der Antragsgegner nur erheben, wenn er zugleich erklärt, inwieweit er geleistet hat und daß er sich verpflichtet, einen darüber hinausgehenden Unterhaltsrückstand zu begleichen. Den Einwand eingeschränkter oder fehlender Leistungsfähigkeit kann der Antragsgegner nur erheben, wenn er zugleich unter Verwendung des eingeführten Vordrucks Auskunft über
    1. seine Einkünfte,
    2. sein Vermögen und
    3. seine persönlichen und wirtschaftlichen Verhältnisse im übrigen erteilt und über seine Einkünfte Belege vorlegt.

(3) Die Einwendungen sind zu berücksichtigen, solange der Festsetzungsbeschluß nicht verfügt ist.

§ 649 Festsetzung des Unterhalts

(1) Werden keine oder lediglich nach § 648 Abs. 1 Satz 3 zurückzuweisende oder nach § 648 Abs. 2 unzulässige Einwendungen erhoben, wird der Unterhalt nach Ablauf der in § 647 Abs. 1 Satz 2 Nr. 2 bezeichneten Frist durch Beschluß festgesetzt. In dem Beschluß ist auszusprechen, daß der Antragsgegner den festgesetzten Unterhalt an den Unterhaltsberechtigten zu zahlen hat. (…)

§ 651 Streitiges Verfahren

(1) Auf Antrag einer Partei wird das streitige Verfahren durchgeführt. (…)

§ 653 Verbindung mit Kindschaftsprozeß

(1) Wird auf Klage des Kindes die Vaterschaft festgestellt, so hat das Gericht auf Antrag den Beklagten zugleich zu verurteilen, dem Kind Unterhalt in Höhe der Regelbeträge und gemäß den Altersstufen der Regelbetrag-Verordnung, vermindert oder erhöht um die nach den §§ 1612 b, 1612 c des Bürgerlichen Gesetzbuchs anzurechnenden Leistungen, zu zahlen. (…)

(2) Vor Rechtskraft des Urteils, das die Vaterschaft feststellt, wird die Verurteilung zur Leistung des Unterhalts nicht wirksam.

§ 657 Besondere Verfahrensvorschriften

In vereinfachten Verfahren können die Anträge und Erklärungen vor dem Urkundsbeamten der Geschäftsstelle abgegeben werden. Soweit Vordrucke eingeführt sind, werden diese ausgefüllt; (…).

§ 659 Vordrucke

(1) Das Bundesministerium der Justiz wird ermächtigt, zur Vereinfachung und Vereinheitlichung der Verfahren (…) Vordrucke für die vereinfachten Verfahren einzuführen. (…)

(2) Soweit nach Absatz 1 Vordrucke für Anträge und Erklärungen der Parteien eingeführt sind, müssen sich die Parteien ihrer bedienen.

§§

§ 661 Lebenspartnerschaftssachen

(1) Lebenspartnerschaftssachen sind Verfahren, welche zum Gegenstand haben
1. die Aufhebung der Lebenspartnerschaft aufgrund des Lebenspartnerschaftsgesetzes,
2. die Feststellung des Bestehens oder Nichtbestehens einer Lebenspartnerschaft,
3. die Verpflichtung zur Fürsorge und Unterstützung in der partnerschaftlichen Lebensgemeinschaft,
4. die durch die Lebenspartnerschaft begründete gesetzliche Unterhaltspflicht,
5. die Regelung der Rechtsverhältnisse an der gemeinsamen Wohnung und am Hausrat der Lebenspartner,
6. Ansprüche aus dem lebenspartnerschaftlichen Güterrecht; auch wenn Dritte an dem Verfahren beteiligt sind,
7. Entscheidungen nach § 6 Abs. 2 Satz 4 des Lebenspartnerschaftsgesetzes in Verbindung mit §§ 1382 und 1383 des Bürgerlichen Gesetzbuchs.

(2) In Lebenspartnerschaftssachen finden die für Verfahren auf Scheidung, auf Feststellung des Bestehens oder Nichtbestehens einer Ehe zwischen den Parteien oder auf Herstellung des ehelichen Lebens und für Verfahren in anderen Familiensachen nach § 621 Abs. 1 Nr. 5, 7, 8 und 9 geltenden Vorschriften jeweils entsprechende Anwendung.

(3) § 606 a gilt mit den folgenden Maßgaben entsprechend:
1. Die deutschen Gerichte sind auch dann zuständig, wenn
   a) einer der Lebenspartner seinen gewöhnlichen Aufenthalt im Inland hat, die Voraussetzungen des Absatzes 1 Satz 1 Nr. 4 jedoch nicht erfüllt sind, oder
   b) die Lebenspartnerschaft vor einem deutschen Standesbeamten begründet worden ist.
2. Absatz 2 Satz 1 findet keine Anwendung.
3. In Absatz 2 Satz 2 tritt an die Stelle der Staaten, denen die Ehegatten angehören, der Register führende Staat.

§ 794 Weitere Vollstreckungstitel

(1) Die Zwangsvollstreckung findet ferner statt:
1. aus Vergleichen, die zwischen den Parteien oder zwischen einer Partei und einem Dritten zur Beilegung des Rechtsstreits (...) vor einem deutschen Gericht oder vor einer (...) anerkannten Gütestelle abgeschlossen sind, sowie aus Vergleichen, die (...) zu richterlichem Protokoll genommen sind; (...)
2a. aus Beschlüssen, die in einem vereinfachten Verfahren über den Unterhalt Minderjähriger den Unterhalt festsetzen, einen Unterhaltstitel abändern oder den Antrag zurückweisen;
3a. aus einstweiligen Anordnungen nach den §§ 127 a, 620 Nr. 4 bis 10, dem § 621 f und dem § 621 g Satz 1, sowie Gegenstand des Verfahrens Regelungen nach der Verordnung über die Behandlung der Ehewohnung und des Hausrats sind, sowie nach dem § 644;
4. aus Vollstreckungsbescheiden; (...)
5. aus Urkunden, die von einem deutschen Gericht oder von einem deutschen Notar (...) aufgenommen sind (...) und der Schuldner sich in der Urkunde wegen des zu bezeichnenden Anspruchs der sofortigen Zwangsvollstreckung unterworfen hat. (...)

§ 885 Herausgabe von Grundstücken oder Schiffen

(1) Hat der Schuldner eine unbewegliche Sache (...) herauszugeben, zu überlassen oder zu räumen, so hat der Gerichtsvollzieher den Schuldner aus dem Besitz zu setzen und den Gläubiger in den Besitz einzuweisen. Der Gerichtsvollzieher hat den Schuldner aufzufordern, eine Anschrift zum Zweck von Zustellungen oder einen Zustellungsbevollmächtigten zu benennen. Bei einer einstweiligen Anordnung nach dem § 620 Nr. 7, 9 oder dem § 621 g Satz 1, soweit Gegenstand des Verfahrens Regelungen nach der Verordnung über die Behandlung der Ehewohnung und des Hausrats sind, ist die mehrfa-

che Vollziehung während der Geltungsdauer möglich. Einer erneuten Zustellung an den Schuldner bedarf es nicht. (...)

§ 892 a Unmittelbarer Zwang in Verfahren nach dem Gewaltschutzgesetz

Handelt der Schuldner einer Verpflichtung aus einer Anordnung nach § 1 des Gewaltschutzgesetzes zuwider, eine Handlung zu unterlassen, kann der Gläubiger zur Beseitigung einer jeden andauernden Zuwiderhandlung einen Gerichtsvollzieher zuziehen. Der Gerichtsvollzieher hat nach § 758 Abs. 3 und § 759 zu verfahren. §§ 890 und 891 bleiben daneben anwendbar.

§ 940 a Räumung von Wohnraum

Die Räumung von Wohnraum darf durch einstweilige Verfügung nur wegen verbotener Eigenmacht oder bei einer konkreten Gefahr für Leib oder Leben angeordnet werden.

Einführungsgesetz zum Bürgerlichen Gesetzbuch

Artikel 14 Allgemeine Ehewirkungen

(1) Die allgemeinen Wirkungen der Ehe unterliegen
  1. dem Recht des Staates, dem beide Ehegatten angehören oder während der Ehe zuletzt angehörten, wenn einer von ihnen diesem Staat noch angehört, sonst
  2. dem Recht des Staates, in dem beide Ehegatten ihren gewöhnlichen Aufenthalt haben oder während der Ehe zuletzt hatten, wenn einer von ihnen dort noch seinen gewöhnlichen Aufenthalt hat, hilfsweise
  3. dem Recht des Staates, mit dem die Ehegatten auf andere Weise gemeinsam am engsten verbunden sind.

Artikel 15 Güterstand

(1) Die güterrechtlichen Wirkungen da Ehe unterliegen dem bei der Eheschließung für die allgemeinen Wirkungen der Ehe maßgebenden Recht.
(2) Die Ehegatten können für die güterrechtlichen Wirkungen ihrer Ehe wählen
  1. das Recht des Staates, dem einer von ihnen angehört,
  2. das Recht des Staates, in dem einer von ihnen seinen gewöhnlichen Aufenthalt hat,
  (...)

Artikel 17 Scheidung

(1) Die Scheidung unterliegt dem Recht, das im Zeitpunkt des Eintritts der Rechtshängigkeit des Scheidungsantrags für die allgemeinen Wirkungen der Ehe maßgebend ist. Kann die Ehe hiernach nicht geschieden werden, so unterliegt die Scheidung dem deutschen Recht, wenn der die Scheidung begehrende Ehegatte in diesem Zeitpunkt Deutscher ist oder dies bei der Eheschließung war. (...)
(3) Der Versorgungsausgleich unterliegt dem nach Absatz 1 Satz 1 anzuwenden den Recht; (...). Kann ein Versorgungsausgleich danach nicht stattfinden, so ist er auf Antrag eines Ehegatten nach deutschem Recht durchzuführen,
  1. wenn der andere Ehegatte in der Ehezeit eine inländische Versorgungsanwartschaft erworben hat (...)

Artikel 17 a Ehewohnung und Hausrat

Die Nutzungsbefugnis für die im Inland belegene Ehewohnung und den im Inland befindlichen Hausrat sowie damit zusammenhängende Betretungs-, Näherungs- und Kontaktverbote unterliegen den deutschen Sachvorschriften

§§

Artikel 18 Unterhalt

(1) Auf Unterhaltspflichten sind die Sachvorschriften des am jeweiligen gewöhnlichen Aufenthalt des Unterhaltsberechtigten geltenden Rechts anzuwenden. (…)

(2) Kann der Berechtigte nach dem gemäß Absatz 1 Satz 1 oder 2 anzuwendenden Recht vom Verpflichteten keinen Unterhalt erhalten, so ist deutsches Recht anzuwenden. (…)

(4) Wenn eine Ehescheidung hier ausgesprochen oder anerkannt worden ist, so ist für die Unterhaltspflichten zwischen den geschiedenen Ehegatten und die Änderung von Entscheidungen über diese Pflichten das auf die Ehescheidung angewandte Recht maßgebend. (…)

(5) Deutsches Recht ist anzuwenden, wenn sowohl der Berechtigte als auch der Verpflichtete Deutsche sind und der Verpflichtete seinen gewöhnlichen Aufenthalt im Inland hat. (…)

(7) Bei der Bemessung des Unterhaltsbetrags sind die Bedürfnisse des Berechtigten und die wirtschaftlichen Verhältnisse des Unterhaltsverpflichteten zu berücksichtigen, selbst wenn das anzuwendende Recht etwas anderes bestimmt.

Artikel 21 Wirkungen des Eltern-Kind-Verhältnisses

Das Rechtsverhältnis zwischen einem Kind und seinen Eltern unterliegt dem Recht des Staates, in dem das Kind seinen gewöhnlichen Aufenthalt hat.

Haager Übereinkommen zum Unterhalt

Artikel 1

Dieses Übereinkommen ist anzuwenden auf Entscheidungen über Unterhaltspflichten aus Beziehungen der Familie, Verwandtschaft, Ehe oder Schwägerschaft, einschließlich der Unterhaltspflicht gegenüber einem nichtehelichen Kind, die von Gerichten oder Verwaltungsbehörden eines Vertragsstaats erlassen worden sind (…).

Artikel 4

Die in einem Vertragsstaat ergangene Entscheidung ist in einem anderen Vertragsstaat anzuerkennen oder für vollstreckbar zu erklären/zu vollstrecken,

1. wenn sie von einer Behörde erlassen worden ist, die nach Artikel 7 oder 8 als zuständig anzusehen ist, und

2. wenn gegen sie im Ursprungsstaat kein ordentliches Rechtsmittel mehr zulässig ist. (…)

Artikel 7

Eine Behörde des Ursprungsstaats ist als zuständig im Sinn des Übereinkommens anzusehen,

1. wenn der Unterhaltsverpflichtete oder der Unterhaltsberechtigte zur Zeit der Einleitung des Verfahrens seinen gewöhnlichen Aufenthalt im Ursprungsstaat hatte oder wenn der Unterhaltsverpflichtete und der Unterhaltsberechtigte zur Zeit der Einleitung des Verfahrens Staatsangehörige des Ursprungsstaats waren oder

2. wenn sich der Beklagte der Zuständigkeit dieser Behörde entweder ausdrücklich oder dadurch unterworfen hat, daß er sich, ohne die Unzuständigkeit geltend zu machen, auf das Verfahren in der Sache selbst eingelassen hat.

Artikel 15

Der Unterhaltsberechtigte, der im Ursprungsstaat ganz oder teilweise Prozeßkostenhilfe oder Befreiung von Verfahrenskosten genossen hat, genießt in jedem Anerkennungs- oder Vollstreckungsverfahren die günstigste Prozeßkostenhilfe oder die weitestgehende Befreiung, die im Recht des Vollstreckungsstaats vorgesehen ist.

Artikel 17

Die Partei, die die Anerkennung einer Entscheidung geltend macht oder ihre Vollstreckung beantragt, hat folgende Unterlagen beizubringen:

1. eine vollständige, mit der Urschrift übereinstimmende Ausfertigung der Entscheidung;
2. die Urkunden, aus denen sich ergibt, daß gegen die Entscheidung im Ursprungsstaat kein ordentliches Rechtsmittel mehr zulässig ist und, gegebenenfalls, daß die Entscheidung dort vollstreckbar ist;
3. wenn es sich um eine Versäumnisentscheidung handelt, die Urschrift oder eine beglaubigte Abschrift der Urkunde, aus der sich ergibt, daß das Verfahren einleitende Schriftstück mit den wesentlichen Klagegründen der säumigen Partei nach dem Recht des Ursprungsstaats ordnungsgemäß zugestellt worden ist;
4. gegebenenfalls jedes Schriftstück, aus dem sich ergibt, daß die Partei im Ursprungsstaat Prozeßkostenhilfe oder Befreiung von Verfahrenskosten erhalten hat;
5. eine beglaubigte Übersetzung der genannten Urkunden, wenn die Behörde des Vollstreckungsstaats nicht darauf verzichtet. (…)

Haager Übereinkommen zu internationaler Kindesentführung

Artikel 1

Ziel dieses Übereinkommens ist es,

a) die sofortige Rückgabe widerrechtlich in einen Vertragsstaat verbrachter oder dort zurückgehaltener Kinder sicherzustellen und
b) zu gewährleisten, daß das in einem Vertragsstaat bestehende Sorgerecht und Recht zum persönlichen Umgang in den anderen Vertragsstaaten tatsächlich beachtet wird.

Artikel 3

Das Verbringen oder Zurückhalten eines Kindes gilt als widerrechtlich, wenn

a) dadurch das Sorgerecht verletzt wird, (…) und
b) dieses Recht im Zeitpunkt des Verbringens oder Zurückhaltens allein oder gemeinsam tatsächlich ausgeübt wurde oder ausgeübt worden wäre, falls das Verbringen oder Zurückhalten nicht stattgefunden hätte. (…)

Artikel 4

Das Übereinkommen wird auf jedes Kind angewendet, das unmittelbar vor einer Verletzung des Sorgerechts oder des Rechts zum persönlichen Umgang seinen gewöhnlichen Aufenthalt in einem Vertragsstaat hatte. Das Übereinkommen wird nicht mehr angewendet, sobald das Kind das 16. Lebensjahr vollendet hat.

Artikel 6

Jeder Vertragsstaat bestimmt eine zentrale Behörde, welche die ihr durch dieses Übereinkommen übertragenen Aufgaben wahrnimmt.

Artikel 8

Macht eine Person, Behörde oder sonstige Stelle geltend, ein Kind sei unter Verletzung des Sorgerechts verbracht oder zurückgehalten worden, so kann sie sich entweder an die für den gewöhnlichen Aufenthalt des Kinds zuständige zentrale Behörde oder an die zentrale Behörde eines anderen Vertragsstaates wenden, um mit deren Unterstützung die Rückgabe des Kindes sicherzustellen. Der Antrag muß enthalten

a) Angaben über die Identität des Antragstellers, des Kindes und der Person, die das Kind angeblich verbracht oder zurückgehalten hat;
b) das Geburtsdatum des Kindes, soweit es festgestellt werden kann;
c) die Gründe, die der Antragsteller für seinen Anspruch auf Rückgabe des Kindes geltend macht;

§§

d) alle verfügbaren Angaben über den Aufenthaltsort des Kindes und die Identität der Person, bei der sich das Kind vermutlich befindet.

Der Antrag kann wie folgt ergänzt oder es können ihm folgende Anlagen beigefügt werden:

e) eine beglaubigte Ausfertigung einer für die Sache erheblichen Entscheidung oder Vereinbarung;

f) eine Bescheinigung oder eidesstattliche Erklärung (Affidavit) über die einschlägigen Rechtsvorschriften des betreffenden Staates; sie muß von der zentralen Behörde oder einer sonstigen zuständigen Behörde des Staates, in dem sich das Kind gewöhnlich aufhält, oder von einer dazu befugten Person ausgehen;

g) jedes sonstige für die Sache erhebliche Schriftstück.

Artikel 12

Ist ein Kind im Sinn des Artikels 3 widerrechtlich verbracht oder zurückgehalten worden und ist bei Eingang des Antrags bei dem Gericht oder der Verwaltungsbehörde des Vertragsstaats, in dem sich das Kind befindet, eine Frist von weniger als einem Jahr seit dem Verbringen oder Zurückhalten verstrichen, so ordnet das zuständige Gericht oder die zuständige Verwaltungsbehörde die sofortige Rückgabe des Kindes an.

Ist der Antrag erst nach Ablauf der in Absatz 1 bezeichneten Jahresfrist eingegangen, so ordnet das Gericht oder die Verwaltungsbehörde die Rückgabe des Kindes ebenfalls an, sofern nicht erwiesen ist, daß das Kind sich in seine neue Umgebung eingelebt hat.

Artikel 13

Ungeachtet des Artikels 12 ist das Gericht oder die Verwaltungsbehörde des ersuchten Staates nicht verpflichtet, die Rückgabe des Kindes anzuordnen, wenn die Person, Behörde oder sonstige Stelle, die sich der Rückgabe des Kindes widersetzt, nachweist,

a) daß die Person, Behörde oder sonstige Stelle, der die Sorge für die Person des Kindes zustand, das Sorgerecht zur Zeit des Verbringens oder Zurückhaltens tatsächlich nicht ausgeübt, dem Verbringen oder Zurückhalten zugestimmt hat oder

b) daß die Rückgabe mit der schwerwiegenden Gefahr eines körperlichen oder seelischen Schadens für das Kind verbunden ist oder das Kind auf andere Weise in eine unzumutbare Lage bringt.

Das Gericht oder die Verwaltungsbehörde kann es ferner ablehnen, die Rückgabe des Kindes anzuordnen, wenn festgestellt wird, daß sich das Kind der Rückgabe widersetzt und daß es ein Alter und eine Reife erreicht hat, angesichts deren es angebracht erscheint, seine Meinung zu berücksichtigen. (…)

Hausratsverordnung

§ 1 Aufgabe des Richters

(1) Können sich die Ehegatten anläßlich der Scheidung* nicht darüber einigen, wer von ihnen die Ehewohnung künftig bewohnen und wer die Wohnungseinrichtung und den sonstigen Hausrat erhalten soll, so regelt auf Antrag der Richter die Rechtsverhältnisse an der Wohnung und am Hausrat. (…)

§ 2 Grundsätze für die rechtsgestaltende Entscheidung

Soweit der Richter nach dieser Verordnung Rechtsverhältnisse zu gestalten hat, entscheidet er nach billigem Ermessen. Dabei hat er alle Umstände des Einzelfalls, insbesondere das Wohl der Kinder und die Erfordernisse des Gemeinschaftslebens, zu berücksichtigen.

---

* Gilt auch für die Dauer des Getrenntlebens (§ 18 a HausratsVO)

§ 3 Wohnung im eigenen Haus eines Ehegatten
(1) Ist einer der Ehegatten allein oder gemeinsam mit einem Dritten Eigentümer des Hauses, in dem sich die Ehewohnung befindet, so soll der Richter die Wohnung dem anderen Ehegatten nur zuweisen, wenn dies notwendig ist, um eine unbillige Härte zu vermeiden. (...)

§ 4 Dienst- und Werkwohnung
Eine Wohnung, die die Ehegatten auf Grund eines Dienst- oder Arbeitsverhältnisses innehaben, das zwischen einem von ihnen und einem Dritten besteht, soll der Richter dem anderen Ehegatten nur zuweisen, wenn der Dritte einverstanden ist.

§ 5 Gestaltung der Rechtsverhältnisse
(1) Für eine Mietwohnung kann der Richter bestimmen, daß ein von beiden Ehegatten eingegangenes Mietverhältnis von einem Ehegatten allein fortgesetzt wird oder daß ein Ehegatte an Stelle des anderen in ein von diesem eingegangenes Mietverhältnis eintritt. (...)
(2) Besteht kein Mietverhältnis an der Ehewohnung, so kann der Richter zugunsten eines Ehegatten ein Mietverhältnis an der Wohnung begründen. Hierbei setzt der Richter die Miete fest.

§ 6 Teilung der Wohnung
(1) Ist eine Teilung der Wohnung möglich und zweckmäßig, so kann der Richter auch anordnen, daß die Wohnung zwischen den Ehegatten geteilt wird. Dabei kann er bestimmen, wer die Kosten zu tragen hat, die durch die Teilung und ihre etwaige spätere Wiederbeseitigung entstehen. (...)

§ 8 Gemeinsames Eigentum beider Ehegatten
(1) Hausrat, der beiden Ehegatten gemeinsam gehört, verteilt der Richter gerecht und zweckmäßig. (...)
(3) Die Gegenstände gehen in das Alleineigentum des Ehegatten über, dem sie der Richter zuteilt. Der Richter soll diesem Ehegatten zugunsten des anderen eine Ausgleichszahlung auferlegen, wenn dies der Billigkeit entspricht.

§ 9 Alleineigentum eines Ehegatten
(1) Notwendige Gegenstände, die im Alleineigentum eines Ehegatten stehen, kann der Richter dem anderen Ehegatten zuweisen, wenn dieser auf ihre Weiterbenutzung angewiesen ist und es dem Eigentümer zugemutet werden kann, sie dem anderen zu überlassen. (...)

§ 10 Gläubigerrechte
(1) Haftet ein Ehegatte allein oder haften beide Ehegatten als Gesamtschuldner für Schulden, die mit dem Hausrat zusammenhängen, so kann der Richter bestimmen, welcher Ehegatte im Innenverhältnis zur Bezahlung der Schuld verpflichtet ist. (...)

§§

Gesetz über die freiwillige Gerichtsbarkeit

§ 12
Das Gericht hat von Amts wegen die zur Feststellung der Tatsachen erforderlichen Ermittlungen zu veranstalten und die geeignet erscheinenden Beweise aufzunehmen.

§ 49 a
(1) Das Familiengericht hört das Jugendamt vor einer Entscheidung nach folgenden Vorschriften des Bürgerlichen Gesetzbuchs:

1. Befreiung vom Erfordernis der Volljährigkeit (§ 1303 Abs. 2),
2. Ersetzung der Zustimmung zur Bestätigung der Ehe (§ 1315 Abs. 1 Satz 3 zweiter Halbsatz),
3. Übertragung von Angelegenheiten der elterlichen Sorge auf die Pflegeperson (§ 1630 Abs. 3),
4. Unterstützung der Eltern bei der Ausübung der Personensorge (§ 1631 Abs. 3),
5. Unterbringung, die mit Freiheitsentziehung verbunden ist (§§ 1631b, 1800, 1915),
6. Herausgabe des Kindes, Wegnahme von der Pflegeperson (§ 1632 Abs. 1, 4) oder von dem Ehegatten oder Umgangsberechtigten (§ 1682),
7. Umgang mit dem Kind (§ 1632 Abs. 2, §§ 1684, 1685),
8. Gefährdung des Kindeswohls (§ 1666),
9. elterliche Sorge bei Getrenntleben der Eltern (§§ 1671, 1672 Abs. 1),
10. Ruhen der elterlichen Sorge (§ 1678 Abs. 2),
11. elterliche Sorge nach Tod eines Elternteils (§ 1680 Abs. 2, § 1681),
12. elterliche Sorge nach Entziehung (§ 1680 Abs. 3).

(2) Das Familiengericht soll das Jugendamt in Verfahren über die Überlassung der Ehewohnung (§ 1361 b des Bürgerlichen Gesetzbuchs) oder nach § 2 des Gewaltschutzgesetzes vor einer ablehnenden Entscheidung anhören, wenn Kinder im Haushalt der Beteiligten leben.

(3) § 49 Abs. 3 und 4 gilt entsprechend.

§ 50

(1) Das Gericht kann dem minderjährigen Kind einen Pfleger bestellen, wenn dies für Wahrnehmung seiner Interessen erforderlich ist. (...)

(3) Die Bestellung soll unterbleiben oder aufgehoben werden, wenn die Interessen des Kindes von einem Rechtsanwalt oder einem anderen geeigneten Verfahrensbevollmächtigten angemessen vertreten werden. (...)

§ 50 a

(1) Das Gericht hört in einem Verfahren, das die Personen- oder Vermögenssorge für ein Kind betrifft, die Eltern an. In Angelegenheiten der Personensorge soll das Gericht die Eltern in der Regel persönlich anhören. (...)

(3) Das Gericht darf von der Anhörung nur aus schwerwiegenden Gründen absehen. Unterbleibt die Anhörung allein wegen Gefahr im Verzug, so ist sie unverzüglich nachzuholen. (...)

§ 50 b

(1) Das Gericht hört in einem Verfahren, das die Personen- oder Vermögenssorge betrifft, das Kind persönlich an, wenn die Neigungen, Bindungen oder der Wille des Kindes für die Entscheidung von Bedeutung sind oder wenn es zur Feststellung des Sachverhalts angezeigt erscheint, daß sich das Gericht von dem Kind einen unmittelbaren Eindruck verschafft. (...)

(3) In den Fällen des Absatzes 1 und des Absatzes 2 Satz 1 darf das Gericht von der Anhörung nur aus schwerwiegenden Gründen absehen. Unterbleibt die Anhörung allein wegen Gefahr im Verzug, so ist sie unverzüglich nachzuholen. (...)

§ 64 b

(1) Soweit Verfahren nach den §§ 1 und 2 des Gewaltschutzgesetzes den Familiengerichten zugewiesen sind, gelten die §§ 12 bis 16, 32 und 35 der Zivilprozessordnung entsprechend; zuständig ist darüber hinaus das Familiengericht, in dessen Bezirk sich die gemeinsame Wohnung der Beteiligten befindet.

(2) Entscheidungen des Familiengerichts in Verfahren nach den §§ 1 und 2 des Gewaltschutzgesetzes werden erst mit der Rechtskraft wirksam. Das Gericht kann jedoch die sofortige Wirksamkeit und die Zulässigkeit der Vollstreckung vor der Zustellung an den

Antragsgegner anordnen. In diesem Falle werden die Entscheidungen auch in dem Zeitpunkt wirksam, in dem sie der Geschäftsstelle des Gerichts zur Bekanntmachung übergeben werden; dieser Zeitpunkt ist auf der Entscheidung zu vermerken. In Verfahren nach § 2 des Gewaltschutzgesetzes gelten § 13 Abs. 1, 3 und 4, §§ 15, 17 Abs. 1 Satz 1 und Abs. 2 der Verordnung über die Behandlung der Ehewohnung und des Hausrats entsprechend.

(3) Ist ein Verfahren nach den §§ 1 und 2 des Gewaltschutzgesetzes anhängig oder ist ein Antrag auf Bewilligung von Prozesskostenhilfe für ein solches Verfahren eingereicht, kann das Familiengericht auf Antrag im Wege einer einstweiligen Anordnung vorläufige Regelungen erlassen. Die §§ 620 a bis 620 g der Zivilprozessordnung gelten entsprechend. Das Gericht kann anordnen, dass die Vollziehung der einstweiligen Anordnung vor ihrer Zustellung an den Antragsgegner zulässig ist. Im Falle des Erlasses der einstweiligen Anordnung ohne mündliche Verhandlung wird die Anordnung auch mit Übergabe an die Geschäftsstelle zum Zwecke der Bekanntmachung wirksam. Das Gericht hat den Zeitpunkt der Übergabe auf der Entscheidung zu vermerken. Der Antrag auf Erlass der einstweiligen Anordnung gilt im Falle des Erlasses ohne mündliche Verhandlung als Auftrag zur Zustellung durch den Gerichtsvollzieher unter Vermittlung der Geschäftsstelle und zur Vollziehung; auf Verlangen des Antragstellers darf die Zustellung nicht vor der Vollziehung erfolgen. (...)

Kinder- und Jugendhilfegesetz (Sozialgesetzbuch VIII)

§ 1 Recht auf Erziehung, Elternverantwortung, Jugendhilfe
(1) Jeder junge Mensch hat ein Recht auf Förderung seiner Entwicklung und auf Erziehung zu einer eigenverantwortlichen und gemeinschaftsfähigen Persönlichkeit.
(2) Pflege und Erziehung der Kinder sind das natürliche Recht der Eltern und die zuvörderst ihnen obliegende Pflicht. Über ihre Betätigung wacht die staatliche Gemeinschaft.
(3) Jugendhilfe soll zur Verwirklichung des Rechts nach Absatz 1 insbesondere
   1. junge Menschen in ihrer individuellen und sozialen Entwicklung fördern und dazu beitragen, Benachteiligungen zu vermeiden oder abzubauen,
   2. Eltern und andere Erziehungsberechtigte bei der Erziehung beraten und unterstützen,
   3. Kinder und Jugendliche vor Gefahren für ihr Wohl schützen,
   4. dazu beitragen, positive Lebensbedingungen für junge Menschen und ihre Familien sowie eine kinder- und familienfreundliche Umwelt zu erhalten oder zu schaffen.

§ 2 Aufgaben der Jugendhilfe
(1) Die Jugendhilfe umfaßt Leistungen und andere Aufgaben zugunsten junger Menschen und Familien.
(2) Leistungen der Jugendhilfe sind:
   1. Angebote der Jugendarbeit, der Jugendsozialarbeit und des erzieherischen Kinder- und Jugendschutzes (§§ 11 bis 14),
   2. Angebote zur Förderung der Erziehung in der Familie (§§ 16 bis 21),
   3. Angebote zur Förderung von Kindern in Tageseinrichtungen und in Tagespflege (§§ 22 bis 25),
   4. Hilfe zur Erziehung und ergänzende Leistungen (§§ 27 bis 35, 36, 37, 39, 40),
   5. Hilfe für seelisch behinderte Kinder und Jugendliche und ergänzende Leistungen (§§ 35 a bis 37, 39, 40),
   6. Hilfe für junge Volljährige und Nachbetreuung (§ 41).
(3) Andere Aufgaben der Jugendhilfe sind
   1. die Inobhutnahme von Kindern und Jugendlichen (§ 42),
   2. die Herausnahme des Kindes oder des Jugendlichen ohne Zustimmung des Personensorgeberechtigten (§ 43),
   3. die Erteilung, der Widerruf und die Zurücknahme der Pflegeerlaubnis (§ 44),

§§

4. die Erteilung, der Widerruf und die Zurücknahme der Erlaubnis für den Betrieb einer Einrichtung (...)

6. die Mitwirkung in Verfahren vor den Vormundschafts- und den Familiengerichten (§ 50), (...)

8. die Mitwirkung in Verfahren nach dem Jugendgerichtsgesetz (§ 52),

9. die Beratung und Unterstützung von Müttern bei Vaterschaftsfeststellung und Geltendmachung von Unterhaltsansprüchen sowie von Pflegern und Vormündern (§§ 52 a, 53), (...)

12. Beurkundung und Beglaubigung (§ 59),

13. die Aufnahme von vollstreckbaren Urkunden (§ 60).

§ 5 Wunsch- und Wahlrecht

(1) Die Leistungsberechtigten haben das Recht, zwischen Einrichtungen und Diensten verschiedener Träger zu wählen und Wünsche hinsichtlich der Gestaltung der Hilfe zu äußern. Sie sind auf dieses Recht hinzuweisen.

(2) Der Wahl und den Wünschen soll entsprochen werden, sofern dies nicht mit unverhältnismäßigen Mehrkosten verbunden ist. (...)

§ 8 Beteiligung von Kindern und Jugendlichen

(1) Kinder und Jugendliche sind entsprechend ihrem Entwicklungsstand an allen sie betreffenden Entscheidungen der öffentlichen Jugendhilfe zu beteiligen. (...)

(2) Kinder und Jugendliche haben das Recht, sich in allen Angelegenheiten der Erziehung und Entwicklung an das Jugendamt zu wenden.

(3) Kinder und Jugendliche können ohne Kenntnis des Personensorgeberechtigten beraten werden, wenn die Beratung aufgrund einer Not- und Konfliktlage erforderlich ist und solange durch die Mitteilung an den Personensorgeberechtigten der Beratungszweck vereitelt würde.

§ 9 Grundrichtung der Erziehung, Gleichberechtigung von Mädchen und Jungen

Bei der Ausgestaltung der Leistungen und der Erfüllung der Aufgaben sind

1. die von den Personensorgeberechtigten bestimmte Grundrichtung der Erziehung (...) zu beachten,

2. die wachsende Fähigkeit und das wachsende Bedürfnis des Kindes oder des Jugendlichen zu selbständigem, verantwortungsbewußtem Handeln sowie die jeweiligen besonderen sozialen und kulturellen Bedürfnisse und Eigenarten junger Menschen und ihrer Familien zu berücksichtigen,

3. die unterschiedlichen Lebenslagen von Mädchen und Jungen zu berücksichtigen, Benachteiligungen abzubauen und die Gleichberechtigung von Mädchen und Jungen zu fördern.

§ 16 Allgemeine Förderung der Erziehung in der Familie

(1) Müttern, Vätern, anderen Erziehungsberechtigten und jungen Menschen sollen Leistungen der allgemeinen Förderung der Erziehung in der Familie angeboten werden. Sie sollen dazu beitragen, daß Mütter, Väter und andere Erziehungsberechtigte ihre Erziehungsverantwortung besser wahrnehmen können. Sie sollen auch Wege aufzeigen, wie Konfliktsituationen in der Familie gewaltfrei gelöst werden können.

(2) Leistungen zur Förderung der Erziehung in der Familie sind insbesondere

1. Angebote der Familienbildung, (...).

2. Angebote der Beratung in allgemeinen Fragen der Erziehung und Entwicklung junger Menschen,

3. Angebote der Familienfreizeit und der Familienerholung (...).

§ 17 Beratung in Fragen der Partnerschaft, Trennung und Scheidung

(1) Mütter und Väter haben im Rahmen der Jugendhilfe Anspruch auf Beratung in Fragen der Partnerschaft, wenn sie für ein Kind oder einen Jugendlichen zu sorgen haben oder tatsächlich sorgen. Die Beratung soll helfen,

1. ein partnerschaftliches Zusammenleben in der Familie aufzubauen,
2. Konflikte und Krisen in der Familie zu bewältigen,
3. im Falle der Trennung oder Scheidung die Bedingungen für eine dem Wohl des Kindes oder des Jugendlichen förderliche Wahrnehmung der Elternverantwortung zu schaffen.

(2) Im Falle der Trennung oder Scheidung sind Eltern unter angemessener Beteiligung des betroffenen Kindes oder Jugendlichen bei der Entwicklung eines einvernehmlichen Konzepts für die Wahrnehmung der elterlichen Sorge zu unterstützen; dieses Konzept kann auch als Grundlage für die richterliche Entscheidung über die elterliche Sorge nach der Trennung oder Scheidung dienen. (...)

§ 18 Beratung und Unterstützung bei der Ausübung der Personensorge

(1) Mütter und Väter, die allein für ein Kind oder einen Jugendlichen zu sorgen haben oder tatsächlich sorgen, haben Anspruch auf Beratung und Unterstützung bei der Ausübung der Personensorge einschließlich der Geltendmachung von Unterhalts- oder Unterhaltsersatzansprüchen des Kindes oder Jugendlichen.

(2) Die Mutter, der die elterliche Sorge nach § 1626 a Abs. 2 des Bürgerlichen Gesetzbuchs zusteht, hat Anspruch auf Beratung und Unterstützung bei der Geltendmachung ihrer Unterhaltsansprüche nach § 1615 l des Bürgerlichen Gesetzbuchs.

(3) Kinder und Jugendliche haben Anspruch auf Beratung und Unterstützung bei der Ausübung des Umgangsrechts nach § 1684 Abs. 1 des Bürgerlichen Gesetzbuchs. (...) Eltern, andere Umgangsberechtigte sowie Personen, in deren Obhut sich das Kind befindet, haben Anspruch auf Beratung und Unterstützung bei der Ausübung des Umgangsrechts. (...)

(4) Ein junger Volljähriger hat bis zur Vollendung des 21. Lebensjahres Anspruch auf Beratung und Unterstützung bei der Geltendmachung von Unterhalts- oder Unterhaltsersatzansprüchen.

§ 19 Gemeinsame Wohnformen für Mütter/Väter und Kinder

(1) Mütter oder Väter, die allein für ein Kind unter sechs Jahren zu sorgen haben, sollen gemeinsam mit dem Kind in einer geeigneten Wohnform betreut werden, wenn und solange sie aufgrund ihrer Persönlichkeitsentwicklung dieser Form der Unterstützung bei der Pflege und Erziehung des Kindes bedürfen. (...)

§ 20 Betreuung und Versorgung des Kindes in Notsituationen

(1) Fällt der Elternteil, der die überwiegende Betreuung des Kindes übernommen hat, für die Wahrnehmung dieser Aufgabe aus gesundheitlichen oder anderen zwingenden Gründen aus, so soll der andere Elternteil bei der Betreuung und Versorgung des im Haushalt lebenden Kindes unterstützt werden, (...).

§ 24 Ausgestaltung des Förderungsangebots in Tageseinrichtungen

Ein Kind hat vom vollendeten dritten Lebensjahr bis zum Schuleintritt Anspruch auf den Besuch eines Kindergartens. Für Kinder im Alter unter drei Jahren und für Kinder im schulpflichtigen Alter sind nach Bedarf Plätze in Tageseinrichtungen vorzuhalten. (...)

§ 27 Hilfe zur Erziehung

(1) Ein Personensorgeberechtigter hat bei der Erziehung eines Kindes oder eines Jugendlichen Anspruch auf Hilfe (Hilfe zur Erziehung), wenn eine dem Wohl des Kindes oder des Jugendlichen entsprechende Erziehung nicht gewährleistet ist und die Hilfe für seine Entwicklung geeignet und notwendig ist.

§§

(2) Hilfe zur Erziehung wird insbesondere nach Maßgabe der §§ 28 bis 35[*] gewährt. Art und Umfang der Hilfe richten sich nach dem erzieherischen Bedarf im Einzelfall; dabei soll das engere soziale Umfeld des Kindes oder des Jugendlichen einbezogen werden.

(3) Hilfe zur Erziehung umfaßt insbesondere die Gewährung pädagogischer und damit verbundener therapeutischer Leistungen. Sie soll bei Bedarf Ausbildungs- und Beschäftigungsmaßnahmen im Sinne des § 13 Abs. 2 einschließen.

§ 42 Inobhutnahme von Kindern und Jugendlichen

(1) Inobhutnahme eines Kindes der eines Jugendlichen ist die vorläufige Unterbringung des Kindes oder des Jugendlichen bei

1. einer geeigneten Person oder
2. in einer Einrichtung oder
3. in einer sonstigen betreuten Wohnform.

Während der Inobhutnahme sind der notwendige Unterhalt des Kindes oder des Jugendlichen und die Krankenhilfe sicherzustellen. Mit der Inobhutnahme ist dem Kind oder dem Jugendlichen unverzüglich Gelegenheit zu geben, eine Person seines Vertrauens zu benachrichtigen. Während der Inobhutnahme übt das Jugendamt das Recht der Beaufsichtigung, Erziehung und Aufenthaltsbestimmung aus; der mutmaßliche Wille des Personensorgeberechtigten oder des Erziehungsberechtigten ist dabei angemessen zu berücksichtigen. Es hat für das Wohl des Kindes oder des Jugendlichen zu sorgen, das Kind oder den Jugendlichen in seiner gegenwärtigen Lage zu beraten und Möglichkeiten der Hilfe und Unterstützung aufzuzeigen.

(2) Das Jugendamt ist verpflichtet, ein Kind oder einen Jugendlichen in seine Obhut zu nehmen, wenn das Kind oder der Jugendliche um Obhut bittet. Das Jugendamt hat den Personensorge- oder Erziehungsberechtigten unverzüglich von der Inobhutnahme zu unterrichten. Widerspricht der Personensorge- oder Erziehungsberechtigte der Inobhutnahme, so hat das Jugendamt unverzüglich

1. das Kind oder den Jugendlichen dem Personensorge- oder Erziehungsberechtigten zu übergeben oder
2. eine Entscheidung des Familiengerichts über die erforderlichen Maßnahmen zum Wohl des Kindes oder des Jugendlichen herbeizuführen.

Ist der Personensorge- oder Erziehungsberechtigte nicht erreichbar, so gilt Satz 3 Nr. 2 entsprechend.

(3) Das Jugendamt ist verpflichtet, ein Kind oder einen Jugendlichen in seine Obhut zu nehmen, wenn eine dringende Gefahr für das Wohl des Kindes oder des Jugendlichen die Inobhutnahme erfordert. (...)

§ 43 Herausnahme des Kindes oder des Jugendlichen ohne Zustimmung des Personensorgeberechtigten

(1) Hält sich ein Kind oder ein Jugendlicher mit Zustimmung des Personensorgeberechtigten bei einer anderen Person oder in einer Einrichtung auf und werden Tatsachen bekannt, die die Annahme rechtfertigen, daß die Voraussetzungen des § 1666 des Bürgerlichen Gesetzbuchs vorliegen, so ist das Jugendamt bei Gefahr im Verzug befugt, das Kind oder den Jugendlichen von dort zu entfernen und bei einer geeigneten Person, in einer Einrichtung oder in einer sonstigen betreuten Wohnform vorläufig unterzubringen. (...)

---

[*] Erziehungsberatung (§ 28), Soziale Gruppenarbeit (§ 29), Erziehungsbeistand, Betreuungshelfer (§ 30), Sozialpädagogische Familienhilfe (§ 31), Erziehung in einer Tagesgruppe (§ 32), Vollzeitpflege (§ 33), Heimerziehung, sonstige betreute Wohnform (§ 34), Intensive sozialpädagogische Einzelbetreuung (§ 35), Eingliederungshilfe für seelisch behinderte Kinder und Jugendliche (§ 35 a).

UN-Kinderkonvention

Artikel 19
(1) Die Vertragsstaaten treffen alle geeigneten Gesetzgebungs-, Verwaltungs-, Sozial- und Bildungsmaßnahmen, um das Kind vor jeder Form körperlicher oder geistiger Gewaltanwendung, Schadenszufügung oder Mißhandlung, vor Verwahrlosung oder Vernachlässigung, vor schlechter Behandlung oder Ausbeutung einschließlich des sexuellen Mißbrauchs zu schützen, solange es sich in der Obhut der Eltern oder eines Elternteils, eines Vormunds oder anderen gesetzlichen Vertreters oder einer anderen Person befindet, die das Kind betreut.
(2) Diese Schutzmaßnahmen sollen je nach den Gegebenheiten wirksame Verfahren zur Aufstellung von Sozialprogrammen enthalten. die dem Kind und denen, die es betreuen, die erforderliche Unterstützung gewähren und andere Formen der Vorbeugung vorsehen sowie Maßnahmen zur Aufdeckung, Meldung, Weiterverweisung, Untersuchung, Behandlung und Nachbetreuung in den in Absatz 1 beschriebenen Fällen schlechter Behandlung von Kindern und gegebenenfalls für das Einschreiten der Gerichte.

Artikel 22
(1) Die Vertragsstaaten treffen geeignete Maßnahmen, um sicherzustellen, daß ein Kind, das die Rechtsstellung eines Flüchtlings begehrt (...) angemessenen Schutz und humanitäre Hilfe bei der Wahrnehmung der Rechte erhält, (...).

ANWALTS- UND GERICHTSKOSTEN

Beratungshilfegesetz

§ 1
(1) Hilfe für die Wahrnehmung von Rechten außerhalb eines gerichtlichen Verfahrens (Beratungshilfe) wird auf Antrag gewährt, wenn
  1. der Rechtsuchende die erforderlichen Mittel nach seinen persönlichen und wirtschaftlichen Verhältnissen nicht aufbringen kann,
  2. nicht andere Möglichkeiten für eine Hilfe zur Verfügung stehen, deren Inanspruchnahme dem Rechtsuchenden zuzumuten ist,
  3. die Wahrnehmung der Rechte nicht mutwillig ist.
(2) Die Voraussetzungen des Absatzes 1 Nr. 1 sind gegeben, wenn dem Rechtsuchenden Prozeßkostenhilfe nach den Vorschriften der Zivilprozeßordnung ohne einen eigenen Beitrag zu den Kosten zu gewähren wäre.

§ 2
(1) Die Beratungshilfe besteht in Beratung und, soweit erforderlich, in Vertretung.
(2) Beratungshilfe nach diesem Gesetz wird gewährt in Angelegenheiten
  1. des Zivilrechts einschließlich der Angelegenheiten, für deren Entscheidung die Gerichte für Arbeitssachen zuständig sind,
  2. des Verwaltungsrechts, (...)
  4. des Sozialrechts.
In Angelegenheiten des Strafrechts und des Ordnungswidrigkeitenrechts wird nur Beratung gewährt. (...)

§ 3
(1) Die Beratungshilfe wird durch Rechtsanwälte gewährt, (...).

§§

(2) Die Beratungshilfe kann auch durch das Amtsgericht gewährt werden, soweit dem Anliegen durch eine sofortige Auskunft, einen Hinweis auf andere Möglichkeiten für Hilfe oder die Aufnahme eines Antrags oder einer Erklärung entsprochen werden kann.

§ 4

(1) Über den Antrag auf Beratungshilfe entscheidet das Amtsgericht, in dessen Bezirk der Rechtsuchende seinen allgemeinen Gerichtsstand hat. (...)
(2) Der Antrag kann mündlich oder schriftlich gestellt werden. Der Sachverhalt, für den Beratungshilfe beantragt wird, ist anzugeben. Die persönlichen und wirtschaftlichen Verhältnisse des Rechtsuchenden sind glaubhaft zu machen. Wenn sich der Rechtsuchende wegen Beratungshilfe unmittelbar an einen Rechtsanwalt wendet, kann der Antrag nachträglich gestellt werden. (...)

§ 6

(1) Sind die Voraussetzungen für die Gewährung von Beratungshilfe gegeben (...) stellt das Amtsgericht dem Rechtsuchenden unter genauer Bezeichnung der Angelegenheit einen Berechtigungsschein für Beratungshilfe durch einen Rechtsanwalt seiner Wahl aus. (...)

§ 7

Der Rechtsuchende, der unmittelbar einen Rechtsanwalt aufsucht, hat seine persönlichen und wirtschaftlichen Verhältnisse glaubhaft zu machen und zu versichern, daß ihm in derselben Angelegenheit Beratungshilfe bisher weder gewährt noch durch das Amtsgericht versagt worden ist.

§ 8

(1) Dem Rechtsanwalt steht gegen den Rechtsuchenden, dem er Beratungshilfe gewährt, eine Gebühr von 10 € zu, (...).
(2) Vereinbarungen über eine Vergütung sind nichtig.

Prozesskostenhilfe (Zivilprozessordnung)

§ 114 Bewilligungsvoraussetzungen

Eine Partei, die nach ihren persönlichen und wirtschaftlichen Verhältnissen die Kosten der Prozeßführung nicht, nur zum Teil oder nur in Raten aufbringen kann, erhält auf Antrag Prozeßkostenhilfe, wenn die beabsichtigte Rechtsverfolgung oder Rechtsverteidigung hinreichende Aussicht auf Erfolg bietet und nicht mutwillig erscheint.

§ 115 Bemessungsrichtlinien

(1) Die Partei hat ihr Einkommen einzusetzen. Zum Einkommen gehören alle Einkünfte in Geld oder Geldeswert. Von ihm sind abzusetzen:
1. die in § 76 Abs. 2, 2 a des Bundessozialhilfegesetzes bezeichneten Beträge;
2. für die Partei und ihren Ehegatten jeweils 64 vom Hundert und (...) für jede unterhaltsberechtigte Person 45 vom Hundert des Grundbetrags nach § 79 Abs. 1 Nr. 1, § 82 des Bundessozialhilfegesetzes, der im Zeitpunkt der Bewilligung der Prozeßkostenhilfe gilt; (...)[*]
3. die Kosten der Unterkunft und Heizung, (...)

---

[*] Die maßgebenden Beiträge betragen
1. für die Partei 360 €,
2. für den Ehegatten 360 €,
3. für jede weitere Person, der die Partei aufgrund gesetzlicher Unterhaltspflicht Unterhalt leistet, 253 €.

4. weitere Beträge, soweit dies mit Rücksicht auf besondere Belastungen angemessen ist. (…)

Von dem nach den Abzügen verbleibenden, auf volle Euro abzurundenden Teil des monatlichen Einkommens (einzusetzendes Einkommen) sind unabhängig von der Zahl der Rechtszüge höchstens achtundvierzig Monatsraten aufzubringen, und zwar bei einem

einzusetzenden Einkommen (Euro)	eine Monatsrate von (Euro)	einzusetzenden Einkommen (Euro)	eine Monatsrate von (Euro)
bis 15	0	450	155
50	15	500	175
100	30	550	200
150	45	600	225
200	60	650	250
250	75	700	275
300	95	750	300
350	115	750	300
400	135	über 750	300[a]

[a] zuzügl. des 750 € übersteigenden Teils des einzusetzenden Einkommens

(2) Die Partei hat ihr Vermögen einzusetzen, soweit dies zumutbar ist. (…)

(3) Prozeßkostenhilfe wird nicht bewilligt, wenn die Kosten der Prozeßführung der Partei vier Monatsraten und die aus dem Vermögen aufzubringenden Teilbeträge voraussichtlich nicht übersteigen.

§ 117 Antrag

(1) Der Antrag auf Bewilligung der Prozeßkostenhilfe ist bei dem Prozeßgericht zu stellen; er kann vor der Geschäftsstelle zu Protokoll erklärt werden. In dem Antrag ist das Streitverhältnis unter Angabe der Beweismittel darzustellen. (…)

(2) Dem Antrag sind eine Erklärung der Partei über ihre persönlichen und wirtschaftlichen Verhältnisse (Familienverhältnisse, Beruf, Vermögen, Einkommen und Lasten) sowie entsprechende Belege beizufügen. Die Erklärung und die Belege dürfen dem Gegner nur mit Zustimmung der Partei zugänglich gemacht werden. (…)

(4) Soweit Vordrucke für die Erklärung eingeführt sind, muß sich die Partei ihrer bedienen.

§ 124 Aufhebung der Bewilligung

Das Gericht kann die Bewilligung der Prozeßkostenhilfe aufheben, wenn

1. die Partei durch unrichtige Darstellung des Streitverhältnisses die für die Bewilligung der Prozeßkostenhilfe maßgebenden Voraussetzungen vorgetäuscht hat;

2. die Partei absichtlich oder aus grober Nachlässigkeit unrichtige Angaben über die persönlichen oder wirtschaftlichen Verhältnisse gemacht oder eine Erklärung nach § 120 Abs. 4 Satz 2 nicht abgegeben hat;

3. die persönlichen oder wirtschaftlichen Voraussetzungen für die Prozeßkostenhilfe nicht vorgelegen haben; (…)

4   die Partei länger als drei Monate mit der Zahlung einer Monatsrate oder mit der Zahlung eines sonstigen Betrages im Rückstand ist.

§§

SOZIALLEISTUNGSRECHT

Allgemeine Vorschriften (Sozialgesetzbuch I)

§ 11 Leistungsarten
Gegenstand der sozialen Rechte sind die in diesem Gesetzbuch vorgesehenen Dienst-, Sach- und Geldleistungen (Sozialleistungen). Die persönliche und erzieherische Hilfe gehört zu den Dienstleistungen.

§ 14 Beratung
Jeder hat Anspruch auf Beratung über seine Rechte und Pflichten nach diesem Gesetzbuch. Zuständig für die Beratung sind die Leistungsträger, denen gegenüber die Rechte geltend zu machen oder die Pflichten zu erfüllen sind.

§ 16 Antragstellung
(1) Anträge auf Sozialleistungen sind beim zuständigen Leistungsträger zu stellen. Sie werden auch von allen anderen Leistungsträgern, von allen Gemeinden und bei Personen, die sich im Ausland aufhalten, auch von den amtlichen Vertretungen der Bundesrepublik Deutschland im Ausland entgegengenommen. (...)

§ 17 Ausführung der Sozialleistungen
(1) Die Leistungsträger sind verpflichtet, darauf hinzuwirken, dass
1. jeder Berechtigte die ihm zustehenden Sozialleistungen in zeitgemäßer Weise, umfassend und zügig erhält,
2. die zur Ausführung von Sozialleistungen erforderlichen sozialen Dienste und Einrichtungen rechtzeitig und ausreichend zur Verfügung stehen,
3. der Zugang zu den Sozialleistungen möglichst einfach gestaltet wird, insbesondere durch Verwendung allgemein verständlicher Antragsvordrucke und
4. ihre Verwaltungs- und Dienstgebäude frei von Zugangs- und Kommunikationsbarrieren sind und Sozialleistungen in barrierefreien Räumen und Anlagen ausgeführt werden.
(2) Hörbehinderte Menschen haben das Recht, bei der Ausführung von Sozialleistungen, insbesondere auch bei ärztlichen Untersuchungen und Behandlungen, Gebärdensprache zu verwenden. Die für die Sozialleistung zuständigen Leistungsträger sind verpflichtet, die durch die Verwendung der Gebärdensprache und anderer Kommunikationshilfen entstehenden Kosten zu tragen. (...)

§ 30 Geltungsbereich
(1) Die Vorschriften dieses Gesetzbuchs gelten für alle Personen, die ihren Wohnsitz oder gewöhnlichen Aufenthalt in seinem Geltungsbereich haben. (...)
(3) Einen Wohnsitz hat jemand dort, wo er eine Wohnung unter Umständen innehat, die darauf schließen lassen, daß er die Wohnung beibehalten und benutzen wird. Den gewöhnlichen Aufenthalt hat jemand dort, wo er sich unter Umständen aufhält, die erkennen lassen, daß er an diesem Ort oder in diesem Gebiet nicht nur vorübergehend verweilt.

§ 35 Sozialgeheimnis
(1) Jeder hat Anspruch darauf, daß die ihn betreffenden Sozialdaten (§ 67 Abs. 1 Zehntes Buch) von den Leistungsträgern nicht unbefugt erhoben, verarbeitet oder genutzt werden (Sozialgeheimnis). Die Wahrung des Sozialgeheimnisses umfaßt die Verpflichtung, auch innerhalb des Leistungsträgers sicherzustellen, daß die Sozialdaten nur Befugten zugänglich sind oder nur an diese weitergegeben werden. (...) Die Beschäftigten haben auch nach Beendigung ihrer Tätigkeit bei den genannten Stellen das Sozialgeheimnis zu wahren. (...)

(3) Soweit eine Übermittlung nicht zulässig ist, besteht keine Auskunftspflicht, keine Zeugnispflicht und keine Pflicht zur Vorlegung oder Auslieferung von Schriftstücken, nicht automatisierten Dateien und automatisiert erhobenen, verarbeiteten oder genutzten Sozialdaten. (...)

§ 36 Handlungsfähigkeit
(1) Wer das fünfzehnte Lebensjahr vollendet hat, kann Anträge auf Sozialleistungen stellen und verfolgen sowie Sozialleistungen entgegennehmen. Der Leistungsträger soll den gesetzlichen Vertreter über die Antragstellung und die erbrachten Sozialleistungen unterrichten. (...)

§ 46 Verzicht
(1) Auf Ansprüche auf Sozialleistungen kann durch schriftliche Erklärung gegenüber dem Leistungsträger verzichtet werden; der Verzicht kann jederzeit mit Wirkung für die Zukunft widerrufen werden.
(2) Der Verzicht ist unwirksam, soweit durch ihn andere Personen oder Leistungsträger belastet oder Rechtsvorschriften umgangen werden.

§ 47 Auszahlung von Geldleistungen
Soweit die besonderen Teile dieses Gesetzbuchs keine Regelung enthalten, sollen Geldleistungen kostenfrei auf ein Konto des Empfängers bei einem Geldinstitut überwiesen oder, wenn der Empfänger es verlangt, kostenfrei an seinen Wohnsitz übermittelt werden.

§ 48 Auszahlung bei Verletzung der Unterhaltspflicht
(1) Laufende Geldleistungen, die der Sicherung des Lebensunterhalts zu dienen bestimmt sind, können in angemessener Höhe an den Ehegatten oder die Kinder des Leistungsberechtigten ausgezahlt werden, wenn er ihnen gegenüber seiner gesetzlichen Unterhaltspflicht nicht nachkommt. (...)

§ 60 Angabe von Tatsachen
(1) Wer Sozialleistungen beantragt oder erhält, hat
   1. alle Tatsachen anzugeben, die für die Leistung erheblich sind, und auf Verlangen des zuständigen Leistungsträgers der Erteilung der erforderlichen Auskünfte durch Dritte zuzustimmen,
   2. Änderungen in den Verhältnissen, die für die Leistung erheblich sind oder über die im Zusammenhang mit der Leistung Erklärungen abgegeben worden sind, unverzüglich mitzuteilen,
   3. Beweismittel zu bezeichnen und auf Verlangen des zuständigen Leistungsträgers Beweisurkunden vorzulegen oder ihrer Vorlage zuzustimmen.
Satz 1 gilt entsprechend für denjenigen, der Leistungen zu erstatten hat. (...)

§ 61 Persönliches Erscheinen
Wer Sozialleistungen beantragt oder erhält, soll auf Verlangen des zuständigen Leistungsträgers zur mündlichen Erörterung des Antrags oder zur Vornahme anderer für die Entscheidung über die Leistung notwendiger Maßnahmen persönlich erscheinen.

§ 62 Untersuchungen
Wer Sozialleistungen beantragt oder erhält, soll sich auf Verlangen des zuständigen Leistungsträgers ärztlichen und psychologischen Untersuchungsmaßnahmen unterziehen, soweit diese für die Entscheidung über die Leistung erforderlich sind.

§ 63 Heilbehandlung
Wer wegen Krankheit oder Behinderung Sozialleistungen beantragt oder erhält, soll sich auf Verlangen des zuständigen Leistungsträgers einer Heilbehandlung unterziehen, wenn

§§

zu erwarten ist, daß sie eine Besserung seines Gesundheitszustands herbeiführen oder eine Verschlechterung verhindern wird.

§ 64 Berufsfördernde Maßnahmen

Wer wegen Minderung der Erwerbsfähigkeit oder wegen Arbeitslosigkeit Sozialleistungen beantragt oder erhält, soll auf Verlangen des zuständigen Leistungsträgers an Leistungen zur Teilhabe am Arbeitsleben teilnehmen, wenn bei angemessener Berücksichtigung seiner beruflichen Neigung und seiner Leistungsfähigkeit zu erwarten ist, daß sie seine Erwerbs- oder Vermittlungsfähigkeit auf Dauer fördern oder erhalten werden.

§ 65 Grenzen der Mitwirkung

(1) Die Mitwirkungspflichten nach den §§ 60 bis 64 bestehen nicht, soweit
1. ihre Erfüllung nicht in einem angemessenen Verhältnis zu der in Anspruch genommenen Sozialleistung oder ihrer Erstattung steht oder
2. ihre Erfüllung dem Betroffenen aus einem wichtigen Grund nicht zugemutet werden kann oder (…)

(2) Behandlungen und Untersuchungen,
1. bei denen im Einzelfall ein Schaden für Leben oder Gesundheit nicht mit hoher Wahrscheinlichkeit ausgeschlossen werden kann,
2. die mit erheblichen Schmerzen verbunden sind oder
3. die einen erheblichen Eingriff in die körperliche Unversehrtheit bedeuten, können abgelehnt werden.

(3) Angaben, die dem Antragsteller, dem Leistungsberechtigten oder ihnen nahestehende Personen (§ 383 Abs. 1 Nr. 1 bis 3 der Zivilprozeßordnung) die Gefahr zuziehen würden, wegen einer Straftat oder einer Ordnungswidrigkeit verfolgt zu werden, können verweigert werden.

§ 66 Folgen fehlender Mitwirkung

(1) Kommt derjenige, der eine Sozialleistung beantragt oder erhält, seinen Mitwirkungspflichten nach den §§ 60 bis 62, 65 nicht nach und wird hierdurch die Aufklärung des Sachverhalts erheblich erschwert, kann der Leistungsträger ohne weitere Ermittlungen die Leistung bis zur Nachholung der Mitwirkung ganz oder teilweise versagen oder entziehen, soweit die Voraussetzungen der Leistung nicht nachgewiesen sind. Dies gilt entsprechend, wenn der Antragsteller oder Leistungsberechtigte in anderer Weise absichtlich die Aufklärung des Sachverhalts erheblich erschwert. (…)

(3) Sozialleistungen dürfen wegen fehlender Mitwirkung nur versagt oder entzogen werden, nachdem der Leistungsberechtigte auf diese Folge schriftlich hingewiesen worden ist und seiner Mitwirkungspflicht nicht innerhalb einer ihm gesetzten angemessenen Frist nachgekommen ist.

§ 67 Nachholung der Mitwirkung

Wird die Mitwirkung nachgeholt und liegen die Leistungsvoraussetzungen vor, kann der Leistungsträger Sozialleistungen, die er nach § 66 versagt oder entzogen hat, nachträglich ganz oder teilweise erbringen.

Arbeitsförderung (☞ Arbeits- und Arbeitslosenrecht, Seite 151)

Gesetz zum Erziehungsgeld und zur Elternzeit

§ 1 Berechtigte
(1) Anspruch auf Erziehungsgeld hat, wer
1. einen Wohnsitz oder seinen gewöhnlichen Aufenthalt in Deutschland hat,
2. mit einem Kind, für das ihm die Personensorge zusteht, in einem Haushalt lebt,
3. dieses Kind selbst betreut und erzieht und
4. keine oder keine volle Erwerbstätigkeit ausübt.

Die Anspruchsvoraussetzungen müssen bei Beginn des Leistungszeitraums vorliegen. (...)

(3) Einem in Absatz 1 Nr. 2 genannten Kind steht gleich
1. ein Kind, das mit dem Ziel der Annahme als Kind in die Obhut des Annehmenden aufgenommen ist,
2. ein Kind des Ehegatten oder Lebenspartners, das der Antragsteller in seinen Haushalt aufgenommen hat,
3. ein leibliches Kind des nicht sorgeberechtigten Antragstellers, mit dem dieser in einem Haushalt lebt.

(4) Der Anspruch auf Erziehungsgeld bleibt unberührt, wenn der Antragsteller aus einem wichtigen Grund die Betreuung und Erziehung des Kindes nicht sofort aufnehmen kann oder sie unterbrechen muss.

(5) In Fällen besonderer Härte, insbesondere bei schwerer Krankheit, Behinderung oder Tod eines Elternteils oder bei erheblich gefährdeter wirtschaftlicher Existenz, kann von dem Erfordernis der Personensorge oder den Voraussetzungen des Absatzes 1 Nr. 3 und 4 abgesehen werden. (...)

(6) Ein Ausländer mit der Staatsangehörigkeit eines Mitgliedstaates der Europäischen Union oder eines der Vertragsstaaten des Europäischen Wirtschaftsraums (EU/EWR-Bürger) erhält nach Maßgabe der Absätze 1 bis 5 Erziehungsgeld. Ein anderer Ausländer ist anspruchsberechtigt, wenn
1. er eine Aufenthaltsberechtigung oder Aufenthaltserlaubnis besitzt,
2. er unanfechtbar als Asylberechtigter anerkannt ist oder
3. das Vorliegen der Voraussetzungen des § 51 Abs. 1 des Ausländergesetzes unanfechtbar festgestellt worden ist. (...)

§ 2 Nicht volle Erwerbstätigkeit; Entgeltersatzleistungen
(1) Der Antragsteller übt keine volle Erwerbstätigkeit aus, wenn die wöchentliche Arbeitszeit 30 Stunden nicht übersteigt oder eine Beschäftigung zur Berufsbildung ausgeübt wird.

(2) Der Bezug von Arbeitslosengeld, Arbeitslosenhilfe, Eingliederungshilfe für Spätaussiedler, Krankengeld, Verletztengeld oder einer vergleichbaren Entgeltersatzleistung des Dritten, Fünften, Sechsten oder Siebten Buches Sozialgesetzbuch, des Bundesversorgungsgesetzes oder des Soldatenversorgungsgesetzes schließt Erziehungsgeld aus, wenn der Bemessung dieser Entgeltersatzleistung ein Arbeitsentgelt oder -einkommen für eine Beschäftigung mit einer wöchentlichen Arbeitszeit von mehr als 30 Stunden zugrunde liegt. Satz 1 gilt nicht für die zu ihrer Berufsbildung Beschäftigten.

(3) Abweichend von Absatz 2 wird im Härtefall Erziehungsgeld gezahlt, wenn der berechtigten Person nach § 9 Abs. 3 des Mutterschutzgesetzes oder § 18 Abs. 1 aus einem von ihr nicht zu vertretenden Grund zulässig gekündigt worden ist.

§§

220 SOZIALLEISTUNGSRECHT · Gesetz zum Erziehungsgeld und zur Elternzeit

§ 3 Zusammentreffen von Ansprüchen

(1) Für die Betreuung und Erziehung eines Kindes wird nur einer Person Erziehungsgeld gezahlt. Werden in einem Haushalt mehrere Kinder betreut und erzogen, wird für jedes Kind Erziehungsgeld gezahlt. (...)

§ 4 Beginn und Ende des Anspruchs

(1) Erziehungsgeld wird vom Tag der Geburt bis zur Vollendung des 24. Lebensmonats gezahlt. Für angenommene Kinder und Kinder im Sinne des § 1 Abs. 3 Nr. 1 wird Erziehungsgeld von der Inobhutnahme an für die Dauer von bis zu zwei Jahren und längstens bis zur Vollendung des achten Lebensjahres gezahlt.

(2) Erziehungsgeld ist schriftlich für jeweils ein Lebensjahr zu beantragen. Der Antrag für das zweite Lebensjahr kann frühestens ab dem neunten Lebensmonat des Kindes gestellt werden. Rückwirkend wird Erziehungsgeld höchstens für sechs Monate vor der Antragstellung bewilligt. Für die ersten sechs Lebensmonate kann Erziehungsgeld unter dem Vorbehalt der Rückforderung bewilligt werden, wenn das Einkommen nach den Angaben des Antragstellers unterhalb der Einkommensgrenze nach § 5 Abs. 2 Satz 1 und 3 liegt, und die voraussichtlichen Einkünfte im Kalenderjahr der Geburt nicht ohne weitere Prüfung abschließend ermittelt werden können. (...)

§ 5 Höhe des Erziehungsgeldes; Einkommensgrenze

(1) Das monatliche Erziehungsgeld beträgt bei einer beantragten Zahlung für längstens bis zur Vollendung des
1. 12. Lebensmonats 460 Euro (Budget),
2. 24. Lebensmonats 307 Euro.

Soweit Erziehungsgeld wegen der Einkommensgrenzen nach Absatz 2 nur für die ersten sechs Lebensmonate möglich ist oder war, entfällt das Budget. Der nach Satz 2 zu unrecht gezahlte Budgetanteil von bis zu 920 Euro ist zu erstatten. Die Entscheidung des Antragstellers für das Erziehungsgeld nach Satz 1 Nr. 1 oder 2 ist für die volle Bezugsdauer verbindlich; in Fällen besonderer Härte (§ 1 Abs. 5) ist eine einmalige Änderung möglich. Entscheidet er sich nicht, gilt die Regelung nach Nummer 2.

(2) In den ersten sechs Lebensmonaten des Kindes entfällt das Erziehungsgeld, wenn das Einkommen nach § 6 bei Ehegatten, die nicht dauernd getrennt leben, 51.130 Euro und bei anderen Berechtigten 38.350 Euro übersteigt. Vom Beginn des siebten Lebensmonats an verringert sich das Erziehungsgeld, wenn das Einkommen nach § 6 bei Ehegatten, die nicht dauernd getrennt leben, 16.470 Euro und bei anderen Berechtigten 13.498 Euro übersteigt. Die Beträge dieser Einkommensgrenzen erhöhen sich um 2.454 Euro für jedes weitere Kind des Berechtigten oder seines nicht dauernd von ihm getrennt lebenden Ehegatten, für das ihm oder seinem Ehegatten Kindergeld gezahlt wird oder ohne die Anwendung des § 65 Abs. 1 des Einkommensteuergesetzes oder des § 4 Abs. 1 des Bundeskindergeldgesetzes gezahlt würde. Maßgeblich sind, abgesehen von ausdrücklich abweichenden Regelungen dieses Gesetzes, die Verhältnisse zum Zeitpunkt der Antragstellung. Für Eltern in einer eheähnlichen Gemeinschaft gelten die Vorschriften zur Einkommensgrenze für Verheiratete, die nicht dauernd getrennt leben. Für Lebenspartner gilt die Einkommensgrenze für Verheiratete entsprechend. (...)

(5) In Absatz 2 Satz 3 tritt an die Stelle des Betrages von 2.454 Euro
1. für Geburten im Jahr 2002 der Betrag von 2.797 Euro,
2. für Geburten ab dem Jahr 2003 der Betrag von 3.140 Euro.

§ 6 Einkommen

(1) Als Einkommen gilt die nicht um Verluste in einzelnen Einkommensarten zu vermindernde Summe der positiven Einkünfte im Sinne des § 2 Abs. 1 und 2 des Einkommensteuergesetzes abzüglich folgender Beträge: (...)

(2) Für die Berechnung des Erziehungsgeldes im ersten bis zwölften Lebensmonat des Kindes ist das voraussichtliche Einkommen im Kalenderjahr der Geburt des Kindes maßge-

bend, für die Berechnung im 13. bis 24. Lebensmonat des Kindes das voraussichtliche Einkommen des folgenden Jahres. Bei angenommenen Kindern ist das voraussichtliche Einkommen im Kalenderjahr der Inobhutnahme sowie im folgenden Kalenderjahr maßgeblich.

(3) Zu berücksichtigen ist das Einkommen der berechtigten Person und ihres Ehegatten oder Lebenspartners, soweit sie nicht dauernd getrennt leben. Leben die Eltern in einer eheähnlichen Gemeinschaft, ist auch das Einkommen des Partners zu berücksichtigen; dabei reicht die formlose Erklärung über die gemeinsame Elternschaft und das Zusammenleben aus.

(4) Soweit ein ausreichender Nachweis der voraussichtlichen Einkünfte in dem maßgebenden Kalenderjahr nicht möglich ist, werden der Ermittlung die Einkünfte in dem Kalenderjahr davor zugrunde gelegt. Dabei können die Einkünfte des vorletzten Jahres berücksichtigt werden. (...)

(6) Ist die berechtigte Person während des Erziehungsgeldbezugs nicht erwerbstätig, bleiben ihre Einkünfte aus einer vorherigen Erwerbstätigkeit unberücksichtigt. Ist sie während des Erziehungsgeldbezugs erwerbstätig, sind ihre voraussichtlichen Erwerbseinkünfte in dieser Zeit maßgebend. Für die anderen Einkünfte gelten die übrigen Vorschriften des § 6.

(7) Ist das voraussichtliche Einkommen insgesamt um mindestens 20 Prozent geringer als im Erziehungsgeldbescheid zugrunde gelegt, wird es auf Antrag neu ermittelt. Dabei sind die insoweit verringerten voraussichtlichen Einkünfte während des Erziehungsgeldbezugs zusammen mit den übrigen Einkünften nach § 6 maßgebend.

§ 7 Anrechnung von Mutterschaftsgeld und entsprechenden Bezügen

Für die Zeit nach der Geburt laufend zu zahlendes Mutterschaftsgeld, das der Mutter nach der Reichsversicherungsordnung, dem Gesetz über die Krankenversicherung der Landwirte oder dem Mutterschutzgesetz gezahlt wird, wird mit Ausnahme des Mutterschaftsgeldes nach § 13 Abs. 2 des Mutterschutzgesetzes auf das Erziehungsgeld angerechnet. Das Gleiche gilt für die Dienstbezüge, Anwärterbezüge und Zuschüsse, die nach beamten- oder soldatenrechtlichen Vorschriften für die Zeit der Beschäftigungsverbote gezahlt werden.

(2) Die Anrechnung ist beim Budget auf 13 Euro, sonst auf 10 Euro kalendertäglich begrenzt. Nicht anzurechnen ist das Mutterschaftsgeld für ein weiteres Kind vor und nach seiner Geburt auf das Erziehungsgeld für ein vorher geborenes Kind.

§ 8 Andere Sozialleistungen

(1) Das Erziehungsgeld und vergleichbare Leistungen der Länder sowie das Mutterschaftsgeld nach § 7 Abs. 1 Satz 1 und vergleichbare Leistungen nach § 7 Abs. 1 Satz 2, soweit sie auf das Erziehungsgeld angerechnet worden sind, bleiben als Einkommen bei Sozialleistungen, deren Zahlung von anderen Einkommen abhängig ist, unberücksichtigt. Bei gleichzeitiger Zahlung von Erziehungsgeld und vergleichbaren Leistungen der Länder sowie von Sozialhilfe ist § 15 b des Bundessozialhilfegesetzes auf den Berechtigten nicht anwendbar. Im Übrigen gilt für die Dauer der Elternzeit, in der dem Berechtigten kein Erziehungsgeld gezahlt wird, der Nachrang der Sozialhilfe und insbesondere auch § 18 Abs. 1 des Bundessozialhilfegesetzes.

(2) Auf Rechtsvorschriften beruhende Leistungen anderer, auf die kein Anspruch besteht, dürfen nicht deshalb versagt werden, weil in diesem Gesetz Leistungen vorgesehen sind.

(3) Die dem Erziehungsgeld und dem Mutterschaftsgeld vergleichbaren Leistungen, die im Ausland in Anspruch genommen werden können, sind, soweit sich aus dem vorrangigen Recht der Europäischen Union über Familienleistungen nichts Abweichendes ergibt, anzurechnen und sie schließen insoweit Erziehungsgeld aus.

§§

§ 9 Unterhaltspflichten

Unterhaltsverpflichtungen werden durch die Zahlung des Erziehungsgeldes und anderer vergleichbarer Leistungen der Länder nicht berührt. Dies gilt nicht in den Fällen des § 1361 Abs. 3, der §§ 1579, 1603 Abs. 2 und des § 1611 Abs. 1 des Bürgerlichen Gesetzbuchs.

§ 15 Anspruch auf Elternzeit

(1) Arbeitnehmerinnen und Arbeitnehmer haben Anspruch auf Elternzeit, wenn sie mit einem Kind,

  1. a) für das ihnen die Personensorge zusteht,
     b) des Ehegatten oder Lebenspartners,
     c) das sie mit dem Ziel der Annahme als Kind in ihre Obhut aufgenommen haben, oder
     d) für das sie auch ohne Personensorgerecht in den Fällen des § 1 Abs. 1 Satz 3 oder Abs. 3 Nr. 3 oder im besonderen Härtefall des § 1 Abs. 5 Erziehungsgeld beziehen können, in einem Haushalt leben und

  2. dieses Kind selbst betreuen und erziehen.

Bei einem leiblichen Kind eines nicht sorgeberechtigten Elternteils ist die Zustimmung des sorgeberechtigten Elternteils erforderlich.

(2) Der Anspruch auf Elternzeit besteht bis zur Vollendung des dritten Lebensjahres eines Kindes; ein Anteil von bis zu zwölf Monaten ist mit Zustimmung des Arbeitgebers auf die Zeit bis zur Vollendung des achten Lebensjahres übertragbar. Bei einem angenommenen Kind und bei einem Kind in Adoptionspflege kann Elternzeit von insgesamt bis zu drei Jahren ab der Inobhutnahme, längstens bis zur Vollendung des achten Lebensjahres des Kindes genommen werden. Satz 1 zweiter Halbsatz ist entsprechend anwendbar, soweit er die zeitliche Aufteilung regelt. Der Anspruch kann nicht durch Vertrag ausgeschlossen oder beschränkt werden.

(3) Die Elternzeit kann, auch anteilig, von jedem Elternteil allein oder von beiden Elternteilen gemeinsam genommen werden, sie ist jedoch auf bis zu drei Jahre für jedes Kind begrenzt. Die Zeit der Mutterschutzfrist nach § 6 Abs. 1 des Mutterschutzgesetzes wird auf diese Begrenzung angerechnet, soweit nicht die Anrechnung wegen eines besonderen Härtefalles (§ 1 Abs. 5) unbillig ist. Satz 1 gilt entsprechend für Adoptiveltern und Adoptivpflegeeltern.

(4) Während der Elternzeit ist Erwerbstätigkeit zulässig, wenn die vereinbarte wöchentliche Arbeitszeit für jeden Elternteil, der eine Elternzeit nimmt, nicht 30 Stunden übersteigt. Teilzeitarbeit bei einem anderen Arbeitgeber oder als Selbständiger bedarf der Zustimmung des Arbeitgebers. Er kann sie nur innerhalb von vier Wochen aus dringenden betrieblichen Gründen schriftlich ablehnen.

(5) Über den Antrag auf eine Verringerung der Arbeitszeit und ihre Ausgestaltung sollen sich Arbeitnehmer und Arbeitgeber innerhalb von vier Wochen einigen. Unberührt bleibt das Recht des Arbeitnehmers, sowohl seine vor der Elternzeit bestehende Teilzeitarbeit unverändert während der Elternzeit fortzusetzen, soweit Absatz 4 beachtet ist, als auch nach der Elternzeit zu der Arbeitszeit zurückzukehren, die er vor Beginn der Elternzeit hatte.

(6) Der Arbeitnehmer kann gegenüber dem Arbeitgeber, soweit eine Einigung nach Absatz 5 nicht möglich ist, unter den Voraussetzungen des Absatzes 7 während der Gesamtdauer der Elternzeit zweimal eine Verringerung seiner Arbeitszeit beanspruchen.

(7) Für den Anspruch auf Verringerung der Arbeitszeit gelten folgende Voraussetzungen:

  1. Der Arbeitgeber beschäftigt, unabhängig von der Anzahl der Personen in Berufsbildung, in der Regel mehr als 15 Arbeitnehmer;
  2. das Arbeitsverhältnis des Arbeitnehmers in demselben Betrieb oder Unternehmen besteht ohne Unterbrechung länger als sechs Monate;
  3. die vertraglich vereinbarte regelmäßige Arbeitszeit soll für mindestens drei Monate auf einen Umfang zwischen 15 und 30 Wochenstunden verringert werden;
  4. dem Anspruch stehen keine dringenden betrieblichen Gründe entgegen und

5. der Anspruch wurde dem Arbeitgeber acht Wochen vorher schriftlich mitgeteilt. Falls der Arbeitgeber die beanspruchte Verringerung der Arbeitszeit ablehnen will, muss er dies innerhalb von vier Wochen mit schriftlicher Begründung tun. Der Arbeitnehmer kann, soweit der Arbeitgeber der Verringerung der Arbeitszeit nicht oder nicht rechtzeitig zustimmt, Klage vor den Gerichten für Arbeitssachen erheben.

§ 16 Inanspruchnahme der Elternzeit

(1) Arbeitnehmerinnen und Arbeitnehmer müssen die Elternzeit, wenn sie unmittelbar nach der Geburt des Kindes oder nach der Mutterschutzfrist (§ 15 Abs. 3 Satz 2) beginnen soll, spätestens sechs Wochen, sonst spätestens acht Wochen vor Beginn schriftlich vom Arbeitgeber verlangen und gleichzeitig erklären, für welche Zeiten innerhalb von zwei Jahren sie Elternzeit nehmen werden. Bei dringenden Gründen ist ausnahmsweise auch eine angemessene kürzere Frist möglich. Der Arbeitgeber soll die Elternzeit bescheinigen. Die von den Elternteilen allein oder gemeinsam genommene Elternzeit darf insgesamt auf bis zu vier Zeitabschnitte verteilt werden. Bei Zweifeln hat die Erziehungsgeldstelle auf Antrag des Arbeitgebers zu der Frage Stellung zu nehmen, ob die Voraussetzungen für die Elternzeit vorliegen. (...)

§ 17 Urlaub

(1) Der Arbeitgeber kann den Erholungsurlaub, der dem Arbeitnehmer für das Urlaubsjahr aus dem Arbeitsverhältnis zusteht, für jeden vollen Kalendermonat, für den der Arbeitnehmer Elternzeit nimmt, um ein Zwölftel kürzen. (...)

§ 18 Kündigungsschutz

(1) Der Arbeitgeber darf das Arbeitsverhältnis ab dem Zeitpunkt, von dem an Elternzeit verlangt worden ist, höchstens jedoch acht Wochen vor Beginn der Elternzeit, und während der Elternzeit nicht kündigen. In besonderen Fällen kann ausnahmsweise eine Kündigung für zulässig erklärt werden. (...)

§ 19 Kündigung zum Ende der Elternzeit

Der Arbeitnehmer kann das Arbeitsverhältnis zum Ende der Elternzeit nur unter Einhaltung einer Kündigungsfrist von drei Monaten kündigen.

Bundeskindergeldgesetz

§ 1 Anspruchsberechtigte

(1) Kindergeld nach diesem Gesetz für seine Kinder erhält, wer nach § 1 Abs. 1 und 2 des Einkommensteuergesetzes nicht unbeschränkt steuerpflichtig ist (...)

(3) Ein Ausländer erhält Kindergeld nur, wenn er im Besitz einer Aufenthaltsberechtigung oder Aufenthaltserlaubnis ist. (...)

§ 2 Kinder

(1) Als Kinder werden auch berücksichtigt
1. vom Berechtigten in seinen Haushalt aufgenommene Kinder seines Ehegatten,
2. Pflegekinder (Personen, mit denen der Berechtigte durch ein familienähnliches, auf längere Dauer berechnetes Band verbunden ist, sofern er sie in seinen Haushalt aufgenommen hat und mindestens zu einem nicht unwesentlichen Teil auf seine Kosten unterhält und ein Obhuts- und Pflegeverhältnis zwischen diesen Personen und ihren Eltern nicht mehr besteht),
3. vom Berechtigten in seinen Haushalt aufgenommene Enkel.

(2) Ein Kind, das das 18. Lebensjahr vollendet hat, wird berücksichtigt, wenn es
1. noch nicht das 21. Lebensjahr vollendet hat und arbeitslos im Sinne des Dritten Buches Sozialgesetzbuch ist oder

§§

2. noch nicht das 27. Lebensjahr vollendet hat und
   a) für einen Beruf ausgebildet wird oder
   b) sich in einer Übergangszeit von höchstens vier Monaten befindet, die zwischen zwei Ausbildungsabschnitten oder zwischen einem Ausbildungsabschnitt und der Ableistung des gesetzlichen Wehr- oder Zivildienstes (...)
   c) eine Berufsausbildung mangels Ausbildungsplatzes nicht beginnen oder fortsetzen kann oder
   d) ein freiwilliges soziales Jahr, ein freiwilliges ökologisches Jahr (...)
3. wegen körperlicher, geistiger oder seelischer Behinderung außerstande ist, sich selbst zu unterhalten; Voraussetzung ist, dass die Behinderung vor Vollendung des 27. Lebensjahres eingetreten ist.

Nach Satz 1 Nr. 1 und 2 wird ein Kind nur berücksichtigt, wenn es Einkünfte und Bezüge, die zur Bestreitung des Unterhalts oder der Berufsausbildung bestimmt oder geeignet sind, von nicht mehr als 7.188 Euro im Kalenderjahr hat. Dieser Betrag ist zu kürzen, soweit es nach den Verhältnissen im Wohnsitzstaat des Kindes notwendig und angemessen ist. (...)

(3) In den Fällen des Absatzes 2 Satz 1 Nr. 1 oder Nr. 2 Buchstabe a und b wird ein Kind, das
   1. den gesetzlichen Grundwehrdienst oder Zivildienst geleistet hat oder
   2. sich an Stelle des gesetzlichen Grundwehrdienstes freiwillig für die Dauer von nicht mehr als drei Jahren zum Wehrdienst verpflichtet hat oder (...) für einen der Dauer dieser Dienste oder der Tätigkeit entsprechenden Zeitraum, höchstens für die Dauer des inländischen gesetzlichen Grundwehrdienstes, (...) für die Dauer des inländischen gesetzlichen Zivildienstes über das 21. oder 27. Lebensjahr hinaus berücksichtigt (...).

(4) Kinder, für die einer anderen Person nach dem Einkommensteuergesetz Kindergeld oder ein Kinderfreibetrag zusteht, werden nicht berücksichtigt. (...).

§ 3 Zusammentreffen mehrerer Ansprüche

(1) Für jedes Kind wird nur einer Person Kindergeld gewährt.
(2) Erfüllen für ein Kind mehrere Personen die Anspruchsvoraussetzungen, so wird das Kindergeld derjenigen Person gewährt, die das Kind in ihren Haushalt aufgenommen hat. Ist ein Kind in den gemeinsamen Haushalt von Eltern, einem Elternteil und dessen Ehegatten, Pflegeeltern oder Großeltern aufgenommen worden, bestimmen diese untereinander den Berechtigten. Wird eine Bestimmung nicht getroffen, bestimmt das Vormundschaftsgericht auf Antrag den Berechtigten. Antragsberechtigt ist, wer ein berechtigtes Interesse an der Leistung des Kindergeldes hat. (...)
(3) Ist das Kind nicht in den Haushalt einer der Personen aufgenommen, die die Anspruchsvoraussetzungen erfüllen, wird das Kindergeld derjenigen Person gewährt, die dem Kind eine Unterhaltsrente zahlt. (...)

§ 6 Höhe des Kindergeldes

(1) Das Kindergeld beträgt für erste, zweite und dritte Kinder jeweils 154 Euro monatlich und für das vierte und jedes weitere Kind jeweils 179 Euro monatlich.
(2) In den Fällen des § 1 Abs. 2 beträgt das Kindergeld 154 Euro monatlich.

Einkommensteuergesetz

§ 31 Familienleistungsausgleich

(1) Die steuerliche Freistellung eines Einkommensbetrags in Höhe des Existenzminimums eines Kindes einschließlich der Bedarfe für Betreuung und Erziehung oder Ausbildung wird durch die Freibeträge nach § 32 Abs. 6 oder durch Kindergeld nach dem X. Abschnitt bewirkt. Soweit das Kindergeld dafür nicht erforderlich ist, dient es der Förde-

rung der Familie. Im laufenden Kalenderjahr wird Kindergeld als Steuervergütung monatlich gezahlt. Wird die gebotene steuerliche Freistellung durch das Kindergeld nicht in vollem Umfang bewirkt, sind bei der Veranlagung zur Einkommensteuer die Freibeträge nach § 32 Abs. 6 abzuziehen. Bei der Günstigerprüfung sind die nach § 10 a Abs. 1 zu berücksichtigenden Beiträge einschließlich der dafür nach Abschnitt XI zustehenden Zulage immer als Sonderausgabe abzuziehen. In den Fällen des Satzes 4 sind das Kindergeld oder vergleichbare Leistungen nach § 36 Abs. 2 zu verrechnen, auch soweit sie dem Steuerpflichtigen im Wege eines zivilrechtlichen Ausgleichs zustehen. Wird nach ausländischem Recht ein höheres Kindergeld als nach § 66 gezahlt, so beschränkt sich die Verrechnung auf die Höhe des inländischen Kindergeldes.

§ 32 Kinder, Freibeträge für Kinder, Haushaltsfreibetrag

(1) Kinder sind
   1. im ersten Grad mit dem Steuerpflichtigen verwandte Kinder,
   2. Pflegekinder (...)
(3) Ein Kind wird in dem Kalendermonat, in dem es lebend geboren wurde, und in jedem folgenden Kalendermonat, zu dessen Beginn es das 18. Lebensjahr noch nicht vollendet hat, berücksichtigt.
(4) Ein Kind, das das 18. Lebensjahr vollendet hat, wird berücksichtigt, wenn es
   1. noch nicht das 21. Lebensjahr vollendet hat und arbeitslos im Sinne des Dritten Buches Sozialgesetzbuch ist oder
   2. noch nicht das 27. Lebensjahr vollendet hat und
      a) für einen Beruf ausgebildet wird oder
      b) sich in einer Übergangszeit von höchstens vier Monaten befindet, die zwischen zwei Ausbildungsabschnitten oder zwischen einem Ausbildungsabschnitt und der Ableistung des gesetzlichen Wehr- oder Zivildienstes, (...)
      c) eine Berufsausbildung mangels Ausbildungsplatzes nicht beginnen oder fortsetzen kann oder
      d) ein freiwilliges soziales Jahr (...) leistet oder
   3. wegen körperlicher, geistiger oder seelischer Behinderung außerstande ist, sich selbst zu unterhalten; Voraussetzung ist, dass die Behinderung vor Vollendung des 27. Lebensjahres eingetreten ist.
Nach Satz 1 Nr. 1 und 2 wird ein Kind nur berücksichtigt, wenn es Einkünfte und Bezüge, die zur Bestreitung des Unterhalts oder der Berufsausbildung bestimmt oder geeignet sind, von nicht mehr als 7.188 Euro im Kalenderjahr hat. Dieser Betrag ist zu kürzen, soweit es nach den Verhältnissen im Wohnsitzstaat des Kindes notwendig und angemessen ist. (...)
(6) Bei der Veranlagung zur Einkommensteuer wird für jedes zu berücksichtigende Kind des Steuerpflichtigen ein Freibetrag von 1.824 Euro für das sächliche Existenzminimum des Kindes (Kinderfreibetrag) sowie ein Freibetrag von 1.080 Euro für den Betreuungs- und Erziehungs- oder Ausbildungsbedarf des Kindes vom Einkommen abgezogen. Bei Ehegatten, die nach den §§ 26, 26 b zusammen zur Einkommensteuer veranlagt werden, verdoppeln sich die Beträge nach Satz 1, wenn das Kind zu beiden Ehegatten in einem Kindschaftsverhältnis steht. Die Beträge nach Satz 2 stehen dem Steuerpflichtigen auch dann zu, wenn
   1. der andere Elternteil verstorben oder nicht unbeschränkt einkommensteuerpflichtig ist oder
   2. der Steuerpflichtige allein das Kind angenommen hat oder das Kind nur zu ihm in einem Pflegekindschaftsverhältnis steht. (...)
Abweichend von Satz 1 wird bei einem unbeschränkt einkommensteuerpflichtigen Elternpaar, bei dem die Voraussetzungen des § 26 Abs. 1 Satz 1 nicht vorliegen, auf Antrag eines Elternteils der dem anderen Elternteil zustehende Kinderfreibetrag auf ihn übertragen, wenn er, nicht jedoch der andere Elternteil seiner Unterhaltspflicht gegenüber dem Kind für das Kalenderjahr im Wesentlichen nachkommt; bei minderjährigen

§§

Kindern wird der dem Elternteil, in dessen Wohnung das Kind nicht gemeldet ist, zustehende Freibetrag für den Betreuungs- und Erziehungs- oder Ausbildungsbedarf auf Antrag des anderen Elternteils auf diesen übertragen. Die den Eltern nach den Sätzen 1 bis 6 zustehenden Freibeträge können auf Antrag auch auf einen Stiefelternteil oder Großelternteil übertragen werden, wenn dieser das Kind in seinen Haushalt aufgenommen hat; dies kann auch mit Zustimmung des berechtigten Elternteils geschehen, die nur für künftige Kalenderjahre widerrufen werden kann.

(7) Ein Haushaltsfreibetrag von 2.340 Euro wird bei einem Steuerpflichtigen, für den das Splitting-Verfahren (§ 32 a Abs. 5 und 6) nicht anzuwenden ist und der auch nicht als Ehegatte (§ 26 Abs. 1) getrennt zur Einkommensteuer zu veranlagen ist, vom Einkommen abgezogen, wenn er einen Freibetrag nach Absatz 6 oder Kindergeld für mindestens ein Kind erhält, das in seiner Wohnung im Inland gemeldet ist. Kinder, die bei beiden Elternteilen oder einem Elternteil und einem Großelternteil mit Wohnung im Inland gemeldet sind, werden dem Elternteil oder Großelternteil zugeordnet, in dessen Wohnung sie im Kalenderjahr zuerst gemeldet waren, im übrigen der Mutter oder mit deren Zustimmung dem Vater oder dem Großelternteil; dieses Wahlrecht kann für mehrere Kinder nur einheitlich ausgeübt werden. (...)

§ 33 a Außergewöhnliche Belastung in besonderen Fällen

(1) Erwachsen einem Steuerpflichtigen Aufwendungen für den Unterhalt und eine etwaige Berufsausbildung einer dem Steuerpflichtigen oder seinem Ehegatten gegenüber gesetzlich unterhaltsberechtigten Person, so wird auf Antrag die Einkommensteuer dadurch ermäßigt, dass die Aufwendungen bis zu 7.188 Euro im Kalenderjahr vom Gesamtbetrag der Einkünfte abgezogen werden. (...)

(2) Zur Abgeltung des Sonderbedarfs eines sich in Berufsausbildung befindenden, auswärtig untergebrachten, volljährigen Kindes, für das Anspruch auf einen Freibetrag nach § 32 Abs. 6 oder Kindergeld besteht, kann der Steuerpflichtige einen Freibetrag in Höhe von 924 Euro je Kalenderjahr vom Gesamtbetrag der Einkünfte abziehen. Dieser Freibetrag vermindert sich um die eigenen Einkünfte und Bezüge im Sinne des § 32 Abs. 4 Satz 2 und 4 des Kindes, soweit diese 1.848 Euro im Kalenderjahr übersteigen, sowie um die von dem Kind als Ausbildungshilfe aus öffentlichen Mitteln oder von Förderungseinrichtungen, die hierfür öffentliche Mittel erhalten, bezogenen Zuschüsse. (...)

(3) Erwachsen einem Steuerpflichtigen Aufwendungen durch die Beschäftigung einer Hilfe im Haushalt, so können sie bis zu den folgenden Höchstbeträgen vom Gesamtbetrag der Einkünfte abgezogen werden:

1. 624 Euro im Kalenderjahr, wenn (...)

b) wegen Krankheit des Steuerpflichtigen oder seines nicht dauernd getrennt lebenden Ehegatten oder eines zu seinem Haushalt gehörigen Kindes im Sinne des § 32 Abs. 1 oder 6 Satz 8 oder einer anderen zu seinem Haushalt gehörigen unterhaltenen Person, für die eine Ermäßigung nach Absatz 1 gewährt wird, die Beschäftigung einer Hilfe im Haushalt erforderlich ist,

2. 924 Euro im Kalenderjahr, wenn eine der in Nummer 1 Buchstabe genannten Personen hilflos im Sinne des § 33 b oder schwer behindert ist. (...)

(5) In den Fällen der Absätze 1 bis 3 kann wegen der in diesen Vorschriften bezeichneten Aufwendungen der Steuerpflichtige eine Steuerermäßigung nach § 33 nicht in Anspruch nehmen.

§ 33 b Pauschbeträge für behinderte Menschen, Hinterbliebene und Pflegepersonen

(1) Wegen der außergewöhnlichen Belastungen, die einem behinderten Menschen unmittelbar infolge seiner Behinderung erwachsen, kann er anstelle einer Steuerermäßigung nach § 33 einen Pauschbetrag nach Absatz 3 geltend machen (Behinderten-Pauschbetrag). (...)

§ 33 c Kinderbetreuungskosten

(1) Aufwendungen für Dienstleistungen zur Betreuung eines zum Haushalt des Steuerpflichtigen gehörenden Kindes im Sinne des § 32 Abs. 1, welches das 14. Lebensjahr noch nicht vollendet hat oder wegen einer vor Vollendung des 27. Lebensjahres eingetretenen körperlichen, geistigen oder seelischen Behinderung außerstande ist, sich selbst zu unterhalten, können als außergewöhnliche Belastungen abgezogen werden, soweit sie je Kind 1.548 Euro übersteigen, wenn der Steuerpflichtige entweder erwerbstätig ist, sich in Ausbildung befindet, körperlich, geistig oder seelisch behindert oder krank ist. Bei zusammenlebenden Eltern ist Satz 1 nur dann anzuwenden, wenn bei beiden Elternteilen die Voraussetzungen nach Satz 1 vorliegen. Bei nicht zusammenlebenden Elternteilen kann jeder Elternteil entsprechende Aufwendungen abziehen, soweit sie je Kind 774 Euro übersteigen; in den Fällen des § 32 Abs. 6 Satz 3 und 6 zweiter Halbsatz gilt abweichend davon Satz 1. Erwachsen die Aufwendungen wegen Krankheit im Sinne des Satzes 1, muss die Krankheit innerhalb eines zusammenhängenden Zeitraums von mindestens drei Monaten bestanden haben, es sei denn, der Krankheitsfall tritt unmittelbar im Anschluss an eine Erwerbstätigkeit oder Ausbildung ein. Aufwendungen für Unterricht, die Vermittlung besonderer Fähigkeiten, sportliche und andere Freizeitbetätigungen werden nicht berücksichtigt.

(2) Der nach Absatz 1 abzuziehende Betrag darf je Kind in den Fällen des § 32 Abs. 6 Satz 2, 3 und 6 zweiter Halbsatz 1.500 Euro und ansonsten 750 Euro nicht übersteigen. (...)

§ 62 Anspruchsberechtigte

(1) Für Kinder im Sinne des § 63 hat Anspruch auf Kindergeld nach diesem Gesetz, wer
  1. im Inland einen Wohnsitz oder seinen gewöhnlichen Aufenthalt hat oder
  2. ohne Wohnsitz oder gewöhnlichen Aufenthalt im Inland
      a) nach § 1 Abs. 2 unbeschränkt einkommensteuerpflichtig ist oder
      b) nach § 1 Abs. 3 als unbeschränkt einkommensteuerpflichtig behandelt wird.
(2) Ein Ausländer hat nur Anspruch auf Kindergeld, wenn er im Besitz einer Aufenthaltsberechtigung oder Aufenthaltserlaubnis ist. (...)

§ 67 Antrag

(1) Das Kindergeld ist bei der zuständigen Familienkasse schriftlich zu beantragen. Den Antrag kann außer dem Berechtigten auch stellen, wer ein berechtigtes Interesse an der Leistung des Kindergeldes hat.

§ 76 Pfändung

(1) Der Anspruch auf Kindergeld (...) kann nur wegen gesetzlicher Unterhaltsansprüche eines Kindes, das bei der Festsetzung des Kindesgeldes berücksichtigt wird, gepfändet werden. (...)

Bundessozialhilfegesetz

§ 1 Inhalt und Aufgabe der Sozialhilfe

(1) Die Sozialhilfe umfaßt Hilfe zum Lebensunterhalt und Hilfe in besonderen Lebenslagen.
(2) Aufgabe der Sozialhilfe ist es, dem Empfänger der Hilfe die Führung eines Lebens zu ermöglichen, das der Würde des Menschen entspricht. Die Hilfe soll ihn soweit wie möglich befähigen, unabhängig von ihr zu leben; hierbei muß er nach seinen Kräften mitwirken.

§ 2 Nachrang der Sozialhilfe

(1) Sozialhilfe erhält nicht, wer sich selbst helfen kann oder wer die erforderliche Hilfe von anderen, besonders von Angehörigen oder von Trägern anderer Sozialleistungen, er-

§§

hält. (...)

§ 3 Sozialhilfe nach der Besonderheit des Einzelfalles
(1) Art, Form und Maß der Sozialhilfe richten sich nach der Besonderheit des Einzelfalles, vor allem nach der Person des Hilfeempfängers, der Art seines Bedarfs und den örtlichen Verhältnissen.
(2) Wünschen des Hilfeempfängers, die sich auf die Gestaltung der Hilfe richten, soll entsprochen werden, soweit sie angemessen sind. (...) Der Träger der Sozialhilfe braucht Wünschen nicht zu entsprechen, deren Erfüllung mit unverhältnismäßigen Mehrkosten verbunden wäre. (...)

§ 5 Einsetzen der Sozialhilfe
(1) Die Sozialhilfe setzt ein, sobald dem Träger der Sozialhilfe oder den von ihm beauftragten Stellen bekannt wird, daß die Voraussetzungen für die Gewährung vorliegen.
(2) Wird einem nicht zuständigen Träger der Sozialhilfe oder einer nicht zuständigen Gemeinde im Einzelfall bekannt, daß Sozialhilfe beansprucht wird, so sind die darüber bekannten Umstände dem zuständigen Träger der Sozialhilfe oder der von ihm beauftragten Stelle unverzüglich mitzuteilen und vorhandene Unterlagen zu übersenden. Ergeben sich daraus die Voraussetzungen für die Gewährung, ist für das Einsetzen der Sozialhilfe die Kenntnis der nicht zuständigen Stelle maßgebend.

§ 7 Familiengerechte Hilfe
Bei Gewährung der Sozialhilfe sollen die besonderen Verhältnisse in der Familie des Hilfesuchenden berücksichtigt werden. Die Sozialhilfe soll die Kräfte der Familie zur Selbsthilfe anregen und den Zusammenhalt der Familie festigen.

§ 8 Formen der Sozialhilfe
(1) Formen der Sozialhilfe sind persönliche Hilfe, Geldleistung oder Sachleistung.
(2) Zur persönlichen Hilfe gehört außer der Beratung in Fragen der Sozialhilfe (§ 14 des Ersten Buches Sozialgesetzbuch) auch die Beratung in sonstigen sozialen Angelegenheiten, soweit letztere nicht von anderen Stellen oder Personen wahrzunehmen ist. Wird Beratung in sonstigen sozialen Angelegenheiten auch von Verbänden der freien Wohlfahrtspflege wahrgenommen, ist der Ratsuchende zunächst hierauf hinzuweisen.

§ 11 Personenkreis
(1) Hilfe zum Lebensunterhalt ist dem zu gewähren, der seinen notwendigen Lebensunterhalt nicht oder nicht ausreichend aus eigenen Kräften und Mitteln, vor allem aus seinem Einkommen und Vermögen, beschaffen kann. Bei nicht getrennt lebenden Ehegatten sind das Einkommen und das Vermögen beider Ehegatten zu berücksichtigen; soweit minderjährige unverheiratete Kinder, die dem Haushalt ihrer Eltern oder eines Elternteiles angehören, den notwendigen Lebensunterhalt aus ihrem Einkommen und Vermögen nicht beschaffen können, sind auch das Einkommen und das Vermögen der Eltern oder des Elternteiles zu berücksichtigen. Das Einkommen und Vermögen der Eltern oder des Elternteils sind nicht zu berücksichtigen, wenn eine Hilfesuchende schwanger ist oder ihr leibliches Kind bis zur Vollendung seines 6. Lebensjahres betreut.
(2) Hilfe zum Lebensunterhalt kann in begründeten Fällen auch insoweit gewährt werden, als der notwendige Lebensunterhalt aus dem nach Absatz 1 zu berücksichtigenden Einkommen und Vermögen beschafft werden kann. In diesem Umfange haben die in Absatz 1 genannten Personen dem Träger der Sozialhilfe die Aufwendungen zu ersetzen; mehrere Verpflichtete haften als Gesamtschuldner.
(3) Hilfe zum Lebensunterhalt kann auch dem gewährt werden, der ein für den notwendigen Lebensunterhalt ausreichendes Einkommen oder Vermögen hat, jedoch einzelne für seinen Lebensunterhalt erforderliche Tätigkeiten nicht verrichten kann; von dem

Hilfeempfänger kann ein angemessener Kostenbeitrag verlangt werden.

§ 12 Notwendiger Lebensunterhalt

(1) Der notwendige Lebensunterhalt umfaßt besonders Ernährung, Unterkunft, Kleidung, Körperpflege, Hausrat, Heizung und persönliche Bedürfnisse des täglichen Lebens. Zu den persönlichen Bedürfnissen des täglichen Lebens gehören in vertretbarem Umfange auch Beziehungen zur Umwelt und eine Teilnahme am kulturellen Leben.

(2) Bei Kindern und Jugendlichen umfaßt der notwendige Lebensunterhalt auch den besonderen, vor allem den durch ihre Entwicklung und ihr Heranwachsen bedingten Bedarf.

§ 13 Übernahme von Kranken- und Pflegeversicherungsbeiträgen

(1) Für Weiterversicherte im Sinne des § 9 Abs. 1 Nr. 1 des Fünften Buches Sozialgesetzbuch (…) sind die Krankenversicherungsbeiträge zu übernehmen, (…).

(2) In sonstigen Fällen können Beiträge für eine freiwillige Krankenversicherung übernommen werden, soweit sie angemessen sind; (…).

(3) Soweit nach den Absätzen 1 und 2 Krankenversicherungsbeiträge übernommen werden, sind auch die damit zusammenhängenden Beiträge zur Pflegeversicherung zu übernehmen.

§ 14 Alterssicherung

Als Hilfe zum Lebensunterhalt können auch die Kosten übernommen werden, die erforderlich sind, um die Voraussetzungen eines Anspruchs auf eine angemessene Alterssicherung (…) zu erfüllen.

§ 16 Haushaltsgemeinschaft

Lebt ein Hilfesuchender in Haushaltsgemeinschaft mit Verwandten oder Verschwägerten, so wird vermutet, daß er von ihnen Leistungen zum Lebensunterhalt erhält, soweit dies nach ihrem Einkommen und Vermögen erwartet werden kann. Soweit jedoch der Hilfesuchende von den in Satz 1 genannten Personen Leistungen zum Lebensunterhalt nicht erhält, ist ihm Hilfe zum Lebensunterhalt zu gewähren.

§ 17 Beratung und Unterstützung

(1) Die Vermeidung und Überwindung von Lebenslagen, in denen Leistungen der Hilfe zum Lebensunterhalt erforderlich oder zu erwarten sind, soll durch Beratung und Unterstützung gefördert werden; dazu gehört auch der Hinweis auf das Beratungsangebot von Verbänden der freien Wohlfahrtspflege, von Angehörigen der rechtsberatenden Berufe und von sonstigen Stellen. Ist die weitere Beratung durch eine Schuldnerberatungsstelle oder andere Fachberatungsstellen geboten, ist auf ihre Inanspruchnahme hinzuwirken. Angemessene Kosten einer Beratung nach Satz 2 sollen übernommen werden, wenn eine Lebenslage im Sinne des Satzes 1 sonst nicht überwunden werden kann; in anderen Fällen können Kosten übernommen werden. Die Kostenübernahme kann auch in Form einer pauschalierten Abgeltung der Leistung der Schuldnerberatungsstelle oder anderer Fachberatungsstellen erfolgen.

(2) Wenn zur Überwindung von Hilfebedürftigkeit ein besonderes Zusammenwirken des Hilfebedürftigen und des Trägers der Sozialhilfe erforderlich ist, soll hierüber in geeigneten Fällen eine schriftliche Vereinbarung abgeschlossen werden.

§§

§ 18 Beschaffung des Lebensunterhalts durch Arbeit

(1) Jeder Hilfesuchende muss seine Arbeitskraft zur Beschaffung des Lebensunterhalts für sich und seine unterhaltsberechtigten Angehörigen einsetzen.

(2) Es ist darauf hinzuwirken, der Hilfesuchende sich um Arbeit bemüht und Arbeit findet. Hilfesuchende, die keine Arbeit finden können, sind zur Annahme einer für sie zumutbaren Arbeitsgelegenheit nach § 19 oder § 20 verpflichtet. (…)

(3) Dem Hilfesuchenden darf eine Arbeit oder eine Arbeitsgelegenheit nicht zugemutet werden, wenn er körperlich oder geistig hierzu nicht in der Lage ist oder wenn ihm die künftige Ausübung seiner bisherigen überwiegenden Tätigkeit wesentlich erschwert würde oder wenn der Arbeit oder der Arbeitsgelegenheit ein sonstiger wichtiger Grund entgegensteht. Ihm darf eine Arbeit oder Arbeitsgelegenheit vor allem nicht zugemutet werden, soweit dadurch die geordnete Erziehung eines Kindes gefährdet würde. Die geordnete Erziehung eines Kindes, das das dritte Lebensjahr vollendet hat, ist in der Regel dann nicht gefährdet, wenn und soweit unter Berücksichtigung der besonderen Verhältnisse in der Familie des Hilfesuchenden die Betreuung des Kindes in einer Tageseinrichtung oder in Tagespflege im Sinne des Achten Buches Sozialgesetzbuch sichergestellt ist; die Träger der Sozialhilfe sollen darauf hinwirken, dass Alleinerziehenden vorrangig ein Platz zur Tagesbetreuung des Kindes angeboten wird. Auch sonst sind die Pflichten zu berücksichtigen, die dem Hilfesuchenden die Führung eines Haushalts oder die Pflege eines Angehörigen auferlegt. Eine Arbeit oder Arbeitsgelegenheit ist insbesondere nicht allein deshalb unzumutbar, weil

1. sie nicht einer früheren beruflichen Tätigkeit des Hilfeempfängers entspricht,
2. sie im Hinblick auf die Ausbildung des Hilfeempfängers als geringerwertig anzusehen ist,
3. der Beschäftigungsort vom Wohnort des Hilfeempfängers weiter entfernt ist als ein früherer Beschäftigungs- oder Ausbildungsort,
4. die Arbeitsbedingungen ungünstiger sind als bei den bisherigen Beschäftigungen des Hilfeempfängers.

(4) Soweit es im Einzelfall geboten ist, kann auch durch Zuschüsse an den Arbeitgeber sowie durch sonstige geeignete Maßnahmen darauf hingewirkt werden, dass der Hilfeempfänger Arbeit findet. Die Bestimmungen des Dritten Buches Sozialgesetzbuch bleiben unberührt.

(5) Der Träger der Sozialhilfe soll Hilfeempfänger zur Überwindung von Hilfebedürftigkeit bei der Eingliederung in den allgemeinen Arbeitsmarkt fördern. Zu diesem Zweck kann dem Hilfeempfänger bei Aufnahme einer sozialversicherungspflichtigen oder selbständigen Erwerbstätigkeit ein Zuschuss bis zur Höhe des Regelsatzes für einen Haushaltsvorstand und bis zur Dauer von 12 Monaten gewährt werden. (...)

§ 19 Schaffung von Arbeitsgelegenheiten

(1) Für Hilfesuchende, insbesondere für junge Menschen, die keine Arbeit finden können, sollen Arbeitsgelegenheiten geschaffen werden. Zur Schaffung und Erhaltung von Arbeitsgelegenheiten können auch Kosten übernommen werden. (...)

(2) Wird für den Hilfesuchenden Gelegenheit zu gemeinnütziger und zusätzlicher Arbeit geschaffen, kann ihm entweder das übliche Arbeitsentgelt oder Hilfe zum Lebensunterhalt zuzüglich einer angemessenen Entschädigung für Mehraufwendungen gewährt werden; (...)

(3) Wird im Falle des Absatzes 2 Hilfe zum Lebensunterhalt gewährt, so wird kein Arbeitsverhältnis im Sinne des Arbeitsrechts und kein Beschäftigungsverhältnis im Sinne der gesetzlichen Kranken- und Rentenversicherung begründet. Die Vorschriften über den Arbeitsschutz finden jedoch Anwendung. (...)

§ 20 Besondere Arbeitsgelegenheiten

(1) Ist es im Einzelfall erforderlich, die Gewöhnung eines Hilfesuchenden an eine berufliche Tätigkeit besonders zu fördern oder seine Bereitschaft zur Arbeit zu prüfen, soll ihm für eine notwendige Dauer eine hierfür geeignete Tätigkeit oder Maßnahme angeboten werden. (...)

(2) Während dieser Tätigkeit werden dem Hilfesuchenden Hilfe zum Lebensunterhalt und eine angemessene Entschädigung für Mehraufwendungen gewährt. (...)

§ 21 Laufende und einmalige Leistungen
(1) Hilfe zum Lebensunterhalt kann durch laufende und einmalige Leistungen gewährt werden.
(1a) Einmalige Leistungen werden insbesondere zur
    1. Instandsetzung von Bekleidung, Wäsche und Schuhen in nicht kleinem Umfang und deren Beschaffung von nicht geringem Anschaffungspreis,
    2. Beschaffung von Brennstoffen für Einzelheizungen,
    3. Beschaffung von besonderen Lernmitteln für Schüler,
    4. Instandsetzung von Hausrat in nicht kleinem Umfang,
    5. Instandhaltung der Wohnung,
    6. Beschaffung von Gebrauchsgütern von längerer Gebrauchsdauer und von höherem Anschaffungswert sowie
    7. für besondere Anlässe gewährt. (…)
(2) Einmalige Leistungen sind auch zu gewähren, wenn der Hilfesuchende zwar keine laufenden Leistungen zum Lebensunterhalt benötigt, den Lebensunterhalt jedoch aus eigenen Kräften und Mitteln nicht voll beschaffen kann. (…)
(3) Die Hilfe zum Lebensunterhalt in einer Anstalt, einem Heim oder einer gleichartigen Einrichtung umfaßt auch einen angemessenen Barbetrag zur persönlichen Verfügung, (…).

§ 22 Regelbedarf
(1) Laufende Leistungen zum Lebensunterhalt außerhalb von Anstalten, Heimen und gleichartigen Einrichtungen werden nach Regelsätzen gewährt. Sie sind abweichend von den Regelsätzen zu bemessen, soweit dies nach der Besonderheit des Einzelfalles geboten ist.
(2) Die Landesregierungen setzen durch Rechtsverordnung zum 1. Juli eines Jahres die Höhe der Regelsätze im Rahmen der Rechtsverordnung nach Absatz 5 fest. (…)
(3) Die Regelsätze sind so zu bemessen, daß der laufende Bedarf dadurch gedeckt werden kann. Die Regelsatzbemessung hat Stand und Entwicklung von Nettoeinkommen, Verbraucherverhalten und Lebenshaltungskosten zu berücksichtigen. Grundlage sind die tatsächlichen, statistisch ermittelten Verbrauchsausgaben von Haushalten in unteren Einkommensgruppen. Datengrundlage ist die Einkommens- und Verbrauchsstichprobe. Die Bemessung ist zu überprüfen und gegebenenfalls weiterzuentwickeln, sobald die Ergebnisse einer neuen Einkommens- und Verbrauchsstichprobe vorliegen.
(4) Die Regelsatzbemessung hat zu gewährleisten, daß bei Haushaltsgemeinschaften von Ehepaaren mit drei Kindern die Regelsätze zusammen mit Durchschnittsbeträgen für Kosten von Unterkunft und Heizung sowie für einmalige Leistungen und unter Berücksichtigung des abzusetzenden Betrages nach § 76 Abs 2 a Nr. 1 unter den erzielten monatlichen durchschnittlichen Nettoarbeitsentgelten unterer Lohn- und Gehaltsgruppen einschließlich anteiliger einmaliger Zahlungen zuzüglich Kindergeld und Wohngeld in einer entsprechenden Haushaltsgemeinschaft mit einem alleinverdienenden Vollzeitbeschäftigten bleiben. (…)

Verordnung zur Durchführung des § 22 des Bundessozialhilfegesetzes (Regelsatzverordnung)
§ 1 Umfang der Regelsätze
(1) Die Regelsätze umfassen die laufenden Leistungen für Ernährung, hauswirtschaftlichen Bedarf einschließlich Haushaltsenergie sowie für persönliche Bedürfnisse des täglichen Lebens. Dazu gehören auch die laufenden Leistungen für die Beschaffung von Wäsche und Hausrat von geringem Anschaffungswert, für die Instandsetzung von Kleidung, Schuhen und Hausrat in kleinerem Umfang sowie für Körperpflege und für Reinigung.
(2) Laufende Leistungen der in Absatz I genannten Art sind nach Regelsätzen zu gewähren, soweit nicht das Gesetz oder diese Verordnung anderes bestimmt.
§ 2 Festsetzung der Regelsätze
(1) Regelsätze sind für den Haushaltsvorstand und für sonstige Haushaltsangehörige festzusetzen. Die Regelsätze für den Haushaltsvorstand gelten auch für den Alleinstehenden.

§§

(3) Die Regelsätze für sonstige Haushaltsangehörige betragen
1. bis zur Vollendung des 7. Lebensjahres 50 vom Hundert, beim Zusammenleben mit eine Person, die allein für die Pflege und Erziehung des Kindes sorgt, 55 vom Hundert,
2. vom Beginn des 8. bis zur Vollendung des 14. Lebensjahres 65 vom Hundert,
3. vom Beginn des 15. bis zur Vollendung des 18. Lebensjahres 90 vom Hundert und
4. vom Beginn des 19. Lebensjahres an 80 vom Hundert des Regelsatzes für einen Haushaltsvorstand.

(4) Beträge nach den Absätzen 1 und 3, die nicht volle Euro ergeben, sind bis zu 0,49 Euro abzurunden und von 0,50 Euro an aufzurunden.

§ 3 Laufende Leistung für Unterkunft

(1) Laufende Leistungen für die Unterkunft werden in Höhe der tatsächlichen Aufwendungen gewährt. Soweit die Aufwendungen für die Unterkunft den der Besonderheit des Einzelfalles angemessenen Umfang übersteigen, sind sie als Bedarf der Personen, deren Einkommen und Vermögen nach § 11 Abs. 1 des Gesetzes zu berücksichtigen sind, so lange anzuerkennen, als es diesen Personen nicht möglich oder nicht zuzumuten ist, durch einen Wohnungswechsel, durch Vermieten oder auf andere Weise die Aufwendungen zu senken. Vor Abschluß eines Vertrages über eine neue Unterkunft hat der Hilfeempfänger den dort zuständigen Träger der Sozialhilfe über die nach Satz 2 maßgeblichen Umstände in Kenntnis zu setzen; sind die Aufwendungen für die neue Unterkunft unangemessen hoch, ist der Träger der Sozialhilfe nur zur Übernahme angemessener Aufwendungen verpflichtet, es sei denn, er hat den darüber hinausgehenden Aufwendungen vorher zugestimmt. § 15 a Abs. 1 Satz 3 des Gesetzes ist auf die Gewährung von Leistungen für die Unterkunft entsprechend anzuwenden. Wohnungsbeschaffungskosten und Mietkautionen können bei vorheriger Zustimmung übernommen werden. Eine Zustimmung soll erteilt werden, wenn der Umzug durch den Träger der Sozialhilfe veranlaßt wird oder aus anderen Gründen notwendig ist und wenn ohne die Zustimmung eine Unterkunft in einem angemessenen Zeitraum nicht gefunden werden kann.

(2) Sind laufende Leistungen für Heizung zu gewähren, gilt Absatz 1 entsprechend. (…)

§ 23 Mehrbedarf

(1) Für Personen, die
1. das 65. Lebensjahr vollendet haben oder
2. unter 65 Jahren und voll erwerbsgemindert im Sinne der gesetzlichen Rentenversicherung sind

und einen Ausweis nach § 69 Abs. 5 des Neunten Buches Sozialgesetzbuch mit dem Merkzeichen G besitzen, ist ein Mehrbedarf von 20 vom Hundert des maßgebenden Regelsatzes anzuerkennen, soweit nicht im Einzelfall ein abweichender Bedarf besteht. Absatz 1 in der am 31. Juli 1996 geltenden Fassung gilt für Personen weiter, für die zu diesem Zeitpunkt ein Mehrbedarf nach dieser Vorschrift anerkannt war.

(1a) Für werdende Mütter nach der 12. Schwangerschaftswoche ist ein Mehrbedarf von 20 vom Hundert des maßgebenden Regelsatzes anzuerkennen, soweit nicht im Einzelfall ein abweichender Bedarf besteht.

(2) Für Personen, die mit einem Kind unter 7 Jahren oder die mit 2 oder 3 Kindern unter 16 Jahren zusammenleben und allein für deren Pflege und Erziehung sorgen, ist ein Mehrbedarf von 40 vom Hundert des maßgebenden Regelsatzes anzuerkennen, soweit nicht im Einzelfall ein abweichender Bedarf besteht; bei 4 oder mehr Kindern erhöht sich der Mehrbedarf auf 60 vom Hundert des maßgebenden Regelsatzes.

(3) Für behinderte Menschen, die das 15. Lebensjahr vollendet haben und denen Eingliederungshilfe nach § 40 Abs. 1 Nr. 3 bis 6 gewährt wird, ist ein Mehrbedarf von 40 vom Hundert des maßgebenden Regelsatzes anzuerkennen, soweit nicht im Einzelfall ein abweichender Bedarf besteht. Satz 1 kann auch nach Beendigung der in § 40 Abs. 1 Nr. 3 bis 6 genannten Maßnahmen während einer angemessenen Übergangszeit, vor allem einer Einarbeitungszeit, angewendet werden.

(4) Für Kranke, Genesende, behinderte Menschen oder von einer Krankheit oder von einer Behinderung bedrohte Menschen, die einer kostenaufwendigen Ernährung bedürfen, ist ein Mehrbedarf in angemessener Höhe anzuerkennen.

(5) In den Fällen des Absatzes 3 ist Absatz 1 Nr. 2 nicht anzuwenden. Im übrigen sind die Absätze 1 bis 4 nebeneinander anzuwenden; die Summe des insgesamt anzuerkennenden Mehrbedarfs darf jedoch die Höhe des maßgeblichen Regelsatzes nicht übersteigen.

§ 27 Arten der Hilfe
(1) Die Hilfe in besonderen Lebenslagen umfasst
   1. Hilfe zum Aufbau oder zur Sicherung der Lebensgrundlage,
   2. Hilfe bei Krankheit, vorbeugende und sonstige Hilfe,
   3. Eingliederungshilfe für behinderte Menschen,
   4. Blindenhilfe,
   5. Hilfe zur Pflege,
   6. Hilfe zur Weiterführung des Haushalts,
   7. Hilfe zur Überwindung besonderer sozialer Schwierigkeiten,
   8. Altenhilfe.
(2) Hilfe kann auch in anderen besonderen Lebenslagen gewährt werden, wenn sie den Einsatz öffentlicher Mittel rechtfertigen. Geldleistungen können als Beihilfe oder als Darlehen gewährt werden. (...)

§ 72 Hilfe zur Überwindung besonderer sozialer Schwierigkeiten
(1) Personen, bei denen besondere Lebensverhältnisse mit sozialen Schwierigkeiten verbunden sind, ist Hilfe zur Überwindung dieser Schwierigkeiten zu gewähren, wenn sie aus eigener Kraft hierzu nicht fähig sind. Soweit der Hilfebedarf durch Leistungen nach anderen Bestimmungen dieses Gesetzes oder nach dem Achten Buch Sozialgesetzbuch (Kinder- und Jugendhilfe) gedeckt wird, gehen diese der Hilfe nach Satz 1 vor.
(2) Die Hilfe umfaßt alle Maßnahmen, die notwendig sind, um die Schwierigkeiten abzuwenden, zu beseitigen, zu mildern oder ihre Verschlimmerung zu verhüten, vor allem Beratung und persönliche Betreuung für den Hilfesuchenden und seine Angehörigen, Hilfen zur Ausbildung, Erlangung und Sicherung eines Arbeitsplatzes sowie Maßnahmen bei der Erhaltung und Beschaffung einer Wohnung. Zur Durchführung der erforderlichen Maßnahmen ist in geeigneten Fällen ein Gesamtplan zu erstellen.
(3) Die Hilfe wird ohne Rücksicht auf Einkommen und Vermögen gewährt, soweit im Einzelfalle persönliche Hilfe erforderlich ist; im übrigen ist Einkommen und Vermögen der in § 28 genannten Personen nicht zu berücksichtigen sowie von der Inanspruchnahme nach bürgerlichem Recht Unterhaltspflichtiger abzusehen, soweit dies den Erfolg der Hilfe gefährden würde.
(4) Die Träger der Sozialhilfe sollen mit den Vereinigungen, die sich die gleichen Aufgaben zum Ziel gesetzt haben, und mit den sonst beteiligten Stellen zusammenarbeiten und darauf hinwirken, daß sich die Sozialhilfe und die Tätigkeit dieser Vereinigungen und Stellen wirksam ergänzen.
(5) Das Bundesministerium für Gesundheit kann durch Rechtsverordnung mit Zustimmung des Bundesrates Bestimmungen über die Abgrenzung des Personenkreises sowie über Art und Umfang der Maßnahmen nach Absatz 2 erlassen.

Verordnung zur Durchführung des § 72 des Bundessozialhilfegesetzes
§ 1 Persönliche Voraussetzungen
(1) Personen leben in besonderen sozialen Schwierigkeiten, wenn besondere Lebensverhältnisse derart mit sozialen Schwierigkeiten verbunden sind, dass die Überwindung der besonderen Lebensverhältnisse auch die Überwindung der sozialen Schwierigkeiten erfordert.
Nachgehende Hilfe ist Personen zu gewähren, soweit bei ihnen nur durch Hilfe nach dieser Verordnung der drohende Wiedereintritt besonderer sozialer Schwierigkeiten abgewendet werden kann.
(2) Besondere Lebensverhältnisse bestehen bei fehlender oder nicht ausreichender Wohnung, bei ungesicherter wirtschaftlicher Lebensgrundlage, bei gewaltgeprägten Lebensumständen, bei Entlassung aus einer geschlossenen Einrichtung oder bei vergleichbaren nachteiligen Umständen. Besondere Lebensverhältnisse können ihre Ursachen in äußeren Umständen oder in der Person der Hilfesuchenden haben.

§§

(3) Soziale Schwierigkeiten liegen vor, wenn ein Leben in der Gemeinschaft durch ausgrenzendes Verhalten des Hilfesuchenden oder eines Dritten wesentlich eingeschränkt ist, insbesondere im Zusammenhang mit der Erhaltung oder Beschaffung einer Wohnung, mit der Erlangung oder Sicherung eines Arbeitsplatzes, mit familiären oder anderen sozialen Beziehungen oder mit Straffälligkeit.

§ 2 Art und Umfang der Maßnahmen

(1) Art und Umfang der Maßnahmen richten sich nach dem Ziel, die Hilfesuchenden zur Selbsthilfe zu befähigen, die Teilnahme am Leben in der Gemeinschaft zu ermöglichen und die Führung eines menschenwürdigen Lebens zu sichern. Durch Unterstützung der Hilfesuchenden zur selbständigen Bewältigung ihrer besonderen sozialen Schwierigkeiten sollen sie in die Lage versetzt werden, ihr Leben entsprechend ihren Bedürfnissen, Wünschen und Fähigkeiten zu organisieren und selbstverantwortlich zu gestalten. Dabei ist auch zu berücksichtigen, dass Hilfesuchende verpflichtet sind, nach eigenen Kräften an der Überwindung der besonderen sozialen Schwierigkeiten mitzuwirken. Auf Leistungen anderer Stellen oder nach anderen Vorschriften des Bundessozialhilfegesetzes, die im Sinne dieser Verordnung geeignet sind, ist hinzuwirken; die Regelungen über Erstattungsansprüche der Leistungsträger untereinander gemäß §§ 102 bis 114 des Zehnten Buches Sozialgesetzbuch finden insoweit auch zwischen Trägern der Sozialhilfe Anwendung.

(2) Maßnahmen sind die Dienst-, Geld- und Sachleistungen, die notwendig sind, um die besonderen sozialen Schwierigkeiten nachhaltig abzuwenden, zu beseitigen, zu mildern oder ihre Verschlimmerung zu verhüten. Vorrangig sind als Hilfe zur Selbsthilfe Dienstleistungen der Beratung und persönlichen Unterstützung für die Hilfesuchenden und für ihre Angehörigen, bei der Erhaltung und Beschaffung einer Wohnung, bei der Vermittlung in Ausbildung, bei der Erlangung und Sicherung eines Arbeitsplatzes sowie bei Aufbau und Aufrechterhaltung sozialer Beziehungen und der Gestaltung des Alltags. Bei der Hilfe sind geschlechts- und altersbedingte Besonderheiten sowie besondere Fähigkeiten und Neigungen zu berücksichtigen.

(3) Bei der Ermittlung und Feststellung des Hilfebedarfs sowie bei der Erstellung und Fortschreibung eines Gesamtplanes sollen die Hilfesuchenden unter Berücksichtigung der vorhandenen Kräfte und Fähigkeiten beteiligt werden. Wird ein Gesamtplan erstellt, sind der ermittelte Bedarf und die dem Bedarf entsprechenden Maßnahmen der Hilfe zu benennen und anzugeben, in welchem Verhältnis zueinander sie verwirklicht werden sollen. Dabei ist der verbundene Einsatz der unterschiedlichen Hilfen nach dem Bundessozialhilfegesetz und nach anderen Leistungsgesetzen anzustreben. Soweit es erforderlich ist, wirkt der Träger der Sozialhilfe mit anderen am Einzelfall Beteiligten zusammen; bei Personen vor Vollendung des 21. Lebensjahres ist ein Zusammenwirken mit dem Träger der öffentlichen Jugendhilfe erforderlich.

(4) Gesamtplan und Maßnahmen sind zu überprüfen, sobald Umstände die Annahme rechtfertigen, dass die Hilfe nicht oder nicht mehr zielgerecht ausgestaltet ist oder Hilfesuchende nicht nach ihren Kräften mitwirken.

(5) In stationären Einrichtungen soll die Hilfe nur befristet und nur dann gewährt werden, wenn eine verfügbare ambulante oder teilstationäre Hilfe nicht geeignet und die stationäre Hilfe Teil eines Gesamtplanes ist, an dessen Erstellung der für die stationäre Hilfe zuständige Träger der Sozialhilfe beteiligt war. Ist die Erstellung eines Gesamtplanes vor Beginn der Hilfe nicht möglich, hat sie unverzüglich danach zu erfolgen. Die Hilfe ist spätestens nach jeweils sechs Monaten zu überprüfen. Frauenhäuser sind keine Einrichtungen im Sinne von Satz 1; ambulante Maßnahmen nach den §§ 3 bis 6 werden durch den Aufenthalt in einem Frauenhaus nicht ausgeschlossen.

§ 3 Beratung und persönliche Unterstützung

(1) Zur Beratung und persönlichen Unterstützung gehört es vor allem, den Hilfebedarf zu ermitteln, die Ursachen der besonderen Lebensumstände sowie der sozialen Schwierigkeiten festzustellen, sie bewusst zu machen, über die zur Überwindung der besonderen Lebensverhältnisse und sozialen Schwierigkeiten in Betracht kommenden Maßnahmen und geeigneten Hilfeangebote und -organisationen zu unterrichten, diese soweit erforderlich zu vermitteln und ihre Inanspruchnahme und Wirksamkeit zu fördern.

(2) Beratung und persönliche Unterstützung müssen darauf ausgerichtet sein, die Bereitschaft und Fähigkeit zu erhalten und zu entwickeln, bei der Überwindung der besonderen sozialen Schwierigkeiten nach Kräften mitzuwirken und so weit wie möglich unabhängig von Sozialhilfe zu leben. Sie sollen auch erforderliche Hilfestellungen bei der Inanspruchnahme in Betracht kommender Sozialleistungen, bei der Inanspruchnahme von Schuldnerberatung oder bei der Erledigung von Angelegenheiten mit Behörden und Gerichten umfassen.

(3) Soweit es im Einzelfall erforderlich ist, erstreckt sich die persönliche Unterstützung auch darauf,

1. in der Umgebung des Hilfesuchenden Verständnis für die Art der besonderen Lebensverhältnisse und die damit verbundenen sozialen Schwierigkeiten zu wecken und Vorurteilen entgegenzuwirken,

2. Einflüssen zu begegnen, welche die Bemühungen und Fähigkeiten zur Überwindung besonderer sozialer Schwierigkeiten beeinträchtigen.

(4) Beratung und persönliche Unterstützung kann auch in Gruppen gewährt werden, wenn diese Art der Hilfegewährung geeignet ist, den Erfolg der Maßnahmen herbeizuführen.

§ 4 Erhaltung und Beschaffung einer Wohnung

(1) Maßnahmen zur Erhaltung und Beschaffung einer Wohnung sind vor allem die erforderliche Beratung und persönliche Unterstützung.

(2) Soweit es Maßnahmen nach Absatz 1 erfordern, umfasst die Hilfe auch sonstige Leistungen zur Erhaltung und Beschaffung einer Wohnung nach dem Zweiten Abschnitt des Bundessozialhilfegesetzes, insbesondere nach § 15 a.

(3) Maßnahmen der Gefahrenabwehr lassen den Anspruch auf Hilfe zur Überwindung besonderer sozialer Schwierigkeiten bei der Erhaltung und Beschaffung einer Wohnung unberührt.

§ 5 Ausbildung, Erlangung und Sicherung eines Arbeitsplatzes

(1) Die Hilfe zur Ausbildung sowie zur Erlangung und Sicherung eines Arbeitsplatzes umfasst, wenn andere arbeits- und beschäftigungswirksame Maßnahmen im Einzelfall nicht in Betracht kommen, vor allem Maßnahmen, die darauf gerichtet sind, die Fähigkeiten und Fertigkeiten sowie die Bereitschaft zu erhalten und zu entwickeln, einer regelmäßigen Erwerbstätigkeit nachzugehen und den Lebensunterhalt für sich und Angehörige aus Erwerbseinkommen zu bestreiten.

(2) Maßnahmen können vor allem solche gehören,

1. die dem drohenden Verlust eines Ausbildungs- oder Arbeitsplatzes entgegenwirken,

2. es ermöglichen, den Ausbildungsabschluss allgemeinbildender Schulen nachzuholen und die für die Ausübung einer Erwerbstätigkeit auf dem allgemeinen Arbeitsmarkt notwendigen Fähigkeiten und Fertigkeiten zu erwerben,

3. eine Ausbildung für einen angemessenen Beruf ermöglichen,

4. der Erlangung und Sicherung eines geeigneten Arbeitsplatzes oder einer sonstigen angemessenen Tätigkeit dienen,

5. den Abschluss sozialversicherungspflichtiger Beschäftigungsverhältnisse ermöglichen oder den Aufbau einer Lebensgrundlage durch selbständige Tätigkeit fördern.

§ 6 Hilfe zum Aufbau und zur Aufrechterhaltung sozialer Beziehungen und zur Gestaltung des Alltags

Zu den Maßnahmen im Sinne des § 72 Abs. 2 des Bundessozialhilfegesetzes gehört auch Hilfe zum Aufbau und zur Aufrechterhaltung sozialer Beziehungen und zur Gestaltung des Alltags. Sie umfasst vor allem Maßnahmen der persönlichen Hilfe, die

1. die Begegnung und den Umgang mit anderen Personen,

2. eine aktive Gestaltung, Strukturierung und Bewältigung des Alltags,

3. eine wirtschaftliche und gesundheitsbewusste Lebensweise,

4. den Besuch von Einrichtungen oder Veranstaltungen, die der Geselligkeit, der Unterhaltung oder kulturellen Zwecken dienen,

5. eine gesellige, sportliche oder kulturelle Betätigung fördern oder ermöglichen.

§ 76 Begriff des Einkommens

(1) Zum Einkommen im Sinne dieses Gesetzes gehören alle Einkünfte in Geld oder Geldeswert mit Ausnahme der Leistungen nach diesem Gesetz, der Grundrente nach dem Bundesversorgungsgesetz und der Renten oder Beihilfen, die nach dem Bundesentschädigungsgesetz für Schaden an Leben sowie an Körper oder Gesundheit gewährt werden, bis zur Höhe der vergleichbaren Grundrente nach dem Bundesversorgungsgesetz.

(2) Von dem Einkommen sind abzusetzen

1. auf das Einkommen entrichtete Steuern,

2. Pflichtbeiträge zur Sozialversicherung einschließlich der Arbeitslosenversicherung,

3. Beiträge zu öffentlichen oder privaten Versicherungen oder ähnlichen Einrichtungen, soweit diese Beiträge gesetzlich vorgeschrieben oder nach Grund und Höhe

§§

angemessen sind, sowie geförderte Altersvorsorgebeiträge nach § 82 des Einkommensteuergesetzes, soweit sie den Mindesteigenbeitrag nach § 86 des Einkommensteuergesetzes nicht überschreiten,

4. die mit der Erzielung des Einkommens verbundenen notwendigen Ausgaben,

5. bis zum 30. Juni 2005 für minderjährige, unverheiratete Kinder ein Betrag in Höhe von monatlich 10,25 Euro bei einem Kind und von monatlich 20,50 Euro bei zwei oder mehr Kindern in einem Haushalt.

(2a) Bei Personen, die Leistungen der Hilfe zum Lebensunterhalt erhalten, sind von dem Einkommen ferner Beträge in jeweils angemessener Höhe abzusetzen

1. für Erwerbstätige,

2. für Personen, die trotz beschränkten Leistungsvermögens einem Erwerb nachgehen,

3. für Erwerbstätige,

    a) die blind sind (...) oder

    b) deren Behinderung so schwer ist, (...)

Verordnung zur Durchführung des § 76 des BSHG
§ 3 Einkünfte aus nichtselbständiger Arbeit

(...)

(2) Als nichtselbständige Arbeit gilt auch die Arbeit, die in einer Familiengemeinschaft von einem Familienangehörigen des Betriebsinhabers gegen eine Vergütung geleistet wird. Wird die Arbeit nicht nur vorübergehend geleistet, so ist in Zweifelsfällen anzunehmen, daß der Familienangehörige eine Vergütung erhält, wie sie einem Gleichaltrigen für eine gleichartige Arbeit gleichen Umfangs in einem fremden Betrieb ortsüblich gewährt wird.

(3) Bei der Berechnung der Einkünfte ist von den monatlichen Bruttoeinnahmen Einmalige Einnahmen sind von dem Monat an zu berücksichtigen, in dem sie

(4) Zu den mit der Erzielung der Einkünfte aus nichtselbständiger Arbeit verbundenen Ausgaben im Sinne des § 76 Abs. 2 Nr. 4 des Gesetzes gehören vor allem

    1. notwendige Aufwendungen für Arbeitsmittel,

    2. notwendige Aufwendungen für Fahrten zwischen Wohnung und Arbeitsstätte,

    3. notwendige Beiträge für Berufsverbände,

    4. notwendige Mehraufwendungen infolge Führung eines doppelten Haushalts nach näherer Bestimmung des Absatzes 7.

Ausgaben im Sinne des Satzes 1 sind nur insoweit zu berücksichtigen, als sie von dem Bezieher des Einkommens selbst getragen werden.

(5) Als Aufwendungen für Arbeitsmittel (Absatz 4 Nr. 1) kann ein monatlicher Pauschbetrag von 5,20 Euro berücksichtigt werden, wenn nicht im Einzelfall höhere Aufwendungen nachgewiesen werden.

§ 88 Einzusetzendes Vermögen, Ausnahmen

(1) Zum Vermögen im Sinne dieses Gesetzes gehört das gesamte verwertbare Vermögen.

(2) Die Sozialhilfe darf nicht abhängig gemacht werden vom Einsatz oder von der Verwertung

1. eines Vermögens, das aus öffentlichen Mitteln zum Aufbau oder zur Sicherung einer Lebensgrundlage oder zur Gründung eines Hausstandes gewährt wird,

1a. eines Kapitals einschließlich seiner Erträge, das der zusätzlichen Altersvorsorge im Sinne des § 10 a oder des Abschnitts XI des Einkommensteuergesetzes dient und dessen Ansammlung staatlich gefördert wurde,

2. eines sonstigen Vermögens, solange es nachweislich zur baldigen Beschaffung oder Erhaltung eines Hausgrundstücks im Sinne der Nummer 7 bestimmt ist, soweit dieses Wohnzwecken behinderter Menschen (§ 39 Abs. 1 Satz 1), Blinder (§ 67) oder Pflegebedürftiger (§ 69) dient oder dienen soll und dieser Zweck durch den Einsatz oder die Verwertung des Vermögens gefährdet würde,

3. eines angemessenen Hausrats; dabei sind die bisherigen Lebensverhältnisse des Hilfesuchenden zu berücksichtigen,

4. von Gegenständen, die zur Aufnahme oder Fortsetzung der Berufsausbildung oder der Erwerbstätigkeit unentbehrlich sind,
5. von Familien- und Erbstücken, deren Veräußerung für den Hilfesuchenden oder seine Familie eine besondere Härte bedeuten würde,
6. von Gegenständen, die zur Befriedigung geistiger, besonders wissenschaftlicher oder künstlerischer Bedürfnisse dienen und deren Besitz nicht Luxus ist,
7. eines angemessenen Hausgrundstücks, das vom Hilfesuchenden oder einer anderen in den §§ 11, 28 genannten Person allein oder zusammen mit Angehörigen ganz oder teilweise bewohnt wird und nach seinem Tod bewohnt werden soll. Die Angemessenheit bestimmt sich nach der Zahl der Bewohner, dem Wohnbedarf (…),
8. kleinerer Barbeträge oder sonstiger Geldwerte; dabei ist eine besondere Notlage des Hilfesuchenden zu berücksichtigen.

(3) Die Sozialhilfe darf ferner nicht vom Einsatz oder von der Verwertung eines Vermögens abhängig gemacht werden, soweit dies für den, der das Vermögen einzusetzen hat, und für seine unterhaltsberechtigten Angehörigen eine Härte bedeuten würde. Dies ist bei der Hilfe in besonderen Lebenslagen vor allem der Fall, soweit eine angemessene Lebensführung oder die Aufrechterhaltung einer angemessenen Alterssicherung wesentlich erschwert würde. (…)

§ 93 Einrichtungen

(1) Zur Gewährung von Sozialhilfe sollen die Träger der Sozialhilfe eigene Einrichtungen einschließlich Dienste nicht neu schaffen, soweit geeignete Einrichtungen anderer Träger vorhanden sind, ausgebaut oder geschaffen werden können. (…)

(2) Wird die Leistung von einer Einrichtung erbracht, ist der Träger der Sozialhilfe zur Übernahme der Vergütung für die Leistung nur verpflichtet, wenn mit dem Träger der Einrichtung oder seinem Verband eine Vereinbarung über
1. Inhalt, Umfang und Qualität der Leistungen (Leistungsvereinbarung),
2. die Vergütung, die sich aus pauschalen und Beträgen für einzelne Leistungsbereiche zusammensetzt (Vergütungsvereinbarung), und
3. die Prüfung der Wirtschaftlichkeit und Qualität der Leistungen (Prüfungsvereinbarung)
besteht. Die Vereinbarungen müssen den Grundsätzen der Wirtschaftlichkeit, Sparsamkeit und Leistungsfähigkeit entsprechen.

(3) Ist eine der in Absatz 2 genannten Vereinbarungen nicht abgeschlossen, kann der Träger der Sozialhilfe Hilfe durch diese Einrichtungen nur gewähren, wenn dies nach der Besonderheit des Einzelfalles geboten ist. Hierzu hat der Träger der Einrichtung ein Leistungsgebot vorzulegen, das die Voraussetzung des § 93 a Abs. 1 erfüllt, und sich schriftlich zu verpflichten, Leistungen entsprechend diesem Angebot zu erbringen. (…)

§ 93 d Verordnungsermächtigung, Rahmenverträge

(2) Die überörtlichen Träger der Sozialhilfe und die kommunalen Spitzenverbände auf Landesebene schließen mit den Vereinigungen der Träger der Einrichtungen auf Landesebene gemeinsam und einheitlich Rahmenverträge zu den Leistungs-, Vergütungs- und Prüfungsvereinbarungen nach § 93 Abs. 2 in der ab 1. Januar 1999 geltenden Fassung ab. (…)

§§

Kinder- und Jugendhilfegesetz

(☞ Familienrecht und Jugendhilferecht, S. 177)

Opferentschädigungsgesetz

(☞ Strafrecht und Opferentschädigung, S. 242)

Unterhaltsvorschussgesetz

§ 1 Berechtigte

(1) Anspruch auf Unterhaltsvorschuss oder -ausfallleistung nach diesem Gesetz (Unterhaltsleistung) hat, wer
1. das zwölfte Lebensjahr noch nicht vollendet hat,
2. im Geltungsbereich dieses Gesetzes bei einem seiner Elternteile lebt, der ledig, verwitwet oder geschieden ist oder von seinem Ehegatten dauernd getrennt lebt, und
3. nicht oder nicht regelmäßig
   a) Unterhalt von dem anderen Elternteil oder,
   b) wenn dieser oder ein Stiefelternteil gestorben ist, Waisenbezüge mindestens in der in § 2 Abs. 1 und 2 bezeichneten Höhe erhält.

(2) Ein Elternteil, bei dem das Kind lebt, gilt als dauernd getrennt lebend im Sinne des Absatzes 1 Nr. 2, wenn im Verhältnis zum Ehegatten oder Lebenspartner ein Getrenntleben im Sinne des § 1567 des Bürgerlichen Gesetzbuchs vorliegt oder wenn sein Ehegatte oder Lebenspartner wegen Krankheit oder Behinderung oder auf Grund gerichtlicher Anordnung für voraussichtlich wenigstens sechs Monate in einer Anstalt untergebracht ist.

(2a) Ein Ausländer hat einen Anspruch nach diesem Gesetz nur, wenn er oder der in Absatz 1 Nr. 2 bezeichnete Elternteil im Besitz einer Aufenthaltsberechtigung oder Aufenthaltserlaubnis ist. (…) Abweichend von Satz 1 besteht der Anspruch für Angehörige eines Mitgliedstaates der Europäischen Union oder eines anderen Vertragsstaates des Abkommens über den Europäischen Wirtschaftsraum mit Beginn des Aufenthaltsrechts. (…)

(3) Anspruch auf Unterhaltsleistung nach diesem Gesetz besteht nicht, wenn der in Absatz 1 Nr. 2 bezeichnete Elternteil mit dem anderen Elternteil zusammenlebt oder sich weigert, die Auskünfte, die zur Durchführung dieses Gesetzes erforderlich sind, zu erteilen oder bei der Feststellung der Vaterschaft oder des Aufenthalts des anderen Elternteils mitzuwirken.

(4) Anspruch auf Unterhaltsleistung nach diesem Gesetz besteht nicht für Monate, für die der andere Elternteil seine Unterhaltspflicht gegenüber dem Berechtigten durch Vorausleistung erfüllt hat.

§ 2 Umfang der Unterhaltsleistung

(1) Die Unterhaltsleistung wird vorbehaltlich der Absätze 2 und 3 monatlich in Höhe der für Kinder der ersten und zweiten Altersstufe jeweils geltenden Regelbeträge (§ 1612 a des Bürgerlichen Gesetzbuchs) gezahlt. Liegen die Voraussetzungen des § 1 Abs. 1 Nr. 1 bis 3, Abs. 2 bis 4 nur für den Teil eines Monats vor, wird die Unterhaltsleistung anteilig gezahlt.

(2) Wenn der Elternteil, bei dem der Berechtigte lebt, für den Berechtigten Anspruch auf volles Kindergeld (…) hat, mindert sich die Unterhaltsleistung um die Hälfte des für ein erstes Kind zu zahlenden Kindergeldes nach (…).

(3) Auf die sich nach den Absätzen 1 und 2 ergebende Unterhaltsleistung werden folgende in demselben Monat erzielte Einkünfte des Berechtigten angerechnet:
1. Unterhaltszahlungen des Elternteils, bei dem der Berechtigte nicht lebt,
2. Waisenbezüge (…).

§ 3 Dauer der Unterhaltsleistung

Die Unterhaltsleistung wird längstens für insgesamt 72 Monate gezahlt.

§ 6 Auskunfts- und Anzeigeplicht
(4) Der Elternteil, bei dem der Berechtigte lebt, und der gesetzliche Vertreter des Berechtigten sind verpflichtet, der zuständigen Stelle die Änderungen in den Verhältnissen, die für die Leistung erheblich sind oder über die im Zusammenhang mit der Leistung Erklärungen abgegeben worden sind, unverzüglich mitzuteilen. (...)

§ 7 Übergang von Ansprüchen des Berechtigten
(1) Hat der Berechtigte für die Zeit, für die ihm die Unterhaltsleistung nach diesem Gesetz gezahlt wird, einen Unterhaltsanspruch gegen den Elternteil, bei dem er nicht lebt, oder einen Anspruch auf eine sonstige Leistung, die bei rechtzeitiger Gewährung nach § 2 Abs. 3 als Einkommen anzurechnen wäre, so geht dieser Anspruch in Höhe der Unterhaltsleistung nach diesem Gesetz zusammen mit dem unterhaltsrechtlichen Auskunftsanspruch auf das Land über. (...)
(2) Für die Vergangenheit kann der in Absatz 1 bezeichnete Elternteil nur von dem Zeitpunkt an in Anspruch genommen werden, in dem
  1. die Voraussetzungen des § 1613 des Bürgerlichen Gesetzbuchs vorgelegen haben oder
  2. der in Absatz 1 bezeichnete Elternteil von dem Antrag auf Unterhaltsleistung Kenntnis erhalten hat und er darüber belehrt worden ist, dass er für den geleisteten Unterhalt nach diesem Gesetz in Anspruch genommen werden kann. (...)

Sozialversicherung (Gemeinsame Vorschriften – SGB IV)

§ 2 Versicherter Personenkreis
(1) Die Sozialversicherung umfaßt Personen, die kraft Gesetzes und Satzung (Versicherungspflicht) oder auf Grund freiwilligen Beitritts oder freiwilliger Fortsetzung der Versicherung (Versicherungsberechtigung) versichert sind. (...)
(2) In allen Zweigen der Sozialversicherung sind (...) versichert
  1. Personen, die gegen Arbeitsentgelt oder zu ihrer Berufsausbildung beschäftigt sind, (...)

§ 7 Beschäftigung
(1) Beschäftigung ist die nichtselbständige Arbeit, insbesondere in einem Arbeitsverhältnis. Anhaltspunkte für eine Beschäftigung sind eine Tätigkeit nach Weisungen und eine Eingliederung in die Arbeitsorganisation des Weisungsgebers. (...)
(4) Bei einer erwerbsmäßig tätigen Person, die ihre Mitwirkungspflichten nach § 206 des Fünften Buches Sozialgesetzbuch oder nach § 196 Abs. 1 des Sechsten Buches Sozialgesetzbuch nicht erfüllt, wird vermutet, dass sie beschäftigt ist, wenn mindestens drei der folgenden fünf Merkmale vorliegen:
  1. Die Person beschäftigt im Zusammenhang mit ihrer Tätigkeit regelmäßig keinen versicherungspflichtigen Arbeitnehmer, dessen Arbeitsentgelt aus diesem Beschäftigungsverhältnis regelmäßig im Monat 325 Euro übersteigt;
  2. sie ist auf Dauer und im Wesentlichen nur für einen Auftraggeber tätig;
  3. ihr Auftraggeber oder ein vergleichbarer Auftraggeber lässt entsprechende Tätigkeiten regelmäßig durch von ihm beschäftigte Arbeitnehmer verrichten;
  4. ihre Tätigkeit lässt typische Merkmale unternehmerischen Handelns nicht erkennen;
  5. ihre Tätigkeit entspricht dem äußeren Erscheinungsbild nach der Tätigkeit, die sie für denselben Auftraggeber zuvor auf Grund eines Beschäftigungsverhältnisses ausgeübt hatte.
Satz 1 gilt nicht für Handelsvertreter, die im Wesentlichen frei ihre Tätigkeit gestalten und über ihre Arbeitszeit bestimmen können. Die Vermutung kann widerlegt werden.

§§

§ 8 Geringfügige Beschäftigung

(1) Eine geringfügige Beschäftigung liegt vor, wenn
  1. die Beschäftigung regelmäßig weniger als 15 Stunden in der Woche ausgeübt wird und das Arbeitsentgelt regelmäßig im Monat 325 Euro nicht übersteigt,
  2. die Beschäftigung innerhalb eines Jahres seit ihrem Beginn auf längstens 2 Monate oder fünfzig Arbeitstage nach ihrer Eigenart begrenzt zu sein pflegt oder im voraus vertraglich begrenzt ist, es sei denn, daß die Beschäftigung berufsmäßig ausgeübt wird und ihr Entgelt 325 Euro im Monat übersteigt.

(2) Bei der Anwendung des Absatzes 1 sind mehrere geringfügige Beschäftigungen nach Nummer 1 oder Nummer 2 sowie geringfügige Beschäftigungen nach Nummer 1 und nicht geringfügige Beschäftigungen zusammenzurechnen. Eine geringfügige Beschäftigung liegt nicht mehr vor, sobald die Voraussetzungen des Absatzes 1 entfallen.

(3) Die Absätze 1 und 2 gelten entsprechend, soweit anstelle einer Beschäftigung eine selbständige Tätigkeit ausgeübt wird. Dies gilt nicht für das Recht der Arbeitsförderung. (...)

Gesetzliche Krankenversicherung (Sozialgesetzbuch V)

§ 5 Versicherungspflicht

(1) Versicherungspflichtig sind
  1. Arbeiter, Angestellte und zu ihrer Berufsausbildung beschäftigte, die gegen Arbeitsentgelt beschäftigt sind,
  2. Personen in der Zeit, für die sie Arbeitslosengeld, Arbeitslosenhilfe (...) beziehen (...)

§ 7 Versicherungsfreiheit bei geringfügiger Beschäftigung

Wer eine geringfügige Beschäftigung nach § 8 des Vierten Buches ausübt, ist in dieser Beschäftigung versicherungsfrei; dies gilt nicht für eine Beschäftigung
(1) im Rahmen betrieblicher Berufsausbildung,
(2) nach dem Gesetz zur Förderung eines freiwilligen sozialen Jahres,
(3) nach dem Gesetz zur Förderung eines freiwilligen ökologischen Jahres.
§ 8 Abs. 2 des Vierten Buches ist mit der Maßgabe anzuwenden, daß eine Zusammenrechnung mit einer geringfügigen Beschäftigung nur erfolgt, wenn diese Versicherungspflicht begründet.

§ 9 Freiwillige Versicherung

(1) Der Versicherung können beitreten,
  2. Personen, deren Versicherung nach § 10 erlischt (...)...
(2) Der Beitritt ist der Krankenkasse innerhalb von drei Monaten anzuzeigen, (...).

§ 10 Familienversicherung

(1) Versichert sind der Ehegatte, der Lebenspartner und die Kinder von Mitgliedern, wenn diese Familienangehörigen
  1. ihren Wohnsitz oder gewöhnlichen Aufenthalt im Inland haben,
  2. nicht nach § 5 Abs. 1 Nr. 1 bis 8, 11 oder 12 oder nicht freiwillig versichert sind,
  3. nicht versicherungsfrei (...)
  4. nicht hauptberuflich selbständig erwerbstätig sind (...)
(2) Kinder sind versichert
  1. bis zur Vollendung des achtzehnten Lebensjahres,
  2. bis zur Vollendung des dreiundzwanzigsten Lebensjahres, wenn sie nicht erwerbstätig sind,
  3. bis zur Vollendung des fünfundzwanzigsten Lebensjahres, wenn sie sich in Schul- oder Berufsausbildung befinden oder ein freiwilliges soziales Jahr (...) oder ein freiwilliges ökologisches Jahr (...) leisten; wird die Schul- oder Berufsausbildung durch

Erfüllung einer gesetzlichen Dienstpflicht des Kindes unterbrochen oder verzögert, besteht die Versicherung auch für einen der Dauer dieses Dienstes entsprechenden Zeitraum über das fünfundzwanzigste Lebensjahr hinaus,

4. ohne Altersgrenze, wenn sie als behinderte Menschen (§ 2 Abs. 1 Satz 1 des Neunten Buches) außerstande sind, sich selbst zu unterhalten; Voraussetzung ist, daß die Behinderung zu einem Zeitpunkt vorlag, in dem das Kind nach Nummer 1, 2 oder 3 versichert war. (...)

(6) Das Mitglied hat die nach den Absätzen 1 bis 4 Versicherten mit den für die Durchführung der Familienversicherung notwendigen Angaben sowie die Änderung dieser Angaben an die zuständige Krankenkasse zu melden. (...)

§ 19 Erlöschen des Leistungsanspruchs

(1) Der Anspruch auf Leistung erlischt mit dem Ende der Mitgliedschaft (...).

(2) Endet die Mitgliedschaft Versicherungspflichtiger, besteht ein Anspruch auf Leistungen längstens für einen Monat nach dem Ende der Mitgliedschaft, solange keine Erwerbstätigkeit ausgeübt wird. (...)

Gesetzliche Rentenversicherung (Sozialgesetzbuch VI)

§ 1 Beschäftigte

Versicherungspflichtig sind

1. Personen, die gegen Arbeitsentgelt oder zu ihrer Berufsausbildung beschäftigt sind, (...).

§ 3 Sonstige Versicherte

Versicherungspflichtig sind Personen in der Zeit,

1. für die ihnen Kindererziehungszeiten anzurechnen sind (§ 56),

1a. in der sie Pflegebedürftige im Sinne des § 14 SGB XI nicht erwerbsmäßig mindestens 14 Stunden wöchentlich in seiner häuslichen Umgebung pflegen, wenn der Pflegebedürftige Anspruch auf Leistungen aus der sozialen oder einer privaten Pflegeversicherung hat (...)

3. für die sie von einem Leistungsträger (...) Arbeitslosengeld oder Arbeitslosenhilfe beziehen (...)

§ 5 Versicherungsfreiheit

(...)

(2) Versicherungsfrei sind Personen, die

1. eine geringfügige Beschäftigung (§ 8 Abs. 1 Viertes Buch),
2. eine geringfügige selbständige Tätigkeit (§ 8 Abs. 3 Viertes Buch) oder
3. eine geringfügige nicht erwerbsmäßige Pflegetätigkeit

ausüben; § 8 Abs. 2 Viertes Buch ist mit der Maßgabe anzuwenden, daß eine Zusammenrechnung mit einer nicht geringfügigen Beschäftigung oder nicht geringfügigen selbständigen Tätigkeit nur erfolgt, wenn diese versicherungspflichtig ist. Satz 1 Nr. 1 gilt nicht für geringfügig Beschäftigte nach § 8 Abs. 1 Nr. 1 des Vierten Buches, die durch schriftliche Erklärung gegenüber dem Arbeitgeber auf die Versicherungsfreiheit verzichten; der Verzicht kann nur mit Wirkung für die Zukunft und bei mehreren geringfügigen Beschäftigungen nur einheitlich erklärt werden und ist für die Dauer der Beschäftigungen bindend. (...)

§ 7 Freiwillige Versicherung

(1) Personen, die nicht versicherungspflichtig sind, können sich (...) freiwillig versichern (...)

(2) Personen, die versicherungsfrei oder von der Versicherung befreit sind, können sich nur freiwillig versichern, wenn sie die allgemeine Wartezeit[*] erfüllt haben. Dies gilt

§§

nicht für Personen, die wegen Geringfügigkeit einer Beschäftigung (...) versicherungsfrei sind. (...)

§ 8 Nachversicherung und Versorgungsausgleich
(1) Versichert sind auch Personen, (...)
>   2. für die aufgrund eines Versorgungsausgleichs oder eines Rentensplittings unter Ehegatten Rentenanwartschaften übertragen oder begründet sind. (...)

STRAFRECHT UND OPFERENTSCHÄDIGUNG

Strafgesetzbuch

§ 5 Auslandstaten gegen inländische Rechtsgüter
Das deutsche Strafrecht gilt, unabhängig vom Recht des Tatorts, für folgende Taten, die im Ausland begangen werden: (...)
>   6a. Entziehung eines Kindes in den Fällen des § 235 Abs. 2 Nr. 2, wenn die Tat sich gegen eine Person richtet, die im Inland ihren Wohnsitz oder gewöhnlichen Aufenthalt hat; (...)
>   8. Straftaten gegen die sexuelle Selbstbestimmung
>   a) in den Fällen des § 174 Abs. 1 und 3, wenn der Täter und der, gegen den die Tat begangen wird, zur Zeit der Tat Deutsche sind und ihre Lebensgrundlage im Inland haben, und
>   b) in den Fällen der §§ 176 bis 176 b und 182, wenn der Täter Deutscher ist;
>   9. Abbruch der Schwangerschaft (§ 218), wenn der Täter zur Zeit der Tat Deutscher ist und seine Lebensgrundlage im räumlichen Geltungsbereich dieses Gesetzes hat; (...)

§ 77 Antragsberechtigte
(1) Ist die Tat nur auf Antrag verfolgbar, so kann, soweit das Gesetz nichts anderes bestimmt, der Verletzte den Antrag stellen.
(2) Stirbt der Verletzte, so geht sein Antragsrecht in den Fällen, die das Gesetz bestimmt, auf den Ehegatten, den Lebenspartner und die Kinder über. (...)
(3) Ist der Antragsberechtigte geschäftsunfähig oder beschränkt geschäftsfähig, so können der gesetzliche Vertreter in den persönlichen Angelegenheiten und derjenige, dem die Sorge für die Person des Antragsberechtigten zusteht, den Antrag stellen. (...)

§ 77 b Antragsfrist
(1) Eine Tat, die nur auf Antrag verfolgbar ist, wird nicht verfolgt, wenn der Antragsberechtigte es unterläßt, den Antrag bis zum Ablauf einer Frist von drei Monaten zu stellen. (...)
(2) Die Frist beginnt mit Ablauf des Tages, an dem der Berechtigte von der Tat und der Person des Täters Kenntnis erlangt. (...)

§ 77 d Zurücknahme des Antrags
(1) Der Antrag kann zurückgenommen werden. (...) Ein zurückgenommener Antrag kann nicht nochmals gestellt werden. (...)

§ 78 Verjährungsfrist
(1) Die Verjährung schließt die Ahndung der Tat und die Anordnung von Maßnahmen (§ 11 Abs. 1 Nr. 8) aus. § 76 a Abs. 2 Satz 1 Nr. 1 bleibt unberührt.
(2) Verbrechen (...) nach § 211 (Mord) verjähren nicht.

---

*   Sie entspricht fünf Jahre Beitragszeiten (§ 50).

(3) Soweit die Verfolgung verjährt,[*] beträgt die Verjährungsfrist
1. dreißig Jahre bei Taten, die mit lebenslanger Freiheitsstrafe bedroht sind,
2. zwanzig Jahre bei Taten, die im Höchstmaß mit Freiheitsstrafe von mehr als zehn Jahren bedroht sind,
3. zehn Jahre bei Taten, die im Höchstmaß mit Freiheitsstrafe von mehr als fünf Jahren bis zu zehn Jahren bedroht sind,
4. fünf Jahre bei Taten, die im Höchstmaß mit Freiheitsstrafe von mehr als einem Jahr bis zu fünf Jahren bedroht sind,
5. drei Jahre bei den übrigen Taten.
(4) Die Frist richtet sich nach der Strafdrohung des Gesetzes, dessen Tatbestand die Tat verwirklicht, ohne Rücksicht auf Schärfungen oder Milderungen, die nach den Vorschriften des Allgemeinen Teils oder für besonders schwere oder minder schwere Fälle vorgesehen sind.

§ 78 b Ruhen
(1) Die Verjährung ruht
1. bis zur Vollendung des achtzehnten Lebensjahres des Opfers bei Straftaten nach den §§ 176 bis 179, (…).

§ 123 Hausfriedensbruch
(1) Wer in die Wohnung, in die Geschäftsräume oder in das befriedete Besitztum eines anderen oder in abgeschlossene Räume, welche zum öffentlichen Dienst oder Verkehr bestimmt sind, widerrechtlich eindringt, oder wer, wenn er ohne Befugnis darin verweilt, auf die Aufforderung des Berechtigten sich nicht entfernt, wird mit Freiheitsstrafe bis zu einem Jahr oder mit Geldstrafe bestraft.
(2) Die Tat wird nur auf Antrag verfolgt.

§ 170 Verletzung der Unterhaltspflicht
(1) Wer sich einer gesetzlichen Unterhaltspflicht entzieht, so daß der Lebensbedarf des Unterhaltsberechtigten gefährdet ist oder ohne die Hilfe anderer gefährdet wäre, wird mit Freiheitsstrafe bis zu drei Jahren oder mit Geldstrafe bestraft.
(2) Wer einer Schwangeren zum Unterhalt verpflichtet ist und ihr diesen Unterhalt in verwerflicher Weise vorenthält und dadurch den Schwangerschaftsabbruch bewirkt, wird mit Freiheitsstrafe bis zu fünf Jahren oder mit Geldstrafe bestraft.

§ 171 Verletzung der Fürsorge- oder Erziehungspflicht
Wer seine Fürsorge- und Erziehungspflicht gegenüber einer Person unter sechzehn Jahren gröblich verletzt und dadurch den Schutzbefohlenen in die Gefahr bringt, in seiner körperlichen oder psychischen Entwicklung erheblich geschädigt zu werden (…), wird mit Freiheitsstrafe bis zu drei Jahren oder mit Geldstrafe bestraft.

§ 173 Beischlaf zwischen Verwandten
(1) Wer mit einem leiblichen Abkömmling den Beischlaf vollzieht, wird mit Freiheitsstrafe bis zu drei Jahren oder mit Geldstrafe bestraft.
(2) Wer mit einem leiblichen Verwandten aufsteigender Linie den Beischlaf vollzieht, wird mit Freiheitsstrafe bis zu zwei Jahren oder mit Geldstrafe bestraft; (…).

§§

---

[*]   § 78 Abs. 2 gilt auch für früher begangene Taten, wenn die Verfolgung beim Inkrafttreten dieses Gesetzes noch nicht verjährt ist.

§ 174 Sexueller Mißbrauch von Schutzbefohlenen[*]

(1) Wer sexuelle Handlungen

1. an einer Person unter sechzehn Jahren, die ihm zur Erziehung, zur Ausbildung oder zur Betreuung in der Lebensführung anvertraut ist,

2. an einer Person unter achtzehn Jahren, die ihm zur Erziehung, zur Ausbildung oder zur Betreuung in der Lebensführung anvertraut oder im Rahmen eines Dienst- oder Arbeitsverhältnisses untergeordnet ist, unter Mißbrauch einer mit dem Erziehungs-, Ausbildungs-, Betreuungs-, Dienst oder Arbeitsverhältnis verbundenen Abhängigkeit oder

3. an seinem noch nicht achtzehn Jahre alten leiblichen oder angenommenen Kind vornimmt oder an sich von dem Schutzbefohlenen vornehmen läßt, wird mit Freiheitsstrafe bis zu fünf Jahren oder mit Geldstrafe bestraft.

(2) Wer unter den Voraussetzungen des Absatzes 1 Nr. 1 bis 3

1. sexuelle Handlungen vor dem Schutzbefohlenen vornimmt oder

2. den Schutzbefohlenen dazu bestimmt, daß er sexuelle Handlungen vor ihm vornimmt, um sich oder den Schutzbefohlenen hierdurch sexuell zu erregen, wird mit Freiheitsstrafe bis zu drei Jahren oder mit Geldstrafe bestraft. (...)

(4) In den Fällen des Absatzes 1 Nr. 1 oder des Absatzes 2 in Verbindung mit Absatz 1 Nr. 1 kann das Gericht von einer Bestrafung nach dieser Vorschrift absehen, wenn bei Berücksichtigung des Verhaltens des Schutzbefohlenen das Unrecht der Tat gering ist.

§ 174 a Sexueller Mißbrauch von Gefangenen, behördlich Verwandten oder Kranken und Hilfsbedürftigen in Einrichtungen

(...)

(2) Ebenso[†] wird bestraft wer eine Person die in einer Einrichtung für kranke oder hilfsbedürftige Menschen stationär aufgenommen und ihm zur Beaufsichtigung oder Betreuung anvertraut ist, dadurch mißbraucht, daß er unter Ausnutzung der Krankheit oder Hilfsbedürftigkeit dieser Person sexuelle Handlungen an ihr vornimmt oder an sich von ihr vornehmen läßt. (...)

§ 174 c Sexueller Mißbrauch unter Ausnutzung eines Beratungs-, Behandlungs- oder Betreuungsverhältnisses

(1) Wer sexuelle Handlungen an einer Person, die ihm wegen einer geistigen oder seelischen Krankheit oder Behinderung einschließlich einer Suchtkrankheit zur Beratung, Behandlung oder Betreuung anvertraut ist, unter Mißbrauch des Beratungs-, Behandlungs- oder Betreuungsverhältnisses vornimmt oder an sich von ihr vornehmen läßt, wird mit Freiheitsstrafe bis zu fünf Jahren oder mit Geldstrafe bestraft.

(2) Ebenso wird bestraft, wer sexuelle Handlungen an einer Person, die ihm zur psychotherapeutischen Behandlung anvertraut ist, unter Mißbrauch des Behandlungsverhältnisses vornimmt oder an sich von ihr vornehmen läßt.

§ 176 Sexueller Mißbrauch von Kindern

(1) Wer sexuelle Handlungen an einer Person unter vierzehn Jahren (Kind) vornimmt oder an sich von dem Kind vornehmen läßt, wird mit Freiheitsstrafe von sechs Monaten bis zu zehn Jahren, in minder schweren Fällen mit Freiheitsstrafe bis zu fünf Jahren oder mit Geldstrafe bestraft.

(2) Ebenso wird bestraft, wer ein Kind dazu bestimmt, daß es sexuelle Handlungen an einem Dritten vornimmt oder von einem Dritten an sich vornehmen läßt.

---

[*] Bei den Sexual- und Körperverletzungsdelikten ist i.d.R. der bloße Versuch der genannten Handlungen bereits strafbar; eine Ausnahme bildet der sexuelle Missbrauch von Jugendlichen (§ 182)

[†] Freiheitsstrafe bis zu fünf Jahren oder Geldstrafe (Abs. 1)

(3) Mit Freiheitsstrafe bis zu fünf Jahren oder mit Geldstrafe wird bestraft, wer
1. sexuelle Handlungen vor einem Kind vornimmt,
2. ein Kind dazu bestimmt, daß es sexuelle Handlungen an sich vornimmt, oder
3. auf ein Kind durch Vorzeigen pornographischer Abbildungen oder Darstellungen, durch Abspielen von Tonträgern pornographischen Inhalts oder durch entsprechende Reden einwirkt.

§ 176 a Schwerer sexueller Mißbrauch von Kindern

(1) Der sexuelle Mißbrauch von Kindern wird in den Fällen des § 176 Abs. 1 und 2 mit Freiheitsstrafe nicht unter einem Jahr bestraft, wenn
1. eine Person über achtzehn Jahren mit dem Kind den Beischlaf vollzieht oder ähnliche sexuelle Handlungen an ihm vornimmt oder an sich von ihm vornehmen läßt, die mit einem Eindringen in den Körper verbunden sind,
2. die Tat von mehreren gemeinschaftlich begangen wird,
3. der Täter das Kind durch die Tat in die Gefahr einer schweren Gesundheitsschädigung oder einer erheblichen Schädigung der körperlichen oder seelischen Entwicklung bringt oder
4. der Täter innerhalb der letzten fünf Jahre wegen einer solchen Straftat rechtskräftig verurteilt worden ist.
(2) Mit Freiheitsstrafe nicht unter zwei Jahren wird bestraft, wer in den Fällen des § 176 Abs. 1 bis 4 als Täter oder anderer Beteiligter in der Absicht handelt, die Tat zum Gegenstand einer pornographischen Schrift (§ 11 Abs. 3) zu machen, die nach § 184 Abs. 3 oder 4 verbreitet werden soll.
(3) In minder schweren Fällen des Absatzes 1 ist auf Freiheitsstrafe von drei Monaten bis zu fünf Jahren, in minder schweren Fällen des Absatzes 2 auf Freiheitsstrafe von einem Jahr bis zu zehn Jahren zu erkennen.
(4) Mit Freiheitsstrafe nicht unter fünf Jahren wird bestraft, wer das Kind in den Fällen des § 176 Abs. 1 und 2
1. bei der Tat körperlich schwer mißhandelt oder
2. durch die Tat in die Gefahr des Todes bringt. (…)

§ 176 b Sexueller Mißbrauch von Kindern mit Todesfolge

Verursacht der Täter durch den sexuellen Mißbrauch (§§ 176 und 176 a) wenigstens leichtfertig den Tod des Kindes, so ist die Strafe lebenslange Freiheitsstrafe oder Freiheitsstrafe nicht unter zehn Jahren.

§ 177 Sexuelle Nötigung; Vergewaltigung

(1) Wer eine andere Person
1. mit Gewalt,
2. durch Drohung mit gegenwärtiger Gefahr für Leib oder Leben oder
3. unter Ausnutzung einer Lage, in der das Opfer der Einwirkung des Täters
schutzlos ausgeliefert ist, nötigt, sexuelle Handlungen des Täters oder eines Dritten an sich zu dulden oder an dem Täter oder einem Dritten vorzunehmen, wird mit Freiheitsstrafe nicht unter einem Jahr bestraft.
(2) In besonders schweren Fällen ist die Strafe Freiheitsstrafe nicht unter zwei Jahren. Ein besonders schwerer Fall liegt in der Regel vor, wenn
1. der Täter mit dem Opfer den Beischlaf vollzieht oder ähnliche sexuelle Handlungen an dem Opfer vornimmt oder an sich von ihm vornehmen läßt, die dieses besonders erniedrigen, insbesondere, wenn sie mit einem Eindringen in den Körper verbunden sind (Vergewaltigung), oder
2. die Tat von mehreren gemeinschaftlich begangen wird.
(3) Auf Freiheitsstrafe nicht unter drei Jahren ist zu erkennen, wenn der Täter
1. eine Waffe oder ein anderes gefährliches Werkzeug bei sich führt,

§§

2. sonst ein Werkzeug oder Mittel bei sich führt, um den Widerstand einer anderen Person durch Gewalt oder Drohung mit Gewalt zu verhindern oder zu überwinden, oder
3. das Opfer durch die Tat in die Gefahr einer schweren Gesundheitsschädigung bringt.
(4) Auf Freiheitsstrafe nicht unter fünf Jahren ist zu erkennen, wenn der Täter
1. bei der Tat eine Waffe oder ein anderes gefährliches Werkzeug verwendet oder
2. das Opfer
   a) bei der Tat körperlich schwer mißhandelt oder
   b) durch die Tat in die Gefahr des Todes bringt.
(5) In minder schweren Fällen des Absatzes 1 ist auf Freiheitsstrafe von sechs Monaten bis zu fünf Jahren, in minder schweren Fällen der Absätze 3 und 4 auf Freiheitsstrafe von einem Jahr bis zu zehn Jahren zu erkennen.

§ 178 Sexuelle Nötigung und Vergewaltigung mit Todesfolge

Verursacht der Täter durch die sexuelle Nötigung oder Vergewaltigung (§ 177) wenigstens leichtfertig den Tod des Opfers, so ist die Strafe lebenslange Freiheitsstrafe oder Freiheitsstrafe nicht unter zehn Jahren.

§ 179 Sexueller Mißbrauch widerstandsunfähiger Personen

(1) Wer eine andere Person, die
1. wegen einer geistigen oder seelischen Krankheit oder Behinderung einschließlich einer Suchtkrankheit oder wegen einer tiefgreifenden Bewußtseinsstörung oder
2. körperlich zum Widerstand unfähig ist, dadurch mißbraucht, daß er unter Ausnutzung der Widerstandsunfähigkeit sexuelle Handlungen an ihr vornimmt oder an sich von ihr vornehmen läßt, wird mit Freiheitsstrafe von sechs Monaten bis zu zehn Jahren bestraft.
(2) Ebenso wird bestraft, wer eine widerstandsunfähige Person (Absatz 1) dadurch mißbraucht, daß er sie unter Ausnutzung der Widerstandsunfähigkeit dazu bestimmt, sexuelle Handlungen an einem Dritten vorzunehmen oder von einem Dritten an sich vornehmen zu lassen. (…)
(4) Auf Freiheitsstrafe nicht unter einem Jahr ist zu erkennen, wenn
1. der Täter mit dem Opfer den Beischlaf vollzieht oder ähnliche sexuelle Handlungen an ihm vornimmt oder an sich von ihm vornehmen läßt, die mit einem Eindringen in den Körper verbunden sind,
2. die Tat von mehreren gemeinschaftlich begangen wird oder
3. der Täter das Opfer durch die Tat in die Gefahr einer schweren Gesundheitsschädigung oder einer erheblichen Schädigung der körperlichen oder seelischen Entwicklung bringt.
(5) In minder schweren Fällen der Absätze 1, 2 und 4 ist auf Freiheitsstrafe von drei Monaten bis zu fünf Jahren zu erkennen. (…)

§ 180 Förderung sexueller Handlungen Minderjähriger (…)

§ 180 a Ausbeutung von Prostituierten

(1) Wer gewerbsmäßig einen Betrieb unterhält oder leitet, in dem Personen der Prostitution nachgehen und in dem diese in persönlicher oder wirtschaftlicher Abhängigkeit gehalten werden, wird mit Freiheitsstrafe bis zu drei Jahren oder mit Geldstrafe bestraft.
(2) Ebenso wird bestraft, wer
1. einer Person unter achtzehn Jahren zur Ausübung der Prostitution Wohnung, gewerbsmäßig Unterkunft oder gewerbsmäßig Aufenthalt gewährt oder
2. eine andere Person, der er zur Ausübung der Prostitution Wohnung gewährt, zur Prostitution anhält oder im Hinblick auf sie ausbeutet.

§ 180 b Menschenhandel

(...)

(2) Mit Freiheitsstrafe von sechs Monaten bis zu zehn Jahren wird bestraft, wer
1. auf eine andere Person in Kenntnis der Hilflosigkeit, die mit ihrem Aufenthalt in einem fremden Land verbunden ist, oder
2. auf eine Person unter einundzwanzig Jahren einwirkt, um sie zur Aufnahme oder Fortsetzung der Prostitution zu bestimmen, oder sie dazu bringt, diese aufzunehmen oder fortzusetzen. (...)

§ 181 Schwerer Menschenhandel

(1) Wer eine andere Person
1. mit Gewalt, durch Drohung mit einem empfindlichen Übel oder durch List zur Aufnahme oder Fortsetzung der Prostitution bestimmt,
2. durch List anwirbt oder gegen ihren Willen mit Gewalt, durch Drohung mit einem empfindlichen Übel oder durch List entführt, um sie in Kenntnis der Hilflosigkeit, die mit ihrem Aufenthalt in einem fremden Land verbunden ist, zu sexuellen Handlungen zu bringen, die sie an oder vor einer dritten Person vornehmen oder von einer dritten Person an sich vornehmen lassen soll, oder
3. gewerbsmäßig anwirbt, um sie in Kenntnis der Hilflosigkeit, die mit ihrem Aufenthalt in einem fremden Land verbunden ist, zur Aufnahme oder Fortsetzung der Prostitution zu bestimmen, wird mit Freiheitsstrafe von einem Jahr bis zu zehn Jahren bestraft.
(2) In minder schweren Fällen ist die Strafe Freiheitsstrafe von sechs Monaten bis zu fünf Jahren.

§ 181 a Zuhälterei (...)

§ 181 b Führungsaufsicht

In den Fällen der §§ 174 bis 174 c, 175 bis 180, 180 b bis 181 a und 182 kann das Gericht Führungsaufsicht anordnen (§ 68 Abs. 1).

§ 182 Sexueller Mißbrauch von Jugendlichen

(1) Eine Person über achtzehn Jahre, die eine Person unter sechzehn Jahren dadurch mißbraucht, daß sie
1. unter Ausnutzung einer Zwangslage oder gegen Entgelt sexuelle Handlungen an ihr vornimmt oder an sich von ihr vornehmen läßt oder
2. diese unter Ausnutzung eine Zwangslage dazu bestimmt, sexuelle Handlungen an einem Dritten vorzunehmen oder von einem Dritten an sich vor nehmen zu lassen, wird mit Freiheitsstrafe bis zu fünf Jahren oder mit Geldstrafe bestraft. ,
(2) Eine Person über einundzwanzig Jahre, die eine Person unter sechzehn Jahren dadurch mißbraucht, daß sie
1. sexuelle Handlungen an ihr vornimmt oder an sich von ihr vornehmen läßt oder
2. diese dazu bestimmt, sexuelle Handlungen an einem Dritten vorzunehmen oder von einem Dritten an sich vornehmen zu lassen, und dabei die fehlende Fähigkeit des Opfers zur sexuellen Selbstbestimmung ausnutzt, wird mit Freiheitsstrafe bis zu drei Jahren oder mit Geldstrafe bestraft.
(3) In den Fällen des Absatzes 2 wird die Tat nur auf Antrag verfolgt, es sei denn, daß die Strafverfolgungsbehörde wegen des besonderen öffentlichen Interesses an der Strafverfolgung ein Einschreiten von Amts wegen für geboten hält.
(4) In den Fällen der Absätze 1 und 2 kann das Gericht von Strafe nach diesen Vorschriften absehen, wenn bei Berücksichtigung des Verhaltens der Person, gegen die sich die Tat richtet, das Unrecht der Tat gering ist.

§§

§ 183 Exhibitionistische Handlungen (…)

§ 183 a Erregung öffentlichen Ärgernisses (…)

§ 184 Verbreitung pornographischer Schriften
(…)
(3) Wer pornographische Schriften (§ 11 Abs. 3), die Gewalttätigkeiten, den sexuellen Mißbrauch von Kindern oder sexuelle Handlungen von Menschen mit Tieren zum Gegenstand haben,
   1. verbreitet,
   2. öffentlich ausstellt, anschlägt, vorfuhrt oder sonst zugänglich macht oder
   3. herstellt, bezieht, liefert, vorrätig hält, anbietet, ankündigt, anpreist, einzuführen oder auszuführenden unternimmt, um sie oder aus ihnen gewonnene Stücke im Sinne der Nummern 1 oder 2 zu verwenden oder einem anderen eine solche Verwendung zu ermöglichen,
   wird, wenn die pornographischen Schriften den sexuellen Mißbrauch von Kindern zum Gegenstand haben, mit Freiheitsstrafe von drei Monaten bis zu fünf Jahren, sonst mit Freiheitsstrafe bis zu drei Jahren oder mit Geldstrafe bestraft.
(4) Haben die pornographischen Schriften (§ 11 Abs. 3) in den Fällen des Absatzes 3 den sexuellen Mißbrauch von Kindern zum Gegenstand und geben sie ein tatsächliches oder wirklichkeitsnahes Geschehen wieder, so ist die Strafe Freiheitsstrafe von sechs Monaten bis zu zehn Jahren, wenn der Täter gewerbsmäßig oder als Mitglied einer Bande handelt, die sich zur fortgesetzten Begehung solcher Taten verbunden hat.
(5) Wer es unternimmt, sich oder einem Dritten den Besitz von pornographischen Schriften (§ 11 Abs. 3) zu verschaffen, die den sexuellen Mißbrauch von Kindern zum Gegenstand haben, wird, wenn die Schriften ein tatsächliches oder wirklichkeitsnahes Geschehen wiedergeben, mit Freiheitsstrafe bis zu einem Jahr oder mit Geldstrafe bestraft. Ebenso wird bestraft, wer die in Satz 1 bezeichneten Schriften besitzt. (…)

§ 184 a Ausübung der verbotenen Prostitution (…)

§ 184 b Jugendgefährdende Prostitution (…)

§ 184 c Begriffsbestimmungen
Im Sinne dieses Gesetzes sind
   1. sexuelle Handlungen nur solche, die im Hinblick auf das jeweils geschützte Rechtsgut von einiger Erheblichkeit sind,
   2. sexuelle Handlungen vor einem anderen nur solche, die vor einem anderen vorgenommen werden, der den Vorgang wahrnimmt.

§ 185 Beleidigung
Die Beleidigung wird mit Freiheitsstrafe bis zu einem Jahr oder mit Geldstrafe und, wenn die Beleidigung mittels einer Tätlichkeit begangen wird, mit Freiheitsstrafe bis zu zwei Jahren oder mit Geldstrafe bestraft.

§ 203 Verletzung von Privatgeheimnissen
(1) Wer unbefugt ein fremdes Geheimnis, namentlich ein zum persönlichen Lebensbereich gehörendes Geheimnis oder ein Betriebs- oder Geschäftsgeheimnis, offenbart, das ihm als
   1. Arzt, (…) oder Angehörigen eines anderen Heilberufs, der für die Berufsausübung oder die Führung der Berufsbezeichnung eine staatlich geregelte Ausbildung erfordert,
   2. Berufspsychologen mit staatlich anerkannter wissenschaftlicher Abschlußprüfung,
   3. Rechtsanwalt, (…)

4. Ehe-, Familien-, Erziehungs- oder Jugendberater sowie Berater für Suchtfragen in einer Beratungsstelle die von einer Behörde oder Körperschaft Anstalt oder Stiftung des öffentlichen Rechts anerkannt ist,

4a. Mitglied oder Beauftragten einer anerkannten Beratungsstelle nach §§ 3 und 8 des Schwangerschaftskonfliktgesetzes,

5. staatlich anerkanntem Sozialarbeiter oder staatlich anerkanntem Sozialpädagogen oder (…)

anvertraut worden oder sonst bekanntgeworden ist, wird mit Freiheitsstrafe bis zu einem Jahr oder mit Geldstrafe bestraft. (…)

(3) Den in Absatz 1 Genannten stehen ihre berufsmäßig tätigen Gehilfen und die Personen gleich, die bei ihnen zur Vorbereitung auf den Beruf tätig sind. (…)

§ 211 Mord

(1) Der Mörder wird mit lebenslanger Freiheitsstrafe bestraft.

(2) Mörder ist, wer aus Mordlust, zur Befriedigung des Geschlechtstriebs, aus Habgier oder sonst aus niedrigen Beweggründen, heimtückisch oder grausam oder mit gemeingefährlichen Mitteln oder um eine andere Straftat zu ermöglichen oder zu verdecken, einen Menschen tötet.

§ 212 Totschlag

(1) Wer einen Menschen tötet, ohne Mörder zu sein, wird als Totschläger mit Freiheitsstrafe nicht unter fünf Jahren bestraft.

(2) In besonders schweren Fällen ist auf lebenslange Freiheitsstrafe zu erkennen.

§ 213 Minder schwerer Fall des Totschlags

War der Totschläger ohne eigene Schuld durch eine ihm oder einem Angehörigen zugefügte Mißhandlung oder schwere Beleidigung von dem getöteten Menschen zum Zorn gereizt und hierdurch auf der Stelle zur Tat hingerissen worden oder liegt sonst ein minder schwerer Fall vor, so ist die Strafe Freiheitsstrafe von einem Jahr bis zu zehn Jahren.

§§ 218 ff. (☞ Schwangerschaftsabbruch, S. 266)

§ 223 Körperverletzung

(1) Wer eine andere Person körperlich mißhandelt oder an der Gesundheit schädigt, wird mit Freiheitsstrafe bis zu fünf Jahren oder mit Geldstrafe bestraft. (…)

§ 224 Gefährliche Körperverletzung

(1) Wer die Körperverletzung (…)

   2. mittels einer Waffe oder eines anderen gefährlichen Werkzeugs, (…)

begeht, wird mit Freiheitsstrafe von sechs Monaten bis zu zehn Jahren, in minder schweren Fällen mit Freiheitsstrafe von drei Monaten bis zu fünf Jahren bestraft.

§ 225 Mißhandlung von Schutzbefohlenen

(1) Wer eine Person unter achtzehn Jahren oder eine wegen Gebrechlichkeit oder Krankheit wehrlose Person, die

   1. seiner Fürsorge oder Obhut untersteht,

   2. seinem Hausstand angehört,

   3. von dem Fürsorgepflichtigen seiner Gewalt überlassen worden oder

   4. ihm im Rahmen eines Dienst- oder Arbeitsverhältnisses untergeordnet ist,

quält oder roh mißhandelt, oder wer durch böswillige Vernachlässigung seiner Pflicht, für sie zu sorgen, sie an der Gesundheit schädigt, wird mit Freiheitsstrafe von sechs Monaten bis zu zehn Jahren bestraft. (…)

§§

§ 226 Schwere Körperverletzung

(1) Hat die Körperverletzung zur Folge, daß die verletzte Person
  1. (...) die Fortpflanzungsfähigkeit verliert,
  2. ein wichtiges Glied des Körpers verliert oder dauernd nicht mehr gebrauchen kann oder
  3. in erheblicher Weise dauernd entstellt wird (...)
so ist die Strafe Freiheitsstrafe von einem Jahr bis zu zehn Jahren. (...)

§ 230 Strafantrag

(1) Die vorsätzliche Körperverletzung nach § 223 und die fahrlässige Körperverletzung nach § 229 werden nur auf Antrag verfolgt, es sei denn, daß die Strafverfolgungsbehörde wegen des besonderen öffentlichen Interesses an der Strafverfolgung ein Einschreiten von Amts wegen für geboten hält. (...)

§ 235 Entziehung Minderjähriger

(1) Mit Freiheitsstrafe bis zu fünf Jahren oder mit Geldstrafe wird bestraft, wer (...)
  2. ein Kind, ohne dessen Angehöriger zu sein, den Eltern, einem Elternteil, dem Vormund oder dem Pfleger entzieht oder vorenthält.
(2) Ebenso wird bestraft, wer ein Kind den Eltern, einem Elternteil, dem Vormund oder dem Pfleger
  1. entzieht, um es in das Ausland zu verbringen, oder
  2. im Ausland vorenthält, nachdem es dorthin verbracht worden ist oder es sich dorthin begeben hat. (...)
(7) Die Entziehung Minderjähriger wird in den Fällen der Absätze 1 bis 3 nur auf Antrag verfolgt, es sei denn, daß die Strafverfolgungsbehörde wegen des besonderen öffentlichen Interesses an der Strafverfolgung ein Einschreiten von Amts wegen für geboten hält.

§ 236 Kinderhandel (...)

§ 239 Freiheitsberaubung

(1) Wer einen Menschen einsperrt oder auf andere Weise der Freiheit beraubt, wird mit Freiheitsstrafe bis zu fünf Jahren oder mit Geldstrafe bestraft. (...)

§ 240 Nötigung

(1) Wer einen Menschen rechtswidrig mit Gewalt oder durch Drohung mit einem empfindlichen Übel zu einer Handlung, Duldung oder Unterlassung nötigt, wird mit Freiheitsstrafe bis zu drei Jahren oder mit Geldstrafe bestraft.
(2) Rechtswidrig ist die Tat, wenn die Anwendung der Gewalt oder die Androhung des Übels zu dem angestrebten Zweck als verwerflich anzusehen ist. (...)
(4) In besonders schweren Fällen ist die Strafe Freiheitsstrafe von sechs Monaten bis zu fünf Jahren. Ein besonders schwerer Fall liegt in der Regel vor, wenn der Täter
  1. eine andere Person zu einer sexuellen Handlung nötigt,
  2. eine Schwangere zum Schwangerschaftsabbruch nötigt (...)

§ 241 Bedrohung

(1) Wer einen Menschen mit der Begehung eines gegen ihn oder eine ihm nahestehende Person gerichteten Verbrechens bedroht, wird mit Freiheitsstrafe bis zu einem Jahr oder mit Geldstrafe bestraft.(...)

§ 303 Sachbeschädigung

(1) Wer rechtswidrig eine fremde Sache beschädigt oder zerstört, wird mit Freiheitsstrafe bis zu zwei Jahren oder mit Geldstrafe bestraft. (...)

Strafprozessordnung

§ 52 Zeugnisverweigerungsrecht aus persönlichen Gründen

(1) Zur Verweigerung des Zeugnisses sind berechtigt
1. der Verlobte des Beschuldigten;
2. der Ehegatte des Beschuldigten, auch wenn die Ehe nicht mehr besteht;
2a der Lebenspartner des Beschuldigten, auch wenn die Lebenspartnerschaft nicht mehr besteht;
3. wer mit dem Beschuldigten in gerader Linie verwandt oder verschwägert, in der Seitenlinie bis zum dritten Grad verwandt oder bis zum zweiten Grad verschwägert ist oder war.

(2) Haben Minderjährige wegen mangelnder Verstandesreife oder haben Minderjährige oder Betreute wegen einer psychischen Krankheit oder einer geistigen oder seelischen Behinderung von der Bedeutung des Zeugnisverweigerungsrechts keine genügende Vorstellung, so dürfen sie nur vernommen werden, wenn sie zur Aussage bereit sind und auch ihr gesetzlicher Vertreter der Vernehmung zustimmt. Ist der gesetzliche Vertreter selbst Beschuldigter, so kann er über die Ausübung des Zeugnisverweigerungsrechts nicht entscheiden; das gleiche gilt für den nicht beschuldigten Elternteil, wenn die gesetzliche Vertretung beiden Eltern zusteht.

(3) Die zur Verweigerung des Zeugnisses berechtigten Personen, in den Fällen des Absatzes 2 auch deren zur Entscheidung über die Ausübung des Zeugnisverweigerungsrechts befugte Vertreter, sind vor jeder Vernehmung über ihr Recht zu belehren. Sie können den Verzicht auf dieses Recht auch während der Vernehmung widerrufen.

§ 53 Zeugnisverweigerungsrecht aus beruflichen Gründen

(1) Zur Verweigerung des Zeugnisses sind ferner berechtigt
1. Geistliche über das, was ihnen in ihrer Eigenschaft als Seelsorger anvertraut worden oder bekannt geworden ist;
2. Verteidiger des Beschuldigten über das, was ihnen in dieser Eigenschaft anvertraut worden oder bekannt geworden ist;
3. Rechtsanwälte, Patentanwälte, Notare, Wirtschaftsprüfer, vereidigte Buchprüfer, Steuerberater und Steuerbevollmächtigte, Ärzte, Zahnärzte, Psychologische Psychotherapeuten, Kinder- und Jugendlichenpsychotherapeuten, Apotheker und Hebammen über das, was ihnen in dieser Eigenschaft anvertraut worden oder bekannt geworden ist, Rechtsanwälten stehen dabei sonstige Mitglieder einer Rechtsanwaltskammer gleich;
3a. Mitglieder oder Beauftragte einer anerkannten Beratungsstelle nach den §§ 3 und 8 des Schwangerschaftskonfliktgesetzes über das, was ihnen in dieser Eigenschaft anvertraut worden oder bekannt geworden ist;
3b. Berater für Fragen der Betäubungsmittelabhängigkeit in einer Beratungsstelle, die eine Behörde oder eine Körperschaft, Anstalt oder Stiftung des öffentlichen Rechts anerkannt oder bei sich eingerichtet hat, über das, was ihnen in dieser Eigenschaft anvertraut worden oder bekannt geworden ist; (...).

(2) Die in Absatz 1 Nr. 2 bis 3 b Genannten dürfen das Zeugnis nicht verweigern, wenn sie von der Verpflichtung zur Verschwiegenheit entbunden sind.

§ 53 a Zeugnisverweigerungsrecht der Berufshelfer

(1) Den in § 53 Abs. 1 Nr. 1 bis 4 Genannten stehen ihre Gehilfen und die Personen gleich, die zur Vorbereitung auf den Beruf an der berufsmäßigen Tätigkeit teilnehmen. (...)

§ 55 Auskunftsverweigerungsrecht

(1) Jeder Zeuge kann die Auskunft auf solche Fragen verweigern, deren Beantwortung ihm selbst oder einem der in § 52 Abs. 1 bezeichneten Angehörigen die Gefahr zuziehen würde, wegen einer Straftat oder einer Ordnungswidrigkeit verfolgt zu werden.

(2) Der Zeuge ist über sein Recht zur Verweigerung der Auskunft zu belehren.

§§

§ 58 a Aufzeichnung einer Zeugenvernehmung

(1) Die Vernehmung eines Zeugen kann auf Bild-Ton-Träger aufgezeichnet werden. Sie soll aufgezeichnet werden
   1. bei Personen unter sechzehn Jahren, die durch die Straftat verletzt worden sind, oder
   2. wenn zu besorgen ist, daß der Zeuge in der Hauptverhandlung nicht vernommen werden kann und die Aufzeichnung zur Erforschung der Wahrheit erforderlich ist.
(2) Die Verwendung der Bild-Ton-Aufzeichnung ist nur für Zwecke der Strafverfolgung und nur insoweit zulässig, als dies zur Erforschung der Wahrheit erforderlich ist. (…)

§ 68 Vernehmung zur Person

(1) Die Vernehmung beginnt damit, daß der Zeuge über Vornamen und Zunamen, Alter, Stand oder Gewerbe und Wohnort befragt wird. (…)
(2) Besteht Anlaß zu der Besorgnis, daß durch die Angabe des Wohnortes der Zeuge oder eine andere Person gefährdet wird, so kann dem Zeugen gestattet werden, statt des Wohnortes seinen Geschäfts- oder Dienstort oder eine andere ladungsfähige Anschrift anzugeben. Unter der in Satz 1 genannten Voraussetzung kann der Vorsitzende in der Hauptverhandlung dem Zeugen gestatten, seinen Wohnort nicht anzugeben.
(3) Besteht Anlaß zu der Besorgnis, daß durch die Offenbarung der Identität oder des Wohn- oder Aufenthaltsortes des Zeugen Leben, Leib oder Freiheit des Zeugen oder einer anderen Person gefährdet wird, so kann ihm gestattet werden, Angaben zur Person nicht oder nur über eine frühere Identität zu machen. (…) Die Unterlagen, die die Feststellung der Identität des Zeugen gewährleisten, werden bei der Staatsanwaltschaft verwahrt. (…)

§ 68 a Fragen nach entehrenden Tatsachen und Vorstrafen

(1) Fragen nach Tatsachen, die dem Zeugen oder einer Person, die im Sinne des § 52 Abs. 1 sein Angehöriger ist, zur Unehre gereichen können oder deren persönlichen Lebensbereich betreffen, sollen nur gestellt werden, wenn es unerläßlich ist. (…)

§ 68 b Beiordnung eines Rechtsanwalts

Zeugen, die noch keinen anwaltlichen Beistand haben, kann für die Dauer der Vernehmung mit Zustimmung der Staatsanwaltschaft ein Rechtsanwalt beigeordnet werden, wenn ersichtlich ist, daß sie ihre Befugnisse bei der Vernehmung nicht selbst wahrnehmen können und ihren schutzwürdigen Interessen auf andere Weise nicht Rechnung getragen werden kann. Hat die Vernehmung
   1. ein Verbrechen,
   2. ein Vergehen nach §§ 174 bis 174 c, 176, 179 Abs. 1 bis 3, §§ 180, 180 b, 182, 225 Abs. 1 oder 2 des Strafgesetzbuches oder (…)
zum Gegenstand, so ist die Beiordnung auf Antrag des Zeugen oder Staatsanwaltschaft anzuordnen, soweit die Voraussetzungen des Satzes 1 vorliegen. Für die Beiordnung gelten § 141 Abs. 4 und § 142 Abs. 1 entsprechend. Die Entscheidung ist unanfechtbar.

§ 81 c Untersuchung anderer Personen

(1) Andere Personen als Beschuldigte dürfen, wenn sie als Zeugen in Betracht kommen, ohne ihre Einwilligung nur untersucht werden, soweit zur Erforschung der Wahrheit festgestellt werden muß, ob sich an ihrem Körper eine bestimmte Spur oder Folge einer Straftat befindet. (…)
(2) Bei anderen Personen als Beschuldigten sind Untersuchungen zur Feststellung der Abstammung und die Entnahme von Blutproben ohne Einwilligung des zu Untersuchenden zulässig, wenn kein Nachteil für seine Gesundheit zu befürchten und die Maßnahme zur Erforschung der Wahrheit unerläßlich ist. (…)
(3) Untersuchungen oder Entnahmen von Blutproben können aus den gleichen Gründen wie das Zeugnis verweigert werden. (…)

(4) Maßnahmen nach den Absätzen 1 und 2 sind unzulässig, wenn sie dem Betroffenen bei Würdigung aller Umstände nicht zugemutet werden können. (…)

§ 81 d Untersuchung einer Frau
(1) Kann die körperliche Untersuchung einer Frau das Schamgefühl verletzen, so wird sie einer Frau oder einem Arzt übertragen. Auf Verlangen der zu untersuchenden Frau soll eine andere Frau oder ein Angehöriger zugelassen werden.
(2) Diese Vorschrift gilt auch dann, wenn die zu untersuchende Frau in die Untersuchung einwilligt.

§ 81 e Molekulargenetische Untersuchungen
(1) An dem durch Maßnahmen nach § 81 a Abs. 1 erlangten Material dürfen auch molekulargenetische Untersuchungen durchgeführt werden. (…)

§ 112 Voraussetzungen der Untersuchungshaft; Haftgründe
(1) Die Untersuchungshaft darf gegen den Beschuldigten angeordnet werden, wenn er der Tat dringend verdächtig ist und ein Haftgrund besteht. (…)
(2) Ein Haftgrund besteht, wenn auf Grund bestimmter Tatsachen
  1. festgestellt wird, daß der Beschuldigte flüchtig ist oder sich verborgen halt,
  2. bei Würdigung der Umstände des Einzelfalles die Gefahr besteht, daß der Beschuldigte sich dem Strafverfahren entziehen werde (Fluchtgefahr), oder
  3. das Verhalten des Beschuldigten den dringenden Verdacht begründet, er werde
    a) Beweismittel vernichten, (…) (Verdunkelungsgefahr). (…)

§ 112 a Weiterer Haftgrund
(1) Ein Haftgrund besteht auch, wenn der Beschuldigte dringend verdächtig ist,
  1. eine Straftat nach den §§ 174, 174 a, 176, 177 oder § 179 des Strafgesetzbuches (…) begangen zu haben
und bestimmte Tatsachen die Gefahr begründen, daß er vor rechtskräftiger Aburteilung weitere erhebliche Straftaten gleicher Art begehen oder die Straftat fortsetzen werde, die Haft zur Abwendung der drohenden Gefahr erforderlich und in den Fällen der Nummer 2 eine Freiheitsstrafe von mehr als einem Jahr zu erwarten ist. (…)

§ 153 Nichtverfolgung von Bagatellsachen
(1) Hat das Verfahren ein Vergehen zum Gegenstand so kann die Staatsanwaltschaft mit Zustimmung des für die Eröffnung des Hauptverfahrens zuständigen Gerichts von der Verfolgung absehen, wenn die Schuld des Täters als gering anzusehen wäre und kein öffentliches Interesse an der Verfolgung besteht. Der Zustimmung des Gerichts bedarf es nicht bei einem Vergehen, das nicht mit einer im Mindestmaß erhöhten Strafe bedroht ist und bei dem die durch die Tat verursachten Folgen gering sind. (…)

§ 153 a Vorläufiges Absehen von Klage; vorläufige Einstellung
(1) Mit Zustimmung des für die Eröffnung des Hauptverfahrens zuständigen Gerichts und des Beschuldigten kann die Staatsanwaltschaft bei einem Vergehen vorläufig von der Erhebung der öffentlichen Klage absehen und zugleich dem Beschuldigten Auflagen und Weisungen erteilen, wenn diese geeignet sind, das öffentliche Interesse an der Strafverfolgung zu beseitigen, und die Schwere der Schuld nicht entgegensteht. Als Auflagen oder Weisungen kommen insbesondere in Betracht,
  1. zur Wiedergutmachung des durch die Tat verursachten Schadens eine bestimmte Leistung zu erbringen,
  2. einen Geldbetrag zugunsten einer gemeinnützigen Einrichtung oder der Staatskasse zu zahlen,
  3. sonst gemeinnützige Leistungen zu erbringen,
  4. Unterhaltspflichten in einer bestimmten Höhe nachzukommen,

§§

5. sich ernsthaft bemühen, einen Ausgleich mit dem Verletzten zu erreichen (Täter-Opfer-Ausgleich) und dabei seine Tat ganz oder zum überwiegenden Teil wieder gut zu machen oder deren Wiedergutmachung zu erstreben, oder

6. an einem Aufbauseminar nach § 2 b Abs. 2 Satz 2 oder § 4 Abs. 8 Satz 4 des Straßenverkehrsgesetzes teilzunehmen.

Zur Erfüllung der Auflagen und Weisungen setzt die Staatsanwaltschaft dem Beschuldigten eine Frist, die in den Fällen des Satzes 2 Nr. 1 bis 3, 5 und 6 höchstens sechs Monate, in den Fällen des Satzes 2 Nr. 4 höchstens ein Jahr beträgt. Die Staatsanwaltschaft kann Auflagen und Weisungen nachträglich aufheben und die Frist einmal für die Dauer von drei Monaten verlängern; mit Zustimmung des Beschuldigten kann sie auch Auflagen und Weisungen nachträglich auferlegen und ändern. Erfüllt der Beschuldigte die Auflagen und Weisungen, so kann die Tat nicht mehr als Vergehen verfolgt werden. (...)

§ 153 b Absehen von Klage; Einstellung

(1) Liegen die Voraussetzungen vor, unter denen das Gericht von Strafe absehen könnte,[*] so kann die Staatsanwaltschaft mit Zustimmung des Gerichts das für die Hauptverhandlung zuständig wäre, von der Erhebung der öffentlichen Klage absehen. (...)

§ 155 a Täter-Opfer-Ausgleich

Die Staatsanwaltschaft und das Gericht sollen in jedem Stadium des Verfahrens die Möglichkeit prüfen, einen Ausgleich zwischen Beschuldigtem und Verletztem zu erreichen. In geeigneten Fällen sollen sie darauf hinwirken. Gegen des ausdrücklichen Willen des Verletzten darf die Eignung nicht angenommen werden.

§ 155 b Durchführung

(1) Die Staatsanwaltschaft und das Gericht können zum Zweck des Täter-Opfer-Ausgleichs oder der Schadenswiedergutmachung einer von ihnen mit der Durchführung beauftragten Stelle von Amts wegen oder auf deren Antrag die hierfür erforderlichen personenbezogenen Informationen übermitteln. (...)

§ 158 Strafanzeigen; Strafanträge

(1) Die Anzeige einer Straftat und der Strafantrag können bei der Staatsanwaltschaft, den Behörden und Beamten des Polizeidienstes und den Amtsgerichten mündlich oder schriftlich angebracht werden. Die mündliche Anzeige ist zu beurkunden.

(2) Bei Straftaten, deren Verfolgung nur auf Antrag eintritt, muß der Antrag bei einem Gericht oder der Staatsanwaltschaft schriftlich oder zu Protokoll, bei einer anderen Behörde schriftlich angebracht werden.

§ 160 Ermittlungsverfahren

(1) Sobald die Staatsanwaltschaft durch eine Anzeige oder auf anderem Wege von dem Verdacht einer Straftat Kenntnis erhält, hat sie zu ihrer Entschließung darüber, ob die öffentliche Klage zu erheben ist, den Sachverhalt zu erforschen.

(2) Die Staatsanwaltschaft hat nicht nur die zur Belastung, sondern auch die zur Entlastung dienenden Umstände zu ermitteln (...).

§ 161 a Zeugen und Sachverständige vor der Staatsanwaltschaft

(1) Zeugen und Sachverständige sind verpflichtet, auf Ladung vor der Staatsanwaltschaft zu erscheinen und zur Sache auszusagen oder ihr Gutachten zu erstatten. (...)

§ 163 Aufgaben der Polizei

(1) Die Behörden und Beamten des Polizeidienstes haben Straftaten zu erforschen und alle

---

[*] z.B. bei einem Täter-Opfer-Ausgleichsversuch nach § 46 a StGB

keinen Aufschub gestattenden Anordnungen zu treffen, um die Verdunkelung der Sache zu verhüten. Zu diesem Zweck sind sie befugt, alle Behörden um Auskunft zu ersuchen, bei Gefahr im Verzug auch, die Auskunft zu verlangen, sowie Ermittlungen jeder Art vorzunehmen, soweit nicht andere gesetzliche Vorschriften ihre Befugnisse besonders regeln.

(2) Die Behörden und Beamten des Polizeidienstes übersenden ihre Verhandlungen ohne Verzug der Staatsanwaltschaft. (...)

§ 168 c Anwesenheit bei richterlicher Vernehmung

(2) Bei der richterlichen Vernehmung eines Zeugen oder Sachverständigen ist der Staatsanwaltschaft, dem Beschuldigten und dem Verteidiger die Anwesenheit gestattet.

(3) Der Richter kann einen Beschuldigten von der Anwesenheit bei der Verhandlung ausschließen, wenn dessen Anwesenheit den Untersuchungszweck gefährden würde. Dies gilt namentlich dann wenn zu befürchten ist, daß ein Zeuge in Gegenwart des Beschuldigten nicht die Wahrheit sagen werde. (...)

(5) Von den Terminen sind die zur Anwesenheit Berechtigten vorher zu benachrichtigen. Die Benachrichtigung unterbleibt, wenn sie den Untersuchungserfolg gefährden würde. (...)

§ 168 e Getrennte Zeugenvernehmung

Besteht die dringende Gefahr eines schwerwiegenden Nachteils für das Wohl des Zeugen, wenn er in Gegenwart der Anwesenheitsberechtigten vernommen wird, und kann sie nicht in anderer Weise abgewendet werden, so soll der Richter die Vernehmung von den Anwesenheitsberechtigten getrennt durchführen. Die Vernehmung wird diesen zeitgleich in Bild und Ton übertragen. Die Mitwirkungsbefugnisse der Anwesenheitsberechtigten bleiben im übrigen unberührt. §§ 58 a und 241 a finden entsprechende Anwendung. Die Entscheidung nach Satz 1 ist unanfechtbar.

§ 171 Bescheidung des Antragstellers

Gibt die Staatsanwaltschaft einem Antrag auf Erhebung der öffentlichen Klage keine Folge oder verfügt sie nach dem Abschluß der Ermittlungen die Einstellung des Verfahrens, so hat sie den Antragsteller unter Angabe der Gründe zu bescheiden. In dem Bescheid ist der Antragsteller, der zugleich der Verletzte ist, über die Möglichkeit der Anfechtung und die dafür vorgesehene Frist (§ 172 Abs. 1) zu belehren.

§ 172 Klageerzwingungsverfahren

(1) Ist der Antragsteller zugleich der Verletzte, so steht ihm gegen den Bescheid nach § 171 binnen zwei Wochen nach der Bekanntmachung die Beschwerde an den vorgesetzten Beamten der Staatsanwaltschaft zu. (...)

(2) Gegen den ablehnenden Bescheid des vorgesetzten Beamten der Staatsanwaltschaft kann der Antragsteller binnen einem Monat nach der Bekanntmachung gerichtliche Entscheidung beantragen. Hierüber und über die dafür vorgesehene Form ist er zu belehren; die Frist läuft nicht, wenn die Belehrung unterblieben ist. Der Antrag ist nicht zulässig, wenn das Verfahren ausschließlich eine Straftat zum Gegenstand hat, die vom Verletzten im Wege der Privatklage verfolgt werden kann, oder wenn die Staatsanwaltschaft nach § 153 Abs. 1, § 153 a Abs. 1 Satz 1, 7 oder § 153 b Abs. 1 von der Verfolgung der Tat abgesehen hat (...).

(3) Der Antrag auf gerichtliche Entscheidung muß die Tatsachen welche die Erhebung der öffentlichen Klage begründen sollen, und die Beweismittel angeben. Er muß von einem Rechtsanwalt unterzeichnet sein; für die Prozeßkostenhilfe gelten dieselben Vorschriften wie in bürgerlichen Rechtsstreitigkeiten. Der Antrag ist bei dem für die Entscheidung zuständigen Gericht einzureichen.

(4) Zur Entscheidung über den Antrag ist das Oberlandesgericht zuständig. (...)

§§

§ 247 Entfernung des Angeklagten

Das Gericht kann anordnen, daß sich der Angeklagte während einer Vernehmung aus dem Sitzungszimmer entfernt, wenn zu befürchten ist, ein Mitangeklagter oder ein Zeuge werde bei seiner Vernehmung in Gegenwart des Angeklagten die Wahrheit nicht sagen. Das gleiche gilt, wenn bei der Vernehmung einer Person unter sechzehn Jahren als Zeuge in Gegenwart des Angeklagten ein erheblicher Nachteil für das Wohl des Zeugen zu befürchten ist oder wenn bei einer Vernehmung einer anderen Person als Zeuge in Gegenwart des Angeklagten die dringende Gefahr eines schwerwiegenden Nachteils für ihre Gesundheit besteht. (...) Der Vorsitzende hat den Angeklagten, sobald dieser wieder anwesend ist, von dem wesentlichen Inhalt dessen zu unterrichten, was während seiner Abwesenheit ausgesagt oder sonst verhandelt worden ist.

§ 247 a Vernehmung des Zeugen an einem anderen Ort

Besteht die dringende Gefahr eines schwerwiegenden Nachteils für das Wohl des Zeugen, wenn er in Gegenwart der in der Hauptverhandlung Anwesenden vernommen wird, und kann sie nicht in anderer Weise, namentlich durch eine Entfernung des Angeklagten sowie den Ausschluß der Öffentlichkeit, abgewendet werden, so kann das Gericht anordnen, daß der Zeuge sich während der Vernehmung an einem anderen Ort aufhält; eine solche Anordnung ist auch unter den Voraussetzungen des § 251 Abs. 1 Nr. 2, 3 oder 4 zulässig, soweit dies zur Erforschung der Wahrheit erforderlich ist. Die Entscheidung ist unanfechtbar. Die Aussage wird zeitgleich in Bild und Ton in das Sitzungszimmer übertragen. Sie soll aufgezeichnet werden, wenn zu besorgen ist, daß der Zeuge in einer weiteren Hauptverhandlung nicht vernommen werden kann und die Aufzeichnung zur Erforschung der Wahrheit erforderlich ist. § 58 a Abs. 2 findet entsprechende Anwendung.

§ 250 Grundsatz der persönlichen Vernehmung

Beruht der Beweis einer Tatsache auf der Wahrnehmung einer Person, so ist diese in der Hauptverhandlung zu vernehmen. Die Vernehmung darf nicht durch Verlesung des über eine frühere Vernehmung aufgenommenen Protokolls oder einer schriftlichen Erklärung ersetzt werden.

§ 251 Verlesung von Protokollen

(1) Die Vernehmung eines Zeugen (...) darf durch Verlesung der Niederschrift über seine frühere richterliche Vernehmung ersetzt werden, wenn
1. (...) sein Aufenthalt nicht zu ermitteln ist
2. dem Erscheinen (...) andere nicht zu beseitigende Hindernisse entgegenstehen; (...)
4. der Staatsanwalt, der Verteidiger und der Angeklagte mit der Verlesung einverstanden sind.

(2) Hat der Angeklagte einen Verteidiger, so kann die Vernehmung eines Zeugen (...) durch die Verlesung einer Niederschrift über eine andere Vernehmung oder einer Urkunde, die eine von ihm stammende schriftliche Erklärung enthält, ersetzt werden, wenn der Staatsanwalt, der Verteidiger und der Angeklagte damit einverstanden sind. Im übrigen ist die Verlesung nur zulässig, wenn der Zeuge (...) in absehbarer Zeit gerichtlich nicht vernommen werden kann. (...)

§ 252 Unstatthafte Protokollverlesung

Die Aussage eines vor der Hauptverhandlung vernommenen Zeugen, der erst in der Hauptverhandlung von seinem Recht, das Zeugnis zu verweigern, Gebrauch macht, darf nicht verlesen werden.

§ 253 Protokollverlesung zur Gedächtnisunterstützung

(1) Erklärt ein Zeuge (...), daß er sich einer Tatsache nicht mehr erinnere, so kann der hierauf bezügliche Teil des Protokolls über seine frühere Vernehmung zur Unterstützung seines Gedächtnisses verlesen werden.

(2) Dasselbe kann geschehen, wenn ein in der Vernehmung hervortretender Widerspruch mit der früheren Aussage nicht auf andere Weise ohne Unterbrechung der Hauptverhandlung festgestellt oder behoben werden kann.

§ 255 a Vorführung der Aufzeichnung

(1) Für die Vorführung der Bild-Ton-Aufzeichnung einer Zeugenvernehmung gelten die Vorschriften zur Verlesung einer Niederschrift über eine Vernehmung gemäß §§ 251, 252, 253 und 255 entsprechend.

(2) In das Verfahren wegen Straftaten gegen die sexuelle Selbstbestimmung (§§ 174 bis 184 c des Strafgesetzbuches) oder gegen das Leben (§§ 211 bis 222 des Strafgesetzbuches) oder wegen Mißhandlung von Schutzbefohlenen (§ 225 des Strafgesetzbuches) kann die Vernehmung eines Zeugen unter sechzehn Jahren durch die Vorführung der Bild-Ton-Aufzeichnung seiner früheren richterlichen Vernehmung ersetzt werden, wenn der Angeklagte und sein Verteidiger Gelegenheit hatten, an dieser mitzuwirken. Eine ergänzende Vernehmung des Zeugen ist unzulässig.

§ 374 Zulässigkeit; Klageberechtigte

(1) Im Wege der Privatklage können vom Verletzten verfolgt werden, ohne daß es einer vorgängigen Anrufung der Staatsanwaltschaft bedarf,
1. ein Hausfriedensbruch (§ 123 des Strafgesetzbuches),
2. eine Beleidigung (§§ 185 bis 187 a und 189 des Strafgesetzbuches), wenn sie nicht gegen eine der in § 194 Abs. 4 des Strafgesetzbuches genannten politischen Körperschaften gerichtet ist, (…)
4. eine Körperverletzung (§§ 223, 223 a und 230 des Strafgesetzbuches),
5. eine Bedrohung (§ 241 des Strafgesetzbuches),
6. eine Sachbeschädigung (§ 303 des Strafgesetzbuches), (…).

§ 378 Beistand und Vertreter des Klägers (…)

§ 380 Sühneversuch

(1) Wegen Hausfriedensbruchs, Beleidigung, (…) Körperverletzung (§§ 223, 223 a, 230 des Strafgesetzbuches), Bedrohung und Sachbeschädigung ist die Erhebung der Klage erst zulässig, nachdem vor einer durch die Landesjustizverwaltung zu bezeichnenden Vergleichsbehörde die Sühne erfolglos versucht worden ist. Der Kläger hat die Bescheinigung hierüber mit der Klage einzureichen. (…)

§ 385 Stellung des Privatklägers, Ladungen; Akteneinsicht

(1) Soweit in dem Verfahren auf erhobene öffentliche Klage die Staatsanwaltschaft zuzuziehen und zu hören ist, wird in dem Verfahren auf erhobene Privatklage der Privatkläger zugezogen und gehört. Alle Entscheidungen, die dort der Staatsanwaltschaft bekanntgemacht werden, sind hier dem Privatkläger bekanntzugeben. (…)

(3) Das Recht der Akteneinsicht kann der Privatkläger nur durch einen Anwalt ausüben. (…)

§ 395 Befugnis zum Anschluß als Nebenkläger

(1) Der erhobenen öffentlichen Klage kann sich als Nebenkläger anschließen,
1. durch eine rechtwidrige Tat
    a) nach den §§ 174 – 174 c, 176 – 180, 180 b, 181 und 182 des Strafgesetzbuches,
    b) nach den §§ 185 – 189 des Strafgesetzbuches,
    c) nach den §§ 221, 223 – 226, 229 und 340 des Strafgesetzbuches,
    d) nach den §§ 234 – 235 und 239 Abs. 3 und 4 und den §§ 239 a und 239 b des Strafgesetzbuches,
2. durch eine versuchte rechtwidrige Tat nach den §§ 211 und 212 des Strafgesetzbuches verletzt ist oder

§§

3. durch einen Antrag auf gerichtliche Entscheidung (§ 172) die Erhebung der öffentlichen Klage herbeigeführt hat.

(2) Die gleiche Befugnis steht zu

1. den Eltern, Kindern, Geschwistern und dem Ehegatten oder Lebenspartner eines durch eine rechtswidrige Tat Getöteten, (...)

(3) Wer durch eine rechtswidrige Tat nach § 229 des Strafgesetzbuches verletzt ist, kann sich der erhobenen öffentlichen Klage als Nebenkläger anschließen, wenn dies aus besonderen Gründen, namentlich wegen der schweren Folgen der Tat, zur Wahrnehmung seiner Interessen geboten erscheint.

(4) Der Anschluß ist in jeder Lage des Verfahrens zulässig. (...)

§ 396 Anschlußerklärung

(1) Die Anschlußerklärung ist bei dem Gericht schriftlich einzureichen. Eine vor Erhebung der öffentlichen Klage bei der Staatsanwaltschaft oder dem Gericht eingegangene Anschlußerklärung wird mit der Erhebung der öffentlichen Klage wirksam. (...)

(2) Das Gericht entscheidet über die Berechtigung zum Anschluß als Nebenkläger nach Anhörung der Staatsanwaltschaft. (...)

(3) Erwägt das Gericht, das Verfahren nach § 153 Abs. 2, § 153 a Abs. 2, § 153 b Abs. 2 oder § 154 Abs. 2 einzustellen, so entscheidet es zunächst über die Berechtigung zum Anschluß.

§ 397 Rechte des Nebenklägers

(1) Der Nebenkläger ist nach erfolgtem Anschluß, auch wenn er als Zeuge vernommen werden soll, zur Anwesenheit in der Hauptverhandlung berechtigt. Im übrigen gelten die §§ 378 und 385 Abs. 1 bis 3 entsprechend. Die Befugnis zur Ablehnung eines Richters (§§ 24, 31) oder Sachverständigen (§ 74), das Fragerecht (§ 240 Abs. 2), das Recht zur Beanstandung von Anordnungen des Vorsitzenden (§ 238 Abs. 2) und von Fragen (§ 242), das Beweisantragsrecht (§ 244 Abs. 3 bis 6) sowie das Recht zur Abgabe von Erklärungen (§§ 257, 258) steht auch dem Nebenkläger zu. (...)

§ 397 a Bestellung eines Rechtsanwalts

(1) Auf Antrag des Nebenklägers ist diesem ein Rechtsanwalt als Beistand zu bestellen, wenn die Berechtigung zum Anschluß als Nebenkläger auf § 395 Abs. 1 Nr. 1 Buchstabe a oder Nr. 2 beruht und die zum Anschluß berechtigende Tat ein Verbrechen ist. Hat der Nebenkläger bei Antragstellung das sechzehnte Lebensjahr noch nicht vollendet, so ist ihm ein Rechtsanwalt als Beistand auch dann zu bestellen, wenn die Tat im Sinne des Satzes 1 ein Vergehen ist oder er durch eine rechtswidrige Tat nach § 225 des Strafgesetzbuches verletzt ist. Der Antrag kann schon vor der Erklärung des Anschlusses gestellt werden. Für die Bestellung des Rechtsanwaltes gilt § 142 Abs. 1 entsprechend.

(2) Liegen die Voraussetzungen für eine Bestellung nach Absatz 1 nicht vor, so ist dem Nebenkläger für die Hinzuziehung eines Rechtsanwalts auf Antrag Prozeßkostenhilfe nach denselben Vorschriften wie in bürgerlichen Rechtsstreitigkeiten zu bewilligen, wenn die Sach- oder Rechtslage schwierig ist, der Verletzte seine Interessen selbst nicht ausreichend wahrnehmen kann oder ihm dies nicht zuzumuten ist. Absatz 1 Satz 3 und 4 gilt entsprechend. § 114 zweiter Halbsatz und § 121 Abs. 1 bis 3 der Zivilprozeßordnung sind nicht anzuwenden.

(3) Über die Bestellung des Rechtsanwaltes und die Bewilligung der Prozeßkostenhilfe entscheidet das mit der Sache befaßte Gericht. In den Fällen des Absatzes 2 ist die Entscheidung unanfechtbar.

§ 398 Verfahren

(1) Der Fortgang des Verfahrens wird durch den Anschluß nicht aufgehalten. (...)

§ 400 Rechtsmittelbefugnis des Nebenklägers

(1) Der Nebenkläger kann das Urteil nicht mit dem Ziel anfechten, daß eine andere Rechtsfolge der Tat verhängt wird oder daß der Angeklagte wegen einer Gesetzesverletzung verurteilt wird, die nicht zum Anschluß des Nebenklägers berechtigt.

(2) Dem Nebenkläger steht die sofortige Beschwerde gegen den Beschluß zu, durch den die Eröffnung des Hauptverfahrens abgelehnt oder das Verfahren nach den §§ 206 a und 206 b eingestellt wird, soweit er die Tat betrifft, auf Grund deren der Nebenkläger zum Anschluß befugt ist. Im übrigen ist der Beschluß, durch den das Verfahren eingestellt wird, für den Nebenkläger unanfechtbar.

§ 401 Rechtsmittel des Nebenklägers

(1) Der Rechtsmittel kann sich der Nebenkläger unabhängig von der Staatsanwaltschaft bedienen. (…)

§ 402 Widerruf Tod des Nebenklägers

Die Anschlußerklärung verliert durch Widerruf (…) des Nebenklägers ihre Wirkung.

§ 403 Entschädigung des Verletzten; Voraussetzungen

(1) Der Verletzte oder sein Erbe kann gegen den Beschuldigten einen aus der Straftat erwachsenen vermögensrechtlichen Anspruch, der zur Zuständigkeit der ordentlichen Gerichte gehört und noch nicht anderweit gerichtlich anhängig gemacht ist, im Strafverfahren geltend machen, im Verfahren vor dem Amtsgericht ohne Rücksicht auf den Wert des Streitgegenstandes. (…)

§ 404 Antrag

(1) Der Antrag, durch den der Anspruch geltend gemacht wird, kann schriftlich oder mündlich zur Niederschrift des Urkundsbeamten, in der Hauptverhandlung auch mündlich bis zum Beginn der Schlussvorträge gestellt werden. Er muss den Gegenstand und Grund des Anspruchs bestimmt bezeichnen und soll die Beweismittel enthalten. Ist der Antrag außerhalb der Hauptverhandlung gestellt, so wird er dem Beschuldigten zugestellt.

(2) Die Antragstellung hat dieselben Wirkungen wie die Erhebung der Klage im bürgerlichen Rechtsstreit.

(3) Ist der Antrag vor Beginn der Hauptverhandlung gestellt, so wird der Antragsteller von Ort und Zeit der Hauptverhandlung benachrichtigt. Der Antragsteller, sein gesetzlicher Vertreter und der Ehegatte oder Lebenspartner des Antragsberechtigten können an der Hauptverhandlung teilnehmen.

(4) Der Antrag kann bis zur Verkündung des Urteils zurückgenommen werden.

(5) Dem Antragsteller und dem Angeschuldigten ist auf Antrag Prozesskostenhilfe nach denselben Vorschriften wie in bürgerlichen Rechtsstreitigkeiten zu bewilligen, sobald die Klage erhoben ist. (…)

§ 406 d Mitteilung an den Verletzten

(1) Dem Verletzten ist auf Antrag der Ausgang des gerichtlichen Verfahrens mitzuteilen, soweit es ihn betrifft. (…)

§ 406 e Akteneinsicht

(1) Für den Verletzten kann ein Rechtsanwalt die Akten (…) einsehen sowie amtlich verwahrte Beweisstücke besichtigen (…). (…)

(5) Unter den Voraussetzungen des Absatzes 1 können dem Verletzten Auskünfte und Abschriften aus den Akten erteilt werden; (…).

§ 406 f Beistand und Vertreter des Verletzten

(1) Der Verletzte kann sich im Strafverfahren des Beistands eines Rechtsanwalts bedienen oder sich durch einen solchen vertreten lassen.

§§

(2) Bei der Vernehmung des Verletzten durch das Gericht oder die Staatsanwaltschaft ist dem Rechtsanwalt die Anwesenheit gestattet. Er kann für den verletzten dessen Recht zur Beanstandung von Fragen (§ 238 Abs. 2, § 242) ausüben und den Antrag auf Ausschluß der Öffentlichkeit nach § 171 b des Gerichtsverfassungsgesetzes stellen, nicht jedoch, wenn der Verletzte widerspricht.

(3) Wird der Verletzte als Zeuge vernommen, so kann, wenn er dies beantragt, einer Person seines Vertrauens die Anwesenheit gestattet werden. Die Entscheidung trifft derjenige, der die Vernehmung leitet (...).

§ 406 g Beistand des nebenklageberechtigten Verletzten

(1) Wer nach § 395 zum Anschluß als Nebenkläger befugt ist, kann sich auch vor Erhebung der öffentlichen Klage des Beistands eines Rechtsanwalts bedienen oder sich durch einen solchen vertreten lassen, auch wenn der Anschluß als Nebenkläger nicht erklärt wird.

(2) Der Rechtsanwalt ist über die in § 406 f Abs. 2 bezeichneten Befugnisse hinaus zur Anwesenheit in der Hauptverhandlung berechtigt, auch soweit diese nicht öffentlich ist. Ihm ist bei richterlichen Vernehmungen (...) die Anwesenheit zu gestatten, wenn dadurch nicht der Untersuchungszweck gefährdet wird; (...).

(3) § 397 a gilt entsprechend für
1. die Bestellung eines Rechtsanwalts und
2. die Bewilligung von Prozeßkostenhilfe für die Hinzuziehung eines Rechtsanwalts.
Im vorbereiteten Verfahren entscheidet das Gericht, das für die Eröffnung des Hauptverfahrens zuständig wäre.

(4) Auf Antrag dessen, der zum Anschluß als Nebenkläger berechtigt ist, kann in den Fällen des § 397 a Abs. 2 einstweilen ein Rechtsanwalt als Beistand bestellt werden, wenn
1. dies aus besonderen Gründen geboten ist,
2. die Mitwirkung eines Beistandes eilbedürftig ist und
3. die Bewilligung von Prozeßkostenhilfe möglich erscheint, eine rechtzeitige Entscheidung hierüber aber nicht zu erwarten ist.
Für die Bestellung gelten § 142 Abs. 1 und § 162 entsprechend. Die Bestellung endet, wenn nicht innerhalb einer vom Richter zu bestimmenden Frist ein Antrag auf Bewilligung von Prozeßkostenhilfe gestellt oder wenn die Bewilligung von Prozeßkostenhilfe abgelehnt wird.

§ 406 h Hinweispflicht

Der Verletzte soll auf seine Befugnisse nah den §§ 406 d, 406 e, 406 f und 406 g sowie auf seine Befugnis, sich der erhobenen öffentlichen Klage als Nebenkläger anzuschließen (§ 395) und die Bestellung oder Hinzuziehung eines Rechtsanwalts als Beistand zu beantragen (§ 397 a) hingewiesen werden.

Gerichtsverfassungsgesetz

§ 171 b

(1) Die Öffentlichkeit kann ausgeschlossen werden, soweit Umstände aus dem persönlichen Lebensbereich eines Prozeßbeteiligten, Zeugen oder durch eine rechtswidrige Tat (§ 11 Abs. 1 Nr. 5 des Strafgesetzbuches) Verletzten zur Sprache kommen, deren öffentliche Erörterung schutzwürdige Interessen verletzen würde, soweit nicht das Interesse an der öffentlichen Erörterung dieser Umstände überwiegt. Dies gilt nicht, soweit die Personen, deren Lebensbereiche betroffen sind, in der Hauptverhandlung dem Ausschluß der Öffentlichkeit widersprechen.

(2) Die Öffentlichkeit ist auszuschließen, wenn die Voraussetzungen des Absatzes 1 Satz 1 vorliegen und der Ausschluß von der Person, deren Lebensbereich betroffen ist, beantragt wird.

(3) Die Entscheidungen nach den Absätzen 1 und 2 sind unanfechtbar.

§ 172
Das Gericht kann für die Verhandlung oder für einen Teil davon die Öffentlichkeit ausschließen, wenn (...)
4. eine Person unter sechzehn Jahren vernommen wird.

Richtlinien für Straf- und Bußgeldverfahren

4c. Rücksichtnahme auf den Verletzten
Der Staatsanwalt achtet darauf, daß die für den Verletzten aus dem Strafverfahren entstehenden Belastungen möglichst gering gehalten und seine Belange im Strafverfahren berücksichtigt werden.

4d. Unterrichtung des Verletzten
I. Sobald der Staatsanwalt mit den Ermittlungen selbst befaßt ist, prüft er, ob der Verletzte bereits gemäß § 406 h StPO belehrt worden ist. Falls erforderlich, holt er diese Belehrung nach. Dazu kann er das übliche Formblatt verwenden.

II. Von einem Hinweis nach § 406 h StPO kann namentlich dann abgesehen werden, wenn dieser, insbesondere im Hinblick auf eine große Anzahl von Verletzten, mit einem unverhältnismäßigen Aufwand verbunden wäre.

19. Vernehmung von Kindern und Jugendlichen
I. Eine mehrmalige Vernehmung von Kindern und Jugendlichen vor der Hauptverhandlung ist wegen der damit verbundenen seelischen Belastung dieser Zeugen nach Möglichkeit zu vermeiden.

II. Bei Zeugen unter sechzehn Jahren soll zur Vermeidung wiederholter Vernehmungen von der Möglichkeit der Aufzeichnung auf Bild-Ton-Träger Gebrauch gemacht werden (§ 58 a Abs. 1 Satz 2 Nr. 1, § 255 a Abs. 1 StPO). Hierbei ist darauf zu achten, dass die vernehmende Person und der Zeuge gemeinsam und zeitgleich in Bild und Ton aufgenommen und dabei im Falle des § 52 StPO auch die Belehrung und Bereitschaft des Zeugen zur Aussage (§ 52 Abs. 2 Satz 1 StPO) dokumentiert werden. Für die Anwesenheit einer Vertrauensperson soll nach Maßgabe des § 406 f Abs. 3 StPO Sorge getragen werden. Mit Blick auf eine spätere Verwendung der Aufzeichnung als Beweismittel in der Hauptverhandlung (§ 255 StPO) empfiehlt sich eine richterliche Vernehmung (§§ 168 c, 168 e StPO). Bei Straftaten im Sinne des § 255 a Abs. 2 Satz 1 StPO soll rechtzeitig darauf hingewirkt werden, dass der Beschuldigte und sein Verteidiger Gelegenheit haben, an der Vernehmung mitzuwirken.

III. In den Fällen des § 52 Abs. 2 Satz 2 StPO wirkt der Staatsanwalt möglichst frühzeitig auf die Anordnung einer Ergänzungspflegschaft (§ 1909 Abs. 1 Satz 1 BGB) durch das zuständig Vormundschaftsgericht (§§ 37, 36 FGG) hin.

IV. Alle Umstände, die für die Glaubwürdigkeit eines Kindes oder Jugendlichen bedeutsam sind, sollen möglichst frühzeitig festgestellt werden. Es ist zweckmäßig, hierüber Eltern, Lehrer, Erzieher oder andere Bezugspersonen zu befragen; gegebenenfalls ist mit dem Jugendamt Kontakt aufzunehmen.

V. Bleibt die Glaubwürdigkeit zweifelhaft, so ist ein Sachverständiger, der über besondere Kenntnisse und Erfahrungen auf dem Gebiet der Kinderpsychologie verfügt, zuzuziehen.

19a. Vernehmung des Verletzten als Zeugen
I. Ist erkennbar, daß mit der Vernehmung als Zeuge für den Verletzten eine erhebliche psychische Belastung verbunden sein kann, wird ihm bei der Vernehmung mit besonderer Einfühlung und Rücksicht zu begegnen sein; auf § 67 a StPO wird hingewiesen. Einer Vertrauensperson nach § 406 f Abs. 3 StPO soll die Anwesenheit gestattet werden wenn der Untersuchungszweck nicht gefährdet wird.

§§

II. Bei der richterlichen Vernehmung des Verletzten wirkt der Staatsanwalt durch Anregung und Antragstellung auf eine entsprechende Durchführung der Vernehmung hin. Er achtet insbesondere darauf, daß der Verletzte durch Fragen und Erklärungen des Beschuldigten und seines Verteidigers nicht größeren Belastungen ausgesetzt wird, als im Interesse der Wahrheitsfindung hingenommen werden muß.

III. Eine mehrmalige Vernehmung des Verletzten vor der Hauptverhandlung kann für diesen zu einer erheblichen Belastung führen und ist deshalb nach Möglichkeit zu vermeiden.

86. Allgemeines

I. Sobald der Staatsanwalt von einer Straftat erfährt, die mit der Privatklage verfolgt werden kann, prüft er, ob ein öffentliches Interesse an der Verfolgung von Amts wegen besteht.

II. Ein öffentliches Interesse wird in der Regel vorliegen, wenn der Rechtsfrieden über den Lebenskreis des Verletzten hinaus gestört und die Strafverfolgung ein gegenwärtiges Anliegen der Allgemeinheit ist, z.B. wegen des Ausmaßes der Rechtsverletzung wegen der Roheit oder Gefährlichkeit der Tat, der niedrigen Beweggründe des Täters oder der Stellung des Verletzten im öffentlichen Leben. Ist der Rechstfrieden über den Lebenskreis des Verletzten hinaus gestört worden, so kann ein öffentliches Interesse auch dann vorliegen, wenn dem Verletzten wegen seiner persönlichen Beziehung zum Täter zugemutet werden kann, die Privatklage zu erheben, und die Strafverfolgung ein gegenwärtiges Anliegen der Allgemeinheit ist.

III. Der Staatsanwalt kann Ermittlungen darüber anstellen, wo ein öffentliches Interesse besteht.

87. Verweisung auf die Privatklage

I. Die Entscheidung über die Verweisung auf den Privatklageweg trifft der Staatsanwalt. Besteht nach Ansicht der Behörden oder Beamten des Polizeidienstes kein öffentliches Interesse an der Strafverfolgung, so legen sie die Anzeige ohne weitere Ermittlungen dem Staatsanwalt vor.

II. Kann dem Verletzten nicht zugemutet werden die Privatklage zu erheben, weil er die Straftat nicht oder nur unter großen Schwierigkeiten aufklären könnte, so soll der Staatsanwalt die erforderlichen Ermittlungen anstellen, bevor er den Verletzten auf die Privatklage verweist, z.B. bei Beleidigung durch namenlose Schriftstücke. Dies gilt aber nicht für unbedeutende Verfehlungen.

221. Beschleunigung, Benachrichtigung des Jugendamtes

I. Das Verfahren ist zu beschleunigen, vor allem deswegen, weil das Erinnerungsvermögen der Kinder rasch verblaßt und weil sie besonders leicht zu beeinflussen sind.

II. Wird ein Beschuldigter, der in häuslicher Gemeinschaft mit dem Geschädigten lebt oder der auf diesen in anderer Weise unmittelbar einwirken kann, freigelassen, so ist das Jugendamt unverzüglich zu benachrichtigen, damit die erforderlichen Maßnahmen zum Schutz des Geschädigten ergriffen werden können. Die Benachrichtigung obliegt derjenigen Stelle, welche die Freilassung veranlaßt hat.

222. Vernehmung von Kindern, Ausschluß und Beschränkung der Öffentlichkeit

I. Werden Kinder als Zeugen vernommen, so sind die Nr. 19, 19 a, 130 a, Abs. 2 und 135 Abs. 2 zu beachten. Vielfach wird es sich empfehlen, schon zur ersten Vernehmung einen Sachverständigen beizuziehen, der über besondere Kenntnisse und Erfahrungen auf dem Gebiet der Kinderpsychologie verfügt.

II. Hat der Beschuldigte ein glaubhaftes Geständnis vor dem Richter abgelegt, so ist im Interesse des Kindes zu prüfen, ob dessen Vernehmung noch nötig ist (vgl. Nr. 111 Abs. 4)

III. Wegen des Ausschlusses oder der Beschränkung der Öffentlichkeit sind Nr. 131 a, 132 zu beachten.

233. Erhebung der öffentlichen Klage

Das öffentliche Interesse an der Verfolgung von Körperverletzungen ist vor allem dann zu bejahen, wenn eine rohe Tat, eine erhebliche Mißhandlung oder eine erheblichen Verletzung vorliegen (vgl. Nr. 86). Dies gilt auch, wenn die Körperverletzung in einer engen Lebensgemeinschaft begangen wurde; Nr. 235 Abs. 3 gilt entsprechend.

234. Verfolgung ohne Strafantrag

I. Ein besonderes öffentliches Interesse an der Verfolgung von Körperverletzungen (§ 232 Abs. 1 StGB) wird namentlich dann anzunehmen sein, wenn der Täter einschlägig vorbestraft ist, roh oder besonders leichtfertig gehandelt hat oder durch die Tat eine erhebliche Verletzung verursacht wurde. Andererseits kann auch der Umstand beachtlich sein, daß der Verletzte auf Bestrafung keinen Wert legt.

II. Wird die öffentlichen Klage erhoben, ohne daß ein Strafantrag gestellt ist, so soll in der Anklageschrift oder in dem Strafbefehlsantrag erklärt werden, daß wegen des besonderen öffentlichen Interesses an der Strafverfolgung ein Einschreiten von Amts wegen geboten ist.

III. Ergibt sich in einem Verfahren wegen einer von Amts wegen zu verfolgenden Tat nach Anklageerhebung, daß möglicherweise nur eine Verurteilung wegen Körperverletzung (§ 232 Abs. 1 StGB) in Betracht kommt oder daß eine derartige Verurteilung nach dem Ergebnis der Beweisaufnahme zusätzlich dringend geboten erscheint, so erklärt der Staatsanwalt, ob er ein Einschreiten von Amts wegen für geboten hält.

IV. Bei im Straßenverkehr begangenen Körperverletzungen ist Nr. 243 Abs. 3 zu beachten.

235. Kindesmißhandlung

I. Auch namenlosen und vertraulichen Hinweisen geht der Staatsanwalt grundsätzlich nach; bei der Beweissicherung beachtet er insbesondere § 81 c Abs. 3 Satz 3 StPO. Im übrigen gelten die Nummern 221, 222 Abs. 1 und 2 sinngemäß.

II. Bei einer Kindesmißhandlung ist das besondere öffentliche Interesse an der Strafverfolgung (§ 232 Abs. 1 Satz 1 StGB) grundsätzlich zu bejahen. Eine Verweisung auf den Privatklageweg gemäß § 374 StPO ist in der Regel nicht angezeigt.

III. Sind sozialpädagogische, familientherapeutische oder andere unterstützende Maßnahmen eingeleitet worden und erscheinen diese erfolgversprechend, kann ein öffentliches Interesse an der Strafverfolgung entfallen.

Polizeigesetz (Hessisches Gesetz über die öffentliche Sicherheit und Ordnung – HSOG)

§ 1 Aufgaben der Gefahrenabwehr- und der Polizeibehörden

(1) Die Gefahrenabwehrbehörden (Verwaltungsbehörden, Ordnungsbehörden) und die Polizeibehörden haben die gemeinsame Aufgabe der Abwehr von Gefahren für die öffentliche Sicherheit oder Ordnung (Gefahrenabwehr), soweit dieses Gesetz nichts anderes bestimmt. (...)

(3) Der Schutz privater Rechte obliegt den Gefahrenabwehr- und den Polizeibehörden nach diesem Gesetz nur dann, wenn gerichtlicher Schutz nicht rechtzeitig zu erlangen ist und wenn ohne gefahrenabwehrbehördliche oder polizeiliche Hilfe die Verwirklichung des Rechts vereitelt oder wesentlich erschwert werden würde.

(4) Die Polizeibehörden haben im Rahmen der Gefahrenabwehr auch zu erwartende Straftaten zu verhüten (vorbeugende Bekämpfung von Straftaten).
(...)

§§

§ 31 Platzverweisung

(1) Die Gefahrenabwehr- und die Polizeibehörden können zur Abwehr einer Gefahr eine Person vorübergehend von einem Ort verweisen oder ihr vorübergehend das Betreten eines Ortes verbieten. (…)

(2) Die Gefahrenabwehr- und die Polizeibehörden können eine Person bis zu einer richterlichen Entscheidung über zivilrechtliche Schutzmöglichkeiten ihrer Wohnung und des unmittelbar angrenzenden Bereichs verweisen, wenn dies erforderlich ist, um eine von ihr ausgehende Gefahr für Leib, Leben oder Freiheit von Bewohnern derselben Wohnung abzuwehren.

Unter den gleichen Voraussetzungen kann ein Betretungsverbot angeordnet werden. Eine solche Maßnahmne darf die Dauer von vierzehn Tagen nicht überschreiten. Die Maßnahme kann um weitere vierzehn Tage verlängert werden, wenn bis zu diesem Zeitpunkt eine wirksame richterliche Entscheidung über den zivilrechtlichen Schutz nicht getroffen worden ist.

§ 32 Gewahrsam

(1) Die Polizeibehörden können eine Person in Gewahrsam nehmen, wenn dies
    (…)
    2. unerläßlich ist, um die unmittelbar bevorstehende Begehung oder Fortsetzung einer Straftat oder einer Ordnungswidrigkeit mit erheblicher Bedeutung für die Allgemeinheit zu verhindern,
    3. unerläßlich ist, um eine Platzverweisung nach § 31 durchzusetzen, (…).

Schadenersatz- und Unterlassungsanspruch (Bürgerliches Gesetzbuch)

§ 253 Immaterieller Schaden

(1) Wegen eines Schadens, der nicht Vermögensschaden ist, kann Entschädigung in Geld nur in den durch das Gesetz bestimmten Fällen gefordert werden.

(2) Ist wegen einer Verletzung des Körpers, der Gesundheit, der Freiheit oder der sexuellen Selbstbestimmung Schadensersatz zu leisten, kann auch wegen des Schadens, der nicht Vermögensschaden ist, eine billige Entschädigung in Geld gefordert werden.

§ 823 Schadensersatzpflicht

(1) Wer vorsätzlich oder fahrlässig das Leben, den Körper, die Gesundheit, die Freiheit, das Eigentum oder ein sonstiges Recht eines anderen widerrechtlich verletzt, ist dem anderen zum Ersatze des daraus entstehenden Schadens verpflichtet.(…)

§ 825 Bestimmung zu sexuellen Handlungen

Wer einen anderen durch Hinterlist, Drohung oder Missbrauch eines Abhängigkeitsverhält–nisses zur Vornahme oder Duldung sexueller Handlungen bestimmt, ist ihm zum Ersatz des daraus entstehenden Schadens verpflichtet.

§ 1004 Beseitigungs- und Unterlassungsanspruch

(1) Wird das Eigentum* in anderer Weise (…) beeinträchtigt, so kann der Eigentümer von dem Störer die Beseitigung der Beeinträchtigung verlangen. Sind weitere Beeinträchtigungen zu besorgen, so kann der Eigentümer auf Unterlassung klagen. (…)

---

*   Gilt auch bei Verletzung der anderen, in § 823 genannten Rechte entsprechend.

Opferentschädigungsgesetz (OEG)

§ 1 Anspruch auf Versorgung

(1) Wer im Geltungsbereich dieses Gesetzes (...) infolge eines vorsätzlichen, rechtswidrigen tätlichen Angriffs gegen seine oder eine andere Person oder durch dessen rechtmäßige Abwehr eine gesundheitliche Schädigung erlitten hat, erhält wegen der gesundheitlichen und wirtschaftlichen Folgen auf Antrag Versorgung in entsprechender Anwendung der Vorschriften des Bundesversorgungsgesetzes.[*] (...)

(4) Ausländer haben einen Anspruch auf Versorgung,
1. wenn sie Staatsangehörige eines Mitgliedstaates der Europäischen Gemeinschaften sind oder
2. soweit Rechtsvorschriften der Europäischen Gemeinschaften, die eine Gleichbehandlung mit Deutschen erforderlich machen, auf sie anwendbar sind oder
3. wenn die Gegenseitigkeit gewährleistet ist. (...)

(5) Sonstige Ausländer, die sich rechtmäßig nicht nur für einen vorabergehenden Aufenthalt von längstens sechs Monaten im Bundesgebiet aufhalten, erhalten Versorgung nach folgenden Maßgaben:
1. Leistungen wie Deutsche erhalten Ausländer, die sich seit mindestens drei Jahren ununterbrochen rechtmäßig im Bundesgebiet aufhalten;
2. ausschließlich einkommensunabhängige Leistungen erhalten Ausländer, die sich ununterbrochen rechtmäßig noch nicht drei Jahre im Bundesgebiet aufhalten.
Rechtmäßiger Aufenthalt im Sinne dieses Gesetzes ist auch ein aus humanitären Gründen oder aus erheblichem öffentlichen Interesse geduldeter Aufenthalt. (...)

(6) Versorgung wie die in Absatz 5 Nr. 2 genannten Ausländer erhalten auch ausländische Geschädigte, sie sich rechtmäßig für einen vorübergehenden Aufenthalt von längstens sechs Monaten im Bundesgebiet aufhalten,
1. wenn sie mit einem Deutschen oder einem Ausländer, der zu den in Absatz 4 oder 5 bezeichneten Personen gehört, verheiratet oder in gerader Linie verwandt sind oder
2. wenn sie Staatsangehörige eines Vertragsstaates des Europäischen Übereinkommens vom 24. November 1983 über die Entschädigung für Opfer von Gewalttaten sind, soweit dieser keine Vorbehalte zum Übereinkommen erklärt hat.

(7) Wenn ein Ausländer, der nach Absatz 5 oder 6 anspruchsberechtigt ist,
1. ausgewiesen oder abgeschoben wird oder
2. das Bundesgebiet verlassen hat und seine Aufenthaltsgenehmigung erloschen ist oder
3. ausgereist und nicht innerhalb von sechs Monaten erlaubt wieder eingereist ist, erhält er für jedes begonnene Jahr seines ununterbrochen rechtmäßigen Aufenthalts im Bundesgebiet eine Abfindung in Höhe des Dreifachen, insgesamt jedoch mindestens in Höhe des Zehnfachen, höchstens in Höhe des Dreißigfachen der monatlichen Grundrente. (...)

(8) Die Hinterbliebenen eines Geschädigten erhalten auf Antrag Versorgung in entsprechender Anwendung der Vorschriften des Bundesversorgungsgesetzes. (...)

§ 2 Versagungsgründe

§§

---

[*]   § 9 Bundesversorgungsgesetz
Die Versorgung umfaßt
1. Heilbehandlung, Versehrtenleibesübungen und Krankenbehandlung (§§ 10 bis 24 a),
2. Leistungen der Kriegsopferfürsorge (§§ 25 bis 27i),
3. Beschädigtenrente (§§ 29 bis 34) und Pflegezulage (§ 35),
4. Bestattungsgeld (§ 36) und Sterbegeld (§ 37),
5. Hinterbliebenenrente (§§ 38 bis 52),
6. Bestattungsgeld beim Tod von Hinterbliebenen (§ 53).

(1) Leistungen sind zu versagen, wenn der Geschädigte die Schädigung verursacht hat oder wenn es aus sonstigen, insbesondere in dem eigenen Verhalten des Anspruchstellers liegenden Gründen unbillig wäre, Entschädigung zu gewähren. (...)
(2) Leistungen können versagt werden, wenn der Geschädigte es unterlassen hat, das ihm Mögliche zur Aufklärung des Sachverhalts und zur Verfolgung des Täters beizutragen, insbesondere unverzüglich Anzeige bei einer für die Strafverfolgung zuständigen Behörde zu erstatten.

Gesetz zur Sicherung von zivilrechtlichen Ansprüchen von Opfern (OASG)

§ 1 Gesetzliches Forderungspfandrecht
(1) Es besteht ein Pfandrecht an einer Forderung, die ein Täter oder Teilnehmer einer rechtswidrigen Tat im Sinne des § 11 Abs. 1 Nr. 5 des Strafgesetzbuches (Gläubiger) im Hinblick auf eine öffentliche Darstellung der Tat gegen einen Dritten (Schuldner) erwirbt. (...)

§ 4 Auskunftspflicht
Liegen Tatsachen, die die Annahme begründen, daß ein gesetzliches Pfandrecht nach § 1 Abs. 1 Satz 1 oder 2 entstanden ist und der Verletzte Pfandgläubiger geworden ist, so kann dieser von dem Täter, dem Teilnehmer, einem an der Veröffentlichung beteiligten Dritten und einem sonstigen Begünstigten Auskunft über das Bestehen und den Umfang einer Forderung nach § 1 Abs. 1 Satz 1 oder 2 und § 7 verlangen. Gesetzliche Auskunfts- oder Aussageverweigerungsrechte sowie Verschwiegenheitspflichten bleiben unberührt.

SCHWANGERSCHAFTSABBRUCH

Strafgesetzbuch

§ 218 Schwangerschaftsabbruch
(1) Wer eine Schwangerschaft abbricht, wird mit Freiheitsstrafe bis zu drei Jahren oder mit Geldstrafe bestraft. (...)
(3) Begeht die Schwangere die Tat, so ist die Strafe Freiheitsstrafe bis zu einem Jahr oder Geldstrafe.
(4) (...). Die Schwangere wird nicht wegen Versuchs bestraft.

§ 218 a Straflosigkeit des Schwangerschaftsabbruchs
(1) Der Tatbestand des § 218 ist nicht verwirklicht, wenn
   1. die Schwangere den Schwangerschaftsabbruch verlangt und dem Arzt durch eine Bescheinigung nach § 219 Abs. 2 Satz 2 nachgewiesen hat, daß sie sich mindestens drei Tage vor dem Eingriff hat beraten lassen,
   2. der Schwangerschaftsabbruch von einem Arzt vorgenommen wird und
   3. seit der Empfängnis nicht mehr als zwölf Wochen vergangen sind.
(2) Der mit Einwilligung der Schwangeren von einem Arzt vorgenommene Schwangerschaftsabbruch ist nicht rechtswidrig, wenn der Abbruch der Schwangerschaft unter Berücksichtigung der gegenwärtigen und zukünftigen Lebensverhältnisse der Schwangeren nach ärztlicher Erkenntnis angezeigt ist um eine Gefahr für das Leben oder die Gefahr einer schwerwiegenden Beeinträchtigung des körperlichen oder seelischen Gesundheitszustandes der Schwangeren abzuwenden, und die Gefahr nicht auf eine andere für sie zumutbare Weise abgewendet werden kann.
(3) Die Voraussetzungen des Absatzes 2 gelten bei einem Schwangerschaftsabbruch, der mit Einwilligung der Schwangeren von einem Arzt vorgenommen wird, auch als erfüllt,

wenn nach ärztlicher Erkenntnis an der Schwangeren eine rechtswidrige Tat nach den §§ 176 bis 179 des Strafgesetzbuches begangen worden ist, dringende Gründe für die Annahme sprechen, daß die Schwangerschaft auf der Tat beruht, und seit der Empfängnis nicht mehr als zwölf Wochen vergangen sind.

(4) Die Schwangere ist nicht nach § 218 strafbar, wenn der Schwangerschaftsabbruch nach Beratung (§ 219) von einem Arzt vorgenommen worden ist und seit der Empfängnis nicht mehr als zweiundzwanzig Wochen verstrichen sind. Das Gericht kann von Strafe nach § 218 absehen, wenn die Schwangere sich zur Zeit des Eingriffs in besonderer Bedrängnis befunden hat.

§ 219 Beratung der Schwangeren in einer Not- und Konfliktlage

(1) Die Beratung dient dem Schutz des ungeborenen Lebens. Sie hat sich von dem Bemühen leiten zu lassen, die Frau zur Fortsetzung der Schwangerschaft zu ermutigen und ihr Perspektiven für ein Leben mit dem Kind zu eröffnen; sie soll ihr helfen, eine verantwortliche und gewissenhafte Entscheidung zu treffen. Dabei muß der Frau bewußt sein, daß das Ungeborene in jedem Stadium der Schwangerschaft auch ihr gegenüber ein eigenes Recht auf Leben hat und daß deshalb nach der Rechtsordnung ein Schwangerschaftsabbruch nur in Ausnahmesituationen in Betracht kommen kann, wenn der Frau durch das Austragen des Kindes eine Belastung erwächst, die so schwer und außergewöhnlich ist, daß sie die zumutbare Opfergrenze übersteigt. Die Beratung soll durch Rat und Hilfe dazu beitragen, die in Zusammenhang mit der Schwangerschaft bestehende Konfliktlage zu bewältigen und einer Notlage abzuhelfen. Das Nähere regelt das Schwangerschaftskonfliktgesetz.

(2) Die Beratung hat nach dem Schwangerschaftskonfliktgesetz durch eine anerkannte Schwangerschaftskonfliktberatungsstelle zu erfolgen. Die Beratungsstelle hat der Schwangeren nach Abschluß der Beratung hierüber eine mit dem Datum des letzten Beratungsgesprächs und dem Namen der Schwangeren versehene Bescheinigung nach Maßgabe des Schwangerschaftskonfliktgesetzes auszustellen. (...)

Schwangerenkonfliktgesetz

§ 2 Beratung

(1) Jede Frau und jeder Mann hat das Recht, sich zu den in § 1 Abs. 1 genannten Zwecken in Fragen der Sexualaufklärung, Verhütung und Familienplanung sowie in allen eine Schwangerschaft unmittelbar oder mittelbar berührenden Fragen von einer hierfür vorgesehenen Beratungsstelle informieren und beraten zu lassen.

(2) (...) Die Schwangere ist darüber hinaus bei der Geltendmachung von Ansprüchen sowie bei der Wohnungssuche, bei der Suche nach einer Betreuungsmöglichkeit für das Kind und bei der Fortsetzung ihrer Ausbildung zu unterstützen. Auf Wunsch der Schwangeren können Dritte zur Beratung hinzuzuziehen.

(3) Zum Anspruch auf Beratung gehört auch die Nachbetreuung nach einem Schwangerschaftsabbruch oder nach der Geburt des Kindes.

§ 5 Inhalt der Schwangerschaftskonfliktberatung

(1) Die nach § 219 des Strafgesetzbuches notwendige Beratung ist ergebnisoffen zu führen. Sie geht von der Verantwortung der Frau aus. Die Beratung soll ermutigen und Verständnis wecken, nicht belehren oder bevormunden. Die Schwangerschaftskonfliktberatung dient dem Schutz des ungeborenen Lebens.

(2) Die Beratung umfaßt:
   1. das Eintreten in eine Konfliktberatung; (...)
   2. jede nach Sachlage erforderliche medizinische, soziale und juristische Information, die Darlegung der Rechtsansprüche von Mutter und Kind und der möglichen prakti-

§§

schen Hilfen, (...)

3. das Angebot, die schwangere Frau bei der Geltendmachung von Ansprüchen, bei der Wohnungssuche, bei der Suche nach einer Betreuungsmöglichkeit für das Kind und bei der Fortsetzung ihrer Ausbildung zu unterstützen, sowie das Angebot einer Nachbetreuung.

Die Beratung unterrichtet auf Wunsch der Schwangeren auch über Möglichkeiten, ungewollte Schwangerschaften zu vermeiden.

§ 6 Durchführung der Schwangerschaftskonfliktberatung

(1) Eine ratsuchende Schwangere ist unverzüglich zu beraten.

(2) Die Schwangere kann auf ihren Wunsch gegenüber der sie beratenden Person anonym bleiben.

(3) Soweit erforderlich, sind zur Beratung im Einvernehmen mit der Schwangeren (...)

3. andere Personen, insbesondere der Erzeuger sowie nahe Angehörige, hinzuzuziehen.

(4) Die Beratung ist für die Schwangere und die nach Absatz 3 Nr. 3 hinzugezogenen Personen unentgeltlich.

§ 7 Beratungsbescheinigung

(1) Die Beratungsstelle hat nach Abschluß der Beratung der Schwangeren eine mit Namen und Datum versehene Bescheinigung darüber auszustellen, daß eine Beratung nach den §§ 5 und 6 stattgefunden hat.

(2) Hält die beratende Person nach dem Beratungsgespräch eine Fortsetzung dieses Gesprächs für notwendig, soll diese unverzüglich erfolgen.

(3) Die Ausstellung einer Beratungsbescheinigung darf nicht verweigert werden, wenn durch eine Fortsetzung des Beratungsgesprächs die Beachtung der in § 218 a Abs. 1 des Strafgesetzbuches vorgesehenen Fristen unmöglich werden könnte.

Gesetz zur Hilfe für Frauen bei Schwangerschaftsabbrüchen in besonderen Fällen

§ 1 Berechtigte

(1) Eine Frau hat Anspruch auf Leistungen nach diesem Gesetz, wenn ihr die Aufbringung der Mittel für den Abbruch einer Schwangerschaft nicht zuzumuten ist und sie ihren Wohnsitz oder gewöhnlichen Aufenthalt im Geltungsbereich dieses Gesetzes hat. Für Frauen, die Anspruch auf Leistungen nach dem Asylbewerberleistungsgesetz haben, gilt § 10 a Abs. 3 Satz 4 des Asylbewerberleistungsgesetzes entsprechend.

(2) Einer Frau ist die Aufbringung der Mittel im Sinne des Absatzes 1 nicht zuzumuten, wenn ihre verfügbaren persönlichen Einkünfte in Geld oder Geldeswert eintausendsiebenhundert Deutsche Mark (Einkommensgrenze) nicht übersteigen und ihr persönlich kein kurzfristig verwertbares Vermögen zur Verfügung steht oder der Einsatz des Vermögens für sie eine unbillige Härte bedeuten würde. Die Einkommensgrenze erhöht sich um jeweils vierhundert Deutsche Mark für jedes Kind, dem die Frau unterhaltspflichtig ist, wenn das Kind minderjährig ist und ihrem Haushalt angehört oder wenn es von ihr überwiegend unterhalten wird. Übersteigen die Kosten der Unterkunft für die Frau und die Kinder, für die ihr der Zuschlag nach Satz 2 zusteht, fünfhundert Deutsche

Mark, so erhöht sich die Einkommensgrenze um den Mehrbetrag, höchstens jedoch um fünfhundert Deutsche Mark.*

(3) Die Voraussetzungen des Absatzes 2 gelten als erfüllt

1. wenn die Frau laufende Hilfe zum Lebensunterhalt nach dem Bundessozialhilfege-

setz, Arbeitslosenhilfe nach dem Arbeitsförderungsgesetz, Ausbildungsförderung im Rahmen der Anordnung der Bundesanstalt für Arbeit über die individuelle Förderung der beruflichen Ausbildung oder über die Arbeits- und Berufsförderung Behinderter, Leistungen nach dem Asylbewerberleistungsgesetz oder Ausbildungsförderung nach dem Bundesausbildungsförderungsgesetz erhält oder

2. wenn Kosten für die Unterbringung der Frau in einer Anstalt, einem Heim oder in einer gleichartigen Einrichtung von einem Träger der Sozialhilfe oder der Jugendhilfe getragen werden.

§ 2 Leistungen

(1) Leistungen sind die in § 24 b Abs. 4 des Fünften Buches Sozialgesetzbuch genannten Leistungen, die von der gesetzlichen Krankenversicherung nur bei einem nicht rechtswidrigen Abbruch einer Schwangerschaft getragen werden.

(2) Die Leistungen werden bei einem nicht rechtswidrigen oder unter den Voraussetzungen des § 218 a Abs. 1 des Strafgesetzbuches vorgenommenen Abbruch einer Schwangerschaft als Sachleistungen gewährt. Leistungen nach dem Fünften Buch Sozialgesetzbuch gehen Leistungen nach diesem Gesetz vor.

§ 3 Durchführung, Zuständigkeit, Verfahren

(1) Die Leistungen werden auf Antrag durch die gesetzliche Krankenkasse gewährt, bei der die Frau gesetzlich krankenversichert ist. Besteht keine Versicherung bei einer gesetzlichen Krankenkasse, kann die Frau einen Träger der gesetzlichen Krankenversicherung am Ort ihres Wohnsitzes oder ihres gewöhnlichen Aufenthaltes wählen.

(2) Das Verfahren wird auf Wunsch der Frau schriftlich durchgeführt. Die Krankenkasse stellt, wenn die Voraussetzungen des § 1 vorliegen, unverzüglich eine Bescheinigung über die Kostenübernahme aus. Tatsachen sind glaubhaft zu machen.

(3) Die Berechtigte hat die freie Wahl unter den Ärzten und Einrichtungen, die sich zur Vornahme des Eingriffs zu der in Satz 2 genannten Vergütung bereit erklären. Ärzte und Einrichtungen haben Anspruch auf die Vergütung, welche die Krankenkasse für ihre Mitglieder bei einem nicht rechtswidrigen Schwangerschaftsabbruch für Leistungen nach § 2 zahlt. (…)

(5) Im gesamten Verfahren ist das Persönlichkeitsrecht der Frau unter Berücksichtigung der besonderen Situation der Schwangerschaft zu achten. Die beteiligten Stellen sollen zusammenarbeiten und darauf hinwirken, dass sich ihre Tätigkeiten wirksam ergänzen.

§ 7 Übergangsvorschriften

(1) Abweichend von § 1 Abs. 2 Satz 1 gilt für Frauen, die in dem in Artikel 3 des Einigungsvertrages genannten Gebiet ihren Wohnsitz oder gewöhnlichen Aufenthalt haben, eine Einkommensgrenze (…).

(2) Das Bundesministerium für Familie, Senioren, Frauen und Jugend setzt (…) die Beträge nach Absatz 1 unter Berücksichtigung der Einkommensentwicklung in dem bezeichneten Gebiet jährlich zum 1. Juli neu fest, bis Übereinstimmung mit den im übrigen Geltungsbereich des Gesetzes geltenden Beträgen besteht.

§§

* Die Beträge werden jährlich angehoben. Derzeit gelten folgende Einkommensgrenzen (in Euro):

	West	Ost
Einkommensgrenze	951	898
Kinderzuschlag	225	221
Abzugsbetrag für Unterkunft	279 (über 279)	239 (über 279)

Sozialgesetzbuch I

§ 21 b Leistungen bei Schwangerschaftsabbrüchen

(1) Nach dem Gesetz zur Hilfe für Frauen bei Schwangerschaftsabbrüchen in besonderen Fällen können bei einem nicht rechtswidrigen oder unter den Voraussetzungen des § 218 a Abs. 1 des Strafgesetzbuches vorgenommenen Abbruch einer Schwangerschaft Leistungen in Anspruch genommen werden.

(2) Zuständig sind die Orts-, Betriebs- und Innungskrankenkassen, die See-Krankenkasse, die landwirtschaftliche Krankenkasse, die Bundesknappschaft und die Ersatzkassen.

Sozialgesetzbuch V

§ 24 b Schwangerschaftsabbruch und Sterilisation

(1) Versicherte haben Anspruch auf Leistungen bei einer nicht rechtswidrigen Sterilisation und bei einem nicht rechtswidrigen Abbruch der Schwangerschaft durch einen Arzt. Der Anspruch auf Leistungen bei einem nicht rechtswidrigen Schwangerschaftsabbruch besteht nur, wenn dieser in einer Einrichtung im Sinne des § 13 Abs. 1 des Schwangerschaftskonfliktgesetzes vorgenommen wird.

(2) Es werden ärztliche Beratung über die Erhaltung und den Abbruch der Schwangerschaft, ärztliche Untersuchung und Begutachtung zur Feststellung der Voraussetzungen für eine nicht rechtswidrige Sterilisation oder für einen nicht rechtswidrigen Schwangerschaftsabbruch, ärztliche Behandlung, Versorgung mit Arznei-, Verbands- und Heilmitteln sowie Krankenhauspflege gewährt. Anspruch auf Krankengeld besteht, wenn Versicherte wegen einer nicht rechtswidrigen Sterilisation oder wegen eines nicht rechtswidrigen Abbruchs der Schwangerschaft durch einen Arzt arbeitsunfähig werden, es sei denn, es besteht ein Anspruch nach § 44 Abs. 1.

(3) Im Fall eines unter den Voraussetzungen des § 218 a Abs. 1 des Strafgesetzbuches vorgenommenen Abbruchs der Schwangerschaft haben Versicherte Anspruch auf die ärztliche Beratung über die Erhaltung und den Abbruch der Schwangerschaft, die ärztliche Behandlung mit Ausnahme der Vornahme des Abbruchs und der Nachbehandlung bei komplikationslosem Verlauf, die Versorgung mit Arznei-, Verband- und Heilmitteln sowie auf Krankenhausbehandlung, falls und soweit die Maßnahmen dazu dienen,

1. die Gesundheit des Ungeborenen zu schützen, falls es nicht zum Abbruch kommt,
2. die Gesundheit der Kinder aus weiteren Schwangerschaften zu schützen oder
3. die Gesundheit der Mutter zu schützen, insbesondere zu erwartenden Komplikationen aus dem Abbruch der Schwangerschaft vorzubeugen oder eingetretene Komplikationen zu beseitigen. (...)

WICHTIGE ADRESSEN UND TELEFONNUMMERN

Über die Frauenhäuser ☞ und Beratungsstellen hinaus geben Ihnen folgende Stellen nützliche Tipps und Adressen:

➲ Jede Stadt- bzw. Gemeindeverwaltung ab 10.000 Einwohnern hat mittlerweile eine Gleichstellungsbeauftragte oder ein Frauenreferat. Sie finden die Telefonnummer in den Gelben Seiten oder dem Örtlichen Telefonbuch unter dem Stichwort Stadt- bzw. Gemeindeverwaltung. Ist die Gleichstellungsbeauftragte nicht gesondert eingetragen, rufen Sie die Verwaltungszentrale an und lassen sich verbinden.

➲ Die Gelben Seiten und die verschiedenen Auskunftsdienste sind mittlerweile eine wahre Fundgrube für nützliche Telefonnummern. In den Gelben Seiten befindet sich vorne ein Sonderteil, der für beinahe jede Lebenssituation die entsprechende Nummer bereit hält. Sie finden hier die Telefonnummern sämtlicher Notrufe – z. B. Notrufe für vergewaltigte Frauen, Wildwasser (Beratungsstellen gegen sexuellen Missbrauch), Telefonseelsorge und vieler weiterer Beratungsstellen.

➲ Kennen Sie keine Scheidungsanwältin in Ihrer Nähe, dann hilft Ihnen das Rechtsanwältinnenverzeichnis der feministischen Rechtszeitschrift STREIT: Das Anwältinnenverzeichnis enthält die Anschriften von über 200 Anwältinnen, die schwerpunktmäßig für Frauen tätig sind. Zudem können Sie darin gezielt nach Anwältinnen suchen, deren Tätigkeitsschwerpunkte z. B im Familien- oder im Arbeits- und Sozialrecht liegen (Internetadresse: www.streit-fem.de). Zudem können Ihnen die Rechtsanwaltskammern und Anwaltsvereine Auskunft geben; sie gibt es in jedem Bundesland deren Telefonnummern finden Sie im Telefonbuch.

➲ Sollte sich keines der im Folgenden aufgeführten Frauenhäuser in Ihrer Nähe befinden, kann Ihnen die Telekom-Auskunft die Telefonnummer des nächstgelegenen Frauenhauses nennen.

Adressen

AUTONOME FRAUENHÄUSER
UND BERATUNGSSTELLEN[*]

BADEN-WÜRTTEMBERG

Frauenhaus Zollernalbkreis e.V.
Postfach 10 04 46
72304 Balingen
(0 74 33) 84 06

Frauenhaus Calw
Postfach 12 03
75325 Calw
(0 70 51) 7 82 81

Frauen helfen Frauen e.V.
Postfach 10 03 33
73703 Esslingen
(07 11) 37 10 41
Beratungsstelle
(07 11) 35 72 12

Villa Courage
Habsburgerstr. 9
79104 Freiburg
(07 61) 55 12 80

Frauenhaus Heidelberg e.V.
Postfach 10 23 43
69013 Heidelberg
(0 62 21) 83 30 88
Frauenselbsthilfe »Courage«
Mannheimer Str. 287
69123 Heidelberg
(0 62 21) 84 07 40

Frauen helfen Frauen e.V.
Postfach 17 01
74007 Heilbronn
(0 71 31) 50 78 53

Verein zum Schutz mißhandelter Frauen
und deren Kinder
Postfach 05 15
76155 Karlsruhe
(07 21) 56 78 24
Beratungsstelle
(07 21) 84 90 47

Frauen helfen Frauen e.V.
Postfach 15 15
73230 Kirchheim u.T.
(0 70 21) 4 65 53

Frauen helfen Frauen e.V.
Postfach 14 64
79504 Lörrach
(0 76 21) 16 87 99

Frauen helfen Frauen
Postfach 14 33
77604 Offenburg
(07 81) 3 43 11

Frauenhaus Reutlingen e.V.
Postfach 15 07
72705 Reutlingen
(0 71 21) 30 07 78

Beratung und Information für Frauen
Römerstr. 30
70180 Stuttgart
(07 11) 6 49 45 50
Frauen helfen Frauen e.V.
Postfach 15 02 02
70075 Stuttgart
(07 11) 54 20 21

---

[*] Laut Adressenverzeichnis der Zentralen Informationsstelle der autonomen Frauenhäuser (ZIF): Brinzingerweg 34/1, 73732 Esslingen, Tel.: (07 11) 3 70 02 60, www.zif-frauen.de, Stand: 06/02

Frauen helfen Frauen e.V.
Postfach 15 28
72005 Tübingen
(0 70 71) 6 66 04
Beratungsstelle
(0 70 71) 2 64 57

BAYERN

Frauen helfen Frauen e.V.
Postfach 16 08
84484 Burghausen
(0 86 77) 70 07

Frauenhaus Fürstenfeldbruck
Postfach 3 21
82219 Eichenau
(0 81 41) 74 59

Kindergruppe Frauenhaus
Postfach 23 08
91012 Erlangen
(0 91 31) 20 11 42
Frauenhaus Erlangen
Postfach 35 05
91023 Erlangen
(0 91 31) 2 58 72
Kontakt – Information – Beratung
Gerberei 4
91054 Erlangen
(0 91 31) 2 58 78

Frauenhaus
Postfach 13 38
85313 Freising
(0 81 61) 9 12 12
Beratung im Frauentreff
Obere Hauptstr. 3
85354 Freising
(0 81 61) 31 58

Frauen helfen Frauen e.V.
Postfach 15 70
87405 Kempten/Allgäu
(08 31) 1 80 18

Frauenhaus Memmingen
Postfach 11 27
87681 Memmingen
(0 83 31) 46 44

Frauenhaus München
Postfach 90 04 46
81504 München
(0 89) 645 169

Frauen helfen Frauen e.V.
Postfach 11 02 04
93015 Regensburg
(09 41) 2 40 00

Frauenhaus
Postfach 12 35
97402 Schweinfurt
(0 97 21) 78 60 30

Frauen helfen Frauen e.V.
Bahnhofstr. 13
82515 Wolfratshausen
(0 81 71) 1 86 80

BERLIN

Frauenraum
Torstr. 112
10119 Berlin
(0 30) 4 48 45 28

3. Berliner Frauenhaus
Postfach 70 02 36
10322 Berlin
(0 30) 5 59 35 31

Büro für Frauen in Krisensituationen
Zufluchtswohnungen
Immanuelkirchstr. 10
10405 Berlin
(0 30) 4 40 60 58

Frauenberatung TARA
Ebersstr. 58
10827 Berlin
(0 30) 78 71 83 40

Adressen

4. Berliner Frauenhaus
Postfach 87 01 34
13161 Berlin
(0 30) 91 61 18 36

2. Berliner Frauenhaus
Postfach 20 07 57
13517 Berlin
(0 30) 37 49 06 – 0

BRANDENBURG

Unabhängiger Frauenverband
Brandenburg e.V.
Postfach 16 25
14747 Brandenburg
(0 33 81) 30 13 27

Frauen helfen Frauen e.V.
Theimstr. 55
03050 Cottbus
(03 55) 71 21 50

Für Frauen e.V.
Brandenburger Allee 9
16227 Eberswalde-Finow
(0 33 34) 36 02 22

Frauen für Frauen e.V.
Diehloer Berge 6
15890 Eisenhüttenstadt
(0 33 64) 4 37 86

Frauen helfen Frauen e.V.
Gartenstr. 14 g
15517 Fürstenwalde
(0 33 61) 5 74 81

Hilfe für Frauen e.V.
Oranienburger Str. 49
16755 Gransee
(0 33 06) 2 16 23

Frauenhaus Guben
c/o Frauenzentrum Guben e.V.
Erich-Weinert-Str. 1a
03172 Guben
(0 35 61) 22 87

Autonomes Frauenhaus
Postfach 01 01 47
01969 Lauchhammer
(0 35 74) 26 93

Filu Frauenzentrum
Jahnstr. 18-20
14974 Ludwigsfelde
(0 33 78) 51 29 39

Neuruppiner Frauen für Frauen e.V.
Fontanestr. 8
16816 Neuruppin
(0 33 91) 23 03

Autonomes Frauenzentrum e.V.
Zeppelinstr. 189
14471 Potsdam
(03 31) 96 45 16

Unabhängiger Frauenverein e.V.
Postlagernd Rathenow/West
14712 Rathenow
(0 33 85) 50 36 15

Frauen für Frauen e.V.
Postfach 3 39
19314 Wittenberge
(0 38 77) 40 36 84

BREMEN

Bremer Frauenhaus
Postfach 10 67 51
28067 Bremen
(04 21) 34 95 73

HAMBURG

1. Frauenhaus
Postfach 20 17 01
20207 Hamburg
(0 40) 4 30 21 76

5. Hamburger Frauenhaus e.V.
Postfach 20 32 40
20222 Hamburg
(0 40) 8 51 16 62

4. Hamburger Frauenhaus e.V.
Postfach 30 61 31
20327 Hamburg
(0 40) 1 97 04

3. Frauenhaus Hamburg e.V.
Postfach 90 21 02
21055 Hamburg
(0 40) 1 97 14

2. Frauenhaus
Postfach 73 04 32
22124 Hamburg
(0 40) 6 77 82 80

HESSEN

Frauen helfen Frauen e.V.
Postfach 5 61
36295 Alsfeld
(0 66 31) 7 35 34
Beratung
(0 66 41) 6 22 13

Frauen helfen Frauen e.V.
Postfach 14 06
36224 Bad Hersfeld
(0 66 21) 6 53 33

Frauen helfen Frauen e.V.
Postfach 11 19
34521 Bad Wildungen
(0 56 21) 30 95
Frauenberatungsstelle
Brunnenstr. 53
34537 Bad Wildungen
(0 56 21) 9 16 89

Frauenhaus Erbach
Postfach 12 01
64702 Erbach
(0 60 62) 56 46

Frauenhaus Eschwege e.V.
Postfach 12 04
37252 Eschwege
(0 56 51) 3 26 65

Frauen helfen Frauen e.V.
1. Haus
Postfach 56 02 35
60407 Frankfurt
(0 61 01) 4 83 11
2. Haus
(0 69) 57 30 55
Beratungsstelle
Berger Str. 31 – 33
60316 Frankfurt
(0 69) 48 98 65 51

Frauen helfen Frauen e.V.
Posfach 10 03 27
61143 Friedberg
(0 60 31) 1 53 53

Frauenhaus Gießen e.V.
Liebigstr. 13
35390 Gießen
(06 41) 7 33 43

Frauen helfen Frauen e.V.
Postfach 12 48
64502 Groß Gerau
(0 61 52) 3 99 77
Frauenberatungsstelle
(0 61 52) 8 00 00

Frauen helfen Frauen e.V.
Postfach 14 20
63404 Hanau
(0 61 81) 1 25 75

Frauen helfen Frauen e.V.
Postfach 13 52
65703 Hofheim
(0 61 92) 2 62 55
Beratungsstelle
(0 61 92) 2 42 12

Frauenhaus Kassel
Postfach 10 11 03
34011 Kassel
(05 61) 89 88 89

Frauenhaus e.V.
Postfach 14 39
65534 Limburg
(0 64 31) 2 32 00

Adressen

Frauen helfen Frauen e.V.
Postfach 14 33
35004 Marburg
(0 64 21) 1 48 30
Beratungsstelle
Alter Hirchhainerweg 5
35039 Marburg
(0 64 21) 16 15 16

Frauen helfen Frauen e.V.
Postfach 12 06
64834 Münster
(0 60 71) 3 30 33
Beratungsstelle
Altstadt 29
64807 Dieburg
(0 60 71) 2 56 66

Frauen helfen Frauen e.V.
Postfach 16 67
61406 Oberursel
(0 61 71) 5 16 00
Beratungsstelle
Marktplatz 10
61440 Oberursel
(0 61 71) 5 17 68

Frauen helfen Frauen e.V.
Postfach 10 05 40
63005 Offenbach
(0 69) 88 61 39
Beratung und Geschäftsstelle
Bieberer Str. 17
63065 Offenbach
(0 69) 82 99 57 10

Frauen helfen Frauen e.V.
Postfach 12 11
63084 Rodgau
(0 61 06) 1 33 60

Frauen helfen Frauen e.V.
Postfach 11 69
34267 Schauenburg
(05 61) 4 91 01 94

Frauen helfen Frauen
Postfach 11 46
63601 Wächtersbach
(0 60 53) 49 87

Frauenhaus Wetzlar e.V.
Langgasse 70
35578 Wetzlar
(0 64 41) 4 63 64

MECKLENBURG-VORPOMMERN

Frauenhaus Greifswald
Postfach 3 09
17463 Greifswald
(03 51) 2 81 77 88

Autonomes Frauenhaus
Postfach 10 11 53
18001 Rostock
(03 81) 45 44 06

NIEDERSACHSEN

Frauenhaus Celle
Postfach 11 25
29201 Celle
(0 51 41) 2 57 88

Frauenhaus Hameln e.V.
Postfach 10 03 18
31753 Hameln
(0 51 51) 2 52 99

Frauen helfen Frauen e.V.
Postfach 20 05
30020 Hannover
(05 11) 66 44 77

Frauenhaus Hildesheim e.V.
Postfach 10 04 14
31104 Hildesheim
(0 51 21) 1 55 44

Frauenhaus Lüchow
Postfach 14 07
29434 Lüchow
(0 58 41) 54 50

Frauen helfen Frauen e.V.
Beußweg 2
21339 Lüneburg
(0 41 31) 6 17 33

Autonomes Frauenhaus e.V.
Postfach 18 25
26008 Oldenburg
(04 41) 4 79 81

Frauenhaus Osnabrück e.V.
Postfach 19 24
49009 Osnabrück
(05 41) 6 54 00
Frauenberatungsstelle
Spindelstr. 41
49074 Osnabrück
(05 41) 80 34 05

Frauenhaus Peine e.V.
Postfach 13 71
31203 Peine
(0 51 71) 5 55 57

Frauen in Not e.V.
Postfach 10 02 67
38202 Salzgitter
(0 53 41) 1 30 33

Frauen helfen Frauen e.V.
Postfach 11 19
28784 Schwanewede
(0 42 09) 6 88 89

Frauen- und Kinderhaus
Postfach 14 25
29504 Uelzen
(05 81) 7 79 99

Frauen helfen Frauen e.V.
Postfach 1843
27268 Verden
(0 42 31) 96 19 66

Wolfsburger Frauenhaus
Postfach 10 03 53
38403 Wolfsburg
(0 53 61) 2 38 50

NORDRHEIN-WESTFALEN

Frauen helfen Frauen e.V.
Postfach 52 13
59802 Arnsberg
(0 29 31) 67 91

Frauen helfen Frauen e.V.
Postfach 10 11 65
33511 Bielefeld
(05 21) 17 73 76

Frauen helfen Frauen e.V.
Posfach 17 02 67
53028 Bonn
(02 28) 63 53 69
Frauenberatungsstelle
Kölnstr. 69
53111 Bonn
(02 28) 65 95 00

Frauen helfen Frauen e.V.
Postfach 10 06 26
46526 Dinslaken
(0 20 64) 1 36 46

Frauen helfen Frauen e.V.
Postfach 2 34
46282 Dorsten
(0 23 62) 4 10 55

Frauen helfen Frauen e.V.
Postfach 16 01 19
44331 Dortmund
(02 31) 80 00 81
Beratungsstelle
Kronprinzenstr. 26
44135 Dortmund
(02 31) 52 10 08

Frauen helfen Frauen e.V.
Postfach 10 05 14
47005 Duisburg
(02 03) 6 22 13
Lila Frauentreff
Dellestr. 9
47051 Duisburg
(02 03) 2 25 63

Frauenhaus Erftkreis
Postfach 22 50
50356 Erftstadt
(0 22 37) 76 89

Frauenhaus Essen gGmbH
Postfach 12 01 31
45311 Essen
(02 01) 66 86 86

Frauen helfen Frauen e.V.
Postfach 10 08 08
45808 Gelsenkirchen
(02 09) 20 11 00

Frauenhaus Gütersloh e.V.
Postfach 16 37
33246 Gütersloh
(0 52 41) 3 41 00

Frauen helfen Frauen e.V.
Postfach 52 10
58102 Hagen
(0 23 34) 48 45
Beratungsstelle
Bahnhofstr. 41
58095 Hagen
(0 23 34) 1 58 88

Frauenhaus Herford e.V.
Postfach 16 06
32006 Herford
(0 52 21) 2 38 83
Frauentreffpunkt
Unter den Linden 29
32052 Herford
(0 52 21) 5 10 66

Verein zur Förderung
des Frauenhauses e.V.
Postfach 20 05 28
44635 Herne
(0 23 25) 4 98 75

2. Frauenhaus Köln
Postfach 62 03 73
50696 Köln
(02 21) 51 55 12

1. Frauenhaus Köln
Postfach 90 07 25
51117 Köln
(02 21) 51 55 02

Frauenhaus Rheydt e.V.
Postfach 20 04 05
41204 Mönchengladbach
(0 21 66) 1 60 41

Frauenhaus Wolbeck
Postfach 47 01 13
48075 Münster
(0 25 06) 67 55
Frauenhaus Beratungsstelle
Bremerstr. 42 – 45
48155 Münster
(02 51) 1 42 08 10

Frauenhaus Oberhausen
Postfach 10 04 41
46004 Oberhausen
(02 08) 80 45 12

Frauenhaus Paderborn e.V.
Postfach 15 05
33045 Paderborn
(0 52 51) 51 51
Frauen- und Mädchenberatungsstelle Lilith
Fürstenbergstr. 41
33102 Paderborn
(0 52 51) 2 13 11

Frauen helfen Frauen e.V.
Postfach 10 06 40
57006 Siegen
(02 71) 5 77 00
Beratungsstelle
Freudenbergstr. 28
57072 Siegen
(02 71) 2 18 87

Frauenhaus Telgte
Postfach 133
48283 Telgte
(0 25 04) 51 55

Frauen helfen Frauen e.V.
Postfach 11 03 26
48205 Warendorf
(0 25 81) 7 80 18

Frauen helfen Frauen e.V.
Postfach 14 05
58404 Witten
(0 23 39) 62 92
Beratungsstelle
(0 23 02) 5 25 96

Frauen helfen Frauen e.V.
Postfach 13 04 21
42031 Wuppertal
(02 02) 71 14 26
Frauentreff
Sattlerstr. 26
42105 Wuppertal
(02 02) 31 88 55

RHEINLAND-PFALZ

Frauenhaus Frankenthal
Postfach 14 55
67204 Frankenthal
(0 62 33) 96 95

Frauenhaus Westerwald
Postfach 11 52
57620 Hachenburg
(0 26 62) 58 88

Frauenhaus Idar-Oberstein
Postfach 01 12 64
55702 Idar-Oberstein
(0 67 81) 15 22

Frauenhaus e.V.
Postfach 15 24
67325 Speyer
(0 62 32) 2 88 35

SACHSEN

Frauenhaus Bautzen
Postfach 13 32
02603 Bautzen
(0 35 91) 4 51 20

Frauenhaus Dresden e.V.
Postfach 21 01 30
01261 Dresden
(03 51) 2 81 77 88

1. Autonomes Frauenhaus Leipzig
Postfach 31 07 16
04211 Leipzig
(03 41) 4 79 81 79
Beratungsstelle für Frauen
Leopoldstr. 31
04277 Leipzig
(03 41) 3 91 97 91

Frauenhaus Löbau
Postfach 13 40
02703 Löbau
(0 35 85) 40 41 46

Frauen helfen Frauen e.V.
Töpferberg 4
02763 Zittau
(0 35 83) 51 05 15

SACHSEN-ANHALT

Frauenhaus Dessau
Postfach 11 63
06842 Dessau
(03 40) 8 82 60 70

Förderverein Frauen helfen Frauen e.V.
Postfach 12 38
06202 Merseburg
(0 34 61) 21 10 05

Frauen- und Kinderhaus e.V. Salzwedel
Postfach 11 12
29401 Salzwedel
(0 39 01) 42 48 59

Adressen

Frauenhausverein e.V. Weißenfels
Postfach 11 36
06651 Weißenfels
(0 34 43) 80 26 47

Frauenhaus Wolfen
Postfach 11 18
06754 Wolfen
(0 34 94) 3 10 54

SCHLESWIG-HOLSTEIN

Frauenhaus Stormarn e.V.
Postfach 13 31
22903 Ahrensburg
(0 41 02) 8 17 09

Frauen helfen Frauen in Not e.V.
Postfach 3 44
25303 Elmshorn
(0 41 21) 2 58 95

Hilfe für Frauen in Not e.V.
Apenrader Str. 31
24939 Flensburg
(04 61) 4 63 63

Frauenhaus Dithmarschen
Posfach 12 26
25732 Heide
(04 81) 6 10 21

Autonomes Frauenhaus Itzehoe e.V.
Postfach 13 29
25503 Itzehoe
(0 48 21) 6 17 12

Frauenhaus Kiel
Postfach 26 47
24025 Kiel
(04 31) 68 18 25
Frauenhaus Beratungsstelle
Lerchenstraße 19
24103 Kiel
(04 31) 67 54 78

Frauenhaus Ost-Holstein
Postfach 11 31
23734 Lensahn
(0 43 63) 17 21

Frauen helfen Frauen e.V.
Adolf-Ehrtmann-Str. 2
23564 Lübeck
(04 51) 6 60 33

Frauenhaus Neumünster
Postfach 15 52
24505 Neumünster
(0 43 21) 4 67 33

Frauenhaus Pinneberg e.V.
Postfach 14 06
25404 Pinneberg
(0 41 01) 20 49 67

Frauenhaus Kreis Plön e.V.
Postfach 3 39
24207 Preetz
(0 43 42) 8 26 16

Frauenhaus Rendsburg e.V.
Postfach 5 35
24753 Rendsburg
(0 43 31) 2 27 26

Frauenhaus Schwarzenbek
Postfach 11 61
21484 Schwarzenbek
(0 41 51) 75 78
Beratungsstelle für Frauen in Not
Hans-Böckler-Platz 7
21493 Schwarzenbek
(0 41 51) 8 13 06

Frauen helfen Frauen e.V.
Postfach 12 17
22871 Wedel/Holstein
(0 41 03) 1 45 53

THÜRINGEN

Frauen helfen Frauen e.V.
Straße der Einheit 16
36433 Bad Salzungen
(0 36 95) 60 46 99

Frauenhaus Eisennach
Postfach 10 15 54
99805 Eisennach
(0 36 91) 7 5175

Verein »Hilfe für Frauen in Not« e.V.
Posfach 15 49
07502 Gera
(03 65) 5 13 90

Jenaer Frauenhaus e.V.
Wagnergasse 25
07743 Jena
(0 36 41) 44 98 72

Frauenhaus Meiningen
Postfach 90
98617 Meiningen
(0 36 93) 20 26

VERBANDLICHE FRAUENHAUSTRÄGER

Leider gibt es derzeit kein vollständiges Verzeichnis der verbandlichen Frauen-häuser. Die Adressen und Telefonnummern erhalten Sie bei folgenden Stellen:

Frauenhauskoordinierung e.V.
Heinrich-Hoffmann-Str. 3
60528 Frankfurt am Main
Tel.: (0 69) 67 06-0

Arbeiterwohlfahrt Bundesverband e.V.
Postfach 11 49
53001 Bonn
Tel.: (02 28) 66 85-0

Arbeitsgemeinschaft Deutscher Frauen-
und Kinderschutzhäuser
Wonnhaldestr. 9
79100 Freiburg
Tel.: (07 61) 4 00 16 86

Diakonisches Werk der Evangelischen
Kirche Deutschland
Postfach 10 11 42
70010 Stuttgart
Tel.: (07 11) 2 15 90

Sozialdienst katholischer Frauen
Zentrale e.V.
Agnes-Neuhaus-Str. 5
44135 Dortmund
Tel.: (02 31) 55 70 26-0

Adressen

BLANKOBERECHNUNGSFORMULARE FÜR
EINE ÜBERSCHLAGSBERECHNUNG
VON ANSPRÜCHEN AUF GELDLEISTUNGEN
(Vorlagen zum Vergrößern und Kopieren)

Vereinfachte Berechnung der Sozialhilfe

Berechnungsmodus

Bedarf = Eckregelsatz	Festlegung durch Rechtsverordnungen der Länder (292/282 €)	
+ Mehrbedarfszuschlag	40% des Regelsatzes bei einem Kind unter sieben oder zwei Kindern unter 16 Jahren	
+ Regelsatz anderer Haushaltsangehöriger	altersabhängig (146/141 € bis 263/254 €)	
+ Kosten der Wohnung	Miete plus Nebenkosten plus Heizung	
= Sozialhilfebedarf		

Einkommen = Nettoeinkommen	Alle Einkünfte einschließlich Weihnachtsgeld, Urlaubsgeld, Zulagen, Steuerrückerstattungen, abzüglich Steuern und SV-Beiträge umgerechnet auf einen Monat <u>oder</u> vereinfacht: monatl. Nettoeinkommen x 13 : 12 jeweils plus Kindergeld	
– Versicherungen	soweit gesetzlich vorgeschrieben oder angemessen (z. B. Haftpflicht, Hausrat)	
– Werbungskosten	• Arbeitsmittel: pauschal 5,20 € • Fahrten zur Arbeit: billigste Zeitkarte, sonst 5,20 €/Entfernungs-km pro Monat • Gewerkschaftsbeiträge	
– Abzugsbetrag für Erwerbstätige	max. 50% des Eckregelsatzes (147 €)	
– Abzugsbetrag für Kinder	10,25 € bei einem bzw. 20,50 € bei zwei und mehr Kindern	
= Anrechenbares Einkommen		

Sozialhilfe	= Bedarf – anrechenbares Einkommen	

Vereinfachte Berechnung des Ehegattenunterhalts

	Berechnungsmodus	Ehefrau	Ehemann
Ehegattenunterhalt = Nettoeinkommen	Alle Einkünfte einschließlich Weihnachtsgeld, Urlaubsgeld, Zulagen, Steuerrückerstattungen, abzüglich Steuern und SV-Beiträge umgerechnet auf einen Monat oder vereinfacht: monatliches Nettoeinkommen x 13 : 12 jeweils plus Kindergeld		
– Werbungskosten	Arbeitsmittel, Fahrten zur Arbeit, Gewerkschaftsbeiträge. Pauschal: 5% des Nettoeinkommens (mindestens 50 € und höchstens 150 €)		
– ehebedingte Schulden	gemeinsamer Entschluss, kommt allen zugute		
= bereinigtes Nettoeinkommen			
– Kindesunterhalt	nach Düsseldorfer Tabelle (bei der Berechnung des Ehegattenunterhalts wird das Kindergeld nicht abgezogen)		
= maßgebliche Beträge			
Einkommensdifferenz			
x 3 : 7 = Elementarunterhalt			
+ Vorsorgeunterhalt	Beiträge zur Kranken-, Pflege-, Rentenversicherung (z. Zt. etwa 30 – 35% des Einkommens, wobei die Hälfte vom Arbeitgeber getragen wird)		
Selbstbehaltsgrenze unterschritten?	siehe Düsseldorfer Tabelle (einkommensabhängig; mindestens 730 €, wenn der unterhaltspflichtige Ehegatte arbeitslos ist bzw. 840 €, wenn er oder sie arbeitet)		
Maximaler Unterhaltsbetrag			

AUTORINNEN

Dagmar Oberlies ist promovierte Juristin und Professorin am Fachbereich Soziale Arbeit und Gesundheit der Fachhochschule Frankfurt am Main. Sie war lange Jahre Anwältin und Referatsleiterin im Saarländischen Sozialministerium. 1983 hat sie zusammen mit anderen Juristinnen die feministische Rechtszeitschrift »STREIT« gegründet.

Simone Holler ist Diplom-Sozialarbeiterin und langjährige Mitarbeiterin im Frankfurter Frauenhaus.

Margrit Brückner ist promovierte Soziologin und Professorin am Fachbereich Soziale Arbeit und Gesundheit der Fachhochschule Frankfurt am Main. Ihr Arbeitsschwerpunkt ist seit vielen Jahren das Thema »Gewalt gegen Frauen und Mädchen«. Sie ist als Supervisorin im Bereich Frauen- und Mädchenarbeit tätig.

Die Fachhochschule Frankfurt am Main – University of Applied Sciences – bietet jährlich im Herbst eine Wochenendweiterbildung für Mitarbeiterinnen von Frauenhäusern und Beratungsstellen zu den Inhalten der »Ratgeberin: Recht« an.
(Seminarleitung: Prof. Dr. Dagmar Oberlies)

Schwerpunkte sind: Fragen des Ausländer-, Familien- und Strafrechts; weitere Themen können auf Wunsch der Teilnehmerinnen einbezogen werden.

Nähere Informationen über Ziele, Inhalte, Termine und Kosten erhalten Sie bei:
Fachhochschule Frankfurt am Main – Abt. Weiterbildung
Kleiststraße 31
60318 Frankfurt am Main
Telefon (0 69) 15 33–26 81
Telefax (0 69) 15 33–26 83

Einrichtungen können sich die Weiterbildung auch »ins Haus holen« (Inhouse-Seminar).
Kontakt: Prof. Dr. Dagmar Oberlies, FH Frankfurt am Main
Telefon (0 69) 15 33–28 21
Telefax (0 69) 15 33–28 09
E-Mail: oberlies@fb4.fh-frankfurt.de

»Frauen streiten für ihr Recht e.V.« (Hg.)
STREIT – Feministische Rechtszeitschrift

STREIT ist eine Rechtszeitschrift und **STREIT** ist feministisch.
Das heißt: **STREIT** richtet sich an alle (nicht nur Juristinnen und Juristen), die gegen gesellschaftliche Benachteiligungen von Frauen streiten und Frauen zu ihrem Recht verhelfen wollen.

Sie finden in **STREIT**:
- Urteile, die die Rechtspositionen von Frauen verbessern;
- Aufsätze, die eine frauenfreundliche Rechtsentwicklung fördern;
- Informationen über Gesetzesinitiativen, Publikationen, Veranstaltungen;
- Dokumentationen über internationale, europäische und bundesdeutsche Rechtspolitik.

STREIT brauchen:
- Anwaltskanzleien auf den Gebieten des Familien-, Arbeits-, Ausländer- und Strafrechts;
- Richterinnen und Richter;
- Gleichstellungsbeauftragte;
- Beratungsstellen wie Notrufe und Opferhilfen;
- Frauen- und Mädchenhäuser;
- Parteien, Gewerkschaften, Verbände;
- wissenschaftlich Tätige und Studierende;
- Bibliotheken an Hochschulen und Gerichten;
- an Frauen- und Rechtspolitik Interessierte.

STREIT – die Zeitschrift für alle Fälle:
STREIT greift aktuelle Rechtsdiskurse auf, vom Arbeitsrecht über das Ausländerrecht, das Familien- und Kindschaftsrecht zur Frau-enförderung und den Rechten von Verletzten in Strafverfahren; die Folgen der Reproduktionsmedizin sind ebenso Thema wie die Abtreibungsdebatte und die Folgen sexueller Gewalt und frauenspezifische Fluchtgründe.

STREIT ist ein Fenster zur Welt: Wir berichten nicht nur von bundesdeutschen Rechtsentwicklungen, sondern auch von europäischen Tendenzen und internationalen Diskussionen.

STREIT schreibt Rechtsgeschichte: Viele Reformen der Achtziger- und Neunzigerjahre wurden durch Diskussionen in der **STREIT** angeregt und/oder kritisch begleitet.

STREIT ist schön: Wir ersparen Ihnen den Anblick von Werbung und erhöhen das Lesevergnügen durch den Abdruck der Werke bildender Künstlerinnen.

STREIT erscheint 4-mal jährlich.
Das Einzelheft STREIT kostet € 8,20 zuzüglich € 1,80 Versandkosten.
Das Abonnement kostet € 31,80 zuzüglich € 7,20 Versandkosten. Es verlängert sich automatisch um weitere vier Hefte, wenn es nicht spätestens nach Erhalt des dritten Heftes gekündigt wird.

Folgende Jahrgänge können in gebundener Form bezogen werden:
1983 – 1985 €   33,20
1986 – 1988 €   38,40
1989 – 1991 €   43,50
1992 – 1994 €   48,60
1995 – 1997 €   61,40
1983 – 1997 € 204,50

Fordern Sie das Gesamtverzeichnis aller STREIT-Jahrgänge an!

Bestellungen bitte an:
Fachhochschulverlag
Kleiststraße 31
60318 Frankfurt am Main
Telefon: (0 69) 15 33 – 28 20;
Telefax: (0 69) 15 33 – 28 40;
E-Mail: bestellung@fhverlag.de
www.fhverlag.de

Anzeige

Margrit Brückner
**Wege aus der Gewalt
gegen Frauen und Mädchen**
Eine Einführung

Vor 25 Jahren begann die Internationale Frauenbewegung, sich öffentlich über die Gewalt gegen Frauen und Mädchen zu empören.
Das Buch gibt einen Überblick über die gesellschaftlichen Hintergründe und über Art und Ausmaß der Gewalt gegen Frauen und Mädchen sowie über die praktischen Arbeitsansätze, wie sie vor allem die Frauenbewegung entwickelt hat.
In der Neuauflage sind die neuesten Entwicklungen im Zusammenhang mit dem Aktionsprogramm der Bundesregierung zur »Bekämpfung von Gewalt gegen Frauen« dargestellt.

Aus dem Inhalt:
Geschlechterverhältnisse und Gewalt · Gewalt und Liebe · Frauenhausbewegung · Organisationsaufgaben und praktische soziale Arbeit im Antigewaltbereich heute ·
Möglichkeiten und Grenzen gesellschaftspolitischer und praktischer Ansätze gegen Gewalt an Frauen und Mädchen · Gewalt gegen Frauen in der Ehe · Sexueller Missbrauch · Sexuelle Belästigung am Arbeitsplatz

Band 51, 2. aktualisierte Auflage,
207 Seiten, 2002, € 14,–

Margrit Brückner, Lotte Rose
Unter Mitarbeit von Margit Göttert, Martina Jung, Marion Kieninger, Antje Paetzold
Innovative Frauen- und Mädchenarbeit
Untersuchung am Beispiel Frankfurt am Main

Frauen- und Mädchenarbeit findet in unterschiedlichen Institutionen mit vielfältigen Konzepten statt. Sie hat sich etabliert, ausdifferenziert, sie verändert sich. Dies macht es schwer, die »Landschaft« der Frauen- und Mädchenarbeit noch zu überschauen.

1999 – 2001 wurde an der Fachhochschule Frankfurt am Main ein Forschungsprojekt mit studentischer Beteiligung zur Erfassung der aktuellen Frauen- und Mädchenarbeit in Frankfurt am Main durchgeführt; mehr als 100 Einrichtungen wurden befragt.
Das Buch präsentiert die Ergebnisse der empirischen Bestandsaufnahme und wirft Fragen zur Zukunft der Frauen- und Mädchenarbeit auf.

Die Darstellung wird ergänzt durch einen Bericht zum Forschungsprozess und eine Bibliografie zu Publikationen zur Frauen und Mädchenarbeit seit 1994.

Band 98, 154 Seiten, 2002, € 13,–

Ute Kraft
Wegweiser Psychotherapie
Information und Beratung zu den Themen
Psychotherapie, Therapeutische Beratung,
Lebenskrisen, Persönlichkeitsveränderung
und Beziehungsprobleme

Der »Wegweiser Psychotherapie« ist ein Nach-
schlagewerk für Menschen, die im psychotherapeutischen Bereich eine Orientierung suchen.

Das Buch ist informativ, aufklärend und leicht
verständlich geschrieben. Es enthält Anregungen und Erläuterungen, die für die Situation
eines Therapiesuchenden von großer Bedeutung sind.

In gut strukturierten und übersichtlichen
Kapiteln werden Themen behandelt wie zum
Beispiel: Wie unterscheiden sich die einzelnen Psychotherapiemethoden, wie finanzie-
re ich eine Psychotherapie, wie beginne ich eine
Therapie und wie gestalte ich das Auswahlver-
fahren des für mich individuell richtigen Thera-
peuten?

Mit dem Buch arbeiten nicht nur zukünftige
Klienten, sondern auch Ärzte, Therapeutinnen, Sozialarbeiter und Pädagoginnen.

Band 60, 90 Seiten, 2002, € 9,–

Friedrich K. Barabas
Beratungsrecht
Ein Leitfaden für Beratung, Therapie und
Krisenintervention

Themenschwerpunkte:
Beratende Tätigkeiten in der BRD · Rechtsansprüche auf Beratung · Rechtsberatung in der
sozialen Arbeit: Abgrenzung zur anwaltlichen
Tätigkeit · Psycho-soziale-pädagogische Beratung · Psychotherapeutengesetz · Fachliche
und methodische Standards der Beratung ·
Beratung, Therapie und Haftung · Schutz des
Vertrauens in Beratungsverhältnissen · Krisenintervention und Unterbringung · Krisenintervention und Suizid

Band 72, 2. vollständig überarbeitete und er-
weiterte Auflage, 320 Seiten, Frühjahr 2003,
€ 17,40

Friedrich K. Barabas
Sexualität und Recht
Ein Leitfaden für Sozialarbeiter, Pädagogen,
Juristen, Jugendliche und Eltern

Die zahlreichen Normen, die sexuelles Verhalten steuern, bestrafen, einengen, entstam-
men unterschiedlichen Rechtsgebieten. Fall-
orientiert bringt Barabas Licht ins Dickicht der
Paragrafen.

Band 71, 163 Seiten, 1998, € 12,30